会计学专业新企业会计准则系列教材

COST AND MANAGERIAL ACCOUNTING

成本与管理会计【第5版】

主　编　赵书和

副主编　高方露　孟茜

参　编　陈新民　翟淼　顾群

机械工业出版社
China Machine Press

图书在版编目（CIP）数据

成本与管理会计 / 赵书和主编 . — 5 版 . —北京：机械工业出版社，2019.1（2024.8 重印）
（会计学专业新企业会计准则系列教材）

ISBN 978-7-111-61446-3

I. 成… II. 赵… III. ①成本会计 - 高等学校 - 教材 ②管理会计 - 高等学校 - 教材
IV. F234

中国版本图书馆 CIP 数据核字（2018）第 270304 号

随着《企业内部控制基本规范》《企业产品成本核算制度（试行）》等一系列新会计法规的颁布实施，企业所面临的财务环境也有所改变。为了能适应这种改变，使读者及时了解相关内容的变化，在保持全书整体框架不变的情况下，作者对本书进行了更新。同前 4 版一样，本书最大的特点依然是将“成本会计”与“管理会计”这两门课程整合起来，繁简适中、言简意赅。

本书可作为财务管理专业、会计专业、审计专业、资产评估专业及工商管理类学科的本科教材，也可作为社会自学考试的参考用书，或各类、各级财务人员后续教育的培训教材。

出版发行：机械工业出版社（北京市西城区百万庄大街 22 号 邮政编码：100037）
责任编辑：朱 妍 责任校对：李秋荣
印 刷：北京建宏印刷有限公司 版 次：2024 年 8 月第 5 版第 11 次印刷
开 本：185mm × 260mm 1/16 印 张：22.75
书 号：ISBN 978-7-111-61446-3 定 价：49.00 元

客服电话：（010）88361066 68326294

前 言

21 世纪是知识经济的时代，教育必须适应、推动知识经济的发展。“成本会计”与“管理会计”是财务管理专业、会计专业、审计专业等工商管理类学科的两门核心课程。

本书以我国现行法律法规为依据，借鉴其他国内外资料，立足于我国企业实务，并将“成本会计”与“管理会计”两门核心课程的教学内容进行了整合。

自 2006 年 3 月本书第 1 版出版发行至今，我国企业财务会计规范发生了许多变化。2006 年新会计准则、财务通则陆续发布，并于 2007 年 1 月在上市公司实施。2008 年内部控制基本规范发布，自 2009 年 1 月率先在上市公司实施。2013 年 8 月财政部颁布《企业产品成本核算制度（试行）》，同年修订了五项并新增了三项企业会计准则。2017 年财政部对六项企业会计准则进行了修订，并新增一项企业会计准则；同年财政部制定了《管理会计基本指引》在开展管理会计工作中参照执行。

为了适应新的经济形势的需要和方便教师及时调整教学内容，本书以习近平新时代中国特色社会主义思想为指导，融入党的二十大精神，“坚持守正创新”，按照新的规范进行了修订，还增加了自测题的题型，并在书后配备模拟试卷供广大师生参考使用。我们希望使用本书的学生以及读者朋友们，在理解成本与管理会计相关理论基础上，掌握企业成本核算和管理的方法与操作，更好地学以致用。

本书的第一部分（第 1 ～ 7 章）内容为成本会计，以制造业传统的成本核算为主，以其他行业成本核算为辅，突出介绍成本计算与核算。第二部分（第 8 ～ 16 章）内容为管理会计，围绕会计的内部管理目的，重点介绍成本控制、预算编制、业绩考核等内容，同时还介绍了预测分析、长短期决策等方法。本书最大的特点是将“成本会计”与“管理会计”两门课程的内容整合起来，繁简适中、言简意赅。

本书可作为财务管理专业、会计专业、审计专业、资产评估专业及工商管理类学科的本、专科教材，也可作为社会自学考试的参考资料，还可作为各类、各级财务会计人员后续教育的培训教材。

本书第 1 章、第 4 章以及第 7 章中商品流通企业成本核算部分由赵书和编写；第 3

章、第 5 章以及第 7 章中施工企业成本核算、农业企业生产成本核算部分由陈新民编写；第 2 章、第 6 章由孟茜编写；第 8 章、第 10 章、第 11 章、第 15 章由翟淼编写；第 9 章、第 12 ～ 14 章由高方露编写；第 16 章由顾群编写。

赵书和作为主编，负责教材编写大纲的拟订和全书总纂，副主编高方露负责管理会计部分大纲的修订及审校工作，副主编孟茜负责成本会计部分的审校工作。

由于编者水平有限，书中难免存有缺憾，望广大读者、同行批评指正。

教学目的

“成本会计”与“管理会计”是财务管理专业、会计专业、审计专业等工商管理类学科的两门核心课程。

本课程以我国现行法律法规为依据，借鉴其他国内外资料，立足于我国企业实务，并将“成本会计”与“管理会计”两门核心课程的教学内容进行了整合。

本课程教学目的在于使学生能够在掌握成本与管理会计相关理论的基础上，进一步了解企业核算和管理的现行规范，使学生能够掌握成本与管理会计的基本方法，并能够较熟练地加以运用，具有一定的实操能力，学以致用。

前期需要掌握的知识

会计原理、中级财务会计、税务会计、财务管理等课程相关知识。

课时分布建议

教学内容	学习要点	课时安排		自测题使用建议
		非专业	本专业	
第 1 章 成本会计概论	（1）成本概述 （2）成本会计概述	2	2	思考题 自测题
第 2 章 产品成本核算的要求和程序	（1）成本核算的要求 （2）费用的分类 （3）产品成本核算的一般程序	2	4	思考题 自测题
第 3 章 生产费用在各种产品之间的归集与分配	（1）各项要素费用的归集与分配 （2）长期待摊费用的归集与分配 （3）辅助生产费用的归集与分配 （4）制造费用的归集与分配	4	6	思考题 自测题 3-1 ～ 3-6

（续）

教学内容	学习要点	课时安排		自测题使用建议
		非专业	本专业	
第 4 章 生产费用在完工产品和在产品之间的归集与分配	（1）在产品数量的确定 （2）生产费用在完工产品和在产品之间的分配 （3）完工产品成本的结转	4	4	思考题 自测题 4-1 ～ 4-9
第 5 章 产品成本计算方法	（1）产品成本计算方法的概述 （2）品种法 （3）分批法 （4）分步法	4	6	思考题 自测题 5-1 ～ 5-8
第 6 章 产品成本计算的辅助方法	（1）产品成本计算的分类法 （2）产品成本计算的定额法 （3）各种成本计算方法的应用	2	2	思考题 自测题 6-1 ～ 6-2
第 7 章 其他行业的成本核算	（1）施工企业建筑安装工程成本核算 （2）农业企业生产成本核算 （3）商品流通企业成本核算	2	4	思考题 自测题 7-1 ～ 7-4
第 8 章 管理会计概述	（1）管理会计的定义 （2）管理会计的形成与发展 （3）管理会计的基本内容与职能 （4）管理会计与相关会计学科的关系	2	2	思考题 自测题
第 9 章 成本性态分析和变动成本法	（1）成本性态分析 （2）本量利分析概述 （3）变动成本法	4	4	思考题 自测题 9-1 ～ 9-4
第 10 章 预测分析	（1）预测分析概述 （2）利润预测分析 （3）销售预测分析 （4）成本预测分析	4	4	思考题 自测题 10-1 ～ 10-9
第 11 章 短期经营决策	（1）短期经营决策概述 （2）产品生产决策 （3）产品定价决策	4	2	思考题 自测题 11-1 ～ 11-8
第 12 章 长期投资决策	（1）长期投资决策概述 （2）长期投资决策需要考虑的重要因素：货币时间价值 （3）长期投资决策需要考虑的重要因素：现金流量估算 （4）长期投资决策的基本方法 （5）长期投资决策的风险分析	6	8	思考题 自测题 12-1 ～ 12-6
第 13 章 全面预算	（1）全面预算概述 （2）全面预算的内容和编制 （3）预算控制的几种形式	2	2	思考题 自测题 13-1 ～ 13-2
第 14 章 成本控制：标准成本系统	（1）标准成本系统概述 （2）标准成本核算 （3）成本差异的计算及分析	2	4	思考题 自测题 14-1 ～ 14-2
第 15 章 责任会计	（1）责任会计概述 （2）责任中心及其业绩评价 （3）内部转移价格	2	4	思考题 自测题 15-1 ～ 15-4

（续）

教学内容	学习要点	课时安排		自测题使用建议
		非专业	本专业	
第 16 章 作业成本法	（1）作业成本法概述 （2）作业成本法的基本原理 （3）作业成本法与传统成本法的比较	2	2	思考题 自测题 16-1 ～ 16-2
课时总计	—	48	60	—

说明：

（1）在课时安排上，对于非专业学生可以是 48 个学时；财务管理、会计、审计等专业本科生根据 60 个学时安排。具体课时的内容安排，应根据教学需要进行调整。成本会计部分，辅助方法以及施工企业、农业企业成本核算等内容不一定安排学时，可作为选择性补充。管理会计部分，作业成本法可作为选择性补充。

（2）自测题分析时间已经包括在前面各个章节的教学时间中。根据教学需要，也可以单独安排实训课程。

目 录

第1章

成本会计概论

学习目标

1. 理解成本的含义
2. 掌握制造成本及期间费用的内容
3. 了解成本的作用
4. 了解成本会计的产生和发展历程
5. 掌握成本会计的定义及职能

1.1 成本概述

1.1.1 成本的含义

成本是一个普遍的经济范畴，凡是有经济活动的地方都必然发生一定的耗费，从而形成了成本。成本是会计理论中一个非常重要的问题，也是学习成本会计首先要解决的问题。由于成本的含义有很多不同的解释，因此很难找到一个达到普遍共识的定义。成本可分为广义成本和狭义成本。

1. 广义成本的含义

西方会计学中，往往把广义成本解释为：成本是为了达到某一特定目的而做出的牺牲，一般通过为之放弃的资源来计量。[⊖]在这里，成本指为实现一定目的所付出的价值牺牲。比较典型的定义是美国会计学会（AAA）所属成本概念与标准委员会在1951年对成本的定义："成本是指，为达到特定目的而发生或应发生的价值牺牲，它可以用货币单位加以计量。"[⊜]这个定义可从以下三个方面理解：

（1）成本是一种价值牺牲。成本是一种价值牺牲，即是对资源耗费的一种计量。它不仅是货币的消耗，也是物资的消耗、劳动的消耗等。例如，制造有形商品或提供劳务都要耗费

⊖ 罗纳德W.希尔顿．管理会计学[M]．阎达五，等译．北京：机械工业出版社，2003．

⊜ 葛家澍，余绪缨．会计大典（第四卷）[M]．北京：中国财政经济出版社，1999．

一定的资源。通过成本的计量，可确定耗费资源的数量。

（2）成本以货币形式进行计量。一个单位所发生的经济活动，必然要耗费一定数量的人力、物力和财力。由于这些耗费的计量单位不同，因此无法确定耗费的总量。例如，耗费的钱财用价值单位计量，耗费的原材料用实物量单位计量，耗费的人力用劳动量单位计量，货币作为价值尺度能够衡量不同计量单位资源的耗费。成本的计量就是运用货币单位进行度量，将实物量单位、劳动量单位、价值量单位统一起来以确定耗费的总量。

（3）成本是为了一定目的的价值牺牲。成本是为了一定目的的价值牺牲，通常是指由经营目的而衍生出来的目的。从这个意义上说，成本是与经营目的有关的活动所消耗的价值。这些以经营为目的的有关活动或事件，包括制造产品、销售商品、提供劳务以及管理活动。

美国会计学会的这一成本含义的外延非常宽泛，只要是与经营目的有关的活动所发生的价值牺牲都属于成本范畴。这些活动有的是为了经营目标而取得资产，有的是为了经营目的而进行的管理活动。例如，生产产品、取得存货、取得固定资产、取得股票和债券所发生的价值牺牲以及企业的管理活动所发生的价值牺牲。

美国会计师协会（AICPA）1957 年发布的《第 4 号会计名词公报》（*Accounting Terminology Bulletin NO.4*）对成本的定义为："成本是指为获取财货或劳务而支付的现金或转移其他资产、发行股票、提供劳务或发生负债，而以货币衡量的数额。成本可以分为未耗成本和已耗成本。未耗成本可由未来的收入负担，例如存货、预付费用、厂房、投资、递延费用等属之；已耗成本不能由未来收入负担，应列为当期收入的减项，例如出售的产成品或其他资产的成本及当期的费用属之。"[㊀]从这个意义上说，成本是为获取财货或劳务而支付的现金或等价物。

广义成本包括狭义成本以及为管理生产和经营活动而发生的费用。就制造业来说，广义成本包括产品成本和期间费用，其成本计算方法称为完全成本法或制造成本法。

2. 狭义成本的含义

在商品经济条件下，人们借助于货币来衡量生产耗费并得到相应的补偿。从经济学的角度出发，成本就是以价值表现的各种耗费的补偿尺度。狭义成本一般是指产品的生产成本。

我国成本计算的理论基础是马克思价值理论。马克思研究成本是从商品经济的产生与发展入手，从劳动价值论学说出发，论证了生产成本的经济实际及其属性。马克思指出："按照资本主义方式生产的每一个商品 W 的价值，用公式来表示是 $W=c+v+m$。如果我们从这个产品价值中减去剩余价值 m，那么，在商品中剩下的，只是一个在生产要素上耗费的资本价值 $c+v$ 的等价物或补偿价值。"[㊁]商品在生产过程中所消耗的 $c+v$ 中的 c，表示商品生产过程所消耗的物化劳动，包括劳动资料和劳动对象上的耗费；v 是商品生产过程劳动者为养活自己所消耗的活劳动。

在社会主义市场经济条件下，马克思的生产成本理论仍然可以用 $c+v$ 表示，并可以表述为：为了生产某一产品，而在生产要素上耗费的资本金价值 $c+v$ 的个别劳动耗费，并应从销售收入中得到补偿的价值，以保持简单再生产的继续进行。

我国一般将成本定义为："成本是指企业为生产产品、提供劳务所发生的各项耗费。"企业应将当期已销商品或已提供劳务的成本转入当期的费用。

财政部发布的《企业产品成本核算制度（试行）》中，成本是指企业在生产产品过程中

㊀ 葛家澍，余绪缨．会计大典（第四卷）[M]．北京：中国财政经济出版社，1999.

㊁ 马克思，恩格斯．资本论（第三卷）[M]. 中共中央马克思恩格斯列宁斯大林著作编译局，译．北京：人民出版社，2004:30.

所发生的材料费用、职工薪酬等，以及不能直接计入而按一定分配标准分配计入的各种间接费用。

1.1.2　成本与期间费用

无论上述成本的含义如何，财务会计和成本会计都存在一个重要的问题，就是将取得资产或劳务的成本确认为费用的时间归属问题。在实际工作中，企业发生的全部耗费可以按一定的标准进行分类。以制造业为例，商品从制造到销售过程中所发生的各项费用从其功能角度划分，可分为制造成本和期间费用。

1. 制造成本

制造成本也称为生产成本，属于狭义成本。制造成本是指生产产品所发生的各项生产耗费，它是按一定的方法计算的产品生产成本。制造成本或生产成本包括直接材料、直接人工及制造费用等。

如果一项费用是为产品生产而发生的，不管是属于直接费用还是间接费用，均作为生产产品所发生的生产费用。

在制造业的生产过程中，首先将生产产品所发生的生产费用进行归集，然后采用一定的方法计算出完工产品的生产成本，最后通过一系列账务处理进行成本核算。生产费用的归集和分配、再归集和再分配的过程就是成本计算与核算的过程。

在完工产品未销售之前，其制造成本或生产成本构成库存商品的价值，形成企业的成品资金，未完工的在产品的制造成本或生产成本形成企业的生产资金。库存商品和在产品均为企业的资产，同属于资产负债表中的存货项目，西方成本会计称为“未耗成本”，可从未来的收入中得到补偿。

当产品销售后，已销商品的制造成本或生产成本作为补偿尺度，其价值形式由资产转化为费用，将从当期的销售收入中得到补偿，并与当期的销售收入相互配比以确定当期损益。已销商品的制造成本或生产成本作为被补偿的耗费列入利润表，西方成本会计称为“已耗成本”，必须从当期的收入中得到补偿。

2. 期间费用

期间费用是指一定期间内为经营和管理等目的所发生的费用。期间费用一般包括销售费用、管理费用及财务费用。

期间费用与制造成本不同，它是一定时期为经营和管理目的所发生的耗费，与产品生产没有直接关系。这些在一定期间内发生的费用也必须从销售收入中得到补偿，并且直接与收入进行配比以计算盈亏。

现行会计准则及财政部发布的《企业产品成本核算制度（试行）》中，规定了制造成本与期间费用的内容。在成本计算和核算中也要正确划分制造成本与期间费用的界限。

1.1.3　合理确定成本的开支范围

成本核算是企业有效地进行成本管理的重要基础，也是企业加强内部责任制，节能降耗，正确核算企业利润的重要前提。企业在生产经营过程中，要发生各种消耗，生产出能够满足社会需要的产品。通过成本计算，可以正确地区分和计算出在生产过程中所发生的各种消耗，计算出产品的价值并为生产经营管理决策提供可靠依据。

马克思关于商品成本的论述是制定成本开支范围的重要理论依据。但在实际工作中，成本的开支范围是由国家通过有关法规制度来加以界定的。

为了促使企业加强经济核算，减少生产损失，对于劳动者为社会劳动所创造的某些价值如财产保险费等，以及一些不形成产品价值的损失性支出，如工业企业的废品损失、季节性和修理期间的停工损失等也计入了成本。可见，成本实际开支范围与理论成本的内容有一定的差别。

成本开支范围和开支标准是企业进行成本管理的重要依据，正确制定成本的补偿标准，对保证企业经营资金的良性循环具有重要意义。因此，企业在制定成本开支范围时，实行成本补偿与成本杠杆相互制约、相互补充的原则，避免补偿不足或超额补偿。在成本补偿的基本前提下，发挥成本杠杆的作用，可以通过成本列支范围的确定，起到一定的激励或制约作用。

1.1.4 成本的作用

成本在企业经营管理工作中具有以下重要作用：

（1）成本是补偿生产耗费的尺度。企业作为独立的商品生产和经营者，其生产耗费必须从销售收入中得到补偿。企业取得的销售收入扣除生产耗费后，剩余部分才是企业的盈利。如果收入低于成本，生产耗费不能得到补偿，企业的再生产无法持续进行，因此成本是补偿生产耗费的尺度。

（2）成本是综合反映企业工作质量的重要指标。成本是考核企业工作质量的重要指标，各种耗费水平、企业经营管理的业绩都可以直接或间接地通过成本指标反映出来。

通过对成本的计划执行情况进行分析，客观地评价企业的成本水平，可以进一步促使企业加强管理，采取有效措施挖掘潜力，杜绝浪费，降低各种耗费，合理配置人力、物力和财力，降低成本，提高经济效益。

（3）成本是制定价格的重要依据。企业在制定商品的价格时，应遵循价值规律的基本要求。企业可以通过成本间接地掌握商品的价值，可以利用成本资料，考虑其他价格影响因素，确定商品价格。因此，成本是制定价格的重要依据。

（4）成本是企业决策的重要参数。成本是企业在生产经营决策中应考虑的重要因素之一。在价格一定的前提下，成本的高低会直接影响企业的盈利水平，而较低的成本可以使企业在市场竞争中处于有利地位，所以成本是企业制定价格的重要依据。

1.2 成本会计概述

1.2.1 成本会计的含义

对于成本会计的定义，国内外学术界一直存在各种各样的观点。这里主要介绍广义成本会计和狭义成本会计定义。

（1）狭义成本会计的含义。狭义成本会计的含义是对成本核算资料进行归集、记录、汇总、分配，最终确定产品的总成本和单位成本。该定义主要侧重于产品成本的计算。

（2）广义成本会计的含义。广义成本会计的含义除了指产品成本计算、核算以外，还包括对成本的计划和控制等方面的内容。

我们认为成本会计是商品经济发展到一定阶段产生的，是成本计算与复式记账法相结合的产物，是一种事后算账记录型的成本会计，属于传统的成本会计。

我们认为成本会计是指以成本和期间费用作为对象，为财务会计和管理会计提供成本核算信息的一种专业会计。这也是本书所用的成本会计定义。

1.2.2　成本会计的产生与发展

成本会计是适应商品经济发展的需要而产生并发展的。成本会计经历了一个漫长的历史时期，最后与复式记账法相结合，形成了成本会计。

1. 成本会计的萌芽阶段（16 世纪）

一些西方会计史学家认为，工业成本会计最早产生于 1368 年。当时某些纺织工业企业已经按不同的生产程序汇集各项生产费用，然后定期汇总转入总分类账，据以计算当期损益。但当时的成本记录和会计账簿并未真正融为一体。

16 世纪，在法国人办的普兰庭印刷厂，成本会计已经建立了简单的关于成本核算的账户体系。在该工厂，按每本书设总账，并采用相当于现在的品种法来计算产品成本。在账户中详细反映生产特定书籍所耗用的纸张、劳务费用和其他生产费用，等该书印刷完成后，再将相应账户余额结转到“库存本”账户，即相当于现在的库存商品账户。

除法国之外，意大利在工业会计方面也有所创新。在企业里，已建立了较为严密的内部控制制度，并设置了由日记账、分录账、总账、现金账、工资账、染色工账、织布工账、纺毛工账 8 种账簿组成账簿组织。同时，在企业会计核算中已逐渐认识到要将设备的原始成本在其经济寿命期内分期转销的费用视为折旧，这是成本会计一个的新进步。

随后，成本会计又传入了德国，德国会计界对成本会计进行了广泛而深入的研究，并且首先提出了划分直接费与间接费的方法，以及间接费的汇集和分配方法。1905 年莱特纳出版的《工业经营的成本核算》详细地论述了间接费用的分类和摊配标准，并确立了按部门进行成本核算的制度，对当时的会计实务发挥了指导性作用。

当时在成本计算技术中已引进了复式簿记法，但还没有形成一套较为成熟的成本核算体系。

2. 成本会计发展的早期阶段（1880 ～ 1920 年）

英国产业革命后，由于工业的迅速发展，企业间的竞争日益激烈，成本问题越来越受到重视。英国会计界将成本记录与计算和不同的会计工作结合起来，形成了成本会计体系。因此，真正的成本会计是从英国开始的。这时的成本会计成为记录型成本会计，即传统的成本会计形成了。

3. 传统成本会计的继承和发扬阶段（1921 年至今）

在这个阶段，人们在传统成本会计的基础上，引入标准成本制度，进行差异分析并对成本进行事中控制。

在这一阶段，美国会计界为适应泰勒制的实施，在 20 世纪 20 年代提出了标准成本制度，为加强内部成本管理和生产过程的控制提供了条件。这一阶段也是管理会计初步形成的阶段。

1952 年，国际会计师联合会（IFAC）正式通过了“管理会计”这个专用名词。1953 年，世界会计协会在巴黎的会议上正式承认管理会计是一门独立的科学，这标志着管理会计的形成，管理会计逐步形成以内部管理为目标的独立的会计分支。

从此，企业会计形成财务会计、管理会计两大分支的新格局。作为传统的成本会计，管理会计一方面为财务会计提供成本核算信息；另一方面为管理会计进行预测、决策、考核、分析提供成本核算信息。

关于成本会计与管理会计的关系，参见本书第 8.4.2 节的内容。

1.2.3 成本会计的职能

成本会计的职能，是指成本会计在企业管理中的作用与功能。成本会计具有核算和监督两大职能。

1. 成本会计的核算职能

成本会计的核算职能是成本会计的首要职能。成本会计的核算职能指从价值补偿的角度出发，反映生产经营过程中各种费用的支出，以及生产经营的业务成本和期间费用等的形成情况，为经营管理提供各种成本信息。

成本核算是通过对生产经营过程中实际发生的各项生产费用，按照一定的对象和标准进行汇集和分配，计算并确定各对象的总成本和单位成本。

成本核算职能通常是以已经发生的各种费用为依据，为经营管理提供真实的、可以验证的成本信息。

2. 成本会计的监督职能

成本会计的监督职能是指按照一定的成本目的和要求，监督各项生产经营耗费的合理性、合法性和有效性，以达到预期的成本管理目标。

成本会计的核算和监督职能是辩证统一、相辅相成的。没有正确、及时的核算，监督就失去了存在的基础；只有进行了有效监督，才能使成本会计为企业经营管理提供真实、可靠的信息，核算的职能才能得以充分发挥。可见，只有把核算和监督的职能有机地结合起来，才能充分发挥成本会计在企业管理中的作用。

1.2.4 成本会计的任务

成本会计的任务是成本会计职能的具体化。成本会计的主要任务如下：

1. 及时并正确地进行成本核算

为企业的经营管理提供信息。根据国家有关法规、制度的要求和企业管理的需要，企业应及时、正确地进行成本核算，提供真实、有用的信息，这是成本会计的基本任务。

由于成本核算所提供的信息不仅是存货计价的依据，还是企业计算利润的依据，同时也是企业进行成本管理的重要依据，所以成本会计应提供真实、有用的成本核算信息。

2. 严格控制各项费用支出，不断降低成本

企业是独立的商品生产者，要自负盈亏。因此，应贯彻经济核算制原则，不断降低成本，提高经济效益。成本作为补偿尺度，应从销售收入中得到补偿。成本会计核算必须遵照成本、费用的开支范围和开支标准，积极探求降低成本的途径和方法，不断地降低成本，以提高企业的经济效益。

3. 考核成本计划的完成情况，开展成本分析

成本是反映企业工作质量的重要指标。为了提高成本管理水平，完成成本计划，成本会计还应对成本进行核算和分析，揭示成本升降的原因，并提供相应措施。

1.2.5 成本会计工作的组织

为了充分发挥成本会计的职能，完成成本会计的任务，企业应科学地组织成本会计工作。

1. 设置成本会计机构

成本会计机构是处理成本会计工作的职能单位。对于大型和中型的企业，应在会计部门设置成本会计机构，专门从事成本会计核算工作。对小型企业，可以设置成本会计岗位，派人负责成本核算工作。

在成本会计机构内部，应按成本会计承担的任务或对象进行分工。企业内部各级成本会计机构的组织分工，又可分为集中核算和分级核算两种形式。

集中核算是指成本核算全部集中到厂部成本会计机构进行，车间不进行成本核算。

分级核算是指车间一级也要进行成本核算，然后由厂部进行汇总。

2. 配备成本会计人员

企业成本会计机构的负责人，是企业成本会计工作的领导者和组织者，应在总会计师和会计主管的领导下，具体组织成本核算工作。另外，还应配备相应职称的成本会计人员。

▶本章小结

本章首先讲述了成本的含义以及成本的作用，然后讲述了全部成本的内容，包括成本和期间费用两项内容以及合理确定成本开支范围的重要意义。

本章还论述了成本会计的含义、成本会计的产生和发展，最后讲述了成本会计的职能、任务和成本会计工作的组织。

▶思考题

1. 什么是广义成本？什么是狭义成本？
2. 成本在企业经营管理工作中的作用有哪些？
3. 什么是制造成本？
4. 制造成本包括哪些内容？
5. 什么是期间费用？期间费用包括哪些内容？
6. 什么是成本会计？
7. 成本会计有哪些职能？
8. 成本会计有哪些任务？
9. 企业应如何组织成本会计工作？

▶自测题

单项选择题

1. “成本是指企业在生产产品过程中所发生的材料费用、职工薪酬等，以及不能直接计人而按一定分配标准分配计入的各种间接费用。”该定义出自以下哪个文件？（　　）

   A. 成本定义出自企业会计准则　　B. 成本定义出自财务通则

   C. 成本定义出自内部控制制度　　D. 企业产品成本核算制度（试行）

2. 下列各项费用中，不属于制造费用的是（　　）。

   A. 车间耗费的一般材料费　　B. 车间管理人员工资及社会保险费

C. 固定资产修理费　　D. 固定资产折旧费

3. 下列各项费用中，不属于产品成本的是（　　）。

A. 直接材料　　B. 直接人工　　C. 燃料动力费　　D. 管理费用

4. 下列各项中，不属于成本会计的任务是（　　）。

A. 及时并正确地进行成本核算　　B. 严格控制各项管理费用的支出

C. 不断降低成本　　D. 考核成本计划的完成情况

5. 下列各项费用中，不属于期间费用的是（　　）。

A. 管理费用　　B. 制造费用　　C. 财务费用　　D. 销售费用

多项选择题

1. 狭义成本会计的含义是对成本核算资料进行（　　），最终确定产品的总成本和单位成本。

A. 归集　　B. 记录　　C. 汇总　　D. 分配

2. 成本在企业经营管理工作中的重要作用有（　　）。

A. 成本是补偿生产耗费的尺度　　B. 成本是综合反映企业工作质量的重要指标

C. 成本是制定价格的重要依据　　D. 成本是企业决策的重要参数

3. 成本会计的基本职能包括（　　）。

A. 核算　　B. 预测　　C. 决策　　D. 监督

4. 下列各项中，属于产品成本的费用有（　　）。

A. 原材料　　B. 制造费用　　C. 直接人工　　D. 管理费用

5. 成本会计产生和发展经历了下列阶段（　　）。

A. 成本会计的萌芽阶段　　B. 成本会计发展的早期阶段

C. 传统成本会计的继承阶段　　D. 传统成本会计的发扬阶段

判断题

1. 产品成本是由费用构成的，因此企业所发生的费用就是产品的成本。（　　）

2. 正确划分各种费用支出的界限应当遵循的原则是权责发生制原则。（　　）

3. 如果一项费用是为产品生产而发生的，不管是属于直接费用还是间接费用，均作为生产产品所发生的生产费用。（　　）

4. 集中核算是指成本核算全部集中到厂部会计机构进行，车间不进行成本核算。（　　）

5. 成本核算是将生产过程中发生的各项生产费用，按照一定的对象和标准进行汇集和分配，计算并确定各对象的总成本和单位成本。（　　）

第 2 章

产品成本核算的要求和程序

学习目标

1. 掌握成本核算的要求
2. 掌握成本核算的一般程序

2.1 成本核算的要求

2.1.1 完善各项成本核算的基础工作

产品成本，是指企业在生产产品过程中所发生的材料费用、职工薪酬等，以及不能直接计入而按一定标准分配计入的各种间接费用。成本核算是对产品生产过程中发生的各项费用进行汇集、分配和计算的过程。完整、准确的计算数据是企业进行成本核算的基础。因此，要正确计算产品成本并对其进行控制，首先应该从以下方面完善成本核算的基础工作。

1. 建立健全各项原始记录

原始记录是一项重要的基础工作，是反映企业生产经营活动的原始资料，是进行成本预测、编制成本计划、进行成本核算、分析消耗定额和成本计划执行情况的依据。

企业在成本核算过程中，应建立各方面的原始记录，统一规定其格式、内容和填写方法，明确各种领、存、取制度，保证全面、准确、及时地提供有关信息。

在成本核算中，企业应建立健全的原始记录主要有：

（1）生产方面的原始记录。生产方面的原始记录包括生产计划、工时消耗统计表、完工通知单、废品通知单、产成品和在产品入库单。

（2）原材料方面的原始记录。原材料方面的原始记录，包括原材料的验收入库单、领料单、材料退库单、材料报废单、盘盈盘亏记录等。

（3）固定资产方面的原始记录。固定资产方面的原始记录，包括固定资产卡片、设备调拨单、处置和报废的记录、使用情况记录等。

（4）劳动工资方面的原始记录。劳动工资方面的原始记录，包括考勤登记表、工资结算汇总表、工资分配汇总表等。

2. 建立健全定额管理制度

定额是指在企业的生产经营活动中，对人力、物力、财力的配备规定的标准。产品的各项消耗定额既是编制成本计划、分析和考核成本水平的依据，也是审核和控制成本的标准；而且在计算产品成本时，还可以将原材料、人工工时、机器工时等定额作为分配实际发生费用的标准。

在成本会计中，企业应制定的定额主要有：原材料消耗定额、辅助材料消耗定额、单位产品人工工时定额、制造费用消耗定额等。

3. 建立和健全材料的计量、收发、领退和盘点制度

在成本会计中，计量制度是保证原始记录准确无误的有效措施；验收制度是保证物资质量的有效保证。因此，应以实物计量为依据，正确地计算成本，建立和健全材料物资的计量、收发、领退和盘点制度。凡是材料物资的收发、领退，在产品、半成品的内部转移，以及产成品的入库等，均应填制相应的凭证，办理审批手续，由经办人员和有关部门负责人签字，并严格进行计量和验收，为正确计算产品成本提供可靠的依据。

4. 完善内部结算制度

企业内部的结算制度指企业内部各部门之间对相互提供的产品和劳务进行收付结算的一种制度，包括建立内部结算制度和指定内部结算价格。在成本会计中，企业应对原材料、半成品、厂内各车间提供的劳务制定厂内计划价格，以便各个部门计算产品成本和明确各部门之间的经济责任。

5. 建立和健全企业内部的转移价格

为了明确企业内部各个部门的经济责任，应对企业内部的原材料、半成品、产成品等在各部门的流转及所耗用的人工制定内部转移价格，作为内部结算和管理的依据。内部转移价格应切合实际并保持相对稳定，一般在年度内保持不变。如需对内部转移价格进行修订，一般宜在年末进行，下年度按新修订的内部转移价格进行核算。

为了实现成本计算的准确性，对各种物资的计价和价值的结转，都应采用合理、简便的方法。

2.1.2 正确划分各种费用界限

产品成本的计算过程，就是费用界限划分的过程。在成本计算过程中应划清重要的费用界限。

1. 正确划分应计入产品成本的支出和不应计入产品成本的支出

制造业的支出多种多样，企业在确定支出的归属时一定要注意支出的目的。只有生产产品所发生的费用，才能计入产品成本，不是生产产品所发生的支出不能计入产品成本，如筹资活动的支出和投资活动的支出等。按照我国现行制度的规定，对外投资的支出、耗费和损失；对长期资产投资的支出、耗费和损失，包括有价证券的转让损失、固定资产出售损失和报废损失等；捐赠支出；各种筹资费用，包括应计利息、贴现费用、证券发行费用等均不应计入产品成本。

2. 正确划分产品生产费用和期间费用的界限

企业的费用一般分为计入成本的费用和期间费用。

计入成本的费用是指用于产品生产的各项费用，包括生产过程中所发生的直接材料、直接人工和制造费用。计入产品成本的费用形成产品成本，并在结转产品销售成本以后计入损益，与销售收入进行配比，确定盈亏。当期投产并完工的产品不一定当期销售，因此，当期的生产费用通常不计入当期的销售成本。

期间费用是指与一定时间相联系，直接与收入配比的费用。期间费用通过损益表类账户核算，不计入产品成本。

如果将期间费用列为成本，就会因为虚增了成本而导致利润不实，减少国家财政收入。如果将应计入成本中的费用列为期间费用，就会造成成本不实，不利于产品的成本管理，同时由于期间费用的计算不正确而影响利润的计算。为了正确计算产品成本和企业的盈亏，要正确划分计入产品的生产费用和期间费用的界限。

3. 正确划分各个会计期间的费用界限

为了分期考核成本计划或定额的完成情况，正确计算成本和损益，还应正确划分各个会计期间的费用界限。

应计入生产成本的跨期费用，还应在各月之间进行分配，以便分月计算产品成本。应由本月产品负担的费用，应全部计入本月产品成本；不应由本月负担的生产费用，则不应计入本月的产品成本。

在划分各期间费用时，应该以权责发生制为基础，正确地核算长期待摊费用。本期一次性支付但应由以后各期负担的费用称为待摊费用；本月虽未支付，但本月已经受益，应由本月负担的费用称为预提费用。值得注意的是，为了避免人为调节利润和成本，企业会计准则规定，除了长期待摊费用以外，应将本期支付的费用和支出全部计入当期的成本或当期的费用。企业的短期借款利息采取预提方式核算的，所形成的利息债务，在“应付利息”账户中核算。新会计准则取消了“待摊费用”和“预提费用”会计科目。

4. 正确划分不同成本对象的费用界限

对于应计入本月产品成本的费用还应在各种产品之间进行划分：凡是能分清应由某成本计算对象负担的直接费用，应直接计入该产品成本计算对象；属于共同发生、不易分清应由哪种产品成本计算对象负担的间接费用，则应采用合理的方法分配计入有关产品成本。

5. 正确划分完工产品和在产品成本的界限

在划分不同成本对象的费用界限的基础上归集的某成本计算对象负担的生产费用合计（包括期初在产品成本以及本期直接或间接计入该成本计算对象的生产费用)，应在完工产品和产品成本之间进行分配。

当月末计算产品成本时，如果生产的某种产品已经全部完工，将全部生产费用（即期初生产成本加上本月发生的生产费用）作为完工产品成本，然后根据完工产品数量计算每单位产品的成本；如果某种产品没有完工产品，则将全部生产费用作为月末在产品成本；如果某种产品既有完工产品又有在产品，则将全部生产费用采用适当的方法，在同一产品的完工产品和产品之间进行分配。

在划分完工产品和在产品成本的过程中，应该避免任意提高或降低完工产品成本，从而影响资产负债表中存货计量的准确性和利润表中主营业务成本计量的准确性的行为。

2.1.3　成本计算方法的选择

产品成本是在生产过程中形成的，由于产品的生产工艺过程和生产组织不同，以及管理的要求不同，应选择不同的成本计算方法。

为了满足企业成本管理的需要，应根据生产特点、管理要求选择适当的成本计算方法，以正确、及时地计算产品成本，为成本管理提供有用信息。

2.2 费用的分类

费用的分类也是产品成本核算的重要内容之一。费用可以按照不同的标准分类，其中最基本的是按照费用的经济内容和经济用途分类。

2.2.1 费用按照经济内容分类

费用按照经济内容分类，可以划分为劳动对象方面的费用、劳动手段方面的费用和活劳动方面的费用三大类。为了具体反映费用的构成，我们将其进一步划分为 9 个费用要素。

（1）外购材料。企业为进行生产经营而耗用的一切从外单位购进的原料及主要材料、半成品、辅助材料、包装物、修理用备件和低值易耗品等。

（2）外购燃料。企业为进行生产经营而耗用的一切从外单位购进的各种固体、液体和气体燃料。

（3）外购动力。企业为进行生产经营而耗用的一切从外单位购进的各种动力。

（4）工资薪酬。企业应计入产品成本和期间费用的职工工资薪酬。

（5）社会保险及其他工资性支出。企业根据规定按照一定标准计算、应计入产品成本和期间费用的职工“五险一金”、非货币性福利、职工教育经费、工会经费等。

（6）设备的折旧费。企业按照规定的固定资产折旧方法计算提取的折旧费用。

（7）利息支出。企业应计入财务费用的借入款项的利息支出减利息收入后的净额。

（8）税金。应该计入企业“税金及附加”账户的各种税金，如印花税、房产税、车船使用税、土地使用税等[⊖]。

（9）其他支出。不属于以上各要素但应计入产品成本或期间费用的支出，如差旅费、租赁费、外部加工费以及保险费等。

2.2.2 费用按照经济用途分类

企业在生产经营过程中发生的费用，可以分为计入产品成本的费用和期间费用。

1. 计入产品成本的费用

计入产品成本的费用在生产过程中也有很大的差异。有的直接用于产品，称为直接费用，一般在发生时直接计入产品成本；有的间接用于产品，称为间接费用。由于这种费用在发生时无法确定成本计算对象，所以发生间接费用时，一般先进行归集，期末采用一定的分配方法分配给各个成本计算对象。制造企业一般设置直接材料、其他直接费用、直接人工和制造费用等成本项目。

（1）直接材料。直接材料属于直接费用，包括企业在生产产品和提供劳务的过程中所消耗的，直接用于产品生产，构成产品实体的原料及主要材料、外购半成品（外构件）、修理用备件、包装物、有助于产品形成的辅助材料以及其他直接材料。

（2）直接人工。直接人工属于直接费用，包括企业在生产产品和提供劳务的过程中，直

⊖ 该项目原计入管理费用，“营改增”后计入“税金及附加”账户。

接从事产品的工人工资以及按规定的比例计算的“五险一金”、非货币性福利、职工教育经费、工会经费等工资性支出。

（3）其他直接费用。其他直接费用属于直接费用，包括企业发生的除直接材料费用和直接人工费用以外的，与生产商品或提供劳务有直接关系的费用。

上述 3 项直接费用，应当根据实际发生数额进行核算，并按照成本计算对象进行归集，直接计入产品的生产成本。

（4）制造费用。制造费用属于间接费用，是企业为生产产品和提供劳务而发生的各项间接费用，包括车间管理人员的工资薪酬以及按规定的比例计算的“五险一金”、非货币性福利、职工教育经费、工会经费等工资性支出，折旧费、办公费、水电费、机物料消耗、劳动保护费、季节性和修理期间的停工损失等。

间接费用一般先进行归集，期末采用一定的分配方法分配计入各成本计算对象。

2. 期间费用

企业的期间费用按照经济用途可以分为管理费用、销售费用和财务费用。

（1）管理费用。管理费用是指企业为了组织和管理企业生产经营所发生的各项费用，包括企业的董事会和行政管理部门在企业的经营管理中发生的，或者应该由企业统一负担的公司经费（包括行政管理部门职工工资以及按规定的比例计算的“五险一金”、非货币性福利、职工教育经费、工会经费等工资性支出，企业发生的全部固定资产费用化的修理费、机物料消耗、低值易耗品摊销、办公费和差旅费等）、董事会费（包括董事会会员津贴、会议费和差旅费等）、聘请中介机构费、咨询费（含顾问费）、诉讼费、业务招待费、技术转让费、矿产资源补偿费、无形资产摊销、职工教育经费、研究与开发费、排污费、存货盘亏或盘盈。

（2）销售费用。销售费用是企业在产品销售过程中发生的费用，以及为销售本企业产品而专设的销售机构的各项经费。包括运输费、装卸费、包装费、保险费、展览费和广告费，以及为销售本企业商品而专设的销售机构（含销售网点、售后服务网点等）的职工工资薪酬及按规定的比例计算的“五险一金”、非货币性福利、职工教育经费、工会经费等工资性支出，固定资产折旧费等销售环节发生的费用。

（3）财务费用。财务费用是企业为筹集生产经营所需的资金而发生的各项费用，包括利息支出（减利息收入）、汇兑损失（减汇兑收益）以及相关的手续费等。

2.3　产品成本核算的一般程序

2.3.1　成本核算使用的主要账户

为了进行成本核算，企业一般应设置“生产成本”总分类账户，下设“基本生产成本”“辅助生产成本”二级账户，并根据成本计算对象设置明细账户。企业还应在“制造费用”总分类账户下设“基本生产成本”“辅助生产成本”二级账户，并根据车间或工序设置明细账户。

另外，在费用归集以及成本核算过程中还会涉及“原材料”“应付职工薪酬”“累计折旧”“银行存款”“销售费用”“管理费用”“财务费用”“长期待摊费用”等账户。

1.“生产成本——基本生产成本”账户的设置

基本生产是指为完成企业主要生产目的而进行的产品生产。

“生产成本——基本生产成本”账户核算企业生产的各种产成品、半成品、自制半成品、自制材料、自制工具等所发生的各项费用。该账户借方登记企业为进行基本生产而发生的各种费用，包括生产过程中发生的直接材料、直接人工费用和月末通过“制造费用”账户分配结转的间接费用，贷方登记转出的完工并验收入库的产品成本，该账户的借方余额表示企业基本生产的在产品成本。

“生产成本——基本生产成本”账户的明细账户应按成本计算对象设置，如按产品品种、生产产品的批别、生产步骤等成本核算对象设置明细账户，账内按照产品成本项目分设专栏或专行，其常用格式如表 2-1 所示。

表 2-1　基本生产成本明细账

产品名称：　　　　　　　　　　车间：

月	日	摘要	产量	成本项目			成本合计
				直接材料	直接人工	制造费用	
		月初在产品成本					
		本月生产费用					
		生产费用合计					
		本月完工产品成本					
		完工产品单位成本					
		月末在产品成本					

2.“生产成本——辅助生产成本”账户的设置

辅助生产是指为基本生产服务而进行的产品生产和劳务的供应。

“生产成本——辅助生产成本”账户核算为基本生产车间及其他部门提供产品、劳务等所发生的各项费用。该账户借方登记企业为进行辅助生产而发生的各种费用，包括开展辅助生产过程中发生的直接材料、直接工资费用和月末通过“制造费用”分配结转的间接费用；贷方登记转出的完工入库的低值易耗品、加工的材料、包装物成本或分配转出的提供劳务的成本；该明细账户一般没有余额，如有借方余额，则表示辅助生产的在产品成本。

“生产成本——辅助生产成本”账户的明细账户应按辅助生产车间和生产的产品、劳务分设明细账，账内按照产品成本项目或费用项目分设专栏或专行，其常用格式如表 2-2 所示。

表 2-2　辅助生产成本明细账

产品名称：　　　　　　　　　　车间：

月	日	摘要	产量	成本项目			成本合计
				直接材料	直接人工	制造费用	
		材料费用分配汇总表					
		工资费用分配表					
		非货币性福利分配表					
		制造费用分配表					
		本月发生额合计					
		结转本月发生额					

3.“制造费用”账户的设置

“制造费用”账户属于成本类账户，核算企业各生产单位（如车间）为组织和管理生产而发生的各项间接费用。该账户的借方登记企业各生产单位发生的各项间接费用；贷方登记月末分配并转出的应由各产品成本计算对象负担的制造费用。该账户月末一般无余额。该账户应按不同车间、不同部门和费用项目设置明细账。

4. 除成本之外的其他账户的设置

由于计入成本的费用和计入损益的期间费用的发生是同步的，因此在归集生产费用的同时，还会涉及损益类账户。由于要按照权责发生制的要求处理跨期业务，因此还要涉及“长期待摊费用”账户。

（1）“管理费用”账户。“管理费用”属于损益类账户，用来核算企业行政管理部门为组织和管理生产经营活动而发生的各项管理费用。该账户借方登记发生的各项管理费用；贷方登记期末转入“本年利润”账户的管理费用；期末结转后，该账户无余额。该账户应按照费用项目设置专栏，进行明细核算。

（2）“财务费用”账户。“财务费用”属于损益类账户，用来核算企业为筹集生产经营所需资金而发生的各项费用。该账户借方登记发生的各项费用；贷方登记期末转入“本年利润”账户的财务费用；期末结转后，该账户无余额。该账户应按照费用项目设置专栏，进行明细核算。

（3）“销售费用”账户。“销售费用”属于损益类账户，用来核算企业在产品销售过程中发生的各项费用以及为销售本企业产品而专设的销售机构发生的各项营业费用。该账户借方登记发生的各项费用；贷方登记期末转入“本年利润”账户的营业费用；期末结转后，该账户无余额。该账户应按照费用项目设置专栏，进行明细核算。

（4）“长期待摊费用”账户。“长期待摊费用”属于资产类账户。核算企业已经支付，但应由本期和以后各期负担的分摊期在一年以上的各项费用。该账户的借方登记企业已经支付的各项费用；贷方登记分期摊销的各项费用；余额在借方，表示已经支付但尚未摊销的各项费用。该账户按成本项目设置明细账。

2.3.2　成本核算的一般程序

成本核算的一般程序是指对企业在生产经营过程中发生的各项费用，按照成本核算的要求，逐步进行归集和分配，计算出各种产品的成本和期间费用的过程。虽然各个企业的生产工艺和管理要求不同，但在成本核算方面依然存在一定的共性，这就是成本核算的一般程序。

生产过程发生的费用应根据其与产品的关系，分别进行处理；有的属于直接费用，则直接计入产品成本。有的属于间接费用，则先通过“制造费用”账户进行归集，期末转入“生产成本”账户；期末将归集在“生产成本”账户中的费用在完工产品和在产品之间进行分配。上述成本核算程序具体如下：

（1）根据国家规定的成本开支范围，正确区分计入产品成本的费用和不应计入产品的费用。企业应在对各项支出的合理性、合法性进行审核和控制的基础上，正确划分计入产品成本的费用和不应计入产品的费用。

（2）编制材料、工资等要素费用分配表，分配要素费用。企业生产过程中耗用的费用，通过编制材料、工资等要素费用分配表，将与产品直接相关的费用分配到产品的“基本生产成本”“辅助生产成本”等明细分类账；不能直接归属到产品中的生产费用，先进行归集，登记到“制造费用”账户；与企业行政管理相关的费用，将其分配到“管理费用”账户；与企业销售过程相关的费用，将其分配到“销售费用”账户。企业要正确划分计入成本的费用与计入损益的费用界限以及各种产品之间的界限。

（3）编制长期待摊费用分配表正确处理跨期摊提费用。对发生的跨期费用，应以权责发生制为基础，要正确判断其归属期，正确划分各个会计期间的界限。

（4）编制辅助费用分配表，辅助费用的归集和分配。在会计期末，企业应将计入“生产成本辅助生产成本”明细账中的费用，根据其受益对象分配到“基本生产成本”明细账户、“制造费用”账户、“管理费用”账户。企业要正确划分计入成本的费用与计入损益的费用界限以及各种产品之间的界限。

（5）编制制造费用分配表，分配制造费用。在会计期末，企业应将计入“制造费用”账户中的各项间接费用，采用适当的分配方法分配计入产品成本中去。企业要正确划分各成本计算对象的界限。

（6）编制产品成本计算单，结转完工产品的成本。在会计期末，企业应将记在“生产成本——基本生产成本”明细账中的生产费用合计，采用一定的成本计算方法，将其在完工产品与在产品之间进行分配，以确定本期完工产品成本，并将其转入“库存商品”账户。企业要正确划分完工产品和在产品之间的费用界限。

成本核算的一般程序，如图 2-1 所示。

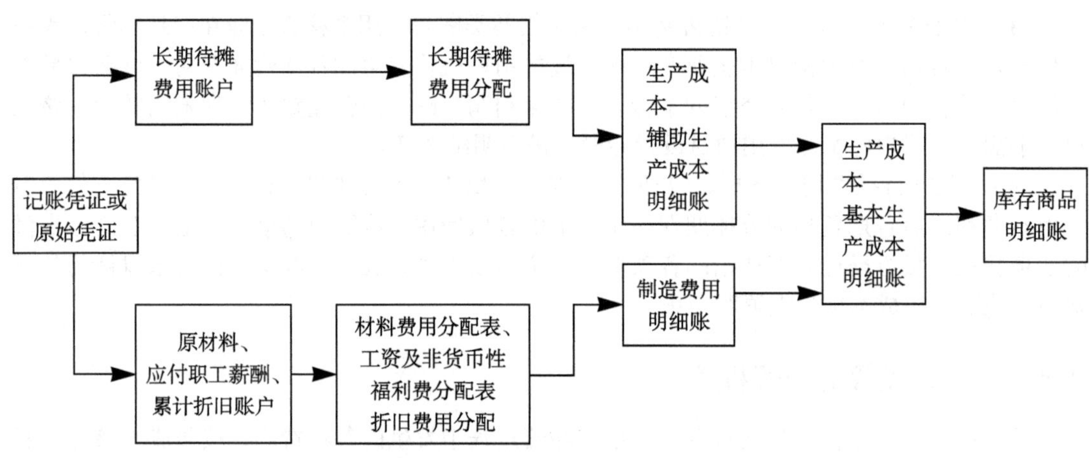

图 2-1 成本核算的一般程序

▶本章小结

本章主要阐述了产品成本核算的要求，包括完善各项成本计算的基础工作、正确划分各种费用界限和成本计算方法的选择。

首先，企业应完善各项成本计量的基础工作，建立和健全原始记录、定额管理制度、材料物资的收发、领退等制度、内部结算以及内部转移价格。其次，要正确划分 5 类界限。最后，企业还应正确选择成本计算方法。

对于费用的分类，最基本的费用按照经济内容和经济用途分类。产品成本计算必须按成本核算的一般程序计算产品成本。

▶思考题

1. 成本核算的要求是什么？
2. 费用按照经济用途的分类包括哪些内容？
3. 费用按照经济内容的分类包括哪些内容？

4. 成本核算的一般程序包括哪些内容？
5. 成本核算应使用的主要账户有哪些？

▶自测题

单项选择题

1. “制造费用”账户属于（　　）账户。
   A. 成本类　　B. 损益类　　C. 负债类　　D. 所有者权益类
2. “管理费用”账户属于（　　）账户。
   A. 成本类　　B. 损益类　　C. 负债类　　D. 所有者权益类
3. “生产成本”账户属于（　　）账户。
   A. 成本类　　B. 损益类　　C. 负债类　　D. 所有者权益类
4. 房产税、车船使用税、土地使用税、印花税等税金，“营改增”后记入（　　）账户借方。
   A. 管理费用　　B. 税金及附加　　C. 财务费用　　D. 制造费用
5. 企业计提车间管理人员的薪酬时，应借记的账户是（　　）。
   A. 管理费用　　B. 财务费用　　C. 制造费用　　D. 生产成本

多项选择题

1. 费用按照经济内容分类，包括（　　）。
   A. 外购材料　　B. 外购燃料　　C. 外购动力
   D. 工资薪酬　　E. 设备折旧费
2. 下列项目中，属于计入产品成本的费用有（　　）。
   A. 直接材料　　B. 直接人工　　C. 其他直接费用
   D. 制造费用　　E. 财务费用
3. 下列账户中，属于成本核算使用的账户有（　　）。
   A. 生产成本——基本生产成本　　B. 生产成本——辅助生产成本
   C. 制造费用　　D. 财务费用　　E. 管理费用
4. 下列账户中，属于期间费用的账户有（　　）。
   A. 销售费用　　B. 生产成本——辅助生产成本
   C. 制造费用　　D. 财务费用　　E. 管理费用
5. 企业计提职工薪酬时，应借记的账户有（　　）。
   A. 销售费用　　B. 生产成本　　C. 制造费用
   D. 财务费用　　E. 管理费用

判断题

1. “制造费用”属于期间费用。（　　）
2. 计入产品成本的费用包括直接材料和直接人工。（　　）
3. “管理费用”账户核算的内容中包括房产税、印花税。（　　）
4. 期间费用包括管理费用、财务费用、销售费用、税金及附加。（　　）
5. “制造费用”账户期末将账户余额结转到“本年利润”账户。（　　）

第3章

生产费用在各种产品之间的归集与分配

学习目标

1. 掌握各项要素费用的归集与分配
2. 掌握长期待摊费用的归集与分配
3. 掌握辅助生产费用的归集与分配
4. 掌握废品损失和停工损失的归集与分配
5. 掌握制造费用的归集与分配

3.1 各项要素费用的归集与分配

3.1.1 要素费用的归集与分配概述

基本生产车间发生的各项要素费用，最终都要记入各种产品的生产成本明细账。由于生产成本明细账（或称产品成本明细账、产品成本计算单）是按产品的品种等成本计算对象设置，账内按成本项目设立专栏或专行，因此，在产品生产过程中所发生的各项要素费用，应分别针对各种情况记入生产成本明细账。

1. 直接费用的归集

对于直接用于产品生产（特指基本生产的产品）的各项要素费用，应按成本项目直接记入“生产成本——基本生产成本”明细账的各专栏或专行。例如，构成产品实体的材料费用、工艺耗用的燃料及动力费用等，属于某成本计算对象的直接费用，则应直接记入该成本计算对象生产成本明细账的“直接材料”“直接人工”“燃料及动力”等成本项目。

如果是属于几种产品共同耗用的，则应采用适当的分配方法，进行分配后分别记入该产品的生产成本明细账的“直接材料”“直接人工”“燃料及动力”等成本项目。

2. 间接费用的归集

对于直接用于产品生产而没有专设成本项目的生产费用，如基本生产车间的机器设备的折旧费等以及间接用于产品生产的费用，应先记入“制造费用”总分类账及所属明细账有关的费用项目；月末，再将归集的全部制造费用通过一定的分配程序，分配转入“生产成本——基本生产成本”明细账。

对于间接费用的分配，应该选择适当的分配方法进行分配。所谓适当的分配方法，就是分配所依据的标准与所分配的费用有比较密切的联系，因此分配结果比较合理。间接费用的分配标准主要有：产品的产量、重量、生产工时、生产工人工资、机器工时、原材料消耗量或原材料费用，以及定额消耗量、定额费用等。

分配间接计入费用的计算公式如下：

$$\text{费用分配率}=\frac{\text{待分配费用合计数}}{\text{分配标准总额}}$$

$$\begin{matrix}\text{某产品或分配}\\\text{对象应分配的费用}\end{matrix}=\begin{matrix}\text{该产品或分配}\\\text{对象的分配标准}\end{matrix}\times\text{费用分配率}$$

对于直接或间接用于辅助生产的费用，应记入“生产成本——辅助生产成本”账户及其所属明细账，或者先分别记入“生产成本——辅助生产成本”和“制造费用”账户进行归集，然后通过一定的分配程序和分配方法，记入“生产成本——基本生产成本”账户及所属明细账有关的成本项目。这样，在“生产成本——基本生产成本”账户及所属各种产品成本明细账中，就归集了应由本月基本生产各种产品负担的全部生产费用。将这些费用加上月初在产品费用的合计数在完工产品和月末在产品之间进行分配，便可计算出完工产品和月末在产品的成本。

对于在生产中发生的期间费用，则应分别记入“销售费用”“管理费用”和“财务费用”总账及其所属明细账，然后转入“本年利润”账户，以便计算当月损益。

3.1.2　材料费用的归集与分配

在产品生产过程中，会大量地消耗各种材料，如各种原材料及主要材料、辅助材料等。它们中有的用于产品生产，有的用于维护生产设备或组织管理生产，还有的用于非工业性生产。为此，应根据领料凭证所列材料的种类、数量和用途等编制“耗用材料汇总表”并据以编制记账凭证，作为记账的依据。

对于生产剩余的材料和回收的废料，应办理退库手续，根据退料凭证和废料交库凭证，按材料领用时的用途归类，扣减原领用的材料费用。对于车间已领未用、下月需要继续耗用的材料，为了简化月末退库和月初领用手续，可以采用“假退料”方法，转为下月领料，但这样的话，不能列为本月费用支出。

对于直接用于产品生产且构成产品实体的材料，如果是按产品领用的，属于直接费用，应根据领料凭证直接记入该种产品的“生产成本——基本生产成本”明细账的“直接材料”成本项目。如果所领材料是几种产品共同耗用的，不能分清哪种产品具体耗用多少，则采用适当的分配方法，分配后记入有关产品成本中的“直接材料”成本项目。

材料的收发核算，可以按照材料的实际成本计价核算，也可以按照计划成本计价核算。如果采用实际成本计价核算，在材料发出时，应该采用先进先出、加权平均、移动平均或个别计价等方法进行计算；如果采用计划成本计价核算，在材料发出时，还应分摊其材料成本差异额。

【例 3-1】某企业 2018 年 5 月生产甲、乙两种产品，共同耗用原材料费用 43 120 元。甲、乙两种产品的产量分别是 3 475 件和 3 240 件，甲、乙两种产品的单位定额消耗量分别是 8 千克和 5 千克。请以材料定额消耗量作为分配标准分配材料费用。

解析：

（1）计算产品定额消耗量：

甲产品定额消耗量 = 3 475×8 = 27 800（千克）

乙产品定额消耗量 = 3 240×5 = 16 200（千克）

合计　44 000（千克）

$$原材料费用分配率 = \frac{43\ 120}{27\ 800 + 16\ 200} = 0.98（元/千克）$$

（2）计算分配的材料费用：

甲产品应分配的材料费用 = 27 800×0.98 = 27 244（元）

乙产品应分配的材料费用 = 16 200×0.98 = 15 876（元）

合计　43 120（元）

在实际工作中，上述原材料费用的分配是通过编制“材料费用分配表”进行的。这种分配表应按材料类别并分车间、部门，根据领料凭证和有关资料编制。其中，退料凭证的数额可以从相应的领料凭证的数额中扣除。

“材料费用分配表”的格式及内容参见表 3-1。

在表 3-1 中直接计入的费用，应根据领料凭证及退料凭证，按照材料的用途分类填列。分配计入的费用，应根据用于产品生产的领料凭证及退料凭证和前述分配计算过程填列。

表 3-1　材料费用分配表

2018 年 5 月　（单位：元）

应记账户		成本（费用）项目	直接计入	分配计入			合计
				分配标准	分配率	金额	
基本生产成本	甲产品	直接材料	36 000	27 800	0.98	27 244	63 244
	乙产品	直接材料	19 500	16 200	0.98	15 876	35 376
	小计		55 500	44 000		43 120	98 620
辅助生产成本	机修	直接材料	12 000				12 000
	运输	直接材料	2 400				2 400
	小计		14 400				14 400
制造费用		机物料	3 800				3 800
管理费用		机物料	4 200				4 200
销售费用		其他	5 000				5 000
合计			82 900			43 120	126 020

根据表 3-1，编制会计分录如下：

借：生产成本——基本生产成本——甲产品　63 244

　　　　　　　　　　　　　——乙产品　35 376

　　生产成本——辅助生产成本——机修车间　12 000

　　　　　　　　　　　　　——运输车间　2 400

　　制造费用　3 800

　　管理费用　4 200

　　销售费用　5 000

　贷：原材料　126 020

3.1.3 燃料费用的归集与分配

燃料实际上也应归属于材料，因而燃料费用分配的程序和方法与第 3.1.2 节所示的材料费用分配的程序和方法是相同的。

对于直接用于产品生产的燃料，如果是按产品领用的，属于直接费用，应根据领料凭证直接记入该种产品“生产成本——基本生产成本”明细账。如果燃料费用占产品成本的比重较小，直接记入“直接材料”成本项目；如果燃料费用占产品成本的比重较大，可以设置“燃料及动力”成本项目，发生时直接计入该成本项目。

如果所领燃料是几种产品共同耗用的，不能分清哪种产品具体耗用多少，则采用适当的分配方法，分配后记入有关产品成本中的“直接材料”或“燃料及动力”成本项目。

3.1.4 低值易耗品费用的归集与分配

低值易耗品是指不作为固定资产核算的各种劳动手段，包括工具、管理用具、玻璃器皿以及在生产经营过程中周转使用的包装容器等各种用具物品。

低值易耗品的性质属于劳动资料，而非劳动对象，它具有反复使用、价值分次转移的特点，又由于它与材料等劳动对象同属于企业的存货，所以它和材料的核算既有相同之处，又有区别。

低值易耗品与材料相同之处是，其日常核算既可以按照实际成本计价进行，也可以按照计划成本计价进行。区别在于，材料领用后被一次性消耗，价值一次性转移，而低值易耗品领用后可以反复使用，价值分次转移，其转移的价值可以采用不同的摊销方法进行。

新会计准则规定，如果企业低值易耗品品种比较多并且收发频繁，可设置“低值易耗品”总账，并按品种规格设置明细账进行核算。如果低值易耗品业务不多，可在“周转材料”总账下设置“低值易耗品”二级账户，并按品种设置明细账进行核算。

因低值易耗品的摊销额在产品成本中所占比重较小，又没有专设成本项目，为此，对于生产领用应计入产品成本的低值易耗品摊销额作为间接费用先记入“制造费用”账户进行归集；对于为组织和管理生产经营活动而领用的低值易耗品的摊销额，记入“管理费用”账户；用于其他经营业务的低值易耗品的摊销额，则记入“其他业务成本”账户。

低值易耗品的摊销方法一般有一次摊销法、五五摊销法。

1. 一次摊销法

一次摊销法又称一次转销法或一次计入法。采用这种方法，在领用低值易耗品时，将其全部价值一次计入当月成本、费用，借记“制造费用”“管理费用”等账户，贷记“低值易耗品”“材料成本差异——低值易耗品差异”等账户。当低值易耗品报废时，应将残料价值作为当月低值易耗品摊销的减少，冲减有关的成本、费用，借记“原材料”账户，贷记“制造费用”“管理费用”等账户。

2. 五五摊销法

五五摊销法又称五成摊销法。采用这种摊销方法，在低值易耗品领用时先摊销其一半价值，报废时再摊销其另外一半价值。

在这种方法下，为了反映在库、在用低值易耗品的价值和低值易耗品的摊余价值，应在“低值易耗品”总账账户下分设“在库低值易耗品”“在用低值易耗品”和“低值易耗品摊销”3个二级账户，分别进行核算。

从仓库领用时，应按其价值（实际成本或计划成本）借记“低值易耗品——在用低值易耗品”账户，贷记“低值易耗品——在库低值易耗品”账户；同时，按其价值的50%进行摊销，借记“制造费用”“管理费用”等账户，贷记“低值易耗品——低值易耗品摊销”账户。

当低值易耗品报废时，按其残值借记“原材料”账户，贷记“制造费用”“管理费用”等账户。同时按报废低值易耗品剩余的50%价值进行摊销，借记“制造费用”“管理费用”等账户，贷记“低值易耗品——低值易耗品摊销”账户。最后，还应将报废低值易耗品的价值及其累计摊销额进行注销，借记“低值易耗品——低值易耗品摊销”账户，贷记“低值易耗品——在用低值易耗品”账户。

如果低值易耗品是按计划成本进行日常核算的，月末还要分配低值易耗品的成本差异，以调整其领用的计划成本。

3.1.5 外购动力费用的归集与分配

外购动力费用是指从外部购买的各种动力，如购买电力、蒸汽等所支付的费用。外购动力有的直接用于产品生产，如生产工艺用电（动力用电）；有的间接用于产品生产，如生产车间照明用电；有的用于企业经营管理，如行政管理部门照明用电。这些动力费用的分配，在有仪表记录的条件下，应根据仪表显示的耗用量和单价计算，按用途归入某产品成本、制造费用及管理费用；如果没有仪表记录，则可按照生产工时比例、机器工时比例或定额消耗量比例等进行分配。

实际工作中，各车间、部门的动力用电和照明用电一般都分别装有电表，因此，外购电力费用在各车间、部门的动力用电和照明用电之间，一般应按用电度数进行分配；车间中的动力用电，一般不会按照产品分别安装电表，因而车间动力用电费在各种产品之间通常按产品的生产工时比例、机器工时比例、定额耗电量比例或其他比例进行分配。

【例3-2】某企业2018年5月生产甲、乙两种产品时，共耗用动力费用20 000元，没有分产品安装电表，规定按产品的生产工时比例进行分配。甲、乙两种产品的生产工时分别是27 000小时和13 000小时。动力费用分配如下：

$$\text{动力费用分配率}=\frac{20\,000}{27\,000+13\,000}=0.5\text{（元/小时）}$$

甲产品应分配的动力费用 = 27 000×0.5 = 13 500（元）

乙产品应分配的动力费用 = 13 000×0.5 = 6 500（元）

合计 20 000（元）

直接用于产品生产的动力费用，在按一定标准分配后，记入各产品的“生产成本——基本生产成本”明细账中的“燃料及动力”成本项目；车间照明耗电，应记录于“制造费用”明细账；行政管理部门照明耗电，应记录于“管理费用”明细账。例3-2中外购动力费用的分配，是通过编制如表3-2所示的“外购动力费用分配表”进行的。

根据表3-2，编制会计分录如下：

借：生产成本——基本生产成本——甲产品　　13 500
　　　　　　　　　　　　　　——乙产品　　6 500
　　生产成本——辅助生产成本——机修车间　　5 000
　　　　　　　　　　　　　　——运输车间　　2 000

制造费用　　　　3 500

管理费用　　　　4 500

销售费用　　　　2 000

贷：银行存款　　　　37 000

表 3-2　外购动力费用分配表

2018 年 5 月　　　　（单位：元）

应记账户		成本（费用）项目	直接计入	分配计入			合计
				分配标准	分配率	金额	
基本生产成本	甲产品	燃料及动力		27 000	0.5	13 500	13 500
	乙产品	燃料及动力		13 000	0.5	6 500	6 500
	小计			40 000		20 000	20 000
辅助生产成本	机修	水电费	5 000				5 000
	运输	水电费	2 000				2 000
	小计		7 000				7 000
制造费用		水电费	3 500				3 500
管理费用		水电费	4 500				4 500
销售费用		水电费	2 000				2 000
合计			17 000			20 000	37 000

3.1.6　职工薪酬的归集与分配

1. 职工薪酬的含义与内容

职工薪酬是指企业为获得职工提供的服务或解除劳动关系而给予的各种形式的报酬或补偿。职工薪酬包括短期薪酬、离职后福利、辞退福利和其他长期职工福利。短期薪酬具体内容如下：职工工资包括计时工资和计件工资；奖金、津贴和补贴；医疗保险费、工伤保险费、生育保险费、养老保险费以及住房公积金，通常称为“五险一金”；工会经费和职工教育经费，短期带薪缺勤；短期利润分享计划；非货币性福利以及其他短期薪酬。

2. 短期薪酬的归集和分配

根据企业会计准则及成本核算制度的要求，凡属于短期薪酬，不论是否发放，均应通过“应付职工薪酬”账户进行归集的核算。短期薪酬的分配，是指将职工短期薪酬按其发生的部门及用途进行归类。

对于基本生产车间直接从事产品生产工人的短期薪酬，应记入“生产成本——基本生产成本”账户及其所属明细账的“直接人工”成本项目。

对于工人的计件工资属于直接费用，应根据职工薪酬结算单直接计入某种产品成本的“直接人工”成本项目；对于工人的计时工资、奖金、加班工资、津贴和补贴以及“五险一金”等支付的短期薪酬，如果分不清负担对象的，应按产品的生产工时比例分配计入各该产品成本的“直接人工”成本项目。

基本生产车间除了直接从事产品生产工人以外人员的短期薪酬，应记入“制造费用”账户；辅助生产车间工人的短期薪酬，记入“生产成本——辅助生产成本”账户及其所属明细账的“直接人工”成本项目。

行政管理部门人员的短期薪酬，应记入“管理费用”账户；属于专设销售机构销售人员的短期薪酬，应记入“销售费用”账户。

对于基本生产车间直接从事产品生产工人的计时工资、奖金、加班工资、津贴和补贴以及“五险一金”等支付的短期薪酬进行分配时，可以采用生产工时比例、定额工时比例等分配方法，计算公式如下：

$$工资薪酬分配率=\frac{某车间间接计入工资薪酬合计数}{该车间各种产品生产工时（实际或定额）总数}$$

$$某产品应分配的工资薪酬=该产品生产工时（实际或定额）\times 工资薪酬分配率$$

【例 3-3】某企业 2018 年 5 月份生产甲、乙两种产品，生产工人计件工资分别为 20 000 元和 16 000 元；甲、乙两种产品计时工资共计 128 000 元。甲、乙两种产品的生产工时分别是 2 700 小时和 1 300 小时，职工资薪酬分配如下：

$$工资薪酬分配率=\frac{128\ 000}{2\ 700+1\ 300}=32（元/小时）$$

甲产品应分配工资薪酬 =2 700×32=86 400（元）

乙产品应分配工资薪酬 =1 300×32=41 600（元）

合计　128 000（元）

上述职工薪酬的分配，是通过编制如表 3-3 所示“工资薪酬分配表”进行的。

表 3-3　工资薪酬分配表

2018 年 5 月　（单位：元）

应借账户		成本（费用）项目	直接计入	分配计入			合计
				分配标准	分配率	金额	
基本生产成本	甲产品	直接人工	20 000	2 700	32	86 400	106 400
	乙产品	直接人工	16 000	1 300	32	41 600	57 600
	小计		36 000	4 000		128 000	164 000
辅助生产成本	机修	直接人工	8 000				8 000
	运输	直接人工	5 000				5 000
	小计		13 000				13 000
制造费用		工资	6 500				6 500
管理费用		工资	21 500				21 500
销售费用		工资	4 000				4 000
合计			81 000			128 000	209 000

根据表 3-3，编制会计分录如下：

借：生产成本——基本生产成本——甲产品　106 400
　　　　　　　　　　　　　——乙产品　57 600
　　生产成本——辅助生产成本——机修车间　8 000
　　　　　　　　　　　　　——运输车间　5 000
　　制造费用　6 500
　　管理费用　21 500
　　销售费用　4 000
　贷：应付职工薪酬——工资　209 000

【例 3-4】根据例 3-3 资料，如果该企业按职工工资 10% 的比例，计提职工养老保险费，那么该企业编制的“职工养老保险费分配表”如表 3-4 所示。

表 3-4　职工养老保险费分配表

2018 年 5 月　　　　　　　　　　（单位：元）

应借账户		成本（费用）项目	工资总额	计提保险费
基本生产成本	甲产品	直接人工	106 400	10 640
	乙产品	直接人工	57 600	5 760
	小计		164 000	16 400
辅助生产成本	机修	直接人工	8 000	800
	运输	直接人工	5 000	500
	小计		13 000	1 300
制造费用		保险费	6 500	650
管理费用		保险费	21 500	2 150
销售费用		保险费	4 000	400
合计			209 000	20 900

根据表 3-4，编制会计分录如下：

借：生产成本——基本生产成本——甲产品　　10 640
　　　　　　　　　　　　　　——乙产品　　5 760
　　生产成本——辅助生产成本——机修车间　　800
　　　　　　　　　　　　　　——运输车间　　500
　　制造费用　　650
　　管理费用　　2 150
　　销售费用　　400
　贷：应付职工薪酬——社会保险费　　20 900

3.1.7　折旧费用的归集与分配

折旧费用是指固定资产由于发生各种损耗而转移到产品成本和期间费用中的那部分价值。固定资产的损耗包括有形损耗和无形损耗。固定资产的有形损耗是指固定资产由于使用或受自然力的侵蚀而发生的正常实物损耗和自然损耗。无形损耗是指由于科学技术进步、劳动生产率提高等原因而引起的固定资产价值上的贬值或淘汰损失。

1. 固定资产折旧范围

除下列情况外，企业应对所有固定资产计提折旧：

- 已提足折旧仍继续使用的固定资产。
- 按照规定单独估价作为固定资产入账的土地。

企业应当按月计提固定资产折旧，当月增加的固定资产，当月不提折旧，从下月起计提折旧。当月减少的固定资产，当月照提折旧，从下月起停止计提折旧。对于提前报废的固定资产，不再补提折旧。

已达到预定可使用状态的固定资产，如果尚未办理竣工决算，应当按照估计价值暂估入账，并计提折旧，待办理了竣工决算手续后，将原来暂估价值调整为实际成本，同时调整原已计提的折旧额。

2. 固定资产折旧方法

由于固定资产折旧方法的选用直接影响到企业成本、费用的计算，也影响到企业的利润和纳税，因此企业应选择适当的折旧方法。通常企业可采用的折旧方法有以下 4 种：平均年限法、工作量法、双倍余额递减法、年数总和法。

（1）平均年限法。平均年限法又称直线法，是将固定资产的应计折旧额均衡地分摊到各期的一种方法。采用这种方法计算的每期折旧额均是等额的。计算公式如下：

$$年折旧率 = \frac{1-预计净残值率}{预计使用年限} \times 100\%$$

$$月折旧率 = 年折旧率 \div 12$$

$$月折旧额 = 固定资产原值 \times 月折旧率$$

（2）工作量法。工作量法是将固定资产的应计折旧额均衡地分摊到固定资产应完成的预计工作量中的一种方法。计算公式如下：

$$单位工作量折旧额 = \frac{原值 \times（1-预计净残值率）}{预计工作总量}$$

某项固定资产月折旧额 = 该固定资产当月工作量 × 单位工作量折旧额

（3）双倍余额递减法。双倍余额递减法，是在不考虑固定资产净残值的情况下，根据每期期初固定资产账面净值和双倍直线折旧率计算折旧的一种方法。采用这种折旧方法计算折旧时，应注意在其折旧年限即将到期的最后两年内，再考虑净残值因素，将固定资产净值扣除净残值后的净额平均分摊，计算最后两年的年折旧额。计算公式如下：

$$年折旧率 = \frac{2}{折旧年限} \times 100\%$$

$$年折旧额 = 固定资产账面净值 \times 年折旧率$$

$$月折旧额 = 年折旧额 \div 12$$

（4）年数总和法。年数总和法，是将固定资产原值扣减预计净残值后的净额乘以一个逐年递减的分数（折旧率），以计算各年折旧额的一种方法。这个分数的分子表示固定资产尚可使用的年数，分母表示已使用年限的逐年数字总和。计算公式如下：

$$年折旧率 = \frac{折旧年限 - 已使用年限}{折旧年限 \times（折旧年限+1）\div 2} \times 100\%$$

$$年折旧额 =（固定资产原值 - 预计净残值）\times 年折旧率$$

$$月折旧额 = 年折旧额 \div 12$$

上述 4 种折旧方法中，后两种方法又称加速折旧法。加速折旧法的计算过程较为复杂，但却体现了直线法未能反映的无形损耗对固定资产的影响。

3. 折旧费用的分配

在计提当月固定资产折旧时，应根据上月计提折旧额，加上上月增加的固定资产应计提折旧额，再减去上月减少的固定资产应计提折旧额，计算出本月应计提折旧额。

对于计算出的折旧费用，应通过编制“折旧费用分配表”进行分配。

根据前面的例子，编制的“折旧费用分配表”如表 3-5 所示。

根据表 3-5，编制会计分录如下：

借：制造费用　　19 000
　　生产成本——辅助生产成本——机修车间　　9 000
　　　　　　　　　　　　　　——运输车间　　18 000
　　管理费用　　14 000
　　销售费用　　3 000
　贷：累计折旧　　63 000

表 3-5 折旧费用分配表

2018 年 5 月　　（单位：元）

应借账户		4 月固定资产折旧额	4 月增加的固定资产折旧额	4 月减少的固定资产折旧额	5 月固定资产折旧额
制造费用	基本车间	18 600	1 400	1 000	19 000
辅助生产成本	机修车间	9 500		500	9 000
	运输车间	16 700	1 300		18 000
	小计	26 200	1 300	500	27 000
管理费用	行政管理部门	12 000	3 000	1 000	14 000
销售费用	销售部门	2 800	200		3 000
合计		59 600	5 900	2 500	63 000

3.1.8 其他要素费用的归集与分配

其他要素费用是指除了外购材料、外购燃料、外购动力、工资、职工福利费以及折旧费等要素费用以外的其他要素费用。其他要素费用包括利息支出、税金和其他费用。

1. 利息费用

要素费用中的利息费用，是企业财务费用的一个费用项目，这项支出并不构成产品成本。利息费用包括短期借款的利息和长期借款的利息非资本化的部分。

短期借款的利息费用，一般是按季度并于季末结算利息；长期借款的利息费用，一般是按年度并于年末结算利息，并按照借款费用会计准则的要求确定利息费用资本化的部分和费用化的部分。

对要素费用中的利息费用，本节只介绍短期借款利息费用的核算。按照权责发生制的会计核算原则，对利息费用可采用按月预提的办法核算。每月预提利息费用时，借记“财务费用”账户，贷记“应付利息”账户；实际支付利息时，借记“应付利息”账户，贷记“银行存款”账户。季末实际利息支出与预提利息的差额，调整计入季末月的财务费用。当实际费用大于预提利息时，用蓝字补加其差额；当实际费用小于预提利息时，用红字冲减其差额。企业也可以采用另外一种办法处理，即季末月以实际费用减去前两个月预提利息后的差额，直接借记“财务费用”账户，借记“应付利息”账户（前两个月已记录的预提数），贷记“银行存款”账户。

如果利息费用金额不大，为了简化核算工作，也可以不采用预提的办法，于季末实际支付时，全额计入当月的财务费用，借记“财务费用”账户，贷记“银行存款”账户。

2. 税金支出

要素费用中的税金支出，是指应计入管理费用的各项税金。这些税金属于管理费用的一个费用项目，也不构成产品成本。税金支出具体包括房产税、车船使用税、土地使用税和印花税等。

在这些税金中，有的税金需要预先计算应交金额，然后再交纳；有的税金不需要预先计算应交金额，在发生时用货币资金直接交纳。需要预先计算应交金额的税金，如房产税、车船使用税和土地使用税，应该通过“应交税费”账户核算。预先计算应交税金时，借记“管理费用”账户，贷记“应交税费”账户；实际交纳税金时，借记“应交税费”账户，贷记“银行存款”账户。不需要预先计算应交金额的税金，如印花税，则不通过“应交税费”账户核算。实际交纳时，借记“管理费用”账户，贷记“银行存款”账户。

3. 其他费用的核算

其他费用是指企业各种要素费用中，除了前面所述各项要素费用以外的费用。包括邮电费、办公费、报纸杂志订阅费、差旅费、印刷费、租赁费、保险费、排污费等。这些费用均属于没有专设成本项目的费用。应于费用发生时，按照发生的单位（车间、部门）和用途，分别借记“制造费用”“管理费用”等账户，贷记“银行存款”等账户。

【**例 3-5**】某企业 2018 年 5 月，以银行存款支付的办公费、邮电费、差旅费等各项费用支出，经归类汇总编制“其他费用支出汇总表”如表 3-6 所示。

表 3-6 其他费用支出汇总表

2018 年 5 月　　（单位：元）

应借账户	车间部门	其他费用项目						合计
		办公费	邮电费	差旅费	广告费	印刷费	其他	
辅助生产成本	机修	200	100				300	600
	运输	300	160				230	690
	小计	500	260				530	1 290
制造费用	基本	1 000	1 200	1 800			1 440	5 440
管理费用	厂部	2 400	3 650	7 390		800	3 680	17 920
销售费用	销售	600	200	800	8 500		900	11 000
合计		4 500	5 310	9 990	8 500	800	6 550	35 650

根据表 3-6，编制会计分录如下：

借：生产成本——辅助生产成本——机修车间　600
　　　　　　　　　　　　　——运输车间　690
　　制造费用　5 440
　　管理费用　17 920
　　销售费用　11 000
　贷：银行存款　35 650

3.2 长期待摊费用的归集与分配

3.2.1 长期待摊费用的归集

长期待摊费用是指企业已发生（支付）的，但应由本期和以后各期负担的分摊期在一年以上的各项费用。这种费用发生后，由于受益期较长，不应一次全部计入当期成本、费用，而应按其受益期限，分月摊销计入各月成本、费用。

长期待摊费用主要以经营租赁方式租入的固定资产发生的改良支出等业务的处理。

3.2.2　长期待摊费用的分配

长期待摊费用的归集与分配是通过“长期待摊费用”账户进行的。支付费用时，借记“长期待摊费用”账户，贷记“银行存款”账户；摊销费用时，借记“制造费用”“管理费用”“销售费用”等账户，贷记“长期待摊费用”账户。该账户借方余额表示已支付、尚未摊销的费用。

【例 3-6】某企业 2018 年 5 月，对经营性租赁固定资产改良支出的费用进行摊销，编制“长期待摊费用分配表”进行，如表 3-7 所示。

表 3-7　长期待摊费用分配表

2018 年 5 月　　（单位：元）

应借账户	车间部门	金额
制造费用	基本车间	3 360
辅助生产成本	机修车间	1 000
	运输车间	2 000
	小计	3 000
管理费用	行政管理	2 100
销售费用	销售部门	2 000
合计	—	10 460

根据表 3-7，编制会计分录如下：

借：制造费用　　3 360
　　生产成本——辅助生产成本——机修车间　　1 000
　　　　　　　　　　　　　　——运输车间　　2 000
　　管理费用　　2 100
　　销售费用　　2 000
　贷：长期待摊费用　　10 460

3.3　辅助生产费用的归集与分配

3.3.1　辅助生产费用概述

工业企业的生产车间按其性质划分，可分为基本生产车间和辅助生产车间两大类。基本生产车间是直接生产产品的车间，以生产各种产品为主要任务。辅助生产车间是为基本生产车间提供各种劳务或服务的车间，以提供水、电、气以及修理、运输等各种劳务为主要任务。虽然辅助生产车间也可以对外提供劳务，但这并不是辅助生产车间的主要任务。

辅助生产车间为提供劳务所发生的各种生产费用的和，构成这些劳务的成本，称为辅助生产成本。就整个企业而言，这些辅助生产车间的劳务成本却是一种费用，称为辅助生产费用。

辅助生产车间提供劳务成本的高低以及分配的合理与否，将会直接影响企业的产品成本水平。同时，也只有辅助生产劳务成本分配之后，才能进一步计算企业基本生产车间的产品成本。因此，正确、及时地组织辅助生产费用的归集与分配，对于节约费用、降低产品成本以及正确计算产品成本有着重要的意义。

3.3.2 辅助生产费用的归集

辅助生产费用的归集与分配，是通过“生产成本——辅助生产成本”账户进行的。该账户同“生产成本——基本生产成本”账户一样，一般应按车间以及产品和劳务设立明细账，账内按成本项目或费用项目设立专栏或专行，进行明细核算。

辅助生产车间发生的各项费用，凡属于直接计入费用，应直接登记在该账户的借方；凡属于间接计入费用，应按一定的标准分配后登记在该账户的借方。

辅助生产车间发生的制造费用，包括辅助生产车间为组织和管理生产所发生的车间管理人员的工资薪酬及社会保险费、职工教育经费、工会经费和非货币性福利费等工资性支出，折旧费、办公费、水电费、机物料消耗、低值易耗品摊销、季节性修理期间的停工损失等间接费用。

对辅助生产车间发生的制造费用，有两种核算办法。一种是通过“制造费用”账户核算；另一种是不通过“制造费用”账户核算。

1. 通过“制造费用”账户核算

通过“制造费用”账户核算的企业，应在“制造费用”总账下设置“辅助生产”二级账户。发生间接费用时，应先将所发生的各项制造费用在“制造费用”账户的借方进行归集，月末再从其贷方全额转入“生产成本——辅助生产成本”账户的借方。

通过“制造费用”账户核算这种方法，一般适用于辅助生产车间规模较大、发生的制造费用较多的企业。

2. 不通过“制造费用”账户核算

不通过“制造费用”账户核算的企业，辅助生产车间所发生的间接费用不通过“制造费用”账户核算。因此“制造费用”总账下不设“辅助生产”二级账户，对所发生的制造费用直接登记在“生产成本——辅助生产成本”账户的借方，这样“辅助生产成本”明细账的借方，应按费用项目而非成本项目设置专栏，如此可以简化核算程序。

不通过“制造费用”账户核算这种方法，一般适用于辅助生产车间规模较小、发生的制造费用较少，并且辅助生产车间不对外提供劳务的企业。

3.3.3 辅助生产费用的分配

归集在“生产成本——辅助生产成本”账户借方的辅助生产费用，由于辅助生产车间提供的劳务种类不同，其费用结转或分配程序也不一样。一般有两种处理方法：① 生产工具、模具、修理用备件的辅助生产费用，在工具、备件完工入库之后，其成本从有关的“生产成本——辅助生产成本”账户的贷方转入“低值易耗品”等账户的借方，费用结转过程与结转完工产品成本基本一致。费用结转后，“生产成本——辅助生产成本”账户的借方余额为辅助生产的在产品成本。② 提供水、电、汽、修理、运输等劳务的辅助生产费用，应于月末按各受益对象的受益量进行分配，分配后“生产成本——辅助生产成本”账户应无余额。

辅助生产车间为基本生产车间提供的电力劳务，如属于工艺耗用，则应记入“生产成本——基本生产成本”账户中的“燃料及动力”成本项目；如属于非工艺耗用，则应记入

“制造费用”账户。此外，辅助生产车间为基本生产车间提供的其他劳务，应记入“制造费用”账户；为行政管理部门提供的各种劳务，应记入“管理费用”账户；为销售部门提供的各种劳务，应记入“销售费用”账户。

若企业只有一个辅助生产车间，辅助生产提供的劳务仅服务于基本生产车间、行政管理部门等辅助生产车间以外的单位，其所发生的辅助生产费用只分配给基本生产车间、行政管理部门等辅助生产车间以外的单位。若企业有两个以上的辅助生产车间，除了服务于基本生产车间、行政管理部门等单位以外，各辅助生产车间之间也相互提供服务，互相受益，如修理车间为供电车间提供修理服务，运输车间为修理车间提供运输服务，供电车间为修理车间提供电力服务等。因此，各辅助生产车间所发生的辅助生产费用，不仅要对辅助生产车间以外的各受益单位分配，同时还应在各辅助生产车间之间进行分配，而且在各辅助生产车间之间的分配应先于对辅助生产车间以外的单位、部门。

辅助生产费用的分配方法主要有 5 种：直接分配法、顺序分配法、交互分配法、代数分配法和计划成本分配法。

1. 直接分配法

直接分配法是一种不考虑辅助生产车间之间相互提供服务的情况，将各辅助生产车间发生的费用，直接分配给辅助生产车间以外的各受益单位的分配方法。

【例 3-7】某工业企业设有供电和供水两个辅助生产车间。2018 年 5 月，供电车间发生的待分配费用为 13 500 元，供水车间发生的待分配的费用为 7 500 元。本月各车间提供的劳务量和受益对象如表 3-8 所示。

表 3-8　辅助生产车间提供的劳务统计表

受益单位		供电量（度）	供水量（吨）
辅助生产车间	供电车间		9 000
	供水车间	7 500	
基本生产车间		45 000	1 500
行政管理部门		15 000	4 500
合计		67 500	15 000

根据表 3-8 的资料，采用直接分配法进行分配时，应先计算费用分配率（单位成本），然后再按受益量分配。但应注意，在计算费用分配率（单位成本）时，必须将其他辅助生产车间的劳务耗用量从总供应量中扣除。计算公式如下：

$$\begin{array}{c}\text{费用分配率}\\\text{（单位成本）}\end{array}=\frac{\text{待分配的辅助生产费用总额}}{\text{辅助生产供应总量}-\text{为其他辅助生产提供的劳务量}}$$

$$\begin{array}{c}\text{某受益对象应负担}\\\text{的辅助生产费用}\end{array}=\begin{array}{c}\text{该受益对象}\\\text{的受益数量}\end{array}\times\begin{array}{c}\text{费用分配率}\\\text{（单位成本）}\end{array}$$

按照上述公式计算电费、水费分配率如下：

$$\begin{array}{c}\text{电费分配率}\\\text{（单位成本）}\end{array}=\frac{13\ 500}{67\ 500-7\ 500}=0.225\text{（元 / 度）}$$

$$\begin{array}{c}\text{水费分配率}\\\text{（单位成本）}\end{array}=\frac{7\ 500}{15\ 000-9\ 000}=1.25\text{（元 / 吨）}$$

根据以上计算资料，编制直接分配法下的“辅助生产费用分配表”，如表 3-9 所示。

表 3-9 辅助生产费用分配表（直接分配法）

2018 年 5 月（金额单位：元）

项目	待分配费用	劳务供应量	分配率	分配金额			
				基本生产车间		行政管理部门	
				数量	金额	数量	金额
供电车间	13 500	60 000 度	0.225	45 000 度	10 125	15 000 度	3 375
供水车间	7 500	6 000 吨	1.250	1 500 吨	1 875	4 500 吨	5 625
合计	21 000	—	—	—	12 000	—	9 000

根据表 3-9，编制会计分录如下：

借：制造费用　12 000
　　管理费用　9 000
　贷：生产成本——辅助生产成本——供电车间　13 500
　　　　　　　　　　　　　　——供水车间　7 500

基本生产车间耗用电力分为工艺耗用和非工艺耗用两种。工艺耗电是指直接用于产品生产的（如机器设备）耗电，非工艺耗电是指间接用于产品生产的（如车间照明）耗电。为了加强对能源消耗的核算和控制，对工艺用电的耗费可直接记入“生产成本——基本生产成本”账户中“燃料及动力”成本项目；对非工艺用电的耗费，可记入“制造费用”账户。例 3-7 中基本生产车间耗电假设为非工艺耗电（下同），故将其电费 10 125 元计入“制造费用”账户。

采用直接分配法，分配结果一次到位，计算工作最简便，但由于各辅助生产车间的待分配费用只对辅助生产车间以外的单位分配，因此辅助生产车间对外分配的劳务成本是一个不完整的单位成本，因而分配的结果就不够准确。这种分配方法一般只适用在辅助生产单位内部相互提供劳务不多的企业采用。

2. 顺序分配法

顺序分配法，是将各辅助生产车间按受益多少的顺序依次排列，受益少的排在前面，先将费用分配出去，并且不再参加以后的费用分配；受益多的排在后面，后将费用分配出去，并且不再对排在前面的辅助生产车间进行分配。但应注意的是，按受益多少进行排列，不是受益数量的多少，而是受益金额的大小。

采用顺序分配法，按顺序计算费用分配率时，不同顺序的分配率的计算是有区别的。

按顺序分配法计算的费用分配率公式如下：

$$\begin{matrix}\text{先分配的费用分配率}\\\text{（单位成本）}\end{matrix}=\frac{\text{待分配的辅助生产费用总额}}{\text{辅助生产供应总量}}$$

$$\begin{matrix}\text{后分配的费用分配率}\\\text{（单位成本）}\end{matrix}=\frac{\text{待分配的辅助生产费用总额}+\text{由其他辅助车间分来的费用}}{\text{辅助生产供应总量}-\text{先分配的辅助生产劳务耗用量}}$$

按照上述公式计算水费、电费分配率如下：

$$\begin{matrix}\text{水费分配率}\\\text{（单位成本）}\end{matrix}=\frac{7\ 500}{15\ 000}=0.5\text{（元 / 吨）}$$

$$\text{电费分配率（单位成本）}=\frac{13\,500+4\,500}{67\,500-7\,500}=0.3\text{（元 / 度）}$$

参见例 3-7 的资料。按顺序分配法编制的“辅助生产费用分配表”，如表 3-10 所示。

表 3-10　辅助生产费用分配表（顺序分配法）

2018 年 5 月　　　　（金额单位：元）

项目	待分配费用	劳务供应量	分配率	分配金额					
				供电车间		基本车间		管理部门	
				数量	金额	数量	金额	数量	金额
供水车间	7 500	15 000 吨	0.5	9 000 吨	4 500	1 500 吨	750	4 500 吨	2 250
供电车间	18 000	60 000 度	0.3	—	—	45 000 度	13 500	15 000 度	4 500
合计	25 500	—	—	—	4 500	—	14 250	—	6 750

根据表 3-10，编制会计分录如下：

（a）分配水费

借：生产成本——辅助生产成本——供电车间　　4 500

　　制造费用　　750

　　管理费用　　2 250

　贷：生产成本——辅助生产成本——供水车间　　7 500

（b）分配电费

借：制造费用　　13 500

　　管理费用　　4 500

　贷：生产成本——辅助生产成本——供电车间　　18 000

采用顺序分配法，各种辅助生产费用也只分配一次，但区别于直接分配法的是，这种分配方法既将待分配费用分配给辅助生产车间以外的受益单位，又分配给排列在后面的其他辅助生产车间，因此分配结果的准确性和计算工作量均有所增加。另外，由于排列在前面的辅助生产车间不负担排列在后面的辅助生产车间的费用，因此分配结果的准确性仍然受到一定的影响。

这种分配方法只适宜在各辅助生产车间之间相互受益程度具有明显顺序的企业中采用。

3. 交互分配法

交互分配法将辅助生产费用的分配分为两个步骤进行：首先应根据交互分配前各辅助生产车间发生的费用和提供的劳务总量计算费用分配率（单位成本），在辅助生产车间之间进行一次交互分配（对内分配）；然后将各辅助生产车间交互分配后的实际费用（交互分配前的费用加上交互分配转入的费用，减去交互分配转出的费用），再按提供劳务的数量，在辅助生产车间以外的各受益单位之间进行分配（对外分配）。

采用交互分配法，计算费用分配率时，对内分配和对外分配的分配率的计算也是有区别的。

按交互分配法计算的费用分配率公式如下：

$$\text{交互（对内）分配率（单位成本）}=\frac{\text{待分配的辅助生产费用总额}}{\text{辅助生产供应总量}}$$

$$\frac{\text{对外分配率}}{\text{（单位成本）}}=\frac{\text{待分配的辅助生产费用总额}+\text{交互分配转入的费用}-\text{交互分配转出的费用}}{\text{辅助生产供应总量}-\text{辅助生产车间内部劳务耗用量}}$$

参见例 3-7，按照上述公式计算水费、电费分配率如下：

（a）内部交互分配率的计算：

$$\frac{\text{水费分配率}}{\text{（单位成本）}}=\frac{7\ 500}{15\ 000}=0.5\text{（元 / 吨）}$$

$$\frac{\text{电费分配率}}{\text{（单位成本）}}=\frac{13\ 500}{67\ 500}=0.2\text{（元 / 度）}$$

（b）对外分配率的计算：

$$\frac{\text{水费分配率}}{\text{（单位成本）}}=\frac{7\ 500+1\ 500-4\ 500}{15\ 000-9\ 000}=0.75\text{（元 / 吨）}$$

$$\frac{\text{电费分配率}}{\text{（单位成本）}}=\frac{13\ 500+4\ 500-1\ 500}{67\ 500-7\ 500}=0.275\text{（元 / 度）}$$

按交互分配法编制的“辅助生产费用分配表”如表 3-11 所示。

表 3-11　辅助生产费用分配表（交互分配法）

2018 年 5 月　　　　（金额单位：元）

项目				交互分配			对外分配		
辅助生产车间名称				供电	供水	合计	供电	供水	合计
待分配费用				13 500	7 500	21 000	16 500	4 500	21 000
劳务供应量				67 500 度	15 000 吨		60 000 度	6 000 吨	
费用分配率（单位成本）				0.2	0.5		0.275	0.75	
辅助车间耗用	应借记“辅助生产成本”账户	供电车间	数量		9 000 吨				
			金额		4 500	4 500			
		供水车间	数量	7 500 度					
			金额	1 500		1 500			
		金额小计		1 500	4 500	6 000			
基本车间	应借记“制造费用”账户		数量				45 000 度	1 500 吨	
			金额				12 375	1 125	13 500
管理部门	应借记“管理费用”账户		数量				15 000 度	4 500 吨	
			金额				4 125	3 375	7 500
分配金额合计							16 500	4 500	21 000

根据表 3-11，编制会计分录如下：

（a）交互分配分录：

借：生产成本——辅助生产成本——供电车间　　4 500
　　　　　　　　　　　　　　——供水车间　　1 500
　贷：生产成本——辅助生产成本——供水车间　　4 500
　　　　　　　　　　　　　　　——供电车间　　1 500

(b) 对外分配分录：

借：制造费用　　　　13 500

　　管理费用　　　　7 500

　贷：生产成本——辅助生产成本——供电车间　　　　16 500

　　　　　　　　　　　　　　　——供水车间　　　　4 500

采用这种分配方法，辅助生产内部相互提供的劳务费用首先进行了交互分配，从而提高了分配结果的准确性。但是，由于辅助生产费用的分配要计算两个费用分配率，因此计算工作也随之增加，并且交互分配时计算的费用单位成本并不完整，据此计算分配的结果只具有相对准确性。

4. 代数分配法

代数分配法是根据解联立方程的原理，先计算确定辅助生产劳务的单位成本，然后再按照各受益单位（包括辅助生产车间）的受益量计算分配辅助生产费用的一种方法。

仍参见例 3-6 的资料。按代数分配法计算分配如下：

设：每度电的单位成本为 X，每吨水的单位成本为 Y。

应设立的联立方程式为：

$$\begin{cases} 13\,500 + 9\,000Y = 67\,500X & ① \\ 7\,500 + 7\,500X = 15\,000Y & ② \end{cases}$$

将①式移项，得：

$$Y = \frac{67\,500X - 13\,500}{9\,000}$$

将 Y 代入②式，得：

$$7\,500 + 7\,500X = 15\,000 \times \frac{67\,500X - 13\,500}{9\,000}$$

化简得：$X = 0.285\,714\,2$

将 X 代入②式：

$$7\,500 + 7\,500 \times 0.285\,714\,2 = 15\,000Y$$

化简得：$Y = 0.642\,857\,1$

根据以上计算结果，按代数分配法编制的“辅助生产费用分配表”如表 3-12 所示。

表 3-12　辅助生产费用分配表（代数分配法）

2018 年 5 月　　　　（金额单位：元）

项目			供电车间	供水车间	金额合计
待分配费用			13 500	7 500	21 000
劳务供应量			67 500 度	15 000 吨	
分配率（X、Y 值）			0.285 714 2	0.642 857 1	
辅助生产车间	供电车间	数量		9 000 吨	
		金额		5 785.71	5 785.71
	供水车间	数量	7 500 度		
		金额	2 142.86		2 142.86
基本生产车间		数量	45 000 度	1 500 吨	
		金额	12 857.14	964.29	13 821.43

（续）

项目		供电车间	供水车间	金额合计
行政管理部门	数量	15 000 度	4 500 吨	
	金额	4 285.71	2 892.86	7 178.57
分配金额合计		19 285.71	9 642.86	28 928.57

根据表 3-12，编制会计分录如下：

借：生产成本——辅助生产成本——供电车间　　5 785.71
　　　　　　　　　　　　　——供水车间　　2 142.86
　　制造费用　　13 821.43
　　管理费用　　7 178.57
　贷：生产成本——辅助生产成本——供电车间　　19 285.71
　　　　　　　　　　　　　　——供水车间　　9 642.86

以上会计分录的借、贷合计额 28 928.57 元，与两个辅助生产车间待分配费用之和 21 000 元不相等。这是由于供电车间和供水车间之间交互分配费用的内部转账所致。

采用代数分配法分配费用，分配结果最正确，但在分配前要解联立方程，如果辅助生产车间多，未知数也多，就会大大增加计算的工作量，因此这种方法一般适宜在辅助生产车间较少或已实现会计电算化的企业中采用。

5. 计划成本分配法

计划成本分配法是指各辅助生产车间为受益对象提供的劳务，按照计划单位成本计算分配辅助生产费用的方法。在分配时，要分为两个步骤进行：首先将各辅助生产车间为各受益单位（包括其他辅助生产车间）提供的劳务，按计划单位成本进行分配；然后，再将各辅助生产车间的实际成本（包括辅助生产车间交互分配转入的费用）与按计划单位成本分配转出的费用之间的差额（即辅助生产成本差异）追加分配给辅助生产车间以外的各受益单位或全部计入管理费用。

参见例 3-7 的资料。另假设供电车间的计划单位成本为 0.25 元，供水车间的计划单位成本为 0.6 元。

在辅助生产费用分配表中，各辅助生产车间实际成本的计算式如下：

某辅助生产车间实际成本 = 该辅助生产车间待分配费用 + 从其他辅助生产车间分配转入的费用

供电车间实际成本 = 13 500 + 5 400（分配转入的水费）= 18 900（元）

供水车间实际成本 = 7 500 + 1 875（分配转入的电费）= 9 375（元）

在上列实际成本中含有计划成本的因素。这是由于各车间的分配转入费用是按计划单位成本计算的，如供电车间分配转入的水费 5 400 元，是用耗水数量 9 000 吨乘以计划单位成本 0.6 元计算的；供水车间分配转入的电费 1 875 元，是用耗电数量 7 500 度乘以计划单位成本 0.25 元计算的。这种含有计划成本因素的实际成本，并非真正意义上的实际成本，仅是将其视同实际成本而已。

辅助生产成本差异的计算式如下：

某辅助车间的成本差异 = 该辅助车间实际成本 − 分配转出的计划成本

供电车间成本差异 = 18 900−16 875 = + 2 025（元）

供水车间成本差异 = 9 375−9 000 = + 375（元）

按计划成本分配法编制的“辅助生产费用分配表”如表 3-13 所示。

根据表 3-13，编制会计分录如下：

（a）按计划成本分配：

借：生产成本——辅助生产成本——供电车间　　5 400

　　　　　　　　　　　　　　——供水车间　　1 875

　　制造费用　　12 150

　　管理费用　　6 450

　贷：生产成本——辅助生产成本——供电车间　　16 875

　　　　　　　　　　　　　　　——供水车间　　9 000

（b）将辅助生产成本差异全部计入管理费用：

借：管理费用　　2 400

　贷：生产成本——辅助生产成本——供电车间　　2 025

　　　　　　　　　　　　　　　——供水车间　　375

表 3-13　辅助生产费用分配表（计划成本分配法）

2018 年 5 月　　　　（金额单位：元）

项目			供电车间		供水车间		费用合计
			数量（度）	金额	数量（吨）	金额	
待分配费用				13 500		7 500	21 000
劳务供应量			67 500		15 000		
按计划成本分配	计划单位成本			0.25		0.6	
	辅助生产车间	供电车间			9 000	5 400	
		供水车间	7 500	1 875			
		小计		1 875		5 400	7 275
	基本生产车间		45 000	11 250	1 500	900	12 150
	行政管理部门		15 000	3 750	4 500	2 700	6 450
	计划成本合计			16 875		9 000	25 875
辅助生产成本实际额				18 900		9 375	28 275
辅助生产成本差异				+2 025		+375	+2 400

上列结转辅助生产成本差异的分录，属于调整分录。由于成本差异有超支差异和节约差异两种，账户对应关系固定，因而结转超支差异时用蓝字记账，结转节约差异时用红字记账。

采用计划成本分配法，由于是按预先确定的计划单位成本进行分配，除了能反映和考核辅助生产成本计划的执行情况外，还便于分析和考核各受益单位的成本，便于分清企业内部各单位的经济责任。但是，计划单位成本的确定必须比较准确，计划成本分配法一般适宜在有准确的计划成本资料的企业中采用。

通过辅助生产费用的归集和分配，应计入本月产品成本的生产费用，全部分别汇集在“生产成本——基本生产成本”“制造费用”“管理费用”等账户之中。

3.4 生产损失的归集与分配

3.4.1 生产损失概述

工业企业在产品生产过程中所发生的各种损失称为生产损失。生产损失由废品损失和停工损失两个部分构成。生产损失是产品成本的组成部分，因此加强对生产损失的核算和控制，对降低产品成本，提高企业经济效益具有重要意义。

3.4.2 废品损失的归集与分配

废品是指不符合规定的技术标准，不能按原定用途使用，或者需要加工修理后才能按原定用途使用的在产品、半成品和产成品。不论是在生产过程中发现的，还是在入库后发现的，只要不符合规定的技术标准，不能按原定用途使用的产品均属于废品。

废品按其废损程度可分为可修复废品和不可修复废品两种。可修复废品，是指在技术上能够修复的，并且所花费的修复费在经济上是合算的废品。这两个条件缺一不可。不可修复的废品，是指那些废损程度严重，不能修复，或者虽能修复但所花费的修复费在经济上是不合算的废品。

废品损失是指因产生废品而发生的净损失。可修复废品的损失，是指修复费用扣减回收废品的残料价值和应由过失单位或个人赔偿的损失。不可修复废品的损失，是指废品的生产成本扣减回收废品的残料价值和应由过失单位或个人赔偿的损失。

在发现或被质量检验人员确认为废品时，应由质量检验人员填写“废品通知单”。“废品通知单”是进行废品损失核算的原始凭证，在单内应详细填列废品的名称和数量、产生废品的原因及工序等。

在单独核算废品损失的企业里，应增设“废品损失”账户，在成本项目中应增设“废品损失”项目。“废品损失”账户属于成本类账户，对发生的可修复废品的修复费和计算的不可修复废品的生产成本，登记在该账户的借方；对回收的废品残料价值和计算的应由过失人赔偿金额，登记在该账户的贷方。该账户的借方发生额大于贷方发生额的差额，是废品的净损失，应由本月同种产品成本负担，由该账户的贷方转至“生产成本——基本生产成本”账户的借方。通过上述处理，“废品损失”账户月末应该没有余额。

1. 不可修复废品损失的归集与分配

企业在计算不可修复废品损失时，应首先确定不可修复废品的生产成本，然后再扣除残值和应收赔款，算出废品的净损失。由于不可修复的废品在报废之前是与合格品合并在一起进行核算的，因此需要采用一定的方法确定不可修复废品的生产成本，并将其与合格品的成本进行分离。确定不可修复废品的成本有两种方法，一种是按废品所耗实际费用计算，另一种是按废品所耗定额费用计算。

（1）按所耗实际费用计算不可修复废品成本。采用这种方法计算不可修复废品成本，通常是按照合格品和废品的数量比例以及生产工时比例进行费用分配。一般原材料费用应按产品的数量比例进行分配，其他加工费用应按生产工时比例进行分配。将计算求出的不可修复废品成本，从生产费用总额中减去，其余额为合格产品的生产费用。用不可修复废品成本再减去回收废品的残料价值和应由过失单位或个人赔偿之后的余额，即可计算出不可修复废品的净损失。

【例 3-8】某企业 2018 年 5 月生产甲产品 600 件，生产过程中发现其中有 12 件为不可修复废品。该产品成本明细账记录显示，合格品和废品共同发生的生产费用为：直接材料 99 000 元，直接人工 21 840 元，制造费用 14 040 元，合计 134 880 元。

原材料是在生产开始时一次投入的，因此原材料费用应按产品的数量比例进行分配；其他加工费用按生产工时比例进行分配。甲产品的生产工时为 520 小时，其中合格品和废品的工时分别为 510 小时和 10 小时。废品回收的残料计价 180 元，应由过失人赔偿的金额为 670 元。根据以上资料编制的“废品损失计算表”如表 3-14 所示。

在表 3-14 中，材料费用分配率是根据材料费用总额 99 000 元除以全部产量 600 件计算而得；直接人工和制造费用分配率，是根据这两项费用总额分别除以生产工时总数计算而得。

根据表 3-14，编制会计分录如下：

(a) 结转不可修复废品成本：

借：废品损失——甲产品　　2 670

　贷：生产成本——基本生产成本——甲产品　　2 670

(b) 回收残料作价入库：

借：原材料　　180

　贷：废品损失——甲产品　　180

(c) 登记应收赔款：

借：其他应收款　　670

　贷：废品损失——甲产品　　670

(d) 转出废品净损失：

借：生产成本——基本生产成本——甲产品　　1 820

　贷：废品损失——甲产品　　1 820

表 3-14　废品损失计算表（按实际成本计算）

2018 年 5 月

产品名称：甲产品　　（废品数量：12 件）

项目	数量（件）	直接材料（元）	生产工时（小时）	直接人工（元）	制造费用（元）	费用合计（元）
生产费用总额	600	99 000	520	21 840	14 040	134 880
费用分配率		165		42	27	
废品成本	12	1 980	10	420	270	2 670
减：残料价值		180				180
废品损失		1 800		420	270	2 490
减：应收赔款						670
废品净损失						1 820

（2）按所耗定额费用计算不可修复废品成本。采用这种方法计算不可修复废品成本，通常不考虑废品的实际费用是多少，而按照废品的数量以及各项费用定额进行计算。

【例 3-9】某企业 2014 年 5 月生产乙产品 1 400 件，生产过程中发现其中有 25 件为不可修复废品。按其所耗定额费用计算废品的生产成本。其原材料费用定额为 180 元。废品所耗生产工时 650 小时，每小时的费用定额为：直接人工 24 元，制造费用 14.30 元。回收残料计价 570 元。

根据以上资料编制的“废品损失计算表”如表 3-15 所示。

表 3-15 废品损失计算表（按定额成本计算）

2018 年 5 月

产品名称：乙产品　　　　　　　　　　　　　　　　　　　　　　　　　废品数量：25 件

项目	直接材料（元）	定额工时（小时）	直接人工（元）	制造费用（元）	费用合计（元）
单件或小时费用定额	180		24	14.3	
废品定额成本	4 500	650	15 600	9 295	29 395
减：残料价值	570				570
废品报废损失	3 930				28 825

根据表 3-15，编制会计分录如下：

结转不可修复废品成本：

借：废品损失——乙产品　　　　　　　　　　　　　　29 395

　贷：生产成本——基本生产成本——乙产品　　　　　　　　29 395

回收残料作价入库：

借：原材料　　　　　　　　　　　　　　　　　　　　570

　贷：废品损失——乙产品　　　　　　　　　　　　　　　　570

转出废品净损失：

借：生产成本——基本生产成本——乙产品　　　　　　28 825

　贷：废品损失——乙产品　　　　　　　　　　　　　　　　28 825

2. 可修复废品损失的归集与分配

可修复废品，在进行修复之前也是与合格品合并在一起进行核算的，此前发生的生产费用并不是废品损失，因此不需要计算可修复废品的生产成本，而只需要确定在修复过程中发生的修复费用，并进一步计算废品损失。

对可修复废品在修复过程中发生的修复费用，应借记“废品损失”账户，贷记“原材料”“应付职工薪酬”“制造费用”等账户；对回收的残料价值，应借记“原材料”账户，贷记“废品损失”账户；对索赔款金额，应借记“其他应收款”账户，贷记“废品损失”账户；对废品的修复费用减去残料价值和索赔款金额后的净损失，应借记“生产成本——基本生产成本”账户，贷记“废品损失”账户。经过上述处理后，“废品损失”账户月末应无余额。

对不单独核算废品损失的企业，可不设置“废品损失”账户及成本项目。当发生回收废品残料时，只需借记“原材料”账户，贷记“生产成本——基本生产成本”账户即可。这样处理非常简便。

3.4.3 停工损失的归集与分配

停工损失是指生产车间因计划减产、停电、待料或机器设备发生故障等原因所造成的损失。停工损失主要包括停工期间发生的机物料消耗、支付给生产工人的工资薪酬和“五险一金”以及应负担的制造费用等。

企业产生停工的原因很多，但不是所有因停工造成的损失都作为停工损失处理。通常，停工损失的确认范围应由企业或主管企业的上级机构规定。

在停工期间，应由车间填列“停工报告单”，并应在考勤记录中登记。停工报告单应详细列明停工的车间、原因、起止时间等内容。只有经过有关部门审核的停工报告单才能作为停工损失核算的依据。

在停工期间所发生的费用均属于停工损失，应通过设置“停工损失”这一成本类账户进行核算。对在停工期间所发生的各项费用，应借记“停工损失”账户，贷记“原材料”“应付职工薪酬”“制造费用”等账户；对索赔款金额和应计入营业外支出的损失，应借记“其他应收款”“营业外支出”等账户，贷记“停工损失”账户；对应计入产品成本的停工损失，应借记“生产成本——基本生产成本”账户，贷记“停工损失”账户。经过上述处理后，“停工损失”账户月末应无余额。

对不单独核算停工损失的企业，可不设置“停工损失”账户及成本项目。在停工期间发生的停工损失费用，可直接记入“制造费用”“营业外支出”等账户。

3.5　制造费用的归集与分配

3.5.1　制造费用的内容

制造费用是指企业为组织和管理生产而发生的，应该计入产品成本，但不能专设成本项目的各项生产费用。

制造费用中大部分不是直接用于产品生产的费用，而是间接用于产品生产的费用。这部分费用按照发生的地点划分，又分为车间制造费用和分厂厂部制造费用两部分。车间制造费用是生产车间为组织和管理车间生产所发生的费用；分厂厂部制造费用是分厂厂部为组织和管理分厂生产所发生的费用。如果企业的组织机构分为车间、分厂和总厂等不同层次，则分厂也是企业的生产单位，故此处所述的厂部特指分厂。

制造费用作为与产品生产有关的间接费用，包括：机物料消耗，车间管理人员的工资薪酬及社会保险费，辅助工人的工资薪酬及社会保险费、职工教育经费、工会经费以及非货币性福利等工资性支出，车间生产用房屋及建筑物的折旧费、租赁费和保险费，车间生产用的照明费、取暖费、运输费和劳动保护费，以及季节性停工和生产用固定资产修理期间的停工损失等。

制造费用也包括直接用于产品生产，但没有专设成本项目的各项生产费用，这是因为这些费用在管理上不要求单独核算或者在核算上不便于单独进行所致。这样的制造费用包括：机器设备的折旧费、租赁费和保险费，生产工具摊销费，设计制图费和试验检验费等。

制造费用还包括车间、分厂厂部用于组织和管理生产的费用，如车间、分厂厂部管理人员的工资薪酬及社会保险费、职工教育经费、工会经费以及非货币性福利等工资性支出，管理用房屋及建筑物的折旧费、租赁费和保险费，管理用水电费、取暖费、差旅费和办公费，以及管理用具的摊销费等。

综上所述，制造费用的内容比较复杂，为了简化核算工作，减少费用项目，而将生产工具和管理用具的摊销费合并设立“工具用具摊销费”账户，将生产用固定资产的折旧费和管理用固定资产的折旧费合并设立“折旧费”等账户。因此，制造费用的费用项目应该包括：生产单位管理人员的工资薪酬及社会保险费、职工教育经费、工会经费以及非货币性福利等工资性支出，固定资产的折旧费、租赁费（不包括融资租赁费）、保险费，机物料消耗，工具用具（低值易耗品）的摊销费，取暖费，水电费，办公费，差旅费，运输费，设计制图费，试验检验费，劳动保护费，在产品盘亏、毁损和报废。

3.5.2 制造费用的归集与分配

1. 制造费用的归集

制造费用的归集与分配，应通过设置“制造费用”账户进行。该账户应按不同的车间（基本生产车间、辅助生产车间）、部门设立明细账，账内按照费用项目设立专栏或专行，分别反映各车间、部门各项制造费用的支出情况。

企业在发生各项制造费用时，应根据各种付款凭证、转账凭证和本章前面各节述及的各种费用（如原材料、工资薪酬、折旧、长期待摊费用以及辅助生产费用）的分配表，登记在“制造费用”账户的借方，同时登记在“原材料”“应付职工薪酬”“累计折旧”“长期待摊费用”“银行存款”等账户的贷方。期末按照一定的标准分配转出时，登记在“制造费用”账户的贷方，同时登记在“生产成本——基本生产成本”“生产成本——辅助生产成本”等账户的借方。除季节性生产企业外，“制造费用”账户期末应无余额。

需要说明的是，如果辅助生产车间发生的制造费用是通过“制造费用”账户核算的，则应比照基本生产车间发生的费用进行核算。如果辅助生产车间发生的制造费用不通过“制造费用”账户核算，则在发生时直接登记“辅助生产成本”账户。表 3-16 列示了某企业基本生产车间的制造费用明细账。

表 3-16 制造费用明细账（基本生产车间）

月	日	摘要	借方	贷方	余额
5	31	材料费用的分配（表 3-1）	3 800		
5	31	外购动力费用的分配（表 3-2）	3 500		
5	31	工资薪酬的分配（表 3-3）	6 500		
5	31	职工养老保险费的分配（表 3-4）	650		
5	31	折旧费用的分配（表 3-5）	19 000		
5	31	其他费用的分配（表 3-6）	5 440		
5	31	长期待摊费用的分配（表 3-7）	3 360		
5	31	转入的辅助生产费用的分配（表 3-13）	12 150		
5	31	本月制造费用合计	54 400		
5	31	分配本月制造费用		54 400	—

由于制造费用大部分与产品生产的工艺过程没有直接关系，因而制造费用一般按车间、部门编制费用计划并加以控制。企业在进行产品成本核算时，可以通过制造费用的归集与分配来反映和监督其费用计划的执行情况。

2. 制造费用的分配

为了正确计算产品的生产成本，必须合理地分配制造费用。在实际工作中，由于各车间的制造费用水平不同，因而制造费用的分配应按车间分别进行，不应将各车间的制造费用汇集起来在企业内统一分配。如果生产车间只生产一种产品，制造费用可以直接计入该种产品的生产成本，这就不存在制造费用在不同产品之间进行分配的问题；如果生产车间同时生产多种产品，制造费用则应采用合理的分配方法，分配计入各种产品的生产成本。辅助生产车间单独核算其制造费用时，分配原则与此相同。

分配制造费用的方法很多，通常采用的 4 种分配方法如下。

（1）生产工时比例分配法。生产工时比例分配法是按照各种产品所耗生产工时的比例分配费用的方法。按照生产工时比例分配制造费用，同分配工资费用一样，也可以将劳动生产率的高低与产品负担的费用水平联系起来，使分配结果比较合理。

为了准确计算并分配制造费用，企业必须正确组织产品生产工时的核算，做好生产工时的记录和核算工作，这不仅是计算产品成本的一项重要基础工作，而且对于分析和考核劳动生产率水平、加强生产管理和劳动管理，也有着非常重要的意义。

【例 3-10】假定某企业生产甲、乙两种产品。当期归集的制造费用 54 400 元，甲产品工时 2 700 小时，乙产品工时 1 300 小时。请根据上述资料按生产工时比例分配制造费用。

编制的“制造费用分配表”如表 3-17 所示。

根据表 3-17，编制会计分录如下：

借：生产成本——基本生产成本——甲产品　　36 720
　　　　　　　　　　　　　　——乙产品　　17 680
　贷：制造费用　　54 400

表 3-17　制造费用分配表（基本生产车间）

2018 年 5 月

应借账户		生产工时（小时）	费用分配率	应分配金额（元）
基本生产成本	甲产品	2 700	13.6	36 720
	乙产品	1 300	13.6	17 680
合计		4 000		54 400

如果产品的定额工时比较准确，也可以按定额工时比例分配制造费用。

（2）生产工人工资比例分配法。生产工人工资比例分配法，是按照计入各种产品成本的生产工人实际工资的比例分配制造费用的方法。

采用这种方法分配制造费用，由于可从企业的工资费用分配表中直接找到生产工人工资的资料，因此采用这种分配方法的核算工作比较简便。但是采用这种分配方法，各种产品生产的机械化程度应大致相同，否则会因为机械化程度高低的差别，造成分配结果的不均衡，从而影响费用分配的合理性。这是因为，机械化程度高的产品，工资费用少；机械化程度低的产品，工资费用反而多。另外，制造费用中也包含着一部分与机械使用有直接关系的费用，如机械设备的折旧费、修理费、租赁费和保险费等，这些费用对于机械化程度高的产品，应多分配一些，而对于机械化程度低的产品，应少分配一些。

【例 3-11】假定某企业基本生产车间生产甲、乙两种产品。当期归集的制造费用 54 400 元。本月基本生产车间工人的工资共计 128 000 元，其中甲产品 86 400 元，乙产品 41 600 元，如表 3-3 所示。请根据归集的制造费用按生产工人工资的比例进行分配。

计算如下：

$$\text{制造费用分配率} = \frac{54\ 400}{86\ 400 + 41\ 600} = 0.425$$

甲产品应分配的制造费用 = 86 400 × 0.425 = 36 720（元）
乙产品应分配的制造费用 = 41 600 × 0.425 = 17 680（元）
合计　54 400（元）

由此可见，如果生产工人的工资是按照生产工人工时比例分配计入各种产品成本的，那么按照生产工人的工资比例分配制造费用，实际上也就是按照生产工人的工时比例分配制造费用。

（3）机器工时比例分配法。机器工时比例分配法，是按照各种产品生产所用机器设备的运转工作时间的比例分配制造费用的方法。在机械化程度较高的车间中，设备的折旧费、租赁费等设备使用费的大小与机器运转的时间有密切联系，机器运转时间越长，机器工时越多，设备的折旧费、租赁费等设备使用费也随之增多，因此按机器工时比例分配制造费用就较为合理。但采用这种方法，必须具备各种产品所用机器工时的原始记录。

从制造费用的构成内容看，包括不同性质和用途的费用，如与机器设备有关的费用，因管理、组织产品的生产而发生的费用等。为了提高分配结果的合理性，也可以将制造费用加以分类，按类别单独归集费用，分别采用适当的分配方法进行分配。如对与机器设备有关的费用，可按机器工时比例进行分配；对管理、组织产品的生产而发生的费用，可按生产工人工时比例进行分配。但这样分配会增加一些核算工作量。

机器工时比例分配法的计算程序、原理与生产工人工时比例分配法基本相同，故不再举例。

（4）按年度计划分配率分配法。按年度计划分配率分配法，是按照年度开始前预先确定的全年度内适用的计划分配率分配费用的方法。

采用这种分配方法，不论各月实际发生的制造费用总额是多少，每月各种产品成本中的制造费用都按年度计划分配率分配。假定以定额工时作为分配标准，计算公式如下：

$$年度计划分配率=\frac{年度制造费用计划总额}{年度各种产品计划产量的定额工时总数}$$

$$\begin{matrix}某月某种产品应\\负担的制造费用\end{matrix}=\begin{matrix}该月该种产品实际\\产量的定额工时数\end{matrix}\times 年度计划分配率$$

【例 3-12】假定某车间全年制造费用计划总额为 57 000 元。全年各种产品的计划产量为：甲产品 3 000 件，乙产品 1 200 件。单件产品的工时定额为：甲产品 6 小时，乙产品 4 小时。年度计划分配率计算如下：

$$甲产品年度计划产量的定额工时=3\,000\times 6=18\,000（小时）$$

$$乙产品年度计划产量的定额工时=1\,200\times 4=4\,800（小时）$$

$$年度计划分配率=\frac{57\,000}{18\,000+4\,800}=2.5（元/小时）$$

假定该车间 5 月的实际产量为：甲产品 260 件，乙产品 105 件；该月实际发生的制造费用为 4 800 元。则本月制造费用分配如下：

$$甲产品应分配的制造费用=260\times 6\times 2.5=3\,900（元）$$

$$乙产品应分配的制造费用=105\times 4\times 2.5=1\,050（元）$$

根据上列计算结果编制的“制造费用分配表”如表 3-18 所示。

表 3-18　制造费用分配表（基本生产车间）

2018 年 5 月

应借账户		本月产量（件）	工时定额（小时）	定额工时（小时）	计划分配率	分配金额（元）
基本生产成本	甲产品	260	6	1 560	2.5	3 900
	乙产品	105	4	420	2.5	1 050
合计				1 980		4 950

根据表 3-18，编制会计分录如下：

借：生产成本——基本生产成本——甲产品　　3 900
　　　　　　　　　　　　　　——乙产品　　1 050
　贷：制造费用　　4 950

从上例中可以看出，该车间 5 月份实际发生的制造费用为 4 800 元（制造费用明细账的借方本期发生额），而本月按照实际产量和年度计划分配率分配转出的制造费用则为 4 950 元（即制造费用明细账的贷方本期发生额）。当账户的借方本期发生额和贷方本期发生额不相等时，就会产生两种可能性：借方本期发生额大于贷方本期发生额或者贷方本期发生额大于借方本期发生额。因此，采用这种分配方法时，制造费用明细账以及与之相联系的制造费用总账，不仅可能有月末余额，而且既可能有借方余额，也可能有贷方余额。借方余额表示超过计划的预付费用，可列为企业的资产项目；贷方余额表示按照计划应付而未付的费用，冲减生产成本。

"制造费用"账户如果有年末余额，则表示全年制造费用的实际发生额与计划发生额的差额，通常应在年末调整计入 12 月的产品成本，同时编制如下所示的会计分录：

借：生产成本——基本生产成本　　×××
　贷：制造费用　　×××

由于账户对应关系固定，可将实际发生额大于计划发生额的差额（超支差额），用蓝字补加；如果是实际发生额小于计划发生额的差额（节约差额），则做方向相反的会计分录结转。

按年度计划分配率分配制造费用，核算工作较为简便，特别适用于季节性生产的企业。因为在这种类型的企业中，每月发生的制造费用相差不多，但生产的淡季和旺季的产量却相差悬殊，如果采用前述 3 种方法按实际费用分配，各月单位产品成本中的制造费用会忽高忽低，因此不便于成本分析工作的进行。所以在这类季节性生产企业中，应采用按年度计划分配率分配法分配制造费用，以便平衡各月产品成本水平。但是，采用这种分配方法，必须具有较高的计划工作水平，否则年度制造费用的计划数偏离实际数太大，会影响企业成本计算的准确性。

通过上述制造费用的归集与分配，除了采用按年度计划分配率分配法的企业外，"制造费用"账户月末应无余额。

▶本章小结

本章主要论述了各要素费用的归集与分配。材料费用应按用途进行分配，属于产品耗用的材料费用直接计入有关产品成本；属于辅助生产耗用的材料，或计入辅助生产成本，或通过制造费用账户核算。工资薪酬、社会保险费及职工教育经费、工会经费以及非货币性福利、折旧费等的处理原则与材料基本相同。

辅助生产费用的分配方法主要有直接分配法、顺序分配法、交互分配法、代数分配法和计划成本分配法。这些方法各有特点，应根据辅助生产特点选择适当的方法。

制造费用的分配方法有生产工时比例分配法、生产工人工资比例分配法、机器工时比例分配法及按年度计划分配率分配法。前 3 种方法的计算方法相似；后 1 种方法按年度计划分配率分配制造费用，核算工作较为简便，特别适用于季节性生产的企业。

除了上述主要内容外，本章还讲述了生产损失的核算。

▶思考题

1. 对间接计入产品成本的费用应怎样进行分配？
2. 各项要素费用在进行分配时应怎样进行账务处理？
3. 试说明“长期待摊费用”账户的性质。
4. 辅助生产费用的分配有何特点？有哪些分配方法？
5. 辅助生产费用的交互分配法的特点是什么？
6. 辅助生产费用的计划成本分配法的特点是什么？
7. 什么是废品损失？什么是停工损失？
8. 怎样进行不可修复废品损失的核算？
9. 制造费用一般应包括哪些费用项目？有哪些分配方法？
10. 按年度计划分配率分配法有何特点？适用范围是什么？

▶自测题

自测题 3-1

单项选择题

1. 专设成本项目的生产费用都是（　　）。
   A. 直接计入费用　B. 直接生产费用　C. 间接计入费用　D. 间接生产费用
2. 下列方法中，属于辅助生产费用分配方法的是（　　）。
   A. 约当产量比例法　B. 五五分配法　C. 生产工时比例法　D. 计划成本分配法
3. 在辅助生产车间较多，且已实行电算化的情况下，分配辅助生产费用最适宜采用的方法是（　　）。
   A. 直接分配法　B. 代数分配法　C. 交互分配法　D. 顺序分配法
4. 下列方法中，属于制造费用分配方法的是（　　）。
   A. 约当产量比例法　B. 系数分配法
   C. 车间成本比例法　D. 按年度计划分配率分配法
5. 生产过程中或入库后发现的各种废品损失，不包括（　　）。
   A. 修复废品人员工资　B. 实行“三包”的损失
   C. 修复废品领用材料　D. 不可修复废品的报废损失

多项选择题

1. 下列方法中，属于辅助生产费用分配方法的是（　　）。
   A. 约当产量比例法　B. 顺序分配法　C. 交互分配法　D. 代数分配法
2. 生产过程中或入库后发现的各种废品损失，包括（　　）。
   A. 修复废品人员工资　B. 实行“三包”的损失
   C. 修复废品领用材料　D. 不可修复废品的报废损失
3. 不可修复废品的成本扣减残料以后，通过“基本生产成本”账户先转出，后转回，最终导致产品总成本与单位成本的变化是（　　）。
   A. 总成本上升　B. 单位成本上升　C. 总成本下降　D. 单位成本下降
4. 下列会计科目中，月末余额有可能在借方，也有可能在贷方的是（　　）。
   A. 材料成本差异　B. 应付账款　C. 制造费用　D. 应付职工薪酬
5. 分配结转辅助生产车间的生产成本时，除了贷记“辅助生产成本”外，可能借记的科目有（　　）。

A.“基本生产成本”　　B.“辅助生产成本”　　C.“库存商品”　　D.“低值易耗品”

判断题

1.“应付职工薪酬”账户期末可能有贷方余额或借方余额，也可能没有余额。（　）

2. 采用交互分配法分配辅助生产费用时，对外分配的辅助生产费用应为交互分配前的费用加上交互分配时分配转入的费用。（　）

3. 直接生产费用都是直接计入费用。（　）

4. 间接生产费用都是间接计入费用。（　）

5. 间接计入费用应采用适当分配方法，分配后分别记入各产品成本明细账及有关成本项目。（　）

自测题 3-2

目的：掌握原材料在各种产品之间的分配。

资料：

（1）A 企业生产甲、乙两种产品，本月领用 A 材料 1 053 千克，实际单位成本 2 元，材料费用为 2 106 元。本月甲产品完工 400 件，乙产品完工 300 件；甲产品每件消耗量定额 1.2 千克，乙产品每件消耗量定额 1.1 千克。

（2）B 企业生产甲、乙两种产品，本月领用材料的费用合计为 3 800 元，其中甲产品的重量为 215 千克，乙产品的重量为 165 千克。

（3）C 企业生产甲、乙、丙三种产品，共耗用原材料费用 116 640 元。本月甲产品完工 1 200 件，乙产品完工 850 件，丙产品完工 1 500 件。甲、乙、丙三种产品的单位材料费用定额分别为 25 元、45 元、19.3 元。

要求：根据以上资料，分别采用相应的方法，将材料费用在各种产品之间进行分配。

自测题 3-3

目的：掌握工资薪酬及社会保险费的分配。

资料：D 企业生产甲、乙、丙三种产品。本月共耗用生产工时 5 050 小时，其中甲产品耗用 1 400 小时，乙产品耗用 1 150 小时，丙产品耗用 2 500 小时。本月的工资薪酬总额为 180 000 元，其中基本生产车间工人的工资 138 370 元，车间管理人员的工资 11 630 元，厂部管理人员的工资 26 700 元，销售机构人员的工资 3 300 元。

要求：根据以上资料，将生产工人的工资在各种产品之间进行分配，并按工资总额的 10% 计提职工养老保险费，按 4% 计提医疗保险费。

自测题 3-4

目的：掌握辅助生产费用的各种分配方法。

资料：某企业设有供电、供水两个辅助生产车间。本月发生的辅助生产待分配费用和劳务供应量如下：

（1）待分配费用：供电车间 5 040 元，供水车间 9 000 元。

（2）劳务供应量：见下表。

劳动量统计表

单位	供电车间	供水车间	基本车间	行政管理	合计
供电量（度）		1 000	18 000	2 000	21 000
供水量（吨）	3 000		66 000	6 000	75 000

（3）计划单位成本：每度电 0.30 元，每吨水 0.15 元。

要求： 分别按 5 种方法分配辅助生产费用，并进行账务处理。

自测题 3-5

目的： 掌握废品损失的核算。

资料： E 企业规定，其在生产中产生的不可修复废品按定额成本计价。本月 M 产品在生产过程中出现不可修复废品 20 件，单件原材料费用定额为 15 元；20 件废品的定额工时共为 130 小时，每小时的费用定额为：直接人工 5 元，制造费用 7 元。该月 M 产品发生的可修复废品费用为：领用材料 500 元，分配工资薪酬 300 元，分配职工社会保险费 42 元，分配制造费用 700 元。废品的残料作为辅助材料入库，计价 100 元。应由责任人赔偿废品损失 200 元。废品净损失由当月同种产品成本负担。

要求：

（1）计算不可修复废品的生产成本。

（2）计算全部废品的净损失。

（3）为废品损失的核算进行账务处理。

自测题 3-6

目的： 掌握制造费用的分配方法。

资料： 季节性生产的企业 F，全年计划发生制造费用总额为 133 200 元。全年各种产品计划产量：甲产品 16 000 件，乙产品 5 000 件，丙产品 6 000 件。单件产品的工时定额：甲产品 5 小时，乙产品 4 小时，丙产品 8 小时。本月实际产量：甲产品 2 000 件，乙产品 800 件，丙产品 500 件。本月实际发生制造费用 14 080 元。

要求： 按年度计划分配率分配制造费用，并进行账务处理。

第4章

生产费用在完工产品和在产品之间的归集与分配

学习目标

1. 了解在产品数量的确定
2. 掌握生产费用在完工产品和在产品之间的归集与分配
3. 掌握完工产品成本的会计处理方法

4.1 在产品数量的确定

4.1.1 在产品的概念及分类

1. 在产品的概念

在产品也称在制品，是指没有形成最终商品或产品的所有制品。在产品包括没有完成全部工艺过程的狭义在产品、需要进一步加工的半成品或已经完成全部工艺过程等待验收入库的产成品。

大多数制造企业在产品生产过程中，为了均衡生产，保证生产顺利进行，都会形成一定数量、一定种类、形式各异、完工程度不同的在产品。

多步骤的装配式生产企业，其在产品是各种零部件。多步骤连续式生产企业，其在产品可以是坯料、中间产品，如纺织业的粗纱和细纱、未经染整的坯布等；冶炼企业的铁锭、钢锭、线材、管材等；医药化工业的溶液、溶剂等。

2. 在产品的分类

在产品可分为狭义在产品和广义在产品两类。

狭义在产品是指就一个生产步骤或一个加工现场正在加工的在制品。广义在产品是指整个企业没有形成最终产品的所有制品，包括狭义在产品和已经完成一定加工工艺的半成品、返修的废品以及已经完成全部工艺过程等待验收入库的产成品。

4.1.2 在产品数量的核算

企业当期发生的生产费用，通过用第 2 章和第 3 章所介绍的方法的归集与分配，将应计入产品成本的生产费用，按成本计算对象归集到“生产成本——基本生产成本”的明细账的相关成本项目中。期初在产品成本加上本期生产费用，形成生产费用合计数。

如果本期没有完工产品，则生产费用合计就是期末在产品成本。如果期末没有在产品，则生产费用合计就是完工产品成本。如果期末既有完工产品又有在产品，就需要采用适当的方法将生产费用合计数在完工产品和期末在产品之间进行分配，计算期末在产品成本以及完工产品成本。

确定期末在产品成本时，首先要确定在产品数量，然后确定期末在产品单位成本。

在产品数量的确定是产品成本核算的一项基础工作，包括在产品数量的日常核算和期末清查盘点。企业一方面要做好在产品收、发、结存等日常核算工作；另一方面还要做好在产品的清查盘点工作。做好这两项工作，既可以通过账簿记录随时掌握在产品的动态，也可以查清在产品的实存数量，以加强生产资金的核算和管理。

1. 在产品的日常核算

在产品的日常核算工作一般是通过设置在产品统计台账（在产品收发结存账），核算在产品收、发、结存的数量，为生产管理部门以及产品成本的核算提供在产品数量变化的动态资料。在产品统计台账应根据生产的特点和管理要求设置，通常以车间或工序、产品、在产品品种设置，由车间或班组核算员根据有关领料单、在产品收发凭证等原始凭证登记统计台账，最后进行审核汇总。表 4-1 列示了在产品统计台账。

表 4-1 在产品收发结存账

产品名称：UVL　　零件名称：0575 曲轴　　车间：机加工一车间

日期	摘要	收入		发出		结存		备注
		凭证号	数量	凭证号	数量	完工	未完工	
6 月 30 日	结存					500	200	
7 月 1 日	领用坯料	701	400			500	600	
7 月 6 日	完工					700	400	工单 1
7 月 10 日	转出			702	400	300	400	
7 月 15 日	完工					500	200	工单 2
7 月 20 日	转出			703	200	300	200	
7 月 25 日	完工					400	100	工单 3
7 月 31 日	结存		400		600	400	100	

2. 在产品清查的核算

为了核实在产品的数量，做到在产品账实相符，企业的在产品应和其他存货一样进行定期和不定期的清查。如果车间没有建立在产品统计台账，则应每月末都清查一次在产品，以便取得在产品的实际盘存信息。如果车间设有在产品统计台账，可以对在产品进行不定期轮流清查。

进行清查时，要对在产品进行盘点，清查后根据清查结果编制“在产品盘点表”，将账存数、实存数以及盈亏数进行登记，并据以进行会计处理，然后再根据批复意见核销待处理财产损溢的金额。

【例 4-1】某汽车零件企业盘亏 UVL 0575 曲轴 2 个，单位成本 52 元，经核实属于责任人过失，应予以赔偿。

盘亏时，记：

借：待处理财产损溢——流动资产损溢　　104
　贷：生产成本——基本生产——UVL　　104

批复时，记：

借：其他应收款　　104
　贷：待处理财产损溢——流动资产损溢　　104

库存半成品以及辅助生产车间在产品数量的核算与基本生产相同，这里不再赘述。

4.2 生产费用在完工产品和在产品之间的分配

4.2.1 生产费用在完工产品和在产品之间的分配方法概述

各项生产费用在各种产品之间进行分配与归集以后，应计入各种产品的生产费用都归集在“生产成本——基本生产成本”的二级账下的相关产品明细账（也称为产品成本计算单）中。

对于生产企业来说，如果生产的产品当期已经全部完工而没有期末在产品，那么计入该产品明细账中的全部生产费用，包括期初在产品成本以及本期归集的生产费用，就是该种完工产品的成本。如果当期没有完工产品，期末全部为在产品的，那么计入该产品明细账中的全部生产费用，就是该种产品的在产品成本。在实际生产过程中，上述两种情况都是比较少见的，大多数的生产企业既有完工产品又有期末在产品。因此，全部生产费用应在同一种产品的完工产品和在产品之间进行分配。生产费用在完工产品和在产品之间的分配，主要有两种类型。一种类型属于倒轧成本法，另一种类型属于分配的方法。

1. 倒轧成本法

倒轧成本法是指在计算完工产品成本时，用生产费用合计减去期末在产品成本后的差额作为完工产品成本。

计算完工产品成本时，根据“生产成本”账户的期初余额，也就是期初在产品成本，加上“生产成本”账户的借方发生额，也就是本期生产费用，计算生产费用合计，然后减去“生产成本”账户的期末余额，也就是期末在产品成本，计算完工产品成本，也就是“生产成本”账户的贷方发生额。由于这类方法与账户期末余额计算顺序不一致，是根据期末余额倒算发生额，故而称之为倒轧成本法。计算公式如下：

$$完工产品成本 = 期初在产品成本 + 本期生产费用 - 期末在产品成本$$

倒轧成本法具体又有不计算月末在产品成本、在产品成本按固定成本计算、在产品成本按定额成本计算、在产品成本按所耗材料费用计算 4 种方法。

2. 分配的方法

分配的方法是指在计算完工产品成本时，用期初在产品成本加上本期生产费用，计算生产费用合计，然后采用适当的分配标准，将生产费用合计在完工产品与在产品之间进行分配，分别确定完工产品成本和期末在产品成本。计算公式如下：

$$分配率 = \frac{期初在产品成本 + 本期生产费用}{完工产品分配标准 + 在产品分配标准}$$

$$完工产品成本 = 完工产品分配标准 \times 分配率$$

$$期末在产品成本 = 在产品分配标准 \times 分配率$$

分配的方法具体又有约当产量法、定额比例法以及在产品成本按完工产品成本计算法 3 种方法。

将生产费用既合理又简便地在完工产品和在产品之间进行分配，是产品成本计算工作中又一个重要而复杂的问题。企业应根据在产品的数量及其变化、各项费用比重大小以及定额管理基础工作等条件并结合生产的特点选择适当的方法。

4.2.2 不计算月末在产品成本法

采用不计算月末在产品成本法时，虽然企业期末有在产品，但不计算在产品成本，实际上在产品应负担的生产费用全部由完工产品成本负担。这种方法属于倒轧成本法，也是一种简化的成本计算方法，适用于各月月末在产品数量少，并且在产品成本低的产品。

采用这种方法，由于期末在产品数量很少，所负担的生产费用低，期初在产品成本与期末在产品成本的差额更小，忽略不计在产品成本对完工产品成本影响不大，因此为了简化产品成本的计算工作，可以不计算期末在产品成本。在这种情况下，期初、期末在产品成本为零，产品发生的生产费用全部由完工产品负担，当期生产费用就是完工产品成本。例如，煤炭等采掘业属于单步骤生产，由于在产品数量很少，因此不计算在产品成本。这种方法的计算公式如下：

$$完工产品成本 = 本期生产费用$$

4.2.3 在产品成本按固定成本计算法

在产品成本按固定成本计算，适用于期初、期末在产品数量少，或在产品数量多但各月数量变化不大，产品成本比较稳定的企业。计算产品成本时，期末在产品成本均按年初在产品成本固定计算。由于各月期初、期末在产品成本相等，因此当期的生产费用就是完工产品成本。这种方法属于倒轧成本法，也是简化的成本计算方法。

采用这种方法，各月期初、期末在产品成本相等，该种产品发生的生产费用全部由完工产品负担，当期生产费用就是完工产品成本。例如，冶炼企业和化工企业的产品，由于高炉和化学反应装置的容积固定，可以采用这种方法计算产品成本。计算公式如下：

$$完工产品成本 = \begin{matrix}期初在产品\\固定成本\end{matrix} + \begin{matrix}本期生\\产费用\end{matrix} - \begin{matrix}期末在产品\\固定成本\end{matrix} = 本期生产费用$$

在实际工作中，各月在产品成本一般按年初在产品成本估算。为了避免在产品估算成本与实际成本水平相差过大而影响产品成本的计算，企业应在年末对在产品进行实地盘点，根据在产品盘点的数量计算在产品成本，并据以计算 12 月的产品成本。下一年度，各月在产品成本均固定按上年末在产品成本计算。也就是说，一年当中前 11 个月，期初、期末在产品成本均按年初在产品成本计算，期初、期末在产品成本相等，当月的生产费用就是完工产品成本；12 月的期初在产品成本依然按年初数确定，期末在产品成本需根据实际盘点的数量以及估算的在产品单位成本计算。12 月的期初、期末在产品成本不等，其完工产品成本的计算公式如下：

（12 月的）完工产品成本 = 年初在产品成本 + 12 月的生产费用 − 年末在产品成本

【例 4-2】 某产品在产品数量比较大，但各月在产品数量比较均衡，在产品成本按年初固定成本计算。该产品年初在产品成本为 600 000 元，年末在产品成本为 650 000 元。该产品的各月生产费用见表 4-2。

表 4-2　各月生产费用明细表　（单位：元）

月份	生产费用	月份	生产费用
1	5 050 000	7	5 090 000
2	5 080 000	8	5 080 000
3	5 050 000	9	5 080 000
4	5 050 000	10	5 030 000
5	5 070 000	11	5 050 000
6	5 050 000	12	5 060 000

由于各月期初、期末在产品成本均按年初 600 000 元计算，各月期初、期末在产品成本相同，因此前 11 个月各月的生产费用就是完工产品成本。12 月的完工产品成本应根据年初在产品成本 600 000 元加上当月的生产费用 5 060 000 元，减去年末在产品成本 650 000 元计算。下一年的前 11 个月，各月在产品成本均按 650 000 元计算。根据以上资料计算的该产品各月的产品成本见表 4-3。

表 4-3　各月产品成本计算汇总表　（单位：元）

月份	期初在产品成本	本期生产费用	完工产品成本	期末在产品成本
1	600 000	5 050 000	5 050 000	600 000
2	600 000	5 080 000	5 080 000	600 000
3	600 000	5 050 000	5 050 000	600 000
4	600 000	5 050 000	5 050 000	600 000
5	600 000	5 070 000	5 070 000	600 000
6	600 000	5 050 000	5 050 000	600 000
7	600 000	5 090 000	5 090 000	600 000
8	600 000	5 080 000	5 080 000	600 000
9	600 000	5 080 000	5 080 000	600 000
10	600 000	5 030 000	5 030 000	600 000
11	600 000	5 050 000	5 050 000	600 000
12	600 000	5 060 000	5 010 000	650 000

4.2.4　在产品成本按定额成本计算法

采用在产品成本按定额成本计算法时，期末在产品成本按定额成本计算，在产品实际成本与定额成本的差额由完工产品成本负担。这种方法属于倒轧成本法，适用于定额管理基础较好，各项消耗定额或定额费用比较准确、稳定，各月在产品数量比较均衡的产品。

计算期末在产品成本时，应根据成本项目分别确定其定额成本。在产品材料费用定额一般按在产品消耗量定额以及材料计划成本计算。在产品的直接人工定额费用，一般按单位工时的直接人工费用定额以及定额工时计算。在产品的制造费用定额，一般按单位工时的制造费用定额以及定额工时计算。产品成本计算公式如下：

$$\text{完工产品成本}=\frac{\text{期初在产品}}{\text{定额成本}}+\frac{\text{本期}}{\text{生产费用}}-\frac{\text{期末在产品}}{\text{定额成本}}$$

$$\frac{\text{期末在产品}}{\text{定额成本}}=\frac{\text{在产品直接材料}}{\text{定额费用}}+\frac{\text{在产品直接人工}}{\text{定额费用}}+\frac{\text{在产品制造费用}}{\text{定额费用}}$$

1. 在产品直接材料定额费用的计算

在产品直接材料定额费用，应根据在产品实际数量、在产品材料消耗量定额以及单位原材料计划成本计算。计算公式如下：

$$\frac{\text{在产品直接材料}}{\text{定额费用}}=\sum\left(\text{在产品数量}\times\frac{\text{在产品材料}}{\text{消耗量定额}}\times\frac{\text{单位材料}}{\text{计划成本}}\right)$$

$$=\sum\left(\frac{\text{在产品材料}}{\text{定额耗用量}}\times\frac{\text{单位材料}}{\text{计划成本}}\right)$$

或

$$=\sum\left(\text{在产品数量}\times\frac{\text{在产品材}}{\text{料费用定额}}\right)$$

2. 在产品直接人工定额费用的计算

在产品直接人工定额费用的计算，应根据在产品的数量、累计的工时定额以及单位工时在产品直接人工费用定额计算。计算公式如下：

$$\frac{\text{在产品直接人}}{\text{工定额费用}}=\frac{\text{在产品定额}}{\text{工时总数}}\times\frac{\text{单位工时直接}}{\text{人工费用定额}}$$

$$\frac{\text{在产品定额}}{\text{工时总数}}=\sum\left(\frac{\text{各工序在产}}{\text{品实际数量}}\times\frac{\text{该工序累计}}{\text{工时定额}}\right)$$

$$\frac{\text{某工序在产品}}{\text{累计工时定额}}=\frac{\text{以前工序累计}}{\text{工时定额}}+\frac{\text{本工序}}{\text{工时定额}}\times 50\%$$

如果各工序在产品数量和工时定额比较均衡，可用各工序在产品总和乘以完工产品工时的一半，计算在产品工时定额总数。

3. 在产品制造费用定额的计算

在产品制造费用定额的计算与在产品直接人工计算基本相同，应根据在产品的数量、累计的工时定额以及单位工时在产品制造费用定额计算。计算公式如下：

$$\frac{\text{在产品制造费}}{\text{用定额费用}}=\frac{\text{在产品定额}}{\text{工时总数}}\times\frac{\text{单位工时制造}}{\text{费用定额}}$$

【例 4-3】某甲产品经过三道工序制成，材料是在生产开始时一次投入的。单位工时直接人工费用定额为 5 元，单位工时制造费用定额为 4 元。各道工序的在产品数量、在产品材料消耗定额费用以及各道工序工时定额资料见表 4-4。期初在产品定额成本、本期生产费用资料如表 4-5 所示。

表 4-4 甲产品在产品产量及定额明细表

工序	在产品数量（件）	直接材料费用定额（元）	工时定额（小时）
1	50	600	20

（续）

工序	在产品数量（件）	直接材料费用定额（元）	工时定额（小时）
2	40	—	40
3	30	—	40
合计	120	600	100

表 4-5　生产费用明细表

产品名称：甲产品　（单位：元）

项目	直接材料	直接人工	制造费用	合计
期初在产品定额成本	60 000	20 000	18 000	98 000
本期生产费用	120 000	80 000	40 000	240 000

期末在产品定额成本计算如下：

在产品直接材料定额费用 = 120×600 = 72 000（元）

第一道工序在产品累计工时定额 = 20×50% = 10（小时）

第二道工序在产品累计工时定额 = 20 + 40×50% = 40（小时）

第三道工序在产品累计工时定额 = 20 + 40 + 40×50% = 80（小时）

各道工序在产品定额工时总数 = 10×50 + 40×40 + 80×30 = 4 500（小时）

在产品直接人工定额费用 = 5×4 500 = 22 500（元）

在产品制造费用定额费用 = 4×4 500 = 18 000（元）

在产品定额成本 = 72 000 + 22 500 + 18 000 = 112 500（元）

根据上述计算结果编制的在产品成本计算表如表 4-6 所示。根据期初在产品定额成本、本期生产费用、期末在产品成本计算的完工产品成本如表 4-7 所示。

表 4-6　甲产品在产品成本计算表

工序	在产品数量（件）①	直接材料费用定额（元）②	工时定额（小时）③	累计工时定额（小时）④	在产品定额工时（小时）⑤	直接人工定额费用（元）⑥	制造费用定额费用（元）⑦	合 计 ⑧ = ②+⑥+⑦
第一道	50	30 000	20	10	500	2 500	2 000	34 500
第二道	40	24 000	40	40	1 600	8 000	6 400	38 400
第三道	30	18 000	40	80	2 400	12 000	9 600	39 600
合　计	120	72 000	100	—	4 500	22 500	18 000	112 500

表 4-7　甲产品生产成本计算单　（单位：元）

项目	直接材料	直接人工	制造费用	合计
期初在产品定额成本	60 000	20 000	18 000	98 000
本期生产费用	120 000	80 000	40 000	240 000
生产费用合计	180 000	100 000	56 000	338 000
完工产品成本	108 000	77 500	38 000	225 500
期末在产品定额成本	72 000	22 500	18 000	112 500

4.2.5　在产品成本按所耗材料费用计算法

采用在产品成本按所耗材料费用计算法时，期末在产品的成本不考虑人工费用和制造费用，只计算材料费用。这种方法也属于倒轧成本法，适用于材料费用占产品成本比重大，在产品数量多变化大的产品。

期末应根据材料投入的情况计算在产品的材料费用，确定期末在产品成本，然后根据期初在产品材料费用以及本期生产费用，计算完工产品成本。产品成本计算公式如下：

$$\text{完工产品成本}=\frac{\text{期初在产品}}{\text{材料费用}}+\frac{\text{本期生}}{\text{产费用}}-\frac{\text{期末在产品}}{\text{材料费用}}$$

1. 材料在生产开始时一次性投入在产品成本的计算

材料在生产开始时一次性投入，在计算材料费用分配率时，由于完工产品和不同工序上的在产品所耗用的材料的数量相同，因此在产品和完工产品一样按实际数量作为分配标准。计算公式如下：

$$\text{直接材料分配率}=\frac{\text{期初在产品材料费用}+\text{本期材料费用}}{\text{完工产品数量}+\text{在产品实际数量}}$$

$$\text{期末在产品负担的直接材料费}=\text{在产品的实际数量}\times\text{直接材料分配率}$$

【例 4-4】乙产品的原材料是在生产开始时一次投入的，在产品成本按材料费用计算。完工 600 件，在产品 400 件。期初在产品成本、本期生产费用资料如表 4-8 所示。

表 4-8 生产费用明细表

产品名称：乙产品　　　　（单位：元）

项目	直接材料	直接人工	制造费用	合计
期初在产品成本	80 000	—	—	80 000
本期生产费用	140 000	100 000	60 000	300 000

$$\text{直接材料分配率}=\frac{\text{期初在产品材料费用}+\text{本期材料费用}}{\text{完工产品数量}+\text{在产品实际数量}}$$

$$=\frac{80\ 000+140\ 000}{600+400}=220\text{（元/件）}$$

$$\text{在产品成本}=220\times400=88\ 000\text{（元）}$$

$$\text{完工产品成本}=80\ 000+300\ 000-88\ 000=292\ 000\text{（元）}$$

根据期初在产品成本、本期生产费用、期末在产品成本计算的完工产品成本如表 4-9 所示。

表 4-9 乙产品生产成本计算单　　（单位：元）

项目	直接材料	直接人工	制造费用	合计
期初在产品成本	80 000	—	—	80 000
本期生产费用	140 000	100 000	60 000	300 000
生产费用合计	220 000	100 000	60 000	380 000
完工产品成本	132 000	100 000	60 000	292 000
期末在产品成本	88 000	—	—	88 000

2. 材料随生产进程陆续投入在产品成本的计算

材料随生产进程陆续投入，在计算材料费用分配率时，由于完工产品和不同工序上的在产品所耗用材料的数量不同，因此在产品不能以实际数量和完工产品数量作标准分配材料费用。必须对在产品按一定的标准计算在产品约当产量，然后以完工产品数量作为分配标准计算直接材料分配率。计算公式如下：

$$直接材料分配率 = \frac{期初在产品材料费用 + 本期材料费用}{完工产品数量 + 在产品约当产量}$$

$$\begin{matrix}期末在产品负担\\的直接材料费\end{matrix} = \begin{matrix}在产品的\\约当产量\end{matrix} \times \begin{matrix}直接材料\\分配率\end{matrix}$$

$$\begin{matrix}在产品的\\约当产量\end{matrix} = \sum\left(\begin{matrix}在产品的\\实际数量\end{matrix} \times \begin{matrix}在产品的\\完工程度\end{matrix}\right)$$

【**例 4-5**】接例 4-4，如果乙产品原材料是在生产中陆续投入的，在产品成本按材料费用计算。完工 600 件，在产品 400 件。在产品投料率为 50%。期初在产品成本、本期生产费用资料如表 4-8 所示。

$$直接材料分配率 = \frac{期初在产品材料费用 + 本期材料费用}{完工产品数量 + 在产品约当产量}$$

$$= \frac{80\ 000 + 140\ 000}{600 + 400 \times 50\%} = 275（元 / 件）$$

$$在产品成本 = 275 \times（400 \times 50\%）= 55\ 000（元）$$

$$完工产品成本 = 80\ 000 + 300\ 000 - 55\ 000 = 325\ 000（元）$$

根据期初在产品成本、本期生产费用、期末在产品成本计算的完工产品成本见表 4-10。

表 4-10　乙产品生产成本计算单　　（单位：元）

项目	直接材料	直接人工	制造费用	合计
期初在产品成本	80 000	—	—	80 000
本期生产费用	140 000	100 000	60 000	300 000
生产费用合计	220 000	100 000	60 000	380 000
完工产品成本	165 000	100 000	60 000	325 000
期末在产品成本	55 000	—	—	55 000

4.2.6　约当产量法

1. 约当产量法概述

约当产量法是将生产费用合计数以完工产品数量、在产品约当产量作为分配标准进行分配，分别确定完工产品成本和期末在产品成本。这里的生产费用合计包括期初在产品成本以及本期发生的各项生产费用。

约当产量法属于分配的方法，其特点是以完工产品数量、在产品实际数量或在产品约当产量作为分配标准，并按成本项目分别计算分配率，然后用分配率分别乘以完工产品数量、在产品实际数量或在产品约当产量，进而计算完工产品成本以及期末在产品成本。

采用这种方法，期末在产品成本中包括材料费用、工资社会保险费和制造费用。这种方法适用于产品成本中的材料费用、工资及社会保险费等加工费用比重相差不多，月末在产品数量较大，各月末在产品数量变化也较大的产品。

完工产品成本、期末在产品成本基本的计算公式如下：

$$完工产品成本 = 完工产品实际数量 \times 费用分配率$$

$$期末在产品成本 = 期末在产品实际数量 \times 费用分配率$$

或

$$= 期末在产品约当产量 \times 费用分配率$$

$$费用分配率 = \frac{期初在产品成本 + 本期生产费用}{完工产品实际数量 + 在产品实际数量}$$

或

$$= \frac{期初在产品成本 + 本期生产费用}{完工产品实际数量 + 在产品约当产量}$$

2. 在产品约当产量的计算

采用约当产量法，必须正确计算在产品约当产量。在产品约当产量指在产品按一定的标准折合为完工产品的数量。计算公式如下：

$$在产品约当产量 = 在产品实际数量 \times 完工率$$

在产品约当产量的计算正确与否，主要取决于在产品完工程度即完工率的测定是否正确。测定在产品的完工率有平均计算、分工序测定完工率两种方法。

如果材料投入程度与生产工时基本一致，材料费用可采用上述两种方法确定完工率；如果两者投入的程度不同，为提高材料费用分配的正确性，还应按每一工序材料的消耗量定额计算投料率，从而计算用于材料费用分配的在产品约当产量。

（1）平均计算法。在产品按平均法计算约当产量属于简化的方法。在这种方法下，各道工序上的在产品，无论加工程度如何，均按 50% 作为完工程度折算在产品约当产量。

这种方法适用于各工序在产品数量以及单位产品在各工序的加工量比较均衡的情况下，后面各工序在产品多加工的程度可以弥补前面各工序少加工的程度。这样，全部在产品（广义在产品）的完工程度均按 50% 计算。

$$在产品约当产量 = 各道工序在产品实际数量之和 \times 50\%$$

【例 4-6】某产品要经过四道连续加工工序，材料是在生产开始时一次性投入，各工序之间设置半成品库。各工序在产品数量以及单位产品在各工序的加工量比较均衡。各道工序在产品实际数量见表 4-11。请采用平均法计算该产品的约当产量。

表 4-11 在产品实际数量统计表

工序	数量（个）	工序	数量（个）
第一道工序	50	第三道工序	52
半成品库	45	半成品库	43
第二道工序	46	第四道工序	40
半成品库	48	成品库	52

$$\begin{aligned}在产品约当产量 &= (50+45+46+48+52+43+40) \times 50\% \\ &= 324 \times 50\% = 162（个）\end{aligned}$$

（2）分别测定各工序完工率。按各工序分别测定完工率，比较准确，有利于提高成本计算的正确性，提高成本计算工作的效率。采用这种方法，一般按照各工序累计工时定额占完工产品工时定额的比率计算。为了简化计算，一道工序的在产品（狭义在产品），如尚未加工的、刚开始加工的、本工序接近完工的、本工序加工完毕的半成品，无论加工程度如何，其完工程度均按本工序工时定额的 50% 计算。某工序完工率的计算公式如下：

$$某工序在产品的完工率 = \frac{前面各工序工时定额之和 + 本工序的工时定额 \times 50\%}{单位产品工时定额} \times 100\%$$

【例 4-7】某产品要经过四道连续加工工序。各工序在产品实际数量、工时定额以及单位产品的工时定额如表 4-12 所示。请分别测定各工序的完工率，并计算在产品约当产量。

表 4-12 在产品数量统计表

工序	在产品数量（个）	工时定额（小时）
第一道工序	400	10
第二道工序	600	10
第三道工序	500	10
第四道工序	400	20
合计	1 900	50

$$第一道工序完工率=\frac{0+10\times 50\%}{50}\times 100\%=10\%$$

$$第二道工序完工率=\frac{10+10\times 50\%}{50}\times 100\%=30\%$$

$$第三道工序完工率=\frac{(10+10)+10\times 50\%}{50}\times 100\%=50\%$$

$$第四道工序完工率=\frac{(10+10+10)+20\times 50\%}{50}\times 100\%=80\%$$

在产品约当产量的计算如表 4-13 所示。

表 4-13 在产品约当产量计算表

工序	完工率（%）	在产品数量	
		实际数量（个）	约当产量（个）
1	10	400	40
2	30	600	180
3	50	500	250
4	80	400	320
合计	—	1 900	790

（3）材料投料率的计算。材料费用的分配需要根据材料的投入方式来选择分配标准。

当材料是在生产开始时一次性投入的，且材料投入与工时投入的程度基本一致，可按上述两种方法确定完工率并作为投料率计算在产品约当产量。

当材料随生产进程陆续投入，而且材料的投入和工时投入程度不同，应按工序分别计算材料投料率，然后计算在产品约当产量。材料投料率的计算有以下两种方法。

1）当材料随生产进程陆续分次投入，而且材料的投入和工时投入程度不同时，材料投料率的计算与分工序测定完工率的公式相似，如下：

$$某工序在产品的投料率=\frac{\begin{matrix}前面各工序材料\\消耗量定额之和\end{matrix}+\begin{matrix}本工序材料\\消耗量定额\end{matrix}\times 50\%}{单位产品材料消耗量定额}\times 100\%$$

公式中分子的前一项是截至本工序以前工序的全部材料消耗量定额合计。由于材料是一次性全部投入的，因此按全额计算；公式中分子部分的后一项是本工序的材料投入。由于本工序的材料也是陆续投入的，因此材料投入程度也不相同。但为简化核算，本工序材料投入程度均按 50% 计算。所以公式中在本工序材料消耗量定额的基础上打一个 50% 的折扣。

【例 4-8】某产品的生产要经过两道工序。原材料是陆续投入的，并且与工时投入程度不一致。该产品材料消耗量定额见表 4-14。请计算材料投料率及在产品约当产量。

计算结果如表 4-15 所示。

表 4-14　材料消耗量定额及在产品统计表

工序	本工序材料消耗量定额（千克）	在产品实际数量（个）
1	160	300
2	240	400
合计	400	700

$$第一道工序投料率 =（160\times 50\% \div 400）\times 100\% = 20\%$$

$$第二道工序投料率 =（160 + 240\times 50\%）\div 400\times 100\% = 70\%$$

表 4-15　在产品约当产量计算表

工序	本工序材料消耗量定额（千克）	投料率（%）	在产品实际数量（个）	在产品约当产量（个）
1	160	20	300	60
2	240	70	400	280
合计	400	—	700	340

2）当材料随生产进程陆续投入，而且材料的投入和工时投入程度不同，但材料是在每一工序开始时投入的，则投料率的计算公式如下：

$$某工序在产品的投料率 = \frac{\begin{matrix}前面各工序材料\\消耗量定额之和\end{matrix} + \begin{matrix}本工序的材料\\消耗量定额\end{matrix}}{单位产品材料消耗量定额} \times 100\%$$

计算公式分子中的前一项表示截至本工序的以前工序的全部材料消耗量定额合计。由于材料是全部投入的，因此不需要打折扣按全额计算；计算公式中分子部分的后一项是本工序的材料消耗量定额。由于材料在是该工序开始全部投入的，就本工序来说，材料投入程度相同，均为 100%。因此，本工序材料消耗量定额不需要打折扣，按全额计算。

【例 4-9】接例 4-8。如果该产品耗用的材料是在每道工序开始时一次性投入的，请计算投料率及在产品约当产量。

计算结果如表 4-16 所示。

$$第一道工序投料率 = 160\div 400\times 100\% = 40\%$$

$$第二道工序投料率 =（160 + 240）\div 400\times 100\% = 100\%$$

表 4-16　在产品约当产量计算表

工序	本工序材料消耗量定额（千克）	投料率（%）	在产品实际数量（个）	在产品约当产量（个）
1	160	40	300	120
2	240	100	400	400
合计	400	—	700	520

3. 费用的分配

采用约当产量法计算产品成本和期末在产品成本，需按成本项目分别计算费用分配率。

根据完工产品产量、在产品实际数量或约当产量分别乘以费用分配率，计算完工产品和在产品应负担的费用。

（1）材料费用的分配。材料费用分配率的计算应按材料投入的方式选择分配标准。如果材料是在生产开始时一次性投入的，或者材料是随生产过程陆续投入的，并且材料投入的程度与工时投入的程度基本一致，则应以完工产品产量和在产品实际数量作为分配标准分配材料费用。如果材料是随生产过程陆续投入，并且材料投入的程度与工时投入的程度不一致，应以完工产品产量和在产品约当产量作为分配标准分配材料费用。

1）材料在生产开始时一次性投入材料费用的分配。当材料在生产开始时一次性投入时，由于完工产品和不同工序上的在产品所耗用的材料的数量相同，因此在产品和完工产品一样按实际数量作为分配标准分配材料费用。计算公式如下：

$$直接材料分配率=\frac{期初在产品材料费用+本期材料费用}{完工产品数量+在产品实际数量}$$

$$完工产品负担的直接材料费=完工产品的实际数量\times直接材料分配率$$

$$期末在产品负担的直接材料费=在产品的实际数量\times直接材料分配率$$

【例 4-10】 某产品的生产要经过三道工序，工序之间设置半成品库，材料是在生产开始时一次性投入的。期初在产品材料费用为 6 200 元，本期发生的材料费用为 18 800 元。各道工序的在产品数量、完工产品数量如表 4-17 所示。请根据相关资料计算材料分配率，并分别计算完工产品以及期末在产品应负担的材料费用。

表 4-17 在产品及产品数量统计表

工序	数量（个）
第一道工序	50
半成品库	45
第二道工序	46
半成品库	48
第三道工序	51
成品库	260

由于材料是在生产开始时一次性投入的，因此完工产品和不同工序上的在产品和半成品所耗用的材料数量相同，在产品和半成品应选择实际数量作为分配标准。

$$在产品实际数量=50+45+46+48+51=240（个）$$

$$直接材料分配率=\frac{6\ 200+18\ 800}{260+240}=50（元/个）$$

$$完工产品负担的直接材料费=260\times50=13\ 000（元）$$

$$在产品负担的直接材料费=240\times50=12\ 000（元）$$

2）材料随生产进程陆续投入的材料费用的分配。当材料随生产进程陆续投入时，由于完工产品和不同工序上的在产品所耗用材料的数量不同，因此在产品不能以实际数量作为标准来分配材料费用，必须按一定的标准计算在产品约当产量，然后与完工产品数量一起作为分配标准计算直接材料分配率。计算公式如下：

$$直接材料分配率=\frac{期初在产品材料费用+本期材料费用}{完工产品数量+在产品约当产量}$$

$$完工产品负担的直接材料费 = 完工产品的实际数量 \times 直接材料分配率$$

$$期末在产品负担的直接材料费 = 在产品约当产量 \times 直接材料分配率$$

$$在产品约当产量 = \sum(在产品实际数量 \times 在产品完工程度)$$

或

$$= \sum(在产品实际数量 \times 在产品投料率)$$

【例 4-11】 某产品的生产要经过两道工序，材料是随生产过程陆续投入的。期初在产品材料费用 7 400 元，本期发生的材料费用 67 600 元。当期完工产品产量 660 个，各道工序的在产品实际数量、在产品约当产量如表 4-15 所示。请根据相关资料计算材料分配率，并分别计算完工产品以及期末在产品应负担的材料费用。

$$直接材料分配率 = \frac{7\,400 + 67\,600}{660 + 340} = 75（元/个）$$

$$完工产品负担的直接材料费 = 660 \times 75 = 49\,500（元）$$

$$在产品负担的直接材料费 = 340 \times 75 = 25\,500（元）$$

（2）工资薪酬及社会保险费的分配。工资薪酬及社会保险费的分配也称为直接人工的分配。产品生产过程中的人工费用一般是在生产进程中追加的。也就是说，不同工序上的在产品中所含的工资薪酬及社会保险费等工资性支出是不同的。在计算直接人工分配率时，与材料陆续投入的一样，在产品应按约当产量作为分配标准与完工产品一同去分配工资薪酬及社会保险费等工资性支出，计算公式如下：

$$\begin{matrix}直接人工\\分配率\end{matrix} = \frac{期初在产品直接人工费用 + 本期发生的工资薪酬及社会保险费}{完工产品数量 + 在产品约当产量}$$

$$\begin{matrix}完工产品负担的\\直接人工费用\end{matrix} = \begin{matrix}完工产品的\\实际数量\end{matrix} \times \begin{matrix}直接人工\\分配率\end{matrix}$$

$$\begin{matrix}期末在产品负担的\\直接人工费用\end{matrix} = \begin{matrix}在产品的\\约当产量\end{matrix} \times \begin{matrix}直接人工\\分配率\end{matrix}$$

【例 4-12】 接例 4-11。期初在产品负担的直接人工费用为 2 300 元，本期发生的直接人工费用为 42 700 元。请根据上述相关资料计算直接人工分配率，并分别计算完工产品以及期末在产品应负担的直接人工费用。

$$直接人工分配率 = \frac{2\,300 + 42\,700}{660 + 340} = 45（元/个）$$

$$完工产品负担的工资薪酬及社会保险费 = 660 \times 45 = 29\,700（元）$$

$$在产品负担的工资薪酬及社会保险费 = 340 \times 45 = 15\,300（元）$$

（3）制造费用的分配。制造费用在日常发生时归集于“制造费用”账户中，期末采用一定的分配方法，分配计入各种产品成本。

产品生产过程中发生的制造费用，一般也是随生产进程逐步追加的。也就是说，不同工序上的在产品中所含的制造费用是不同的。

在计算制造费用分配率时，在产品应按约当产量作为分配标准，与完工产品一起按比例分配制造费用。计算公式如下：

$$制造费用分配率 = \frac{期初在产品制造费用 + 本期发生的制造费用}{完工产品数量 + 在产品约当产量}$$

$$完工产品负担的制造费用 = 完工产品实际数量 \times 制造费用分配率$$
$$期末在产品负担的制造费用 = 在产品约当产量 \times 制造费用分配率$$

【例 4-13】接例 4-11。期初在产品负担的制造费用为 8 400 元，本期发生的制造费用为 41 600 元。请根据上述相关资料计算制造费用分配率，并分别计算完工产品以及期末在产品应负担的制造费用。

$$制造费用分配率 = \frac{8\,400 + 41\,600}{660 + 340} = 50（元 / 个）$$

$$完工产品负担的制造费用 = 660 \times 50 = 33\,000（元）$$
$$在产品负担的制造费用 = 340 \times 50 = 17\,000（元）$$

根据例 4-11、例 4-12、例 4-13 计算结果编制的产品成本计算单，如表 4-18 所示。

表 4-18　产品成本计算单

完工产品数量：660 个　　（单位：元）

项目		直接材料	直接人工	制造费用	合 计
期初在产品成本		7 400	2 300	8 400	18 100
本期生产费用		67 600	42 700	41 600	151 900
生产费用合计		75 000	45 000	50 000	170 000
产品成本	总成本	49 500	29 700	33 000	112 200
	单位成本	75	45	50	170
期末在产品成本		25 500	15 300	17 000	57 800

4.2.7　定额比例法

1. 定额比例法概述

在定额比例法下，产品的生产费用合计按照成本项目，以完工产品和月末在产品的材料定额消耗量或定额费用、定额工时为标准进行分配，确定完工产品成本以及期末在产品的成本。

这种方法适用于定额管理基础比较好，各项消耗量定额或费用定额比较准确、稳定，各月末在产品数量变动较大的产品。

采用这种方法时，要将实际发生的生产费用合计（期初在产品成本加上本期发生的各项生产费用）以定额为标准，分别按成本项目计算费用分配率，然后再乘以完工产品和在产品的定额，计算完工产品成本和期末在产品成本。基本计算公式如下：

$$费用分配率 = \frac{期初在产品成本 + 本期生产费用}{完工产品定额 + 在产品定额}$$

$$完工产品成本 = 完工产品定额 \times 费用分配率$$
$$期末在产品成本 = 在产品定额 \times 费用分配率$$

2. 材料费用的分配

材料费用的分配可以采用材料定额消耗量或材料定额费用作为分配标准。

（1）以材料定额消耗量作为标准分配材料费用。采用这种方法分配材料费用，既可以提供完工产品和期末在产品实际费用资料，还可以提供实际消耗量资料。将实际消耗量和定额耗用量进行比较，可反映实际耗用量与定额耗用量的差异，便于考核和分析材料定额的完成情况。计算公式如下：

$$直接材料耗用量分配率=\frac{期初在产品实际耗用量+本月实际耗用量}{完工产品定额耗用量+期末在产品定额耗用量}$$

完工产品的直接材料实际耗用量 = 完工产品定额耗用量 × 直接材料耗用量分配率

期末在产品的直接材料实际耗用量 = 期末在产品定额耗用量 × 直接材料耗用分配率

完工产品负担的直接材料费 = 完工产品直接材料实际耗用量 × 材料单价

期末在产品负担的直接材料费 = 期末在产品直接材料实际耗用量 × 材料单价

以耗用量作为分配标准，虽然有利于成本考核和分析，但如果在产品所耗用的材料的品种较多，采用这种方法分配材料费用就会带来工作量较大的后果。

【例 4-14】某产品的生产要经过三道工序。材料是在生产开始时一次性投入的。期初在产品实际耗用材料 8 000 千克，负担直接材料费用 80 000 元；本期实际耗用材料 10 000 千克，负担直接材料费用 100 000 元。完工产品产量 240 件。在产品数量、直接材料耗用量定额、工时定额见表 4-19。请根据上述资料计算直接材料耗用量分配率、完工产品应负担的直接材料费用、期末在产品应负担的直接材料费用。

表 4-19　在产品数量及材料定额明细表

工序	在产品数量（件）	直接材料耗用量定额（千克）	直接材料单价（元）	工时定额（小时）
1	60	50	10	20
2	70	—	—	30
3	30	—	—	30
合计	160	50	10	80

完工产品直接材料定额耗用量 = 完工产品数量 × 直接材料耗用量定额

= 240 × 50 = 12 000（千克）

期末在产品直接材料定额耗用量 = 在产品数量 × 直接材料耗用量定额

= 160 × 50 = 8 000（千克）

$$直接材料耗用量分配率=\frac{8\ 000+10\ 000}{12\ 000+8\ 000}=0.9（元/千克）$$

完工产品的直接材料实际耗用量 = 12 000 × 0.9 = 10 800（千克）

期末在产品的直接材料实际耗用量 = 8 000 × 0.9 = 7 200（千克）

完工产品负担的直接材料费 = 10 800 × 10 = 108 000（元）

期末在产品负担的直接材料费 = 7 200 × 10 = 72 000（元）

（2）以材料定额费用作为标准分配材料费用。采用这种方法分配材料费用时，是将直接材料费用合计，按完工产品的直接材料定额费用和期末在产品的直接材料定额费用为标准进行分配的。计算公式如下：

$$直接材料费用分配率=\frac{期初在产品的直接材料费用+本月实际发生的直接材料费用}{完工产品的直接材料定额费用+在产品的直接材料定额费用}$$

$$完工产品负担的直接材料费=完工产品的直接材料定额费用\times 直接材料分配率$$

$$\text{期末在产品负担的直接材料费} = \text{在产品的直接材料定额费用} \times \text{直接材料分配率}$$

【例 4-15】接例 4-14 的资料。请根据上述相关资料，按材料定额费用作为标准分配材料费用。

期初在产品的直接材料费 = 8 000 × 10 = 80 000（元）

本期实际直接材料费 = 10 000 × 10 = 100 000（元）

完工产品的直接材料定额费用 = 12 000 × 10 = 120 000（元）

期末在产品的直接材料定额费用 = 8 000 × 10 = 80 000（元）

$$\text{直接材料费用分配率} = \frac{80\ 000 + 100\ 000}{120\ 000 + 80\ 000} = 0.9$$

完工产品负担的直接材料费 = 120 000 × 0.9 = 108 000（元）

期末在产品负担的直接材料费 = 80 000 × 0.9 = 72 000（元）

3. 人工费用的分配

人工费用的分配，一般以完工产品定额工时和期末在产品定额工时作为分配标准进行分配。计算公式如下：

$$\text{直接人工费用分配率} = \frac{\text{期初在产品的直接人工费用} + \text{本月实际发生的工资薪酬及社会保险费}}{\text{完工产品定额工时} + \text{在产品定额工时}}$$

$$\text{完工产品负担的直接人工费用} = \text{完工产品定额工时} \times \text{直接人工费用分配率}$$

$$\text{期末在产品负担的直接人工费用} = \text{在产品定额工时} \times \text{直接人工费用分配率}$$

【例 4-16】接例 4-14 的资料。期初在产品的直接人工费用为 6 800 元，本期发生的工资薪酬及社会保险费为 40 000 元。请根据上述相关资料计算直接人工费用分配率，并计算完工产品负担的直接人工费用以及期末在产品负担的直接人工费用。

完工产品定额工时 = 240 × 80 = 19 200（小时）

在产品定额工时 = 60 × 20 × 50% + 70 × (20+30 × 50%) + 30 × (20+30+30 × 50%) = 5 000（小时）

$$\text{直接人工费用分配率} = \frac{6\ 800 + 40\ 000}{19\ 200 + 5\ 000} = 1.933\ 9$$

完工产品负担的直接人工费 = 19 200 × 1.933 9=37 130.88（元）

期末在产品负担的直接人工费 = 5 000 × 1.933 9 = 9 669.12（元）

4. 制造费用的分配

制造费用的分配，一般以完工产品定额工时和期末在产品定额工时作为分配标准进行分配。计算公式如下：

$$\text{制造费用分配率} = \frac{\text{期初在产品负担的制造费用} + \text{本月发生的制造费用}}{\text{完工产品定额工时} + \text{在产品定额工时}}$$

$$\text{完工产品负担的制造费用} = \text{完工产品定额工时} \times \text{制造费用分配率}$$

$$期末在产品负担的制造费用=在产品定额工时\times制造费用分配率$$

【例 4-17】 接例 4-14 的资料。期初在产品负担的直接制造费用为 3 600 元，本期发生的制造费用为 90 000 元。请根据上述相关资料计算制造费用分配率，并计算完工产品负担的制造费用以及期末在产品负担的制造费用。

$$完工产品定额工时=240\times80=19\ 200（小时）$$

$$在产品定额工时=60\times20+70\times30+30\times30=4\ 200（小时）$$

$$制造费用分配率=\frac{3\ 600+90\ 000}{19\ 200+4\ 200}=4（元/小时）$$

$$完工产品负担的制造费用=19\ 200\times4=76\ 800（元）$$

$$期末在产品负担的制造费用=4\ 200\times4=16\ 800（元）$$

根据例 4-14、例 4-16、例 4-17 计算结果登记的生产成本明细账，如表 4-20 所示，据此编制的产品成本计算单如表 4-21 所示。

表 4-20　生产成本明细账

产品产量：240 件　　　　（金额单位：元）

成本项目	月初在产品成本	本期生产费用	生产费用合计	分配率	完工产品成本		期末在产品成本	
					定额	实际	定额	实际
①	②	③	④=②+③	⑤=④/(⑥+⑧)	⑥	⑦=⑥×⑤	⑧	⑨=⑧×⑤
直接材料	80 000	100 000	180 000	0.9	120 000	108 000	80 000	72 000
直接人工	6 800	40 000	46 800	2.0	19 200	38 400	4 200	8 400
制造费用	3 600	90 000	93 600	4.0	19 200	76 800	4 200	16 800
合计	90 400	230 000	320 400	—	—	223 200	—	97 200

表 4-21　产品成本计算单

完工产品数量：240 件　　　　（单位：元）

项目		直接材料	直接人工	制造费用	合计
期初在产品成本		80 000	6 800	3 600	90 400
本期生产费用		100 000	40 000	90 000	230 000
生产费用合计		180 000	46 800	93 600	320 400
产品成本	总成本	108 000	38 400	76 800	223 200
	单位成本	450	160	320	930
期末在产品成本		72 000	8 400	16 800	97 200

采用定额比例法，如果在产品种类和生产工序较多，核算的工作量繁重，可以采用简化的方法。期末在产品定额耗用量不是根据在产品数量、材料消耗量定额计算出来，而是根据期初在产品定额耗用量加上本期投入品的定额耗用量减去完工产品的定额耗用量计算出来。计算公式如下：

$$月末在产品定额耗用量=月初在产品定额耗用量+本月投入品的定额耗用量-本月完工产品定额耗用量$$

$$月末在产品定额费用=月初在产品定额费用+本月投入品的定额费用-本月完工产品定额费用$$

$$\text{费用分配率}=\frac{\text{月初在产品实际费用}+\text{本期实际费用}}{\underset{(\text{定额工时})}{\text{月初在产品定额费用}}+\underset{(\text{定额工时})}{\text{本月投入定额费用}}}$$

$$\text{完工产品成本}=\text{完工产品定额}\times\text{费用分配率}$$

$$\text{期末在产品成本}=\text{在产品定额}\times\text{费用分配率}$$

通过分析可以看出，采用定额比例法分配生产费用，不仅分配结果比较合理，而且还便于将实际费用与定额费用进行比较，以考核并分析定额执行情况。

4.2.8　在产品成本按完工产品成本计算法

采用在产品成本按完工产品成本计算法时，将期末在产品视同完工产品。这种方法属于分配的方法，适用于月末在产品已经接近完工、已经完工尚未包装或尚未验收入库的产品。期末计算产品成本时，各项生产费用按完工产品和在产品实际数量进行分配。

【例 4-18】某产品期初在产品成本、本期生产费用资料见表 4-22。完工产品 703 件。期末在产品 220 件都已完工但尚未验收。请将期末在产品视同完工产品并分配各项费用。

表 4-22　生产费用表

完工产品数量：703 件　　　　（单位：元）

项目	直接材料	直接人工	制造费用	合计
期初在产品成本	7 226	6 614	10 765	24 605
本期生产费用	50 000	10 000	40 000	124 605

$$\text{直接材料分配率}=\frac{7\,226+50\,000}{703+220}=62\ (\text{元/件})$$

$$\text{完工产品负担的直接材料费}=703\times62=43\,586\ (\text{元})$$

$$\text{期末在产品负担的直接材料费}=220\times62=13\,640\ (\text{元})$$

$$\text{直接人工分配率}=\frac{6\,614+10\,000}{703+220}=18\ (\text{元/件})$$

$$\text{完工产品负担的直接人工费}=703\times18=12\,654\ (\text{元})$$

$$\text{期末在产品负担的直接人工费}=220\times18=3\,960\ (\text{元})$$

$$\text{制造费用分配率}=\frac{10\,765+40\,000}{703+220}=55\ (\text{元/件})$$

$$\text{完工产品负担的制造费用}=703\times55=38\,665\ (\text{元})$$

$$\text{期末在产品负担的制造费用}=220\times55=12\,100\ (\text{元})$$

根据上述计算结果编制的产品成本计算单如表 4-23 所示。

表 4-23　产品成本计算单

完工产品数量：703 件　　　　　　　　　　　　　　　　　　　　（单位：元）

项目		直接材料	直接人工	制造费用	合计
期初在产品成本		7 226	6 614	10 765	24 605
本期生产费用		50 000	10 000	40 000	100 000
生产费用合计		57 226	16 614	50 765	124 605
产品成本	总成本	43 586	12 654	38 665	94 905
	单位成本	62	18	55	135
期末在产品成本		13 640	3 960	12 100	29 700

4.3　完工产品成本的结转

4.3.1　完工产品成本结转概述

产品成本计算是费用的归集与分配的过程。通过对生产费用的逐次分配，包括生产费用在各种产品之间的划分、不同期间的生产费用的划分、在完工产品和期末在产品之间的划分，产品成本就计算出来了。

成本计算出来后，进而结转完工产品成本，企业的生产资金就相应地转化为成品资金。

4.3.2　完工产品成本结转的会计处理

完工产品成本的结转，一般要根据入库单编制记账凭证。由于期末计算产品成本，因此也可以将完工产品成本进行汇总，编制汇总表，并据以编制记账凭证。相应的会计分录如下：

借：库存商品——某产品　　　　　　　　　　　　×××
　贷：生产成本——基本生产成本——某产品　　　　　　×××

【例 4-19】某企业当期完工甲、乙两种产品，其产成品成本汇总表如表 4-24 所示。请根据产成品成本汇总表，结转完工产品成本。

表 4-24　产成品成本汇总表

2018 年 8 月　　　　　　　　（金额单位：元）

产品名称	产量	产成品成本				
		直接材料	直接人工	制造费用	总成本	单位成本
甲产品	240 件	108 000	38 400	76 800	223 200	930
乙产品	660 个	49 500	29 700	33 000	112 200	170
合计	—	157 500	68 100	109 800	335 400	—

借：库存商品——甲产品　　　　　　　　　　223 200
　　库存商品——乙产品　　　　　　　　　　112 200
　贷：生产成本——基本生产成本——甲产品　　　　　　223 200
　　　生产成本——基本生产成本——乙产品　　　　　　112 200

▶本章小结

在产品可分为狭义在产品和广义在产品两类。在产品的日常核算一般是通过设置在产品统计台账核算在产品收、发、结存的数量，为生产管理部门以及产品成本的核算提供在产品数量变化的动态资料。

生产费用在完工产品和期末在产品之间划分的方法有倒轧法和分配的方法两种。

倒轧成本法是指在计算完工产品成本时，用生产费用合计减去期末在产品成本后的差额作为完工产品成本。它具体有不计算月末在产品成本、在产品成本按固定成本计算、在产品成本按定额成本计算、在产品成本按所耗材料费用计算四种方法。

分配的方法是指在计算完工产品成本时，将期初在产品成本加上本期生产费用，计算生产费用合计，然后采用适当的分配标准，将生产费用合计在完工产品与在产品之间进行分配，分别确定完工产品成本和期末在产品成本。它具体又有约当产量法和定额比例法两种方法。

完工产品成本的结转，一般要根据入库单编制记账凭证，也可以将完工产品成本进行汇总，编制汇总表，据以编制记账凭证。

▶思考题

1. 什么是狭义在产品，它包括哪些内容？什么是广义在产品，它包括哪些内容？
2. 生产费用在完工产品和在产品之间的划分主要有哪两种类型？
3. 什么是倒轧成本法？如何采用这种方法计算完工产品成本？
4. 什么是分配的方法？如何采用这种方法计算完工产品成本？
5. 在产品成本按所耗材料费用计算的特点及其适用范围是什么？
6. 约当产量法的特点及其适用范围是什么？什么是在产品约当产量？如何计算在产品约当产量？
7. 在产品成本按定额成本计算的特点及其适用范围是什么？怎样采用这种方法计算并分配费用？
8. 定额比例法的特点及其适用范围是什么？怎样采用这种方法计算并分配费用？

▶自测题

自测题 4-1

单项选择题

1. 公司 C 产品本月完工 3000 件，在产品 400 件，在产品单位定额成本：直接材料 400 元，直接人工 100 元，制造费用 150 元。C 产品本月月初在产品和本月耗用的直接材料共计 136 万元，直接人工 64 万元，制造费用 96 万元，C 产品完工产品总成本为（　　）万元。

   A. 250　　B. 260　　C. 270　　D. 280

2. 如果企业定额管理基础好，各月末在产品数量变化较大，则该企业适宜采用的完工产品和在产品成本分配的方法是（　　）。

   A. 在产品按定额成本计价　　B. 约当产量比例法
   C. 定额比例法　　D. 在产品按其所耗直接材料费用计算

3. 某企业甲产品单位工时定额 40 小时，经过两道工序加工完成。第一道工序的工时定额为 10 小时，第二道工序的工时定额为 30 小时，假设本月末第一道工序有在产品 30 件，平均完工程度 60%；第二道工序有在产品 50 件，平均完工程度 40%。在产品的约当产量为（　　）件。

   A. 32　　B. 38　　C. 40　　D. 42

4. 某企业生产 A 产品，7 月末在产品成本 20 000 元，8 月耗用材料 50 000 元，耗用燃料 10 000 元，生产工人工资 20 000 元，车间管理人员工资 15 000 元，厂部管理人员工资 8 000 元。8 月末在产品成本 25 000 元，8 月末 A 产品完工产品成本为（　　）元。
   A. 95 000　　B. 98 000　　C. 75 000　　D. 90 000
5. 下列项目中，不属于生产费用在完工产品和在产品之间的划分的方法是（　　）。
   A. 定额比例法　　B. 约当产量法　　C. 定额法　　D. 不计算在产品成本法

多项选择题

1. 下列应计入产品成本的有（　　）。
   A. 直接材料　　B. 直接燃料
   C. 直接动力　　D. 车间管理人员工资及社保费用
2. 下列各项中，属于完工产品与在产品之间划分生产费用的方法有（　　）。
   A. 顺序分配法　　B. 约当产量法
   C. 在产品按定额成本计价法　　D. 在产品按固定成本计算法
3. 下列各项中，属于企业确定生产费用在完工产品与在产品之间的分配方法时，应考虑的具体条件有（　　）。
   A. 在产品数量的多少　　B. 定额管理工作基础的好坏
   C. 各项成本比重的大小　　D. 各月在产品数量变化的大小
4. 下列各项中，属于制造费用的内容有（　　）。
   A. 固定资产折旧费　　B. 车间固定资产修理费
   C. 车间管理人员工资及社保费用　　D. 车间耗费的间接材料费用

判断题

1. 产品成本是费用总额的一部分，包括为生产一定种类或数量的完工产品的费用及期末在产品的费用。（　　）
2. 如果期末在产品成本按定额成本计算，则实际成本脱离定额差异会完全由完工产品负担。（　　）
3. 约当产量是指月末在产品数量和完工产品数量之和。（　　）
4. 当期末在产品数量很小，对生产费用在完工产品和在产品之间进行分配时，仍然要考虑期末在产品应负担的生产成本。（　　）
5. 在产品约当产量是指在产品实际数量按一定标准折合的完工产品数量。（　　）

自测题 4-2

目的：掌握不计算月末在产品成本的方法。

资料：某企业生产甲产品，每月月末在产品成本的数量很少。该企业 4 月份发生的费用为：材料费用 2 053 元，工资薪酬及社会保险费 1 024 元，制造费用 1 654 元。该月甲产品完工 95 件，月末在产品 1 件。

要求：采用不计算月末在产品成本的方法，计算 4 月份甲产品完工产品总成本和单位成本。

自测题 4-3

目的：掌握在产品按固定成本计价法。

资料：某企业生产乙产品，每月末在产品数量较大，但各月末在产品数量变动不大。年初确定的在产品成本为：直接材料 4 500 元，直接人工 2 100 元，制造费用 3 800 元。本月份发生生产费用为：材料费用 6 500 元，工资及社会保险费 4 700 元，制造费用 7 100 元；本月份完工产品 300 件，月末在产品 100 件。

要求：采用在产品按固定成本计价法，计算当月份乙产品的完工产品总成本和单位成本。

自测题 4-4

目的：掌握在产品按所耗材料费用计价法。

资料：某企业生产丙产品，材料在生产开始时一次投入，产品成本中原材料费用所占比重较大。月初在产品成本为 3 000 元；本月生产费用为：材料费用 27 000 元，工资及社会保险费 3 600 元，制造费用 3 100 元；本月份完工产品 450 件，月末在产品 300 件。

要求：月末在产品采用只计算其所耗材料费用计价法，计算 6 月份丙产品完工产品总成本和月末在产品成本。

自测题 4-5

目的：掌握约当产量比例法。

资料：某企业生产 A 产品，材料在生产开始时一次投入。月初在产品成本为：直接材料 8 000 元，直接人工 1100 元，制造费用 6 100 元；6 月发生生产费用为：材料费用 15 200 元，工资薪酬及社会保险费 6 900 元，制造费用 9 900 元。本月完工产品 152 件，月末在产品 80 件，在产品的完工程度为 60%。

要求：采用约当产量比例法计算各项费用分配率并计算 A 产品完工产品总成本和月末在产品成本。

自测题 4-6

目的：掌握约当产量比例法。

资料：某企业生产 B 产品，材料随生产进度陆续投入，其投料程度与加工程度一致，因此材料费用与其他加工费用均按相同的约当产量比例分配。月初在产品成本为：直接材料 8 600 元，直接人工 3 680 元，制造费用 6 100 元；6 月发生生产费用为：材料 31 000 元，工资薪酬及社会保险费 28 000 元，制造费用 30 860 元。本月完工产品 200 件，月末在产品 160 件，在产品的完工程度为 40%。

要求：采用约当产量比例法计算各项费用分配率并计算 B 产品完工产品总成本和月末在产品成本。

自测题 4-7

目的：掌握约当产量比例法。

资料：F 企业生产 C 产品，分三道工序连续加工制成。材料分工序一次性全部投入。单位产品的材料费用定额为 400 元，在各工序的定额分别为：一工序 160 元，二工序 140 元，三工序 100 元。单位产品的工时定额为 200 小时，在各工序的定额分别为：一工序 100 小时，二工序 60 小时，三工序 40 小时。月初在产品成本为：直接材料 8 910 元，直接人工 6 860 元，制造费用 3 100 元。本月发生的生产费用为：材料费用 23 200 元，工资费用 12 000 元，制造费用 9 300 元。本月完工产品 200 件，月末各工序的在产品分别为：一工序 120 件，二工序 40 件，三工序 60 件。

要求：

（1）计算在产品的投料率和完工率。

（2）计算各工序在产品的约当产量。

（3）计算 C 产品的完工产品总成本和月末在产品成本。

自测题 4-8

目的：掌握在产品成本按定额成本计算法。

资料：G 企业生产 E 产品，分 3 道工序连续加工制成。材料在生产开始时一次性全部投入。月初在产品成本为：直接材料 7 850 元，直接人工 9 090 元，制造费用 8 012 元。本月发生的生产费用为：

材料费用 98 000 元，工资费用 60 900 元，制造费用 20 420 元；单位产品材料费用定额为 220 元；单位产品工时定额为 40 小时，在产品完工率 50%。每小时费用定额为：直接人工 2.1 元，制造费用 1.8 元。本月完工产品 502 件，月末在产品 36 件，各工序依次分别为：14 件、12 件、10 件。

要求：计算 E 产品的月末在产品定额成本和完工产品成本。

自测题 4-9

目的：掌握定额比例分配法。

资料：H 企业生产 F 产品，其各项消耗定额比较准确、稳定，各月末在产品数量变动较大，采用定额比例法分配生产费用。月初在产品定额成本为：直接材料 5 100 元，直接人工 4 200 元，制造费用 2 400 元。本月发生的生产费用为：材料费用 16 900 元，工资费用 6 000 元，制造费用 6 600 元。本月完工产品的材料定额成本为 15 000 元，定额工时为 5 000 小时。月末在产品的材料定额成本为 5 000 元，定额工时为 1 000 小时。

要求：采用定额比例法计算各项费用分配率，并计算 F 产品完工产品成本和月末在产品成本。

第5章

产品成本计算方法

学习目标

1. 了解生产特点以及生产特点和管理要求对产品成本计算的影响
2. 掌握计算产品成本的品种法
3. 掌握计算产品成本的分批法
4. 掌握计算产品成本的分步法

5.1 产品成本计算方法的概述

5.1.1 产品成本计算方法的概念

产品成本计算方法是按一定的成本计算对象设置产品成本明细账，归集生产费用，计算产品成本的方法。在实际工作中，常用的产品成本计算方法包括分别以产品的品种、批别、生产步骤为成本计算对象的品种法、分批法和分步法，这 3 种方法也是成本计算的基本方法。

产品成本计算对象是根据生产特点和管理要求确定的。不同工业企业的生产特点不同，管理要求不尽相同，因此企业成本计算对象也不一样。成本计算是为成本管理提供数据，因此必须适应生产特点和管理要求，选择适当的成本计算方法。

5.1.2 生产特点和管理要求对产品成本计算的影响

1. 工业企业的主要生产类型

工业企业的生产，可以按照生产工艺过程的特点分类，还可以按生产组织的特点分类。

（1）按照生产工艺过程的特点分类。工业企业的生产按照生产工艺过程的特点，可以分为单步骤生产和多步骤生产两种类型。

1）单步骤生产。单步骤生产是指生产工艺不能间断，或者由于工作地点限制不便于分散在几个不同地点进行的生产。

这种生产类型的生产周期一般较短，而且全部生产只能由 1 个部门完成，不能与其他企业协作生产。发电、采掘、铸件的熔铸、玻璃制品的溶制等生产，都属于单步骤生产。

2）多步骤生产。多步骤生产是指由生产工艺上可间断的几个生产步骤组成的生产。多步骤式的生产活动可以分别在不同时间、不同地点进行，并且可以由1个部门进行，也可以由几个部门协作完成。冶金、纺织、机械制造等生产，都属于多步骤生产。

（2）按照生产组织的特点分类。工业企业的生产按照生产组织的特点，可分为大量生产、成批生产、单件生产。

1）大量生产。大量生产是指不断地重复生产品种相同产品的生产。这种生产一般生产的品种较少，成本水平比较稳定。冶金、纺织、造纸、酿酒、粮食加工等生产都属于这种类型的生产。

2）成批生产。成批生产是指按照产品的批别和数量进行的生产。这种生产一般生产的品种较多，而且各种产品的生产是成批重复进行。服装、计算机、手机等生产都属于这种类型的生产。

成批生产按产品的批量大小，还可以分为大批生产和小批生产。大批生产的性质接近大量生产；小批生产的性质接近于单件生产。

3）单件生产。单件生产是指按照需求，生产个别的、性质特殊的产品的生产。这种生产很少重复进行。飞机制造、船舶制造、新产品试制等，都属于这种类型的生产。

2. 生产特点和管理要求决定着产品成本计算方法

生产特点和管理要求决定产品成本计算方法主要体现在成本计算对象的确定上。生产类型不同，管理要求不同，成本计算对象也不一样。

以产品品种为成本计算对象的品种法一般适用于大量、大批单步骤生产，或者大量、大批多步骤生产，管理上不要求分步计算成本的企业。

以产品批别为成本计算对象的分批法一般适用于小批生产、单件生产的企业。

以产品品种、生产步骤为成本计算对象的分步法适用于大量、大批多步骤生产的企业。

5.2 品种法

5.2.1 品种法的适用范围

产品成本计算的品种法，是以产品的品种为成本计算对象，归集生产费用，计算产品成本的一种方法。

品种法主要适用于大量、大批单步骤生产，或者大量、大批多步骤生产，且管理上不要求分步计算成本的企业。

在这些单步骤生产的企业中，产品生产工艺只有一个加工步骤，并且只能在同一地点加工完成，因此也就不需要按照生产步骤计算产品成本。

在大量、大批多步骤生产的企业中，如果企业或车间的规模较小，或者车间是封闭式的，即从投入原材料到加工完成产成品的全过程，都在一个车间内进行或者生产是按流水线组织的，尽管是多步骤的复杂生产，但在管理上并不要求按照产品的生产步骤计算产品成本，也可以采用品种法计算产品成本。此外，在大中型企业中的辅助生产车间，如供电、供水车间等，其成本计算也可以采用品种法。

工业企业所选择的成本计算方法主要是为了加强成本管理。因此，不论是什么生产类型的企业，也不论管理上是否要求分批或分步计算成本，最终都要按照产品品种计算出每种产品成本。也就是说，品种法在各种成本计算方法中是最基本的成本计算方法。

5.2.2　品种法的程序

品种法的成本计算程序遵循前述的成本核算的一般程序。

1. 单一产品生产成本核算的一般程序

采用品种法计算产品成本的企业或车间里，如果只生产一种产品，该产品就是成本计算对象，只需要为这种产品开设一个产品成本明细账，账内按成本项目设专栏，归集所发生的生产费用。

为生产该种产品所发生的生产费用，都是该种产品的直接费用，可以直接计入该产品成本明细账，而不存在将生产费用在各种产品之间进行分配的问题。

如果该种产品属于单步骤的简单生产，月末计算产品成本时，一般不存在尚未完工的在产品，或者在产品数量较小，因此可以不计算在产品成本。归集在该种产品成本明细账中的生产费用，就是该种产品的总成本。用该种产品的总成本除以该种产品的产量，即可求出该种产品的平均单位成本。

2. 两种以上的多种产品成本核算的一般程序

如果企业生产两种以上的多种产品，产品成本明细账就要按照产品品种分别开设，分别归集生产费用。

在产品生产中所发生的直接费用，可以直接计入各产品成本明细账；发生的间接费用，则需要采用适当的方法，在各种产品之间进行分配，然后分别计入各产品的成本明细账。

如果月末没有在产品，或者在产品数量较小，也可以不计算在产品成本；如果月末有在产品，而且在产品数量较大，就需要将归集在产品成本明细账中的生产费用，采用适当的分配方法，进一步在完工产品与月末在产品之间进行分配，分别计算完工产品成本与月末在产品成本。

由于品种法的成本计算期是固定在每月月末（由反复不断地大量、大批生产某种或几种产品的特点决定），因而其成本计算期与会计报告期一致，而与生产周期不一致。

5.2.3　品种法的类型

品种法按照产品的生产特点以及成本计算的繁简程度，可以分为单一品种的品种法和多品种的品种法两种类型。

单一品种的品种法，适用于生产组织是大量、大批生产，工艺过程是单步骤生产，品种单一且没有月末在产品的企业或车间。由于生产费用归集后既不需要在各种产品之间分配，又不需要在完工产品与月末在产品之间进行分配，成本计算过程相当简单，故称为单一品种的品种法或简单法。

多品种的品种法，适用于生产组织是大量、大批生产，工艺过程是单步骤生产或者是多步骤生产，但管理上并不要求按步骤计算成本的复杂生产，同时可生产几种产品且月末又有在产品的企业。这种方法要比单一品种的品种法复杂，因为生产费用归集后，既需要在各种产品之间进行分配，又需要在完工产品与月末在产品之间进行分配。

5.2.4　示例：品种法

【例 5-1】某工业企业设有一个基本生产车间，大量生产甲、乙两种产品，工艺过程属于单步骤简单生产，采用品种法计算产品成本。该企业还设有机修、运输两个辅助生产车间，机修车间为企业各部门提供修理服务，运输车间为企业各部门提供运输服务。

根据下列成本资料，计算2018年5月产品成本。

1. 根据领料单，编制“材料费用分配表”，如表5-1所示。

表5-1 材料费用分配表

2018年5月 （单位：元）

总账科目	明细科目	原料	辅助材料	其他材料	合计
生产成本——基本生产成本	甲产品	230 000	50 000		280 000
	乙产品	100 000	20 000		120 000
	小计	330 000	70 000		400 000
生产成本——辅助生产成本	机修车间		18 000		18 000
	运输车间		12 000		12 000
	小计		30 000		30 000
制造费用				11 000	11 000
管理费用				9 000	9 000
合计		330 000	100 000	20 000	450 000

根据表5-1，编制以下会计分录：

借：生产成本——基本生产成本——甲产品　　280 000
　　　　　　——基本生产成本——乙产品　　120 000
　　生产成本——辅助生产成本——机修　　18 000
　　　　　　——辅助生产成本——运输　　12 000
　　制造费用　　11 000
　　管理费用　　9 000
　贷：原材料　　450 000

2. 根据月度工资汇总表，编制“工资薪酬及非货币性福利分配表”，如表5-2所示。

表5-2 工资薪酬及非货币性福利分配表

2018年5月 （金额单位：元）

总账科目	明细科目	生产工时（小时）	工资薪酬			非货币性福利	合计
			生产工人	管理人员	小计		
生产成本——基本生产成本	甲产品	3 500	66 500		66 500	9 310	75 810
	乙产品	1 500	28 500		28 500	3 990	32 490
	小计	5 000	95 000		95 000	13 300	108 300
生产成本——辅助生产成本	机修		3 000		3 000	420	3 420
	运输		2 000		2 000	280	2 280
	小计		5 000		5 000	700	5 700
制造费用				3 800	3 800	532	4 332
管理费用				11 200	11 200	1 568	12 768
合计			100 000	15 000	115 000	16 100	131 100

根据表5-2，编制以下会计分录：

借：生产成本——基本生产成本——甲产品　　66 500
　　　　　　——基本生产成本——乙产品　　28 500
　　生产成本——辅助生产成本——机修　　3 000
　　　　　　——辅助生产成本——运输　　2 000
　　制造费用　　3 800
　　管理费用　　11 200
　贷：应付职工薪酬——工资　　115 000

借：生产成本——基本生产成本——甲产品　　9 310
　　　　　　——基本生产成本——乙产品　　3 990
　　生产成本——辅助生产成本——机修　　420
　　　　　　——辅助生产成本——运输　　280
　　制造费用　　532
　　管理费用　　1 568
　贷：应付职工薪酬——非货币性福利　　16 100

3. 根据外购动力支付凭证，编制“外购动力费分配表”，如表 5-3 所示。

表 5-3　外购动力费分配表

2018 年 5 月　　（单位：元）

总账科目	明细科目	工艺用电	照明用电	合计
生产成本——基本生产成本	甲产品	8 600		8 600
	乙产品	3 400		3 400
	小计	12 000		12 000
生产成本——辅助生产成本	机修	1 900		1 900
	运输	100		100
	小计	2 000		2 000
制造费用			1 000	1 000
管理费用			4 000	4 000
合计		14 000	5 000	19 000

根据表 5-3，编制以下会计分录：

借：生产成本——基本生产成本——甲产品　　8 600
　　　　　　——基本生产成本——乙产品　　3 400
　　　　　　——辅助生产成本——机修　　1 900
　　　　　　——辅助生产成本——运输　　100
　　制造费用　　1 000
　　管理费用　　4 000
　贷：应付账款　　19 000

4. 根据固定资产的损耗，编制“固定资产折旧计算表”，如表 5-4 所示。

表 5-4　固定资产折旧计算表

2018 年 5 月　　（单位：元）

项目	基本车间	机修车间	运输车间	管理部门	合计
累计折旧	40 000	4 000	6 000	20 000	70 000

根据表 5-4，编制以下会计分录：

借：制造费用——基本车间　　40 000
　　　　　——机修车间　　4 000
　　　　　——运输车间　　6 000
　　管理费用　　20 000
　贷：累计折旧　　70 000

5. 摊销工具用具使用费 4 900 元，其中：基本车间 2 400 元，机修车间 1 500 元，运输车间 1 000 元。

借：制造费用——基本车间　　2 400
　　　　　——机修车间　　1 500
　　　　　——运输车间　　1 000
　贷：低值易耗品——低值易耗品摊销　　4 900

6. 用货币支付其他费用 3 568 元，其中：基本车间 1 268 元，机修车间 1 180 元，运输车间 1 120 元。

借：制造费用——基本车间　　1 268
　　　　　——机修车间　　1 180
　　　　　——运输车间　　1 120
　贷：银行存款　　3 568

7. 辅助生产费用的归集和分配。

（1）根据前述各种费用分配表，登记辅助生产车间的“制造费用明细账”，如表 5-5、表 5-6 所示。

表 5-5　制造费用明细账

车间名称：机修车间　　（单位：元）

2018 年		摘要	折旧费	工具使用费	其他费用	合计
月	日					
5	31	计提折旧	4 000			4 000
	31	低值易耗品摊销		1 500		1 500
	31	其他费用			1 180	1 180
	31	合计	4 000	1 500	1 180	6 680

表 5-6　制造费用明细账

车间名称：运输车间　　（单位：元）

2018 年		摘要	折旧费	工具使用费	其他费用	合计
月	日					
5	31	计提折旧	6 000			6 000
	31	低值易耗品摊销		1 000		1 000
	31	其他费用			1 120	1 120
	31	合计	6 000	1 000	1 120	8 120

（2）结转辅助生产车间的制造费用如表 5-7、表 5-8 所示，并编制以下会计分录：

借：生产成本——辅助生产成本——机修　　6 680
　　　　　　——辅助生产成本——运输　　8 120
　贷：制造费用——机修车间　　6 680
　　　　　　　——运输车间　　8 120

表 5-7　生产成本——辅助生产成本明细账

车间名称：机修车间　　（单位：元）

2018 年		摘要	直接材料	直接人工	动力费用	制造费用	合计
月	日						
5	31	分配材料费（表 5-1）	18 000				18 000
	31	分配工资及福利费（表 5-2）		3 420			3 420
	31	分配动力费（表 5-3）			1 900		1 900
	31	制造费用转来（表 5-5）				6 680	6 680
		合计	18 000	3 420	1 900	6 680	30 000
		转出	−18 000	−3 420	−1 900	−6 680	−30 000

表 5-8　生产成本——辅助生产成本明细账

车间名称：运输车间　　（单位：元）

2018 年		摘要	直接材料	直接人工	燃料动力	制造费用	合计
月	日						
5	31	分配材料费（表 5-1）	12 000				12 000
	31	分配工资及福利费（表 5-2）		2 280			2 280
	31	分配动力费（表 5-3）			100		100
	31	制造费用转来（表 5-6）				8 120	8 120
		合计	12 000	2 280	100	8 120	22 500
		转出	−12 000	−2 280	−100	−8 120	−22 500

（3）根据表 5-7、表 5-8 和劳务供应量等资料，采用直接分配法，编制“辅助生产费用分配表”（见表 5-9），并编制以下会计分录：

借：制造费用——基本车间　　30 000
　　管理费用　　22 500
　贷：生产成本——辅助生产成本——机修　　30 000
　　　　　　　——辅助生产成本——运输　　22 500

表 5-9　辅助生产费用分配表

2018 年 5 月　　（金额单位：元）

项目		机修车间	运输车间	合计
待分配费用		30 000	22 500	52 500
劳务供应量		15 000 小时	28 125 公里	
分配率		2 元 / 小时	0.8 元 / 公里	
基本生产车间	耗用量	9 000 小时	15 000 公里	
	金额	18 000	12 000	30 000

（续）

项目		机修车间	运输车间	合计
管理部门	耗用量	6 000 小时	13 125 公里	
	金额	12 000	10 500	22 500
合计		30 000	22 500	52 500

8. 制造费用的归集和分配。

（1）登记“制造费用明细账”，如表 5-10 所示。

（2）编制“制造费用分配表”，如表 5-11 所示。

表 5-10　制造费用明细账

车间名称：基本生产车间　（单位：元）

2018 年		摘要	材料费	职工薪酬及社保费	水电费	折旧费	工具摊销	修理费	运输费	其他	合计
月	日										
5	31	分配材料费用	11 000								
	31	分配职工薪酬及社保费		4 332							
	31	分配动力费			1 000						
	31	登记折旧费				40 000					
	31	登记待摊费用					2 400				
	31	辅助生产费用分配——机修						18 000			
	31	辅助生产费用分配——运输							12 000		
	31	其他费用								1 268	
	31	合计	11 000	4 332	1 000	40 000	2 400	18 000	12 000	1 268	90 000
	31	分配转出	−11 000	−4 332	−1 000	−40 000	−2 400	−18 000	−12 000	−1 268	−90 000

表 5-11　制造费用分配表

2018 年 5 月

产品名称	生产工时（小时）	分配率（元 / 小时）	应分配费用（元）
甲产品	35 000	1.8	63 000
乙产品	15 000	1.8	27 000
合　计	50 000	—	90 000

根据表 5-11，编制以下会计分录：

借：生产成本——基本生产——甲产品　63 000

　　　　　　——基本生产——乙产品　27 000

　贷：制造费用　90 000

9. 根据以上各种费用分配表，登记甲、乙两种产品“生产成本——基本生产成本明细账”，并计算产品成本。其中：甲产品月末部分产品完工，部分产品在产，在产品的完工程度为 50%，原材料费用在生产开始时一次性全部投入，工资及福利费和制造费用按约当产量比例法分配。乙产品月末全部为在产品，甲、乙两种产品生产成本明细账如表 5-12、表 5-13 所示。甲产品生产成本计算表如表 5-14 所示。

甲产品生产成本明细账中各项费用分配率计算如下：

材料费用分配率 $= \dfrac{301\ 000}{100 + 40} = 2\ 150$（元 / 件）直接人工费用分配率 $= \dfrac{81\ 600}{100 + 20} = 680$（元 / 件）

动力费用分配率 $= \dfrac{9\ 240}{100 + 20} = 77$（元 / 件）　制造费用分配率 $= \dfrac{68\ 400}{100 + 20} = 570$（元 / 件）

表 5-12　生产成本——基本生产成本明细账

车间名称：甲产品　完工产量：100 件　在产品量：40 件　完工程度：50%　（单位：元）

2018 年		摘要	直接材料	直接人工	动力费用	制造费用	合计
月	日						
5	1	期初在产品	21 000	5 790	640	5 400	32 830
	31	分配材料费	280 000				280 000
	31	分配职工薪酬及社保费		75 810			75 810
	31	分配动力费			8 600		8 600
	31	分配制造费				63 000	63 000
	31	本月合计	280 000	75 810	8 600	63 000	427 410
	31	完工转出	−215 000	−68 000	−7 700	−57 000	−347 700
	31	期末在产品	86 000	13 600	1 540	11 400	112 540

表 5-13　生产成本——基本生产成本明细账

车间名称：乙产品　投产：60 件　（单位：元）

2018 年		摘要	直接材料	直接人工	动力费用	制造费用	合计
月	日						
5	31	分配材料费	120 000				120 000
	31	分配职工薪酬及社保费		32 490			32 490
	31	分配动力费			3 400		3 400
	31	分配制造费				27 000	27 000
	31	本月合计	120 000	32 490	3 400	27 000	182 890

根据表 5-14，编制结转完工产品成本会计分录如下：

借：库存商品——甲产品　　347 700

　贷：生产成本——基本生产——甲产品　　347 700

表 5-14　甲产品生产成本计算表

完工产量：100 件　（单位：元）

项目	期初在产品成本	本期生产费用	生产费用合计	期末在产品成本	完工产品成本	
					总成本	单位成本
直接材料	21 000	280 000	301 000	86 000	215 000	2 150
直接人工	5 790	75 810	81 600	13 600	68 000	680
动力费用	640	8 600	9 240	1 540	7 700	77
制造费用	5 400	63 000	68 400	11 400	57 000	570
合计	32 830	427 410	460 240	112 540	347 700	3 477

5.3 分批法

5.3.1 分批法的适用范围

分批法是以产品的批别为成本计算对象，归集生产费用，计算产品成本的一种方法。该方法主要适用于小批量生产和单件生产，如重型机械、造船、专用设备等。此外，企业的新产品试制、机器设备的修理、工具模具的制造等，也可以采用这种方法计算成本。

在小批、单件生产的企业中，产品的生产往往是根据用户的订单确定，而按产品批别计算产品成本也就是按订单计算产品成本，故分批法又称为订单法。但是，如果在一张订单中要求生产几种产品或者虽然只要求生产一种产品，但其数量较大，因而需要分批交货时，也可以分为数批组织生产并计算成本。如果在一张订单中只要求生产一件产品（如大型船舶制造），由于其价值较大、生产周期较长，也可以按产品的组成部分分批组织生产并计算成本。如果在同一时期内有几张订单都要求生产同一种产品，也可以将同一种产品的几张订单合为一批组织生产并计算成本。

5.3.2 分批法的程序

在小批、单件生产情况下，由于成本计算期与产品的生产周期一致，而与会计报告期不一致，因而月末计算产品成本时，一般不存在在完工产品与在产品之间分配费用的问题。

如果是单件生产，在产品完工之前，成本计算单中所归集的生产费用全部是在产品成本的生产成本，而产品完工时所归集的生产费用就是产成品成本。因而在月末计算产品成本时，不存在在完工产品和月末在产品之间分配费用的问题。

如果是小批生产，由于产品批别小，批内产品一般都能同时完工，成本计算单中所归集的生产费用，通常也不存在在完工产品和月末在产品之间分配费用的问题。但在小批生产中，有时一批产品也有跨月陆续完工的情况。在这种情况下，如果月末完工产品的数量占全批数量的比重较小，为了简化计算工作，完工产品成本可以先按计划单位成本、定额单位成本或近期相同产品的实际单位成本计算，用生产成本明细账中归集的生产费用减去按计划（或定额等）单位成本计算的完工产品成本后的余额，即为在产品成本；等到该批产品全部完工时，再计算全批产品的实际总成本和单位成本。如果月末完工产品的数量占全批数量的比重较大，为了正确计算产品成本，应该采用本书此前所述的适当分配方法，计算完工产品和月末在产品的成本。

5.3.3 分批法的类型

在工业企业中，采用分批法计算成本时，由于各批产品的品种、数量及生产周期均有不同，因此计算产品成本的分批法就具有以下 3 种不同的类型。

1. 典型的分批法

典型的分批法可供小批量、单件生产，批内产品可以同时完工的企业采用。因此，在单件或小批量产品完工以前，生产成本明细账中归集的生产费用全部是在产品成本；当产品完工以后，生产成本明细账上归集的生产费用就是产成品成本。这样，月末计算产品成本时，就不存在在完工产品和月末在产品之间分配费用的问题。

2. 拓展了的分批法

拓展了的分批法可供大批量生产，批内产品经常出现跨月陆续完工情况的企业采用。在这种情况下，如果月末完工产品的数量占批内数量的比重较小，为了简化计算工作，完工产品成本可以先按计划单位成本、定额单位成本或近期相同产品的实际单位成本计算转出；但由于提前完工转出的产品成本不是实际成本，不便于考核和分析该批产品成本计划的完成情况，因而在该批产品全部完工时，还应计算该批产品的实际总成本和实际单位成本，只是对已经完工转出的产品成本不进行账面调整。如果月末完工产品的数量占全批数量的比重较大，为了正确计算产品成本，应该采用约当产量法、定额比例法等适当的分配方法，计算完工产品成本和月末在产品成本。

3. 简化了的分批法

简化了的分批法可供批量生产，同一月内投产的产品批数很多，生产周期长，月末没有完工产品的批别较多的企业采用。对这样的企业，如果月末完工产品的批数较少或者没有完工产品，而各项间接费用仍需要在各批产品之间进行分配，工作量就会相当繁重。为了简化核算工作，可采用简化了的分批法计算成本。简化了的分批法的特点如下：

（1）设立基本生产成本二级账，将月内各批别产品发生的生产费用，按成本项目以直接材料、直接人工、制造费用以及生产工时登记在基本生产成本二级账中。

（2）按产品批别设立生产成本明细账，与基本生产成本二级账进行平行登记，但该生产成本明细账只登记直接材料和生产工时，在没有完工产品的情况下，不分配间接费用。

（3）在有完工产品的月份，根据基本生产成本二级账的记录，计算间接费用累计分配率，用完工产品的累计工时分配间接费用，并将分配的间接费用计入按产品批别设置的生产成本明细账。计算公式如下：

$$\text{间接费用分配率}=\frac{\text{月初结存的间接费用}+\text{本月发生的间接费用}}{\text{月初在产品的累计工时}+\text{本月发生的工时}}$$

$$\begin{matrix}\text{某批完工产品应}\\\text{分配的间接费用}\end{matrix}=\begin{matrix}\text{该批完工产品}\\\text{的累计工时数}\end{matrix}\times\text{间接费用分配率}$$

（4）最后，将计算出的已完工的各批别的完工产品成本合计额，计入基本生产成本二级账，并计算出月末在产品成本。

5.3.4　示例：分批法

【例 5-2】某工业企业小批生产甲、乙、丙三种产品，采用分批法计算产品成本。该企业 4 月投产甲产品 8 件，批号为 401，5 月全部完工。4 月投产乙产品 12 件，批号为 402，5 月完工 5 件，在产品 7 件，完工产品按计划成本转出。乙产品的单位计划成本为：直接材料 420 元，直接人工 650 元，制造费用 800 元。5 月投产丙产品 20 件，批号为 501，5 月完工 10 件，在产品 10 件，按所耗材料费用计算法计算月末在产品成本，材料在生产开始时一次性全部投入。甲、乙、丙 3 种产品的成本明细账，分别如表 5-15、表 5-16、表 5-17 所示。

表 5-15　生产成本——基本生产成本明细账

批号：401　　　　　　　　　　　　投产数量：8 件

产品名称：甲产品　　　　　　　　　本月完工：8 件

（单位：元）

日期	摘要	直接材料	直接人工	制造费用	合计
4 月 30 日	本月费用	32 000	14 000	25 000	71 000

（续）

日期	摘要	直接材料	直接人工	制造费用	合计
5月31日	本月费用	3 000	15 000	26 000	44 000
5月31日	累计	35 000	29 000	51 000	115 000
5月31日	完工转出	−35 000	−29 000	−51 000	−115 000
	单位成本	4 375	3 625	6 375	14 375

表 5-16　生产成本——基本生产明细账

批号：402　　　　投产数量：12 件

产品名称：乙产品　　　　本月完工：5 件

（单位：元）

日期	摘要	直接材料	直接人工	制造费用	合计
4月30日	本月费用	4 600	3 700	4 800	13 100
5月31日	本月费用	400	3 500	4 200	8 100
5月31日	累计	5 000	7 200	9 000	21 200
5月31日	完工转出	−2 100	−3 250	−4 000	−9 350
5月31日	月末结余	2 900	3 950	5 000	11 850

表 5-17　生产成本——基本生产成本明细账

批号：501　　　　投产数量：20 件

产品名称：丙产品　　　　本月完工：10 件

（单位：元）

日期	摘要	直接材料	直接人工	制造费用	合计
5月31日	本月费用	36 000	3 300	4 500	43 800
5月31日	完工转出	−18 000	−3 300	−4 500	−25 800
5月31日	单位成本	1 800	330	450	2 580
5月31日	月末结余	18 000	0	0	18 000

从表 5-15、表 5-16 和表 5-17 可以看出，甲、乙、丙 3 种产品的成本计算方法，甲产品为典型分批法，乙产品和丙产品为拓展了的分批法。三种产品的成本计算程序和计算工作都比较简单，但不能由此而推论计算产品成本的分批法比品种法简单。实际工作中，前面所述要素费用的分配、辅助生产费用的分配、制造费用的分配等内容，在分批法中均可能涉及。这里为了说明分批法的特点，有些内容被省略了。

【例 5-3】某工业企业小批生产甲、乙、丙、丁 4 种产品，采用简化了的分批法计算产品成本。该企业 4 月的有关成本资料如下：

1.（1）产品产量统计：甲产品 8 件，批号为 201，2 月投产，本月全部完工；乙产品 16 件，批号为 301，3 月投产，本月完工 11 件，月末在产 5 件；丙产品 11 件，批号为 302，3 月投产，月末尚未完工；丁产品 6 件，批号为 401，4 月投产，月末尚未完工。

（2）该企业本月初在产品成本及工时，反映在“生产成本——基本生产成本”二级账及其各产品成本明细账中。

（3）该企业本月各种产品领用材料共计 17 120 元，其中：甲产品 160 元，丙产品 1 280 元，丁产品 15 680 元。

2. 该企业本月各种产品共发生工资费用 48 640 元，共发生制造费用 77 520 元。

3. 该企业本月各种产品生产工时合计 152 000 小时，其中：甲产品 33 600 小时，乙产品 38 400 小时，丙产品 44 000 小时，丁产品 36 000 小时。

根据以上资料计算的 4 月产品成本，如表 5-18 ～表 5-22 所示。

$$直接人工分配率 = \frac{73\ 440}{244\ 800} = 0.3（元/小时）\qquad 制造费用分配率 = \frac{122\ 400}{244\ 800} = 0.5（元/小时）$$

表 5-18　生产成本——基本生产成本二级账

（各批产品的全部成本）　　　　（金额单位：元）

日期	摘要	直接材料	工时（小时）	直接人工	制造费用	合计
3 月 31 日	余额	32 800	92 800	24 800	44 880	102 480
4 月 30 日	本月费用	17 120	152 000	48 640	77 520	143 280
4 月 30 日	累计	49 920	244 800	73 440	122 400	245 760
	间接费用分配率			0.3	0.5	
4 月 30 日	完工转出	−20 190	−111 400	−33 420	−55 700	−109 310
4 月 30 日	月末结余	29 730	133 400	40 020	66 700	136 450

表 5-19　生产成本——基本生产成本明细账

批号：201　　　　投产数量：8 件

产品名称：甲产品　　　　本月完工：8 件

（金额单位：元）

日期	摘要	直接材料	工时（小时）	直接人工	制造费用	合计
3 月 31 日	余额	12 000	33 600			
4 月 30 日	本月费用	160	33 600			
4 月 30 日	累计	12 160	67 200	0.3	0.5	
4 月 30 日	完工转出	−12 160	−67 200	−20 160	−33 600	−65 920
	单位成本	1 520		2 520	4 200	8 240

注：间接费用分配率，根据基本生产成本二级账登记。

表 5-20　生产成本——基本生产成本明细账

批号：301　　　　投产数量：16 件

产品名称：乙产品　　　　本月完工：11 件

（金额单位：元）

日期	摘要	直接材料	工时（小时）	直接人工	制造费用	合计
3 月 31 日	余额	11 680	24 000			
4 月 30 日	本月费用		38 400			
4 月 30 日	累计	11 680	62 400	0.3	0.5	
4 月 30 日	完工转出	−8 030	−44 200	−13 260	−22 100	−43 390
4 月 30 日	单位成本	730		1 205.45	2 209.09	3 944.54
4 月 30 日	月末结余	3 650	18 200			

注：表中，材料费按投产数量平均分配。在产品工时按工时定额计算，完工产品工时等于累计工时减去在产品工时。

表 5-21　生产成本——基本生产成本明细账

批号：302　　投产数量：11 件

产品名称：丙产品　　本月完工：0 件

（金额单位：元）

日期	摘要	直接材料	工时（小时）	直接人工	制造费用	合计
3 月 31 日	余额	9 120	35 200			
4 月 30 日	本月费用	1 280	44 000			
4 月 30 日	累计	10 400	79 200			
4 月 30 日	月末结余	10 400	79 200			

表 5-22　生产成本——基本生产成本明细账

批号：401　　投产数量：6 件

产品名称：丁产品　　本月完工：0 件

（金额单位：元）

日期	摘要	直接材料（元）	工时（小时）	直接人工	制造费用	合计
4 月 30 日	本月费用	15 680	36 000			

例 5-3 的各批产品成本明细账中，对于没有完工产品的批别，只登记直接费用（材料费用）和生产工时。这些批别发生的直接费用和生产工时，也就是月末在产品的直接费用和生产工时，如第 302 批、401 批产品。而各批产品成本明细账中，月末在产品的直接费用和生产工时之和，应该与“生产成本——基本生产成本”二级账中月末在产品的直接费用、生产工时分别相等，例如，第 301 批月末在产品的直接材料费用 3 650 元加上第 302 批月末在产品的直接材料 10 400 元，再加上第 401 批月末在产品的直接材料 15 680 元，就等于基本生产成本二级账中月末在产品的直接材料 29 730 元。

对于有完工产品的月份（包括批内产品全部完工或批内产品部分完工），除了登记直接费用和生产工时及相应累计数外，还应根据基本生产成本二级账登记的各项间接费用分配率，分配各项间接费用。例如，例 5-3 中第 201 批产品月末全部完工，其产品成本明细账中累计的直接材料费用和生产工时，就是完工产品的直接材料费用和生产工时，此时只需按生产工时分别乘以各项间接费用分配率，即可求出完工产品的各项间接费用。而对第 301 批产品，月末批内产品部分完工、部分在产，因此还应在完工产品与在产品之间分配直接材料费用和生产工时。该批产品所耗直接材料是在生产开始时一次投入，因此直接材料费按该批产品的投产数量平均计算分配，在产品工时按定额工时计算。

由此可见，简化了的分批法，其主要特点是，在没有完工产品的月，各月发生的间接费用，不是按月在各批产品之间进行分配，而是将这些间接费用先分别累计在一起，并登记在基本生产成本二级账中。在有完工产品的月，再用基本生产成本二级账上的累计工时和累计间接费用计算累计间接费用分配率，然后用累计分配率乘以完工产品的生产工时，以计算完工产品应负担的间接费用，再计入完工产品的生产成本明细账，以计算完工产品成本。没有完工产品批别的生产成本明细账，只登记直接材料费用和生产工时，不分配间接费用，这样就简化了费用的分配和成本核算工作。月末未完工产品的批数越多，核算工作就越简化。

5.3.5　零件分批法成本计算

零件分批法是先按零件生产的批别计算各批零件的成本，然后按照各批产品所耗各种零件的成本，加上装配成本，计算各批产品成本的一种方法。它属于计算成本的分批法的派生方法。这种方法适用于自制零件种类不多或者成本计算工作已经实行电算化的装配式生产企业或车间，如仪器仪表等生产企业。

零件分批法的主要特点是将产品成本的计算分为两个步骤，具体如下：

第一步，先将可装配成某种产品的各种自制零件按批别编制各批零件的成本计算单，分别汇集各批零件的费用，计算各批零件的成本。待零件加工完毕，其实物要移交半成品库，同时还要将该批零件成本计算单中汇集的成本费用办理转账手续。为此，采用零件分批法计算产品成本，除了设置“生产成本——基本生产成本”和“制造费用”等账户外，还需要设置“自制半成品”账户，以核算完工入库的零件成本。

第二步，在装配批量产品时，再按各批产品编制成本计算单，分别汇集各批产品的费用（包括从自制半成品库领用零件的成本，以及在装配过程中发生的工资等装配费用），计算各批产品成本。

【例 5-4】某企业获得一份客户订单，小批生产 A 产品 20 件。A 产品由甲、乙两种零件装配组成，每件 A 产品需要甲零件 3 个，乙零件 2 个。甲、乙两种零件由机加工车间生产，A 产品由装配车间装配完成。该企业 5 月成本资料如下：

- 甲零件 60 个，批号 401，4 月投产，4 月全部完工。
- 乙零件 40 个，批号 402，4 月投产，4 月全部完工。
- A 产品 20 件，批号 501，5 月投产，5 月全部完工。

该企业 4～5 月发生的各项费用，均反映在各批产品成本明细账中，如表 5-23～表 5-27 所示。

表 5-23　生产成本——基本生产成本明细账

批号：401　　投产量：60 个

产品名称：甲零件　　完工量：60 个

（单位：元）

日期	摘要	直接材料	直接人工	制造费用	合计
4 月 30 日	本月费用	3 000	1 200	1 800	6 000
4 月 30 日	完工转出	−3 000	−1 200	−1 800	−6 000
	单位成本	50	20	30	100

表 5-24　生产成本——基本生产成本明细账

批号：402　　投产量：40 个

产品名称：乙零件　　完工量：40 个

（单位：元）

日期	摘要	直接材料	直接人工	制造费用	合计
4 月 30 日	本月费用	2 040	1 280	1 480	4 800
4 月 30 日	完工转出	−2 040	−1 280	−1 480	−4 800
	单位成本	51	32	37	120

表 5-25　自制半成品明细账（甲零件）

日期	摘要	增加			减少			结余		
		数量	单价	金额	数量	单价	金额	数量	单价	金额
4 月 30 日	入库	60 个	100 元 / 个	6 000 元				60 个	100 元 / 个	6 000 元
5 月 4 日	领用				60 个	100 元 / 个	6 000 元	0		0

表 5-26　自制半成品明细账（乙零件）

日期	摘要	增加			减少			结余		
		数量	单价	金额	数量	单价	金额	数量	单价	金额
4 月 30 日	入库	40 个	120 元 / 个	4 800 元				40 个	120 元 / 个	4 800 元
5 月 4 日	领用				40 个	120 元 / 个	4 800 元	0		0

表 5-27　生产成本——基本生产成本明细账

批号：501　　投产量：20 件

产品名称：A 产品　　完工量：20 件

（单位：元）

日期	摘要	直接材料		直接人工	制造费用	合计
		材料	半成品			
5 月 4 日	领用甲零件		6 000			6 000
5 月 4 日	领用乙零件		4 800			4 800
5 月 31 日	其他费用			3 200	2 600	5 800
5 月 31 日	合　计		10 800	3 200	2 600	16 600
5 月 31 日	完工转出		−10 800	−3 200	−2 600	−16 600
	单位成本		540	160	130	830

从例 5-4 可以看出，由于一批零件或一批产品一般都能同时完工，因此可以减少在完工产品和月末在产品之间分配费用的工作。

5.4　分步法

5.4.1　分步法的适用范围

1. 分步法的适用范围

产品成本计算的分步法，是以产品的加工步骤为成本计算对象，归集生产费用，计算产品成本的一种方法。主要适用于大量、大批的多步骤生产，如冶金、造纸、纺织以及大量大批生产的机械制造业等。在这些生产企业中，产品生产可以分为若干个生产步骤进行，例如，冶金业可分为炼铁、炼钢、轧钢等步骤；造纸业可分为制浆、制纸，包装等步骤；纺织业可分为纺纱、织布、印染等步骤；机械制造业可分为铸造、加工、装配等步骤。

在这些企业中，原材料投入生产后，每经过一个加工步骤，便会生产出形态和性能不同的半成品，上一步骤的半成品又是下一步骤的加工对象，直到最后一个加工步骤结束，才生产出产成品。为了加强各生产步骤的成本管理，不仅要求按照产品品种计算产品成本，而且还要求按照产品的生产步骤归集生产费用，计算各步骤的产品成本，以便为考核和分析各种产品及其各生产步骤的成本计划的执行情况提供资料。

2. 分步法的特点

（1）以各种产品的生产步骤作为成本计算对象。分步法下的成本计算对象，是各种产品的生产步骤。因此，在计算产品成本时，应按照产品的生产步骤和产品品种设立产品成本明细账。

如果企业只生产一种产品，其成本计算对象就是该种产品及其所经过的各生产步骤，产品成本明细账应按照该种产品的生产步骤开设。

如果企业生产多种产品，其成本计算对象则是各种产品及其所经过的各个生产步骤，产品成本明细账应该按照每种产品的各个生产步骤开设。

需要指出的是，在实际工作中，产品成本计算的分步与产品生产步骤的划分不一定完全一致。为了简化成本计算工作，可以只对管理上有必要分步计算成本的生产步骤单独设立产品成本明细账，单独计算成本；管理上不要求单独计算成本的生产步骤，则可与其他生产步骤合并设立产品成本明细账，合并计算成本。例如，造纸企业的包装步骤，如果所发生的费用不多，为了简化成本计算工作，也可以与制纸步骤合并在一起计算成本。另外，在按生产步骤设立车间的企业中，一般讲，分步骤计算产品成本就是分车间计算产品成本。但是，如果企业生产规模很小，管理上不要求分车间计算成本，也可以将几个车间合并为一个步骤计算成本。相反，如果企业生产规模很大，车间内还可以分成几个生产步骤，管理上又要求分步计算成本，据此，也可以在车间内分步计算成本。总之，应根据管理的要求，确定成本计算对象。

（2）费用需在完工产品与在产品之间分配。在分步法下，成本计算一般都是按月定期地进行，其成本计算期与生产周期不相一致。这是因为在大量、大批的多步骤生产中，产品往往都是跨月陆续完工。在月末计算产品成本时，各生产步骤一般都存在未完工的在产品，为此，采用分步法计算产品成本时，计入各种产品、各生产步骤成本明细账中的生产费用，都要采用适当的分配方法在完工产品和月末在产品之间进行分配，分别计算各种产品及其各生产步骤的完工产品成本和月末在产品成本。

（3）各步骤之间成本的结转。对分步骤进行生产的产品而言，上一步骤生产的半成品是下一步骤的加工对象。因此，为了计算各种产品的产成品成本，还需要按照产品品种，分别结转各步骤成本。很显然，这与其他成本计算方法不同，在采用分步法计算产品成本时，在各步骤之间还存在着成本结转的问题。这也是分步法的一个重要特点。

根据成本管理对于各生产步骤成本资料的要求（要不要计算各生产步骤的半成品成本）不同，各生产步骤成本的计算和结转，有逐步结转和平行结转两种不同的处理方法。因此，产品成本计算的分步法也就分为逐步结转分步法和平行结转分步法两种。下面将进行详细介绍。

5.4.2　逐步结转分步法

1. 逐步结转分步法的适用范围

逐步结转分步法（又叫顺序结转法或计算半成品成本法）是按照产品生产加工的先后顺序，逐步计算并结转各步骤的半成品成本，直至最后一个步骤计算出产成品成本的一种方法。

它主要适用于大量、大批连续式多步骤生产的企业。因为在这种生产类型的企业里，其生产工艺、技术过程，是从材料投入第一生产步骤开始，经过若干生产步骤的加工，除最后一个步骤生产出终端产品即产成品外，在此之前的各个生产步骤加工完成的都是半成品。与这类生产工艺过程特点相联系，为了加强对各生产步骤成本的管理，除了要求计算各种产成品成本外，而且也要求计算各步骤半成品成本。这是因为有些企业所产的半成品，在国民经济中具有独立的经济意义，并经常作为商品对外销售，为了计算外销半成品的成本，就需要计算这些半成品的成本，如冶金企业的生铁、钢锭，纺织企业的棉纱等；有些企业所产的半成品，为本企业几种产品所耗用，为了分别计算各种产品的成本，也要计算这些半成品的成本，如造纸企业的纸浆、机械制造企业的铸件等。

2. 逐步结转分步法成本结转的程序

在逐步结转分步法下，其成本结转的基本程序是：计算各生产步骤产品成本时，上一步骤所产半成品成本，要伴随着半成品实物的转移而同步转移，从上一步骤的产品成本明细账转入下一步骤相同产品的成本明细账中，以便逐步计算半成品成本和最后一个步骤的产成品成本。这种结转各步成本的基本程序如图 5-1 所示。

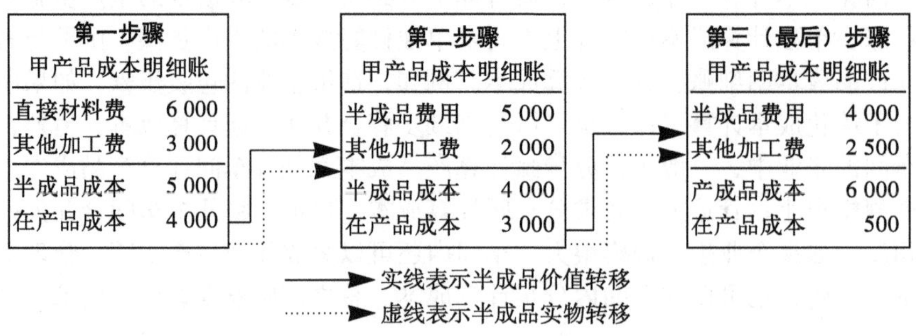

图 5-1　逐步结转分步法的基本程序一

在逐步结转分步法下，各步骤完工转出的半成品成本，应该从相应步骤的产品成本明细账中转出；各步骤领用的半成品成本，构成相应步骤的一项费用，称为半成品费用，应该计入相应步骤的产品成本明细账中。如果半成品完工后，不通过半成品库收发，而为下一步骤直接领用，半成品成本可在各步骤的成本明细账中直接结转。结转时借记“生产成本——基本生产成本——第二车间”账户，贷记“生产成本——基本生产成本——第一车间”账户。

如果半成品完工后，要通过半成品库收发，而下一步骤从半成品库领用半成品，则应通过设置“自制半成品”明细账进行核算。在验收入库时，借记“自制半成品”账户，贷记“生产成本——基本生产成本——第一车间”账户；在下一步骤领用时，再做相反的会计分录。这种结转各步成本的基本程序，可用图 5-2 表示。

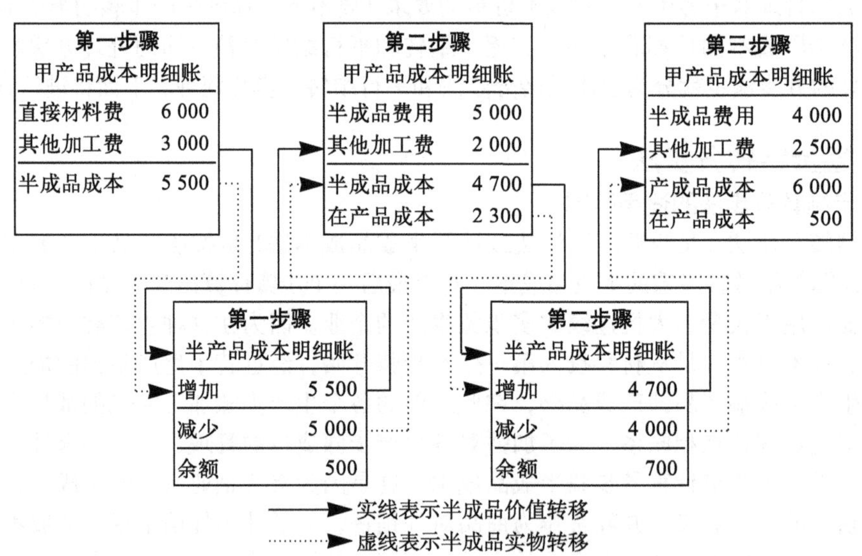

图 5-2　逐步结转分步法的基本程序二

从图 5-2 的结转程序中可以看出，采用这种分步法，每月月末，各项生产费用（包括所耗上一步骤半成品费用）在各步骤产品成本明细账中汇集以后，如果既有完工的半成品（最后步骤为产成品），又有正在加工中的在产品，则应将各步骤汇集的生产费用，采用适当的分配方法，在完工半成品（最后步骤为产成品）与正在加工中的在产品（狭义在产品）之间进行分配，以便计算完工半成品成本。这样，通过半成品成本的逐步结转，在最后一个步骤的产品成本明细账中，就可以计算出完工产成品成本。

上述结转程序表明，逐步结转分步法实际上就是品种法的多次连续应用，即每一个生产步骤都是一个品种法。

采用逐步结转分步法，按照半成品成本在下一步骤成本明细账中的反映方法不同，还可分为综合结转分步和分项结转分步两种方法。

3. 逐步结转分步法：综合结转分步法

采用综合结转分步法时，是将各生产步骤所耗用的上步骤完工的半成品成本，不分成本项目，以一个总数综合计入各该步骤产品成本明细账的“直接材料”或专设的“半成品”成本项目中。

综合结转可以按照半成品的实际成本结转，也可以按照半成品的计划成本结转。

（1）按实际成本综合结转。采用这种结转方法，就是对各步骤所耗上一步骤的半成品费用，按照所耗半成品数量乘以半成品的实际单位成本计算。各步骤所产的半成品，按实际成本进行结转，由于各月所产半成品的单位成本不同，因而所耗半成品的单位成本要采用先进先出或加权平均等方法计算。

【例 5-5】假定某工业企业的甲产品分两个步骤在两个车间内进行生产。第一车间生产半成品，交半成品库收发；第二车间按照所需数量从半成品库领出半成品。第二车间所耗半成品费用按照月末一次加权平均单位成本计算。两个车间月末的在产品均按定额成本计价。其成本计算程序如下：

1. 根据各种费用分配表、半成品入库单和第一车间在产品定额成本资料，登记第一车间甲产品（半成品）成本明细账，如表 5-28 所示。

表 5-28 中，月初（4 月末）在产品成本应根据上月有关数据计算登记；本月生产费用应根据本月各种费用分配表登记；月末在产品成本应根据月末在产品的数量和定额工时，以及每件在产品直接材料费用定额、每小时直接人工费定额和制造费用定额计算登记。由于在产品成本是按定额计价，故此完工转出的半成品成本应根据生产费用累计数，减去按定额成本计算的月末在产品成本计算登记。

表 5-28　甲产品（半成品）成本明细账

车间名称：第一车间　　　　（金额单位：元）

日期		摘要	产量（件）	直接材料	直接人工	制造费用	合计
月	日						
4	30	在产品（定额成本）		18 300	2 100	1 920	22 320
5	31	本月生产费用		26 850	3 750	3 450	34 050
5	31	费用累计		45 150	5 850	5 370	56 370
5	31	完工半成品成本	240	36 000	4 800	4 560	45 360
5	31	在产品（定额成本）		9 150	1 050	810	11 010

根据第一车间甲产品（半成品）成本明细账中的半成品成本和半成品入库单，编制结转半成品成本的会计分录如下：

借：自制半成品　　45 360

　贷：生产成本——基本生产成本——第一车间　　45 360

2. 根据第一车间半成品入库单和第二车间半成品领用单，登记自制半成品明细账如表5-29 所示。

表 5-29　自制半成品明细账

产品名称：甲半成品　　　　　　　　　　　　　　　　　　　　　　　　　　（金额单位：元）

月份	月初余额		本月增加		累计			本月减少	
	数量（件）	实际成本	数量（件）	实际成本	数量（件）	实际成本	单位成本	数量（件）	实际成本
5	90	16 680	240	45 360	330	62 040	188	270	50 760
6	60	11 280							

在以上自制半成品明细账中，月初余额应根据上月有关数据计算登记；本月增加的数量和实际成本，应根据计价后的半成品入库单登记；累计的单位成本是月末一次加权平均单位成本，应根据累计实际成本除以累计数量计算登记；本月减少数量应根据第二车间的半成品领用单登记；本月减少的实际成本应根据本月减少数量乘以累计单位成本计算登记。

根据第二车间领用半成品的领料单，编制结转半成品成本的会计分录如下：

借：生产成本——基本生产成本——第二车间　　　　　　　　　50 760
　贷：自制半成品　　　　　　　　　　　　　　　　　　　　　　　50 760

3. 根据各种费用分配表、半成品领用单，产成品入库单，以及第二车间在产品定额成本资料，登记第二车间甲产品（产成品）成本明细账，如表 5-30 所示。

在上列产品成本明细账中，“半成品”成本项目就是为了记录本步骤所耗上一步骤半成品的成本而增设的。其中，本月半成品费用 50 760 元，就是根据计价后的半成品领用单登记的，至此，半成品费用综合结转这一特点，已清晰可见。

根据第二车间甲产品（产成品）成本明细账中的完工产成品成本和产成品入库单，编制结转产成品成本的会计分录如下：

借：库存商品——甲产品　　　　　　　　　　　　　　　　　70 500
　贷：生产成本——基本生产成本——第二车间　　　　　　　　　　70 500

表 5-30　甲产品（产成品）成本明细账

车间名称：第二车间　　　　　　　　　　　　　　　　　　　　　　　　　　（金额单位：元）

日期		摘要	产量（件）	半成品	直接人工	制造费用	合计
月	日						
4	30	在产品（定额成本）		11 220	300	330	11 850
5	31	本月生产费用	270	50 760	5 955	9 435	66 150
5	31	费用累计		61 980	6 255	9 765	78 000
5	31	完工产成品成本	300	56 700	6 000	7 800	70 500
5	31	产成品单位成本		189	20	26	235
5	31	在产品（定额成本）		5 280	255	1 965	7 500

（2）按计划成本综合结转。按照计划成本综合结转半成品成本的核算原理，与材料按计划成本进行日常核算相类似。即半成品的日常收发均按计划单位成本计价核算，月末当半成品实际成本计算出来后，再计算半成品的成本差异率，将所耗半成品的计划成本调整为实际成本。

因此，按计划成本综合结转的分步法，在自制半成品明细账中，不仅要反映半成品收发和结存的数量及实际成本，而且还要反映半成品的收发和结存的计划成本、成本差异额及差异率。另外，在产品成本明细账中，对于所耗半成品，可以按照调整成本差异后的实际成本登记。为了分析上一步骤半成品成本差异对本步骤成本水平的影响，也可以按照所耗半成品的计划成本和成本差异分别登记。在采用后一种登记方法时，产品成本明细账中的“半成品”项目，要分设“计划成本”“成本差异”和“实际成本”三栏。

仍以例 5-5 的资料为例。列示自制半成品明细账的格式及第二车间甲产品（产成品）成本明细账的格式如表 5-31、表 5-32 所示。

表 5-31　自制半成品明细账

产品名称：甲半成品　　　　计划单位成本：200 元　　　　（金额单位：元）

月	月初余额			本月增加			累计					本月减少		
	数量（件）	计划成本	实际成本	数量（件）	计划成本	实际成本	数量（件）	计划成本	实际成本	成本差异	差异率	数量（件）	计划成本	实际成本
	①	②	③	④	⑤	⑥	⑦ = ① + ④	⑧ = ② + ⑤	⑨ = ③ + ⑥	⑩ = ⑨ − ⑧	⑪ = ⑩ ÷ ⑧	⑫	⑬	⑭ = ⑬ + ⑬ × ⑪
5	90	18 000	16 680	240	48 000	45 360	330	66 000	62 040	−3 960	−6%	270	54 000	50 760
6	60	20 000	11 280											

在表 5-31 中，本月增加和本月减少项中的计划成本栏（⑤栏和 ⑬ 栏），是根据半成品入库单和半成品领用单所列数量，按计划单位成本计价以后登记的；本月增加项中的实际成本栏（⑥栏），是根据第一车间甲产品（半成品）成本明细账（表 5-28）中完工转出的半成品成本登记的；累计项中的成本差异栏（⑩栏）、差异率栏（⑪ 栏）和本月减少项中的实际成本栏（⑭ 栏），是根据账中所列算式计算登记的。

表 5-32　甲产品（产成品）成本明细账

车间名称：第二车间　　　　（金额单位：元）

摘要	产量（件）	半成品			直接人工	制造费用	合计
		计划成本	成本差异	实际成本			
月初在产品（定额）		11 220		11 220	300	330	11 850
本月生产费用	270	54 000	−3 240	50 760	5 955	9 435	66 150
费用累计		65 220	−3 240	61 980	6 255	9 765	78 000
完工产成品成本	300	59 940	−3 240	56 700	6 000	7 800	70 500
产成品单位成本		199.8	−10.8	189	20	26	235
月末在产品（定额）		5 280		5 280	255	1 965	7 500

在表 5-32 中，本月所耗按计划单位成本计算的半成品费用 54 000 元，是根据按计划单位成本计价的半成品领用单登记的；本月所耗半成品的成本差异 −3 240 元，是根据所耗半成品的计划成本乘以自制半成品明细账中的成本差异率（表 5-31 中，⑬ 栏 ×⑪ 栏）计算登记的。

由于该企业规定月末在产品按定额成本计价，因而月末在产品所耗用的半成品没有成本差异。故此，本月所耗半成品的成本差异 −3 240 元，全部由产成品成本负担。

按照计划成本综合结转半成品成本有以下优点：

可以简化、加速半成品收发的凭证计价和记账工作。在半成品种类较多，按类计算半成品成本差异率、调整所耗半成品成本差异时，更可以省去按品种、规格逐一计算半成品的实际成本和成本差异的大量计算工作。

在各步骤的产品成本明细账中，可以分别反映所耗半成品的计划成本、成本差异和实际成本，因而在分析各步骤产品成本时，可以剔除上一步骤半成品成本变动对本步骤产品成本的影响，有利于分清经济责任，考核各步骤的经济效益。

（3）综合结转法的成本还原。采用综合结转法结转半成品成本，各步骤（第一步骤除外）所耗半成品的成本是以“半成品”或“直接材料”成本项目综合反映的。照此计算出来的完工产成品成本，不能提供按原始成本项目反映的成本资料。特别是在生产步骤较多的情况下，逐步综合结转半成品成本会使产品成本中的“半成品”成本像滚雪球一样越滚越大，在终端产品（即产成品）成本中所占比重非常大，而最后一个生产步骤的“直接人工”及“制造费用”等其他加工费用，在产成品成本中所占比重却很小。非常明显，这不符合产品的实际的成本结构（即各成本项目之间的构成比例），也不便于站在整个企业的角度来考核和分析产品成本的构成和水平。

为了进一步讨论这个问题，下面举例说明。

【例 5-6】某种产品经三个生产步骤进行加工，上一个加工步骤直接为下一个加工步骤提供半成品，直到最后一个加工步骤。其各步逐步结转的成本如表 5-33 所示。

表 5-33 所示的数据表明，第一个加工步骤完工的半成品成本 5 000 元转作第二个加工步骤的半成品费用；第二个加工步骤完工的半成品成本 8 000 元转作第三个加工步骤的半成品费用。在最终算出的第三个加工步骤产成品成本中，半成品费用占产成品成本 9 600 元的 83%，直接人工及制造费用两项合计为 1 600 元，占产成品成本的 17%。这与该企业该种产品成本的实际结构，即直接材料费用 2 000 元、直接人工费用 3 500 元、制造费用 4 100 元（后两项合计占产成品成本的 79%）有很大的差别。

表 5-33　逐步结转的成本表　　（单位：元）

生产步骤 成本项目	第一步 半成品成本	第二步 半成品成本	第三步 产成品成本	原始成本 项目合计
半成品费用		5 000	8 000	
直接材料	20 00			2 000
直接人工	1 200	1 500	800	3 500
制造费用	1 800	1 500	800	4 100
成本合计	5 000	8 000	9 600	9 600

成本还原就是把各步骤所耗半成品的综合成本，逐步进行分解，还原为“直接材料”“直接人工”“制造费用”等成本项目，以便提供按原始成本项目反映的产品成本资料。从例 5-6 可以看出，各加工步骤所耗的半成品费用，恰好是上一个加工步骤生产的半成品成本，成本还原的方法很简单，只要将各加工步骤所耗的半成品费用省略不计，直接把各加工步骤发生的直接材料、直接人工和制造费用分别汇总即可，即直接材料 2 000 元，直接人工 3 500 元，制造费用 4 100 元。

但在实际工作中，往往上一个加工步骤所生产的半成品的数量与下一个加工步骤所消耗半成品的数量并不相等。为此，就需要采用专门的成本还原方法进行还原。

成本还原的方法一般是采用逆顺序法，即从最后一个加工步骤开始，将各加工步骤完工产品成本中所耗上一个加工步骤所产半成品的综合成本逐步分解，还原为直接材料、直接人工和制造费用等成本项目，以便求得按原始成本项目反映的产成品成本资料。

现以例 5-5 所举甲产品成本为例说明成本还原。在第二车间产品成本明细账中（见表 5-30），本月完工产成品成本为 70 500 元，其中所耗上一个加工步骤半成品费用为 56 700 元。为此，可以确定 56 700 元为成本还原对象。对成本还原对象进行还原时，应以上一个步骤本月所产半成品的成本结构作为成本还原的依据。在该例中，上一个步骤（第一车间）生产完工的半成品成本合计为 45 360 元（见表 5-28 资料），其成本结构为：直接材料 36 000 元、直接人工 4 800 元、制造费用 4 560 元。进行成本还原时，要先计算成本还原率，然后再进行分解还原。

其计算公式如下：

$$\text{成本还原率} = \frac{\text{本月产成品所耗上一个步骤半成品费用}}{\text{上一个步骤本月所产该种半成品成本合计}}$$

$$= \frac{56\,700}{36\,000 + 4\,800 + 4\,560} = \frac{56\,700}{45\,360} = 1.25$$

上述成本还原率实际上计算出每 1 元本月所产半成品成本应分配多少元产成品所耗半成品费用；然后用成本分配率分别乘以本月所产半成品成本中的各项费用，即可将成本还原对象进行分解。

根据上述公式及资料，分配计算如下：

产成品所耗半成品费用中的直接材料 = 36 000 × 1.25 = 45 000（元）

产成品所耗半成品费用中的直接人工 = 4 800 × 1.25 = 6 000（元）

产成品所耗半成品费用中的制造费用 = 4 560 × 1.25 = 5 700（元）

上述分配计算结果表明，成本还原对象 56 700 经过还原，被分解为：直接材料 45 000 元、直接人工 6 000 元、制造费用 5 700 元，还原以后的各项费用之和应等于还原对象。

此外，为了计算还原后产成品的总成本，需要将还原前的产成品成本与产成品成本中半成品费用的还原值，按照成本项目分别相加即可。而还原后产成品的单位成本，可用还原后产成品的总成本除以产成品数量计算求得。

成本还原可通过编制成本还原计算表进行。根据上述资料，编制甲种产成品的成本还原计算表，如表 5-34 所示。

表 5-34　产成品成本还原计算表　　（单位：元）

产品名称：甲产品　　产量：300 件

项目	还原前产成品总成本	上步骤本月完工半成品成本	成本还原率	产成品成本中半成品成本	还原后产成品总成本	还原后产成品单位成本
	①	②	③	④	⑤ = ① + ④	⑥ = ⑤ / 总产量
半成品	56 700		1.25	−56 700		
直接材料		36 000		45 000	45 000	150
直接人工	6 000	4 800		6 000	12 000	40
制造费用	7 800	4 560		5 700	13 500	45
合计	70 500	45 360			70 500	235

如果上例甲产品的加工步骤不是两步而是三步，除了将第三个加工步骤完工产品所耗第二个加工步骤的半成品成本进行还原外，还应将第二个加工步骤完工产品所耗第一个步骤的

半成品成本按上述方法进行还原。也就是说，三个加工步骤，需要还原两次。如果是四个加工步骤，则应还原三次，以此类推，直至“半成品”的综合成本全部分解还原为原始成本项目为止。

（4）综合结转法的优缺点。通过以上举例说明可以看出，综合结转法的优点是：在各加工步骤的产品成本明细账中可以反映出各该加工步骤完工产品所耗半成品费用的水平和本加工步骤发生加工费用的水平，有利于各个加工步骤的成本管理。缺点是：由于需要对产品成本进行还原，为此要增加核算工作。

4. 逐步结转法：分项结转法

采用分项结转法时，要将各加工步骤所耗用的上步骤完工的半成品成本，按照成本项目，分项记入相应步骤产品成本明细账所对应的成本项目中。如果半成品通过半成品库收发，那么在自制半成品明细账中登记增减半成品成本时，也应按照成本项目分别登记。

分项结转，可以按照半成品的实际单位成本结转，也可以按照半成品的计划单位成本结转。如果按计划单位成本结转成本，还应分别按成本项目分项调整成本差异。显然，后一种方法的计算工作量较大。因此，一般都采用按实际成本分项结转的方法。

【例 5-7】根据例 5-5 中甲产品成本计算资料，说明分项结转法的计算程序。

1. 根据第一车间甲产品的半成品成本明细账（见表 5-28）、半成品入库单和半成品领用单，登记自制半成品明细账（见表 5-35）。

在表 5-35 所列“自制半成品明细账”中，本月增加的数量，是根据第一车间半成品入库单所列数量登记；本月增加的实际成本，是根据第一车间甲产品的半成品成本明细账如表 5-28 所示，完工转出的半成品成本按成本项目分别登记的；本月减少数量，是根据第二车间领用半成品的领用单所列数量登记的；本月减少的实际成本，是根据领用数量分别乘以各成本项目的单位成本计算登记的；月末余额，是根据累计的数量和实际成本减去本月减少的数量和实际成本计算登记的。

表 5-35　自制半成品明细账

产品名称：甲半成品　　　　（金额单位：元）

月份	项目	数量（件）	实际成本			
			直接材料	直接人工	制造费用	合计
5	月初余额	90	13 170	1 833	1 677	16 680
	本月增加	240	36 000	4 800	4 560	45 360
	累计	330	49 170	6 633	6 237	62 040
	单位成本		149	20.1	18.9	188
	本月减少	270	40 230	5 427	5 103	50 760
	月末余额	60	8 940	1 206	1 134	11 280

2. 根据各种费用分配表、半成品领用单、自制半成品明细账、产成品入库单和第二车间定额成本等资料，登记第二车间甲产品的产成品成本明细账（见表 5-36）。

在表 5-36 所列“甲产品的产成品成本明细账”中，本月本步加工费，是根据工资及福利费分配表和制造费用分配表登记的；本月领用半成品，是根据半成品领用单和自制半成品明细账登记的（见表 5-35）；完工产成品成本是根据费用累计减去按定额成本计算的月末在产品成本后的差额登记的。

表 5-36　甲产品（产成品）成本明细账

车间名称：第二车间　　　　　　　　　　　　　　　　　　　　（金额单位：元）

日期		摘要	产量（件）	直接材料	直接人工	制造费用	合计
月	日						
4	30	在产品（定额成本）		8 970	1 218	1 662	11 850
5	31	本月本步加工费			5 955	9 435	15 390
5	31	本月领用半成品	270	40 230	5 427	5 103	50 760
5	31	费用累计		49 200	12 600	16 200	78 000
5	31	完工产品成本	300	45 000	11 400	14 100	70 500
5	31	产品单位成本		150	38	47	235
5	31	在产品（定额成本）		4 200	1 200	2 100	7 500

“甲产品的产成品成本明细账”中产成品单位成本的合计数 235 元，与前列甲产成品成本还原计算表（见表 5-34）中的还原后产成品单位成本的合计数相等，但两者的成本结构并不相同。这是因为表 5-34 中产成品所耗半成品各项费用，是按本月所产半成品的成本结构还原算出的，没有考虑月初结存半成品成本结构的影响；而表 5-36 中产成品所耗半成品各项费用，不是按本月所产半成品的成本结构还原算出的，而是按其原始成本项目逐步转入的，包括了以前月所产半成品成本结构的影响，是比较正确的。

从例 5-7 可以看出，采用分项结转法结转半成品成本的优点是：可以直接、正确地提供按原始成本项目反映的企业产品成本资料，便于从整个企业的角度考核和分析产品成本计划的执行情况，不需要进行成本还原。其缺点是：这种方法的成本结转工作比较复杂，而且在各加工步骤完工产品成本中看不出所耗上一个加工步骤半成品费用是多少，本步骤加工费用是多少，不便于进行各步骤完工产品的成本分析。

5.4.3　平行结转分步法

1. 平行结转分步法的适用范围

平行结转分步法（又叫不计算半成品成本分步法），是将各加工步骤生产费用中应计入产成品成本的份额进行平行结转并汇总计算产成品成本的分步法。

它主要适用于大量、大批装配式多步骤生产的企业（如机械制造业）。因为在这种生产类型的企业里，各加工步骤所产半成品的种类很多，为了简化成本计算工作，在计算各加工步骤成本时，既不计算各步骤所产半成品成本，也不计算各步骤所耗上一个步骤半成品成本，只计算本步骤发生的各项其他费用以及这些费用中应计入产成品成本的“份额”。将相同产品的各加工步骤成本明细账中的这些份额平行结转、汇总，就可计算出该种产品的产成品成本。

2. 平行结转分步法的程序

这种结转各步骤成本的基本程序如图 5-3 所示。

从图 5-3 中可以看出，采用平行结转分步法计算产品成本，各步骤不计算，也不逐步结转半成品成本，只是在有产成品入库时，才将各步骤费用中应计入产成品成本的份额从各步骤产品成本明细账中转出。因此，采用这种方法，不论半成品是在各生产步骤之间直接转移，还是通过半成品库收发，均不通过“自制半成品”账户进行总分类核算。

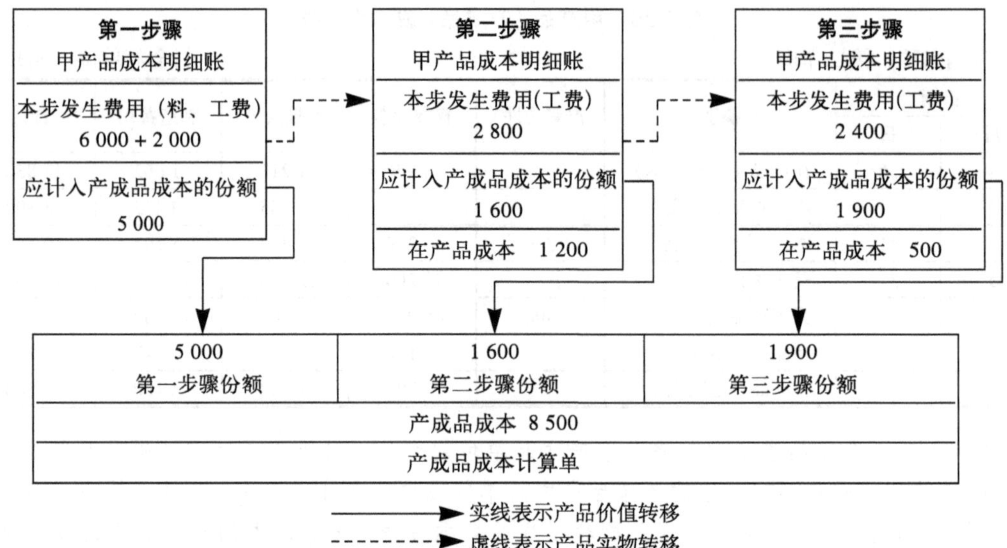

图 5-3 结转各步骤成本的基本程序

采用平行结转分步法，每一个加工步骤的生产费用，也要选择适当的方法（如约当产量法、定额比例法等）在完工产品与月末在产品之间进行分配。需要指出的是，这里所说的完工产品是指最终完工的产成品，而不是各步骤本身实际完工的半成品；这里所说的月末在产品是指尚未加工成产成品的所有在产品和半成品，即广义的在产品。

广义的在产品包括：本步骤正在加工的在产品，即狭义在产品；本步骤已经完工转入半成品库的半成品；已从半成品转到以后步骤正在进一步加工、尚未完工的在产品。与此相联系，某步骤完工产品费用，是该步骤生产费用中用于产成品成本的份额；而某步骤月末在产品的费用，却不是该步骤狭义在产品的费用，而是广义在产品的费用。只是广义在产品中的后两部分的实物已从本步骤转出，但其费用仍留在本步骤产品成本明细账中，尚未转出。显然，平行结转分步法的这一特点与逐步结转分步法不同，生产费用是在产成品与广义在产品之间进行分配。

3. 平行结转分步法“份额”的计算

采用平行结转分步法计算产品成本的关键在于，应怎样确定各步骤的费用中应计入完工产品的“份额”。在实际工作中，可通过两种方法分别进行。

（1）采用定额法或定额比例法计算。采用定额法或定额比例法，是指月末在产品按定额成本计价法或按定额比例法在完工产品与在产品之间分配费用的方法。

【例 5-8】假定本月甲产品完工入库（产成品库）120 件。在甲产品的工时定额中，第一个加工步骤所占工时定额为 50 小时。该步骤月初在产品定额工时为 3 200 小时，本月投入的定额工时为 4 800 小时，该步骤月初在产品与本月发生的直接人工费为 9 600 元。直接人工费在产成品与广义在产品之间规定采用定额比例法分配。计算如下：

$$\text{产成品第一步骤定额工时} = 120 \times 50 = 6\,000\text{（小时）}$$

$$\text{月末广义在产品第一步骤定额工时} = 3\,200 + 4\,800 - 6\,000 = 2\,000\text{（小时）}$$

$$\text{第一个步骤直接人工费分配率} = \frac{9\,600}{3\,200 + 4\,800} = 1.2\text{（元 / 小时）}$$

产成品直接人工费中第一个步骤份额 = 6 000×1.2 = 7 200（元）

广义在产品直接人工费中第一个步骤的分配额 = 2 000×1.2 = 2 400（元）

（2）采用约当产量比例法计算。采用约当产量比例法计算各步骤应计入产成品成本份额的公式如下：

$$\text{某步骤某项费用分配率} = \frac{\text{该步骤该项费用合计额}}{\text{完工产成品数量} + \text{月末广义在产品数量}}$$

$$\text{某步骤某项费用应计入产成品成本的份额} = \text{完工产成品的数量} \times \text{分配率}$$

$$\text{某步骤在产品成本} = \text{该步骤广义在产品数量} \times \text{费用分配率}$$

或

$$= \text{该步骤的费用合计} - \text{该步骤费用应计入产成品成本的份额}$$

上列计算费用分配率的公式中，"该步骤该项费用合计额"包括该步骤期初在产品成本和本期发生费用之和；"月末广义在产品数量"包括该步骤本期完工但尚未进入终端产成品的半成品数量，以及期末在产品的实际数量或约当产量之和。

【例 5-9】假定某企业大量大批生产的甲产品经过三个步骤连续进行加工。材料在第一步骤一次投入，各步骤的在产品均按完工率的 50% 计算约当产量。

1. 该企业 2014 年 5 月产品成本资料如下：

（1）产量资料如表 5-37 所示。

表 5-37　甲产品各生产步骤产量统计表　（单位：件）

项目	第一步骤	第二步骤	第三步骤
月初在产品数量	36	30	38
本月投产或上步转入数量	150	130	140
本月完工数量	130	140	120
月末在产品数量	56	20	58

（2）月初在产品成本如表 5-38 所示。

表 5-38　期初在产品成本表　（单位：元）

项目	直接材料	直接人工	制造费用	合计
第一步骤	13 340	5 560	3 436	22 336
第二步骤		3 620	4 650	8 270
第三步骤		3 885	2 480	6 365

（3）本月发生的生产费用如表 5-39 所示。

表 5-39　本期生产费用　（单位：元）

项目	直接材料	直接人工	制造费用	合计
第一步骤	24 760	12 972	13 740	51 472
第二步骤		6 720	5 690	12 410
第三步骤		5 800	7 205	13 005

2. 根据以上资料计算各步骤应计入完工产成品成本的份额。

（1）各个加工步骤产量计算如表 5-40 所示。

表 5-40　各步骤产量计算表　（单位：件）

	内容	第一步骤	第二步骤	第三步骤
产量资料	月初在产品数量	36	30	38
	本月投产数量	150	130	140
	本月完工数量	130	140	120
	月末在产品数量	56	20	58
总产量计算	经过本步骤加工完成的产成品	120	120	120
	本步骤已加工完成的广义在产品	78	58	0
	本步骤正在加工的狭义在产品	28	10	29
	合计	226	188	149

（2）第一个步骤份额计算如表 5-41 所示。

表 5-41　第一个步骤产品成本份额计算表　（单位：元）

项目	直接材料	直接人工	制造费用	合计
月初在产品成本	13 340	5 560	3 436	22 336
本月发生费用	24 760	12 972	13 740	51 472
合计	38 100	18 532	17 176	73 808
计入产成品的份额	18 000	9 840	9 120	36 960
月末在产品成本	20 100	8 692	8 056	36 848

$$\text{应计入份额的直接材料} = \frac{38\,100}{120+78+56} \times 120 = \frac{38\,100}{254} \times 120 = 18\,000\text{（元）}$$

表 5-41 中“计入产成品的份额”，是用前列计算公式计算：

$$\text{应计入份额的直接人工} = \frac{18\,532}{120+78+28} \times 120 = \frac{18\,532}{226} \times 120 = 9\,840\text{（元）}$$

$$\text{应计入份额的制造费用} = \frac{17\,176}{120+78+28} \times 120 = \frac{17\,176}{226} \times 120 = 9\,120\text{（元）}$$

（3）第二个步骤份额计算如表 5-42 所示。

表 5-42　第二个步骤产品成本份额计算表　（单位：元）

项目	直接材料	直接人工	制造费用	合计
月初在产品成本		3 620	4 650	8 270
本月发生费用		6 720	5 690	12 410
合计		10 340	10 340	20 680
计入产成品的份额		6 600	6 600	13 200
月末在产品成本		3 740	3 740	7 480

表 5-42 中“计入产成品的份额”的计算方法，同表 5-41。

（4）第三个步骤份额计算如表 5-43 所示。

表 5-43 中“计入产成品的份额”的计算方法，同表 5-41。

表 5-43　第三个步骤产品成本份额计算表　　（单位：元）

项目	直接材料	直接人工	制造费用	合计
月初在产品成本		3 885	2 480	6 365
本月发生费用		5 800	7 205	13 005
合计		9 685	9 685	19 370
计入产成品的份额		7 800	7 800	15 600
月末在产品成本		1 885	1 885	3 770

（5）汇总各加工步骤应计入产成品成本的份额，计算产成品成本，如表 5-44 所示。

表 5-44　产成品成本汇总表

产品：甲产品　　数量：120 件　　（单位：元）

项目	直接材料	直接人工	制造费用	合计
第一步骤份额	18 000	9 840	9 120	36 960
第二步骤份额		6 600	6 600	13 200
第三步骤份额		7 800	7 800	15 600
产成品总成本	18 000	24 240	23 520	65 760
产成品单位成本	150	202	196	548

借：库存商品　　65 760

　贷：基本生产——第一步骤　　36 960

　　　　　　——第二步骤　　13 200

　　　　　　——第三步骤　　15 600

4. 平行结转分步法的优缺点

（1）平行结转分步法的优点。由于各步骤不计算，也不结转半成品成本，因而可以同时计算成本，有利于加速成本的计算工作。

能够直接提供按原始成本项目反映的产成品成本资料，不必进行成本还原，因而也简化了成本计算工作。

（2）平行结转分步法的缺点。由于各步骤不计算，也不结转半成品成本，因而也不能提供各步骤所产半成品成本及所耗半成品费用的资料，也不利于对这些步骤进行成本分析。

由于各步骤的半成品成本不随半成品实物转移而同步转移，导致在产品价值核算与实物核算相脱节，不利于在产品的实物管理与资金管理。

▶本章小结

本章主要讲述了品种法、分批法和分步法成本计算方法。产品成本计算方法是按一定的成本计算对象设置产品成本明细账，归集生产费用，计算产品成本的方法。成本计算方法的选择应考虑生产的特点和管理的要求对成本计算的影响。

在实际工作中，常用的产品成本计算方法有品种法、分批法和分步法。

品种法一般适用于大量、大批单步骤式生产，或者大量、大批多步骤式生产，管理上不要求分步计算成本的企业。分批法一般适用于小批生产、单件生产的企业。分步法适用于大量大批多步骤生产的企业。

▶思考题

1. 什么是品种法？其主要特点是什么？
2. 什么是分批法？其主要特点是什么？
3. 简化分批法是怎样计算产品成本的？
4. 什么是逐步结转分步法？其主要特点是什么？
5. 什么是综合结转分步法？用这种方法结转半成品成本有哪些优缺点？
6. 按计划成本综合结转半成品成本有哪些特点？
7. 什么叫成本还原？为什么要进行成本还原？怎样进行成本还原？
8. 什么是分项结转分步法？分项结转半成品成本有哪些优缺点？
9. 逐步结转分步法有哪些优缺点？
10. 平行结转分步法的特点是什么？
11. 什么是广义在产品？广义在产品包括哪些产品？
12. 平行结转分步法有哪些优缺点？

▶自测题

自测题 5-1

单项选择题

1. 生产特点和管理要求对产品成本计算的影响主要表现在（　　）上。
   A. 成本计算期的确定
   B. 成本计算对象的确定
   C. 成本计算程序的确定
   D. 完工产品和月末在产品之间分配费用方法的确定
2. 产品成本计算的下列方法中，不属于基本方法的是（　　）。
   A. 品种法　B. 分批法　C. 分类法　D. 分步法
3. 简化的分批法之所以简化，是由于（　　）。
   A. 不分批计算在产品成本　B. 采用累计费用分配率分配费用
   C. 不计算在产品成本　D. 产品完工以前不登记产品成本明细账
4. 采用简化的分批法，在产品完工之前，产品成本明细账（　　）。
   A. 不登记任何费用　B. 只登记直接费用和生产工时
   C. 只登记材料费用　D. 只登记间接费用不登记直接费用
5. 下列方法中，属于不计算半产品成本的分步法是（　　）。
   A. 逐步结转法　B. 综合结转法　C. 分项结转法　D. 平行结转法

多项选择题

1. 在计算产品成本时，不是必须设置基本生产二级账进行核算的方法是（　　）。
   A. 品种法　B. 简化分批法　C. 定额法　D. 简化的平行结转分步法
2. 采用分批法计算产品成本时，如果批内产品跨月陆续完工的情况不多，完工产品数量占全部批量的比重很小，先完工的产品可按照下列哪种成本计价转出（　　）。
   A. 按计划单位成本计价　B. 按定额单位成本计价
   C. 按协商单位成本计价　D. 按实际单位成本计价

3. 采用逐步结转分步法，按半成品成本在下一步骤成本计算单中反映方法的不同，可以分为（　　）。

A. 平行结转　　B. 综合结转　　C. 分项结转　　D. 汇总结转

4. 下列方法中，不需要进行成本还原的方法是（　　）。

A. 定额结转法　　B. 综合结转法　　C. 分项结转法　　D. 平行结转法

5. 逐步结转分步法的特点包括（　　）。

A. 按加工顺序结转半成品成本　　B. 半成品成本结转与实物结转一致

C. 不计算半成品成本　　D. 半成品成本结转与实物结转不一致

判断题

1. 单件生产的产品采用分批法计算成本时，不需要在完工产品与在产品之间分配费用。（　　）
2. 逐步结转分步法都要通过“自制半成品”科目结转半成品成本。（　　）
3. 品种法和分批法的成本计算期与产品生产周期一致。（　　）
4. 产品成本计算的品种法只适用于单步骤生产的企业或车间。（　　）
5. 采用逐步结转法计算产品成本时，不论是综合结转还是分项结转，第一步骤的成本明细账的登记方法是完全一致的。（　　）

自测题 5-2

目的：掌握产品成本计算的多品种的品种法。

资料：某工业企业设有 1 个基本生产车间，大量生产甲、乙两种产品。另设 1 个辅助生产车间（供水车间）。该企业采用品种法计算产品成本，并按约当产量比例法计算月末在产品成本（材料费为一次投入），在产品的完工程度为 40%，有关成本资料如下：

（1）材料费用分配（见练习题表 1）。

练习题表 1　（单位：元）

总账科目	明细科目	原料	辅助材料	其他材料	合计
生产成本——基本生产成本	甲产品	312 000	29 000		341 000
	乙产品	108 000	11 000		119 000
	小计	420 000	40 000		460 000
生产成本——辅助生产成本	供水			7 200	7 200
制造费用				45 000	45 000
管理费用				26 000	26 000
合计		420 000	40 000	78 200	538 200

（2）工资薪酬及社会保险费分配（见练习题表 2）。

练习题表 2　（单位：元）

总账科目	明细科目	生产工时	工资薪酬			社会保险费	合计
			生产人员	管理人员	小计		
生产成本——基本生产成本	甲产品	27 000	62 100		62 100	8 694	70 794
	乙产品	9 000	20 700		20 700	2 898	23 598
	小计	36 000	82 800		82 800	11 592	94 392
生产成本——辅助生产成本	供水		7 500		7 500	1 050	8 550
制造费用				3 600	3 600	504	4 104
管理费用				8 700	8 700	1 218	9 918
合计			90 300	12 300	102 600	14 364	116 964

（3）外购动力费分配（见练习题表3）。

练习题表3 （单位：元）

总账科目	明细科目	工艺用电	照明用电	合计
生产成本——基本生产成本	甲产品	22 000		22 000
	乙产品	8 000		8 000
生产成本——辅助生产成本	供水	4 000		4 000
制造费用	基本车间		1 300	1 300
管理费用			2 500	2 500
合计		34 000	3 800	37 800

（4）折旧费计算（见练习题表4）。

练习题表4 （单位：元）

项目	基本生产车间	供水车间	厂 部	合计
累计折旧	15 000	12 000	13 000	40 000

（5）低值易耗品摊销（见练习题表5）。

练习题表5 （单位：元）

项目	基本生产车间	供水车间	厂 部	合计
低值易耗品	4 000	2 500	3 100	600
合计	4 000	2 500	3 100	9 600

（6）其他货币支出（见练习题表6）。

练习题表6 （单位：元）

项目	基本生产车间	供水车间	厂部	合计
货币支出	1 796	450	2 134	4 380

（7）供水车间劳务供应量（见练习题表7）。

练习题表7 （单位：立方米）

项目	基本生产车间耗用	厂部耗用	合计
供水量	60 800	78 000	138 800

（8）月初在产品成本（见练习题表8）。

练习题表8 （单位：元）

项目	直接材料	直接人工	动 力	制造费用	合计
甲产品	49 600	9 206	6 000	39 950	104 756

（9）产量记录（见练习题表9）。

练习题表9 （单位：件）

项目	月初在产量	本月投产	本月完工	月末在产量
甲产品	240	380	420	200
乙产品		260		260

要求：

（1）根据以上经济业务编制会计分录。

（2）登记辅助生产明细账并分配辅助生产费用。

（3）登记制造费用明细账并按生产工时分配制造费用。

（4）登记基本生产明细账。

（5）编制甲、乙产品成本计算单。

自测题 5-3

目的：掌握典型的分批法和拓展了的分批法。

资料：某工业企业小批生产甲、乙、丙 3 种产品，采用分批法计算产品成本。其中：甲产品按典型的分批法计算产品成本，乙产品完工产品按定额成本转出，丙产品月末在产品只计算其所耗原材料费用（材料在生产开始时一次投入）。6 月的相关成本资料如下：

（1）产量资料（见练习题表 10）。

练习题表 10

产品名称	批号	投产日期	投产量（件）	完工产量（件）
甲产品	501	5 月 7 日	10	10
乙产品	502	5 月 11 日	15	5
丙产品	601	6 月 4 日	28	20

（2）期初在产品成本（见练习题表 11）。

练习题表 11　（单位：元）

项目	直接材料	直接人工	制造费用	合计
甲产品（501）	7 200	3 400	4 900	15 500
乙产品（502）	2 800	1 500	3 760	8 060

（3）本月领用材料及工时记录（见练习题表 12）。

练习题表 12

项目	甲产品	乙产品	丙产品	合计
材料（元）	1 800	3 200	9 800	14 800
生产工时（小时）	3 000	1 200	1 800	6 000

（4）本月发生的其他费用：直接人工 9 000 元，制造费用 13 200 元。

（5）乙产成品的单位定额成本：直接材料 420 元，直接人工 260 元，制造费用 440 元。

要求：

（1）按生产工时比例分配直接人工和制造费用。

（2）按批别登记生产成本明细账。

自测题 5-4

目的：掌握简化了的分批法。

资料：某工业企业小批生产甲、乙、丙、丁 4 种产品，采用简化了的分批法计算 6 月产品成本。有关成本资料如下：

（1）产量资料（见练习题表 13）。

练习题表 13

产品名称	批号	投产日期	投产量（件）	完工产量（件）
甲产品	401	4 月 5 日	20	20
乙产品	501	5 月 10 日	18	12
丙产品	502	5 月 11 日	10	0
丁产品	601	6 月 2 日	5	0

（2）生产工时（见练习题表 14）。

练习题表 14　（单位：工时）

产品名称	月初在产品	本月投入	本月完工	月末在产
甲产品	7 200	4 700	11 900	0
乙产品	5 400	10 800	14 400	1 800
丙产品	2 400	4 500	0	6 900
丁产品	0	2 500	0	2 500

（3）月初在产品材料费（见练习题表 15）。

练习题表 15　（单位：元）

项目	甲产品	乙产品	丙产品	丁产品
直接材料	18 000	12 600	5 400	0

（4）月初在产品发生的其他费用：直接人工 11 850 元，制造费用 11 520 元。

（5）本月发生的材料费用（见练习题表 16）。

练习题表 16　（单位：元）

项目	甲产品	乙产品	丙产品	丁产品
直接材料	12 000	25 200	11 800	9 600

（6）本月发生的其他费用：直接人工 18 150 元，制造费用 16 230 元。

（7）乙产品的材料费按乙产品的投产件数平均分配。

要求：

（1）登记“基本生产成本二级账”及各批产品的“生产成本明细账”。

（2）计算本月完工产品成本。

自测题 5-5

目的：掌握零件分批法。

资料：某工业企业设有两个基本车间：加工车间和装配车间。7 月初接某用户订单，要求订购甲产品 10 件，每件甲产品由两个 A 零件和一个 B 零件组成。企业按此订单组织生产，加工车间于 7 月末将 A、B 两种零件全部加工完毕，并办妥入库手续。装配车间 8 月初将 A、B 两种零件从半成品仓库全部领出，并于 8 月末装配完毕。有关成本资料如下：

（1）产量资料（见练习题表 17）。

练习题表 17

产品及产品名称	批号	投产日期	投产量	完工日期
A 零件	701	7 月	20 个	7 月
B 零件	702	7 月	10 个	7 月
甲产品	801	8 月	10 件	8 月

（2）加工车间 7 月发生的费用（见练习题表 18）。

练习题表 18　　（单位：元）

项目	直接材料	直接人工	制造费用	合 计
A 零件	2 400	1 600	1 800	5 800
B 零件	1 400	800	1 200	3 400

（3）装配车间 8 月发生的其他费用：直接人工 1 500 元，制造费用 2 300 元。

要求：

（1）计算加工车间加工 A、B 两种零件的成本，并登记生产成本明细账。

（2）登记自制半成品明细账。

（3）计算甲产品成本，并登记生产成本明细账。

自测题 5-6

目的：

（1）掌握产品成本计算的逐步综合结转分步法。

（2）掌握产品成本还原的方法和程序。

资料：某企业生产甲产品，分两个加工步骤，由两个生产车间进行。第一车间生产半成品，交半成品库验收；第二车间按照所需数量从半成品库领用并按加权平均单位成本计价核算。两个车间的月末在产品均按定额成本计价。有关资料如下：

（1）月初在产品定额成本（见练习题表 19）。

练习题表 19　　（单位：元）

成本项目 / 车间名称	半成品	直接材料	直接人工	制造费用	合计
一车间		3 000	2 500	3 600	9 100
二车间	5 060		5 000	7 040	17 100

（2）本月发生的费用（见练习题表 20）。

练习题表 20　　（单位：元）

成本项目 / 车间名称	直接材料	直接人工	制造费用	合计
一车间	6 000	7 800	9 700	23 500
二车间		7 000	9 000	16 000

（3）产量（见练习题表 21）。

练习题表 21　　（单位：件）

项目	月初在产	本月投产	本月完工	月末在产
一车间	240	210	250	200
二车间	50	100	40	110

（4）自制半成品月初结存 50 件，成本 5 350 元。

（5）月末在产品定额成本（见练习题表 22）。

练习题表 22　　（单位：元）

成本项目 / 车间名称	半成品	直接材料	直接人工	制造费用	合计
一车间		2 500	2 050	2 800	7 350
二车间	10 210		6 500	8 640	25 350

要求：

（1）登记第一车间的产品成本明细账，计算半成品成本。

（2）登记自制半成品明细账，计算发出的半成品成本。

（3）登记第二车间的产品成本明细账，计算产成品成本。

（4）编制产品成本还原表，进行成本还原。

自测题 5-7

目的：掌握产品成本计算的逐步分项结转分步法。

资料：参照自测题 5-5。此外：

（1）自制半成品明细账月初结存余额为 5 350 元，其中：直接材料 1 240 元，直接人工 1 950 元，制造费用 2 160 元。

（2）二车间月初在产品定额成本为 17 100 元，其中：直接材料 1 300 元，直接人工 6 650 元，制造费用 9 150 元。

（3）二车间月末在产品（定额成本）为 25 350 元，其中：直接材料 2 840 元，直接人工 9 830 元，制造费用 12 680 元。

要求：

（1）登记自制半成品明细账，计算发出的半成品成本。

（2）登记第二车间的产品成本明细账，计算产成品成本。

自测题 5-8

目的：掌握产品成本计算的平行结转分步法。

资料：某企业大量、大批生产甲产品。甲产品分 3 个加工步骤由 3 个基本生产车间进行连续式生产。原材料在第一车间一次投料。月末生产费用在完工产品与在产品之间采用约当产量比例法进行分配。各车间月末在产品的完工程度均为 50%。20×× 年 6 月有关产品成本资料如下：

（1）各车间产量记录（见练习题表 23）。

（2）各车间月初在产品成本（见练习题表 24）。

（3）各车间本月生产费用（见练习题表 25）。

练习题表 23　　（单位：件）

项目	一车间	二车间	三车间
月初在产	144	120	152
本月投产	600	520	560
本月完工	520	560	480
月末在产	224	80	232

练习题表 24　　（单位：元）

项目	直接材料	直接人工	制造费用	合计
一车间	7 620	4 304	3 708	15 632
二车间		3 002	1 688	4 690
三车间		2 640	3 018	5 658

练习题表 25　　（单位：元）

车间 \ 项目	直接材料	直接人工	制造费用	合计
一车间	22 860	12 420	7 140	42 420
二车间		9 030	5 080	14 110
三车间		6 300	7 710	14 010

要求：

（1）计算各车间的总产量。

（2）登记各车间产品成本计算单，计算各车间生产费用应计入产成品成本的“份额”。

（3）编制“产成品成本汇总表”，计算产成品的总成本和单位成本。

第6章

产品成本计算的辅助方法

学习目标

1. 熟悉产品成本计算的分类法
2. 了解产品成本计算的定额法
3. 掌握各种成本计算方法的应用

6.1 产品成本计算的分类法

6.1.1 分类法概述

产品成本计算的分类法是指按产品类别归集生产费用，计算各类完工产品总成本，再按照一定的分配标准计算产品成本的一种方法。

分类法主要适用于产品品种规格繁多，使用同一原材料，采用基本相同的工艺，并可以按照一定标准划分为若干类别的企业或车间。例如，服装厂生产的服装，食品厂生产的面包，电子行业的电子元件产品等。在这些行业中，如果按照每一种品种设置明细账，计算产品成本的工作量比较大。为简化核算，这类企业可以采用分类法进行核算。

6.1.2 分类法的核算程序

（1）合理划分产品类别。根据产品的结构、性质、所用材料及工艺技术过程，将产品分成若干类别，以便按照类别归集产品生产费用，计算各类产品成本。

（2）计算各类别产品成本的总额。根据划分的类别，设置产品成本明细账，归集生产费用，计算各类别的产品费用总额。

（3）计算各类别中完工产品成本和在产品成本。根据一定的分配方法，将产品费用总额在完工产品和在产品之间进行分配。分配方法有在产品成本按定额计算、在产品成本按照定额比例进行计算等。

（4）选择合理的分配标准，对类别内部各种产品成本进行计算。在分类法下，将类别总成本在各产品之间进行分配时，可以采用产品的价值指标，如计划成本、定额成本、销售价格等；还可以选择技术指标，如重量、长度等；还可以采用产品生产的各种定额消耗指标或系数作为分配标准。

分类法的核算程序如图 6-1 所示。

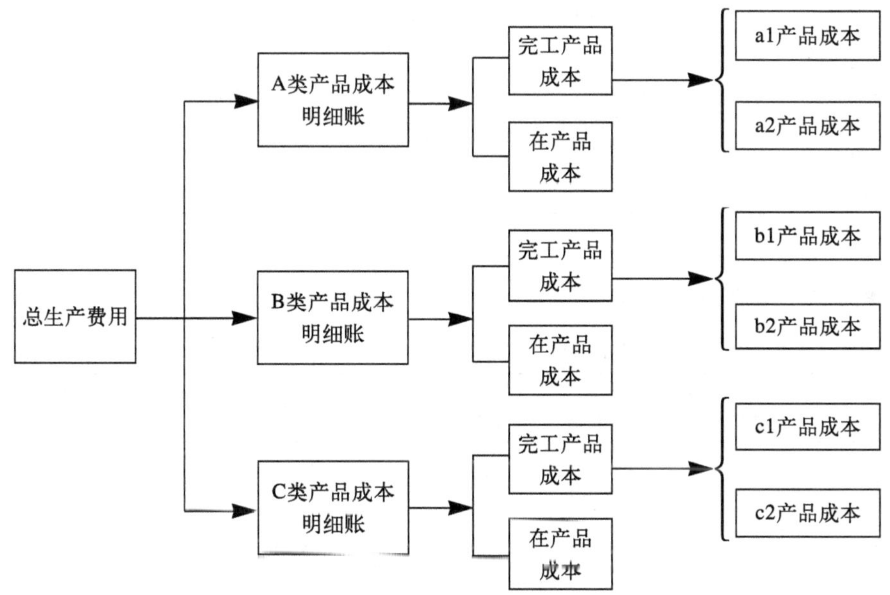

图 6-1　分类法的核算程序

【例 6-1】某企业生产的甲、乙、丙三种产品的结构、所用材料和工艺程度基本相同，合并为一类产品，采用分类法计算产品成本。类别内部分配费用的标准为：原材料按照原材料费用定额确定；其他费用按照定额工时比例分配。与甲、乙、丙 3 种产品成本计算有关的数据以及成本计算过程如下。

1. 根据原材料费用定额计算原材料费用系数，详细情况如表 6-1 所示。

表 6-1　原材料费用系数计算表　　　　（单位：元）

产品	单位产品原材料费用				原材料费用系数
	原材料名称或编号	消耗定额	计划单价	费用定额	
甲（标准产品）	001	200	1.5	300	1
	002	200	0.5	100	
	003	100	1	100	
	小计			500	
乙	001	100	1.5	150	$\frac{300}{500}=0.6$
	002	100	0.5	50	
	003	100	1	100	
	小计			300	
丙	001	200	1.5	300	$\frac{650}{500}=1.3$
	002	100	0.5	50	
	003	300	1	300	
	小计			650	

2. 按照产品类别（A类）开设产品成本明细账。根据各项费用分配表登记产品成本明细账，计算该类产品（在产品成本按年初固定数计算），详细情况如表6-2所示。

表6-2　产品成本明细账

产品名称：A类　　　　2018年5月　　　　（单位：元）

摘要	直接材料	直接人工	制造费用	成本合计
月初在产品成本	55 000	25 000	20 000	100 000
本月费用	800 000	52 000	48 000	900 000
生产费用合计	855 000	77 000	68 000	1 000 000
产成品成本	800 000	52 000	48 000	900 000
月末在产品成本	55 000	25 000	20 000	100 000

3. 分配计算甲、乙、丙3种产品的产成品成本。根据各种产品的产量、原材料费用系数和工时消耗定额，分配计算A类甲、乙、丙3种产品的产成品成本，详细情况如表6-3所示。

表6-3　甲、乙、丙3种产品成本计算表　　（单位：元）

项目	产量	直接材料费用系数	直接材料费用总系数	工时消耗定额	定额工时	直接材料	直接人工	制造费用	成本合计
①	②	③	④=②×③	⑤	⑥=⑤×②	⑦=④×分配率	⑧=⑥×分配率	⑨=⑥×分配率	⑩
分配率						400	2.6	2.4	
甲产品	1 000	1.0	1 000	10	10 000	400 000	26 000	24 000	450 000
乙产品	150	0.6	90	20	3 000	36 000	7 800	7 200	51 000
丙产品	700	1.3	910	10	7 000	364 000	18 200	16 800	399 000
合计			2 000		20 000	800 000	52 000	48 000	900 000

注：原材料费用分配率＝800 000÷2 000＝400

工资及福利费分配率＝52 000÷20 000＝2.6

制造费用分配率＝48 000÷20 000＝2.4

6.2　产品成本计算的定额法

6.2.1　定额法的特点

在用前面章节中介绍的方法时，生产费用都是按照其实际发生的费用额进行计算，产品的实际成本也都是根据实际生产费用计算的。因此，生产费用和产品成本脱离定额的差异及其发生的原因，只有在月末通过实际资料与定额资料进行对比、分析才能得到反映，而不能在月内生产费用发生时就适时反映。定额法弥补了这些方法的不足，为加强定额管理，及时对产品成本进行控制和管理，更有效地发挥成本核算，对节约费用、降低成本，起到了重要的作用。

产品成本计算的定额法，就是为了克服上述几种成本计算方法的弱点，能够及时反映和监督生产费用和产品成本脱离定额的差异，把成本的计划、控制、核算和分析结合在一起，以便加强成本管理，而采用的一种成本计算方法。

采用定额法，首先要确定产品消耗定额、费用定额和定额成本，为企业成本核算制定一个切实、科学的目标。在生产费用发生的当时，将符合定额的费用和发生的差异分别核算；

月末，在定额成本的基础上，加减各种成本差异，计算产品的实际成本，为成本的定期考核和分析提供数据。

6.2.2　定额法的计算程序

1. 定额成本的计算

采用定额法计算产品成本，必须首先制定产品的原材料、动力、工时等消耗定额，并根据各项消耗定额和原材料的计划单价、计划的工资率（计划每小时生产工资）或计件工资单价、制造费用率（计划每小时制造费）等资料，计算产品的各项费用定额和产品的单位定额成本。

产品原材料消耗定额 × 原材料计划单价 = 原材料费用定额

产品生产工时定额 × 生产工资计划单价 = 生产工资费用定额

产品生产工时定额 × 制造费用计划单价 = 制造费用定额

生产工人工资和制造费用，通常是按生产工时比例计入产品成本的，因而其计划单价通常是计划的每小时各项费用额。各项费用定额的合计数，就是单位产品的定额成本或计划成本。

所谓产品的定额成本，也就是根据各种有关的现行定额计算的成本。制定定额成本，可以使企业的成本控制和考核更加有效，更加符合实际，从而保证成本计划的完成。

产品的单位定额成本的制定，应包括零件、部件的定额成本和产成品的定额成本，通常由计划、会计等部门共同制定。一般是先制定零件的定额成本，然后汇总计算部件和成品的定额成本。如果产品的零件（部件）较多，为了简化计算工作，可以不计算零件的定额成本，而直接根据零件定额卡所列的零件的原材料消耗定额、工序计划和工时消耗定额，以及原材料的计划单价、计划的工资率和计划的制造费用率等，计算部件定额成本，然后汇总计算产品定额成本；或者根据零件（部件）定额卡和原材料计划单价、计划的工资率和计划的制造费用率等，直接计算产成品的定额成本。编制定额成本计算表时，所采用的成本项目和成本计算方法，应与编制计划成本、计算实际成本时所采用的成本项目和成本计算方法一致，以便于成本考核和成本分析工作的进行。

零件定额卡和部件定额成本计算卡的格式分别如表 6-4、表 6-5 所示。

表 6-4　零件定额卡

零件编号、名称：201　　　　20×× 年 × 月

材料编号、名称	计量单位	材料消耗定额
1301	千克	4
工序编号	工时定额	累计工时定额
1	2	2
2	4	6

资料来源：于富生，等. 成本会计学 [M]. 北京：中国人民大学出版社，2012.

表 6-5　部件定额成本计算卡

部件编号、名称：200　　　　20×× 年 × 月　　　　（金额单位：元）

所需零件编号、名称	零件数量	材料定额							工时定额
		1301			1302			金额合计	
		数量（件）	计划单价	金额	数量	计划单价	金额		
201	3	12	5	60				60	18

（续）

<table>
<tr><th rowspan="3">所需零件编号、名称</th><th rowspan="3">零件数量</th><th colspan="7">材料定额</th><th rowspan="3">工时定额</th></tr>
<tr><th colspan="3">1301</th><th colspan="3">1302</th><th rowspan="2">金额合计</th></tr>
<tr><th>数量（件）</th><th>计划单价</th><th>金额</th><th>数量</th><th>计划单价</th><th>金额</th></tr>
<tr><td>202</td><td>2</td><td></td><td></td><td></td><td>8</td><td>4</td><td>32</td><td>32</td><td>12</td></tr>
<tr><td>装配</td><td></td><td></td><td></td><td></td><td></td><td></td><td></td><td></td><td>4</td></tr>
<tr><td>合计</td><td></td><td></td><td></td><td>60</td><td></td><td></td><td>32</td><td>92</td><td>34</td></tr>
<tr><td rowspan="3">原材料</td><td colspan="8">定额成本项目</td><td rowspan="3">定额成本合计</td></tr>
<tr><td colspan="4">工资薪酬及社会保险费</td><td colspan="4">制造费用</td></tr>
<tr><td colspan="2">计划费用率</td><td colspan="2">金额</td><td colspan="2">计划费用率</td><td colspan="2">金额</td></tr>
<tr><td>92</td><td colspan="2">0.95</td><td colspan="2">32.30</td><td colspan="2">2</td><td colspan="2">68</td><td>192.30</td></tr>
</table>

资料来源：于富生，等．成本会计学 [M]．北京：中国人民大学出版社，2012.

2. 脱离定额差异的核算

脱离定额的差异，是指生产过程中，各项生产费用的实际支出脱离现行定额或预算的数额。脱离定额差异的核算，就是在发生生产费用时，为符合定额的费用和脱离定额的差异，分别编制定额凭证和差异凭证，并在有关的费用分配表和明细分类账中分别予以登记。

（1）原材料脱离定额差异的核算。原材料脱离定额差异的核算方法，一般有限额法、切割核算法和盘存法三种。

1）限额法。限额法的主要特点是：

- 原材料的领用应该实行限额领料（或定额发料）制度，符合定额的原材料应根据限额领料单等定额凭证领发。
- 对于超出限额的领料数量，须经过主管部门，特别是技术部门审批。由于增加产量，需要增加用料时，在追加限额手续后，也可以根据定额凭证领发；由于其他原因发生的超额用料或代用材料的用料，则应填制专设的超额领料单、代用材料领料单等差异凭证，经过一定的审批手续后领发。在差异凭证中，应填写差异的数量、金额以及发生差异的原因。
- 每批生产任务完成以后，应根据车间余料编制退料手续。退料单也是一种差异凭证。退料单中的原材料数额和限额领料单中的原材料余额，都是原材料脱离定额的节约差异。

【例 6-2】某限额领料单规定的产品数量为 4 000 件，每件产品的原材料消耗定额为 6 千克，则领料限额为 24 000 千克。本月实际领料 23 600 千克，差异为 400 千克。则有以下三种情况：

1. 本期投产产品数量符合限额领料规定的产品数量，即也是 4 000 件，上述 400 千克为领取材料的节约差异。

2. 本期投产产品数量仍为 4 000 件，但车间期初余料为 200 千克，期末余料为 220 千克。则：

原材料定额消耗量 = 4 000 × 6 = 24 000（千克）

原材料实际消耗量 = 23 600 + 200 − 220 = 23 580（千克）

原材料脱离定额差异 = 23 580−24 000 = −420（千克）(节约)

该情况说明节约差异不仅仅是实际差异 400 千克，期初和期末的材料相差 20 千克，所以节约差异共计 420 千克。

3. 本期投产产品数量为 3 000 件，车间期初余料为 200 千克，期末余料为 220 千克。则：

原材料定额消耗量 = 3 000×6 = 18 000（千克）

原材料实际消耗量 = 23 600 + 200 − 220 = 23 580（千克）

原材料脱离定额差异 = 23 580 − 18 000 = 5 580（千克）(超支)

该情况说明虽然目前的凭证差异为节约 400 千克，加上期初和期末相差的 20 千克，共计节约 420 千克，但由于生产产品的数量减少了 1 000 件，从而超支了 6 000 千克，所以超支了 5 580 千克。

只有投产产品数量等于规定的产品批量，且车间期初、期末均无余料或期初、期末余料数量相等时，领料（或发料）差异才是用料脱离定额的差异。

2）切割核算法。对于某些贵重材料或经常大量使用的，且又需要经过在准备车间或下料工段切割后才能进一步进行加工的材料，例如，板材、棒材等，还应采用材料切割核算单。通过材料切割核算单，核算用料差异，控制用料。

材料切割核算单的格式如表 6-6 所示。

表 6-6　材料切割核算单

材料编号或名称：1111　　材料计量单位：千克　　材料计划单价：6 元

产品名称：A　　零件编号或名称：222　　图纸号：333

切割工人工号和姓名：0167 李立　　机床编号：312

发交切割日期：20×× 年 × 月 × 日　　完工日期：20×× 年 × 月 × 日

<table>
<tr><td colspan="3">发料数量</td><td colspan="4">退回余料数量</td><td colspan="2">材料实际消耗量</td><td colspan="2">废料回收数量</td></tr>
<tr><td colspan="3"></td><td colspan="4"></td><td colspan="2"></td><td colspan="2"></td></tr>
<tr><td colspan="3">单件消耗定额</td><td colspan="2">单件回收废料定额</td><td colspan="2">应割成的毛坯数量</td><td>实际割成的毛坯数量</td><td colspan="2">材料定额消耗量</td><td>废料定额回收量</td></tr>
<tr><td colspan="3"></td><td colspan="2"></td><td colspan="2"></td><td></td><td colspan="2"></td><td></td></tr>
<tr><td colspan="4">材料脱离定额差异</td><td colspan="3">废料脱离定额差异</td><td colspan="3" rowspan="3">差异原因</td><td rowspan="3">责任者</td></tr>
<tr><td>数量</td><td>单价</td><td colspan="2">金额</td><td>数量</td><td>单价</td><td>金额</td></tr>
<tr><td></td><td></td><td colspan="2"></td><td></td><td></td><td></td></tr>
</table>

注：回收废料超过定额的差异可以冲减材料费用，列负数；相反，低于定额的差异，列正数。

采用材料切割核算单进行材料切割的核算，能及时反映材料的实际耗用量和发生差异，并在核算单中列明差异产生的具体原因和责任人，有利于加强对材料消耗的控制和监督。

上述方法主要适用于小批量的生产，能够分批计算和核算原材料脱离差异的具体情况。

3）盘存法。在大量生产的情况下，主要使用盘存法。盘存法的特点为：

- 使用限额领料单等定额凭证和超额领料单等差异凭证，以便控制日常材料的实际消耗。
- 定期（按工作班、工作日或按周、旬等）通过盘存的方法核算差异。

具体应用时，可以借助于以下公式进行计算：

本月投产产品数量 = 本月完工产品数量 + 期末在产品数量 − 期初在产品数量　（6-1）

原材料定额消耗量 = 本月投产产品数量 × 原材料消耗定额　（6-2）

原材料脱离定额差异 = 原材料实际消耗定额 − 原材料消耗定额　（6-3）

如果原材料一次投入，则式（6-1）应该修订为：

本月投产产品数量 = 本月完工产品数量 + 期末在产品约当产量 − 期初在产品数量

【例 6-3】生产 D 产品需耗用某材料。D 产品期初在产品为 130 件，本期完工产品为 2 000 件，期末在产品为 100 件。生产 D 产品用的原材料系在生产开始时一次投入，D 产品的原材料消耗定额为每件 1 千克，计划单价为每千克 20 元。限额领料单中载明的本期已实际领料数量为 2 000 千克。车间期初余料为 100 千克，期末余料为 120 千克。计算过程如下：

投产品数量 = 2 000 + 100 − 130 = 1 970（件）

原材料定额消耗量 = 1 970×1 = 1 970（千克）

原材料实际消耗量 = 2 000 + 100 − 120 = 1 980（千克）

原材料脱离定额差异（数量）= 1 980 − 1 970 = 10（千克）(超支)

原材料脱离定额差异（金额）= 10×20 = 200（元）(超支)

对于原材料的定额消耗量和脱离定额的差异，应分批或定期地按照成本计算对象进行汇总，编制原材料定额费用和脱离定额差异汇总表。表中应填明该批或该种产品所耗各种原材料的定额消耗量、定额费用和脱离定额的差异，并分析说明差异产生的主要原因。根据例 6-3，编写原材料定额费用和脱离定额差异汇总表，详见表 6-7。

表 6-7 原材料定额费用和脱离定额差异汇总表

产品名称：D　　　　20× × 年 × 月　　　　（金额单位：元）

原材料类别	材料编号	数量单位	计划单位成本	定额费用		计划价格费用		脱离定额差异		差异原因
				数量	金额	数量	金额	数量	金额	
某材料	1 201	千克	20 元 / 千克	1 970	39 400	1 980	39 600	+10	+200	略
合计										略

（2）生产工资脱离定额差异的核算。在计件工资形式下，生产人员的工资属于直接计入费用，应该计入产品成本。凡符合定额的生产工资可反映在工资卡、工作班产量记录、工序进程单等产量记录中。脱离定额的差异部分，应设置“工资补付单”等差异凭证予以反映，单中也应填明差异发生的原因，并要经过一定的审批手续。

在计时工资形式下，由于实际工资总额到月终才能确定，故相应的差异计算公式如下：

$$\text{某种产品生产工资脱离定额差异} = \text{该产品实际生产工资费用} - \left(\text{该产品实际产量} \times \text{该产品生产工资费用定额}\right)$$

如果生产工资属于间接计入费用，则产品的生产工资脱离定额差异应该按照下列公式计算：

$$\text{计划单位小时工资} = \frac{\text{某车间计划产量的定额生产工资}}{\text{该车间计划产量的定额生产工时}}$$

$$\text{实际单位小时工资} = \frac{\text{某车间实际生产工资总额}}{\text{该车间生产工时总额}}$$

$$\text{某产品的定额生产工资} = \text{该产品实际产量的定额生产工时} \times \text{计划单位小时工资}$$

$$\text{某产品的实际生产工资}=\text{该产品实际产量的实际生产工时}\times\text{实际单位小时工资}$$

$$\text{某种产品生产工资脱离定额差异}=\text{该产品实际生产工资}-\text{该产品定额生产工资}$$

【例 6-4】京宇厂甲车间（该车间生产 A 产品和其他产品）9 月计划产量的定额生产工资费用为 21 000 元，计划产量的定额生产工时为 2 000 小时。本月实际发生的生产工人工资费用为 20 300 元，实际生产工时为 2 030 小时。本月 A 产品定额工时为 1 500 小时，实际生产工时为 1 480 小时。A 产品定额生产工资费用和生产工资脱离定额差异的计算如下：

计划单位小时工资 = 21 000 ÷ 2 000 = 10.50（元）

实际单位小时工资 = 20 300 ÷ 2 030 = 10（元）

甲产品的定额生产工资 = 1 500 × 10.5 = 15 750（元）

甲产品的实际生产工资 = 1 480 × 10 = 14 800（元）

甲产品生产工资脱离定额的差异 = 14 800−15 750 = −950（元）(节约)

（3）制造费用及其他费用脱离定额（或计划）的核算。制造费用，一般说来属于间接计入的费用。对于其中的材料，也可以限额领料单、超额领料单等定额凭证和差异凭证进行控制。对生产工具、零星费用，则可采用“领用手册”“费用定额卡”等凭证进行控制。在这些凭证中，先要填明领用的计划数，然后登记实际发生数和脱离计划的差异。对于超计划领用，也要经过一定的审批手续。

计算这些费用的公式如下：

$$\text{计划小时制造费用率}=\frac{\text{某车间计划制造费用}}{\text{该车间计划制造费用总额}}$$

$$\text{实际小时制造费用率}=\frac{\text{某车间实际制造费用总额}}{\text{该车间实际制造费用总额}}$$

$$\text{某产品实际制造费用}=\text{该产品实际生产工时}\times\text{实际小时制造费用分配率}$$

$$\text{某产品定额制造费用}=\text{该产品实际产量的定额生产工时}\times\text{计划小时制造费用分配率}$$

$$\text{某种产品制造费用脱离定额差异}=\text{该产品实际制造费用}-\text{该产品定额制造费用}$$

【例 6-5】京宇厂甲车间 9 月的计划制造费用总额为 20 800 元，计划产量的定额生产工时总额为 2 000 小时。实际生产工时为 2 030 小时，实际发生制造费用为 21 000 元。本月 A 产品的定额生产为 1 500 小时，实际生产工时为 1 480 小时。A 产品定额制造费用和制造费用脱离定额差异的计算如下：

计划小时制造费用率 = 20 800 ÷ 2 000 = 10.40（元 / 小时）

实际小时制造费用率 = 21 000 ÷ 2 030 = 10.34（元 / 小时）

甲产品实际制造费用 = 1 480 × 10.34 = 15 303.20（元）

甲产品计划制造费用 = 1 500 × 10.40 = 15 600（元）

甲产品制造费用脱离定额差异 = 15 303.20−15 360 = −296.80（元）(节约)

3. 材料成本差异的分配

在采用定额法计算产品成本的企业中，除了要考虑由于原材料等消耗量的变动给成本带来的差异（即量差）外，还要考虑计划单位成本和实际单位成本的单位成本差异。其计算公式如下：

$$\frac{\text{某产品应分配的}}{\text{原材料的成本差异}} = \left(\frac{\text{该产品的原材}}{\text{料定额费用}} \pm \frac{\text{原材料脱离}}{\text{定额差异}}\right) \times \frac{\text{原材料成本}}{\text{差异分配率}}$$

【例 6-6】接例 6-5 资料。京宇厂 A 产品 6 月所耗原材料定额费用为 60 000 元，脱离定额超支差异为 1 000 元，原材料的成本差异率为节约 1%。

该产品应分配的材料成本差异为：（60 000 + 1 000）×（−1%）= −610（元）

各种产品应分配的材料成本差异，一般均由相应产品的完工产品成本负担，月末在产品不再负担。

4. 定额变动差异的核算

定额变动差异，是指因修订消耗定额或生产耗费的计划价格而产生的新旧定额之间的差额。定额变动差异与脱离定额差异是不同的。

消耗定额和定额成本一般是在月初、季初或年初定期进行修订。在定额变动的月，其月初在产品的定额成本并未修订，它仍然是按照旧定额计算的。因此，为了将按旧定额计算的月初在产品定额成本和按新定额计算的本月投入产品的定额成本，在新定额的同一基础上相加起来，应该计算月初在产品的定额变动差异，以调整月初在产品的定额成本。月初在产品定额变动差异，可以根据定额发生变动的在产品盘存数量或在产品账面结存数量和修订前后的消耗定额，计算出月初在产品消耗定额修订前和修订后的定额消耗量，进而确定定额变动差异。在构成产品的零部件种类较多的情况下采用这种方法时，按照零部件和工序进行计算。产品实际成本的计算公式应补充为：

$$\frac{\text{产品实}}{\text{际成本}} = \frac{\text{按现行定额计算}}{\text{的产品定额成本}} \pm \frac{\text{脱离现行}}{\text{定额差异}} \pm \frac{\text{原材料或半成}}{\text{品成本差异}} \pm \frac{\text{月初在产品定}}{\text{额变动差异}}$$

定额变动差异一般应按照定额成本比例，在完工产品和月末在产品之间进行分配。因为这种差异不是当月工作的结果，不应全部计入当月完工成本。但是若定额变动差异数额较小，或者月初在产品本月全部完工，那么，定额变动差异也可以全部由完工产品负担，月末在产品不再负担。

【例 6-7】假设宏大公司采用定额法计算产品成本。该产品的定额变动差异和材料成本差异由完工产品成本负担。脱离定额差异按定额成本比例，在完工产品与月末在产品之间进行分配。宏大公司采用定额法计算 A 产品成本所登记的产品成本明细账，如表 6-8 所示。

月初在产品成本资料，根据上月末在产品资料登记；月初在产品定额变动资料，根据前述的宏大公司 A 产品月初在产品定额变动差异的计算资料登记；本月生产费用中的定额成本和脱离定额差异，是根据前列的原材料定额费用和脱离定额差异汇总表和其他有关汇总表、分配表进行登记；材料成本差异，是根据前列原材料成本差异分配计算资料登记的；由于脱离定额差异要在完工产品和月末在产品之间，按照定额成本比例进行分配，完工产品的定额成本，根据产成品入库单列示的产品数量和单位定额成本计算登记。

表 6-8　产品成本明细表

产品名称：A 产品　　产量：2 000 件　　2018 年 9 月　　（金额单位：元）

成本项目	月初在产品成本		月初在产品定额变动		本月生产费用			生产费用累计			
	定额成本	脱离定额差异	定额成本调整	脱离变动差异	定额成本	脱离定额差异	材料成本差异	定额成本	脱离定额差异	材料成本差异	定额变动差异
	①	②	③	④	⑤	⑥	⑦	⑧ = ① + ③ + ⑤	⑨ = ② + ⑥	⑩ = ⑦	⑪ = ④
直接材料	10 000	−400	−300	+300	40 000	−800	−500	49 700	−1 200	−500	+300
直接人工	1 000	−40			8 000	+200		9 000	+160		
制造费用	3 000	+500			19 500	−400		22 500	100		
成本合计								81 200	−940	−500	+300

成本项目	差异率	本月产成品成本					月末在产品成本	
	脱离定额差异	定额成本	脱离定额差异	材料成本差异	定额变动差异	实际成本	定额成本	脱离定额成本
	⑫ = ⑨ / ⑧	⑬	⑭ = ⑬ × ⑫	⑮ = ⑩	⑯ = ⑪	⑰ = ⑬ + ⑭ + ⑮ + ⑯	⑱	⑲ = ⑱ × ⑫
直接材料	−2.41%	39 760	−960	−500	+300	38 600	9 940	−240
直接人工	+1.78%	8 000	+142.22			8 142.22	1 000	+17.78
制造费用	+0.4%	20 000	+88.89			20 088.89	2 500	+11.11
成本合计	—	67 760	−728.89	−500	+300	66 831.11	13 440	−211.11

6.3 各种成本计算方法的应用

在前述的章节中，我们学习了成本计算的品种法、分批法和分步法，以及成本计算的辅助方法的分类法和定额法，这几种方法各有千秋，有着不同的适用范围。目前市场的复杂多变，使很多企业采用多品种生产产品、生产多步骤产品、生产多型号产品等战略，这就使企业的成本计算和核算过程呈现出多元化的趋势。一个企业可能生产不同种类的产品（原材料不同）、不同型号产品（原材料相同，但加工技术含量不同）等。因此，在一个企业或车间中，就有可能同时应用几种不同的产品成本计算方法。即使是一种产品，在该产品的各个生产步骤、各种半成品和各个成本项目之间，它们的生产类型或管理的要求也不一定相同，因而在一种产品的成本计算中，也有可能将几种成本计算方法结合起来应用。

6.3.1 几种产品成本计算方法同时应用

一个企业或车间，在下列情况下，往往同时采用几种成本计算方法：

（1）企业各个车间提供产品的类型不同，可以采用不同的成本计算方法。例如重型机械生产厂家，其基本生产车间和辅助生产车间的生产类型不同，由于生产产品的特性，只要求按照批别计算产品成本，辅助生产车间大批量单步骤生产水、电、气等，这就要求对基本生产车间采用分批法计算产品成本，而对辅助生产车间则可以采用品种法计算产品成本。即使同为基本生产车间，若生产类型不同，对之也可以采用不同的成本计算方法。

又如，企业为了应对市场的瞬息万变，采用多种产品并举的战略，多种产品所在车间必定根据产品的不同特点来组织生产、汇集成本，最终体现为多种产品成本方法的并用。

（2）企业对各种产品的管理要求不同，可以采用不同的成本计算方法。例如：某食品厂生产 A 类产品，所使用原材料相同，但由于工艺和价格的问题，需要对 A 类产品中的甲产品单独核算成本，这就需要企业对 A 类的其他产品采用分类法核算，而对甲产品采用品种法核算。

再如，一个基本生产车间生产 A、B 两种产品，产品已经定型，大批量进行生产，而 B 产品正处于小批试制阶段。在这种情况下，A 产品可以采用品种法计算产品成本，B 产品则应采用分批法计算产品成本。

6.3.2 几种产品成本计算方法结合应用

计算一种产品成本，在下列情况下，往往结合采用几种成本计算方法：

（1）一种产品的不同生产步骤，由于生产特点和管理要求不同，可以采用不同的成本计算方法。例如，在小批、单件生产的机械厂，最终产品是经过铸造、机械加工、装配等相互关联的生产阶段完成的。就其最终产品来看，产品成本的计算应采用分批法，但从其产品生产的各阶段来看，铸造车间可以采用品种法计算逐渐增加的成本，加工、装配车间则可以采用分批法计算各批产品的成本；铸造和加工、装配车间分步骤计算成本，但加工车间所产半成品种类较多，不外售，不需要计算半成品成本，则在加工和装配车间之间可以采用平行结转分步法结转成本。这样，该厂在分批法的基础上，结合采用了品种法和分步法，在分步法中还结合采用了逐步结转和平行结转的方法。⊖

（2）一种产品的不同成本项目，可以采用不同的成本计算方法。例如，在大批量多步骤

⊖ 于富生，等. 成本会计学 [M]. 北京：中国人民大学出版社，2012.

生产某种产品，该产品原材料费用比重较大的情况下，则原材料费用可以采用逐步结转分步法，分步骤计算该产品的原材料费用，其他成本项目的比重较小，则可以采用品种法等适当的成本计算方法，不分步计算该产品的其他成本项目的费用。

各种产品成本的计算方法并不是完全独立的（见表 6-9），其适用范围中均有交叉的地方，企业的情况又是千差万别，作为企业的财务人员和管理人员，应根据企业的具体情况，选用最适合企业、最能正确披露成本信息的方法进行成本核算，而且，在实务工作中，企业还应每隔一段时间（1 年或 2 年）进行一次成本计算方法的检验和测评，修正不适于企业成本核算的方法，以达到正确披露企业成本信息的要求。

表 6-9　成本计算方法适用范围的交叉

<table>
<tr><th rowspan="2">生产组织特点</th><th rowspan="2">生产工艺特点</th><th rowspan="2">成本管理要求</th><th colspan="3">成本计算方法特点</th><th rowspan="2">基本成本计算方法</th></tr>
<tr><th>成本计算对象</th><th>成本计算期</th><th>在产品成本计算</th></tr>
<tr><td rowspan="3">大量大批生产</td><td>单步骤</td><td>要求按照品种计算成本</td><td rowspan="2">产成品</td><td>按月计算</td><td>不需要计算在产品成本</td><td rowspan="2">品种法</td></tr>
<tr><td rowspan="2">多步骤</td><td>不要求按照步骤计算成本</td><td>按月计算</td><td>需要计算在产品成本</td></tr>
<tr><td>要求按照步骤计算成本</td><td>半成品
产成品</td><td>按月计算</td><td>需要计算在产品成本</td><td rowspan="2">分步法</td></tr>
<tr><td rowspan="2">单件小批生产</td><td rowspan="2">单步骤或多步骤</td><td>要求按照步骤计算成本</td><td>半成品
产成品</td><td>按月计算</td><td>需要计算在产品成本</td></tr>
<tr><td>要求按批别计算成本</td><td>产成品</td><td>按批别计算</td><td>不需要计算在产品成本</td><td>分批法</td></tr>
</table>

资料来源：刘学华. 成本会计 [M]. 上海：立信会计出版社，2005.

▶本章小结

本章主要讲述了成本计算的辅助方法——分类法和定额法。分类法主要适用于产品品种和规格繁多，采用统一原材料的工业企业；定额法主要适用于有成熟的定额制定经验的工业企业，为了配合和加强生产费用和产品成本的控制，以定额差异和脱离定额差异分别核算产品成本的方法。

▶思考题

1. 什么是分类法？分类法的适用范围是什么？其特点有哪些？
2. 什么是定额法？定额法的适用范围是什么？其特点有哪些？
3. 怎样理解各种成本核算方法的配合使用？

▶自测题

自测题 6-1

单项选择题

1. 主要适用于产品品种、规格繁多，使用同一原材料，采用基本相同的工艺，并可以按照一定标准划分为若干类别的企业或车间的产品核算方法是（　　）。

A. 分类法　B. 品种法　C. 分批法　D. 定额法

2. 主要解决及时反映和监督生产费用和产品成本脱离定额的差异，把成本的计划、控制、核算和分析结合在一起，以便加强成本管理的成本计算方法是（　　）。

A. 分类法　B. 品种法　C. 分批法　D. 定额法

3. 服装厂生产服装常用的成本核算方法是（　　）。

A. 分类法　B. 品种法　C. 分批法　D. 定额法

4. 食品厂生产面包常用的成本核算方法是（　　）。

A. 分类法　B. 品种法　C. 分批法　D. 定额法

5. 电子行业生产电子元件产品常用的成本核算方法是（　　）。

A. 分类法　B. 品种法　C. 分批法　D. 定额法

多项选择题

1. 分类法的成本核算程序包括（　　）。

A. 将产品分类

B. 计算各类别产品成本的总额

C. 计算各类别中完工产品成本和在产品成本

D. 选择合理的分配标准，对类别内部各种产品成本进行计算

E. 计算产品的实际成本和定额成本之差

2. 产品成本计算的辅助方法包括（　　）。

A. 定额法　B. 分批法　C. 定额比例法　D. 分类法

3. 常用分类法核算产品的企业有（　　）。

A. 服装厂生产的服装　B. 食品厂生产的面包

C. 电子行业的电子元件产品　D. 运输行业　E. 商业

4. 大量大批生产的产品常用的成本核算方法有（　　）。

A. 品种法　B. 分批法　C. 分步法　D. 定额法

5. 单件小批生产的产品常用的成本核算方法有（　　）。

A. 品种法　B. 分批法　C. 分步法　D. 定额比例法

判断题

1. 分类法主要适用于产品品种、规格繁多，使用同一原材料，采用基本相同的工艺，并可以按照一定标准划分为若干类别的企业或车间。（　　）

2. 在一个企业或车间中，只能采用一种产品成本计算方法。（　　）

3. 产品成本计算的定额法，就是为了克服之前几种成本计算方法的弱点，能够及时反映和监督生产费用和产品成本脱离定额的差异，把成本的计划、控制、核算和分析结合在一起，以便加强成本管理，而采用的一种成本计算方法。（　　）

4. 一个基本生产车间生产 A、B 两种产品，A 产品已经定型，大批量进行生产；而 B 产品正处于小批试制阶段。在这种情况下，A、B 产品必须采用统一的品种法计算产品成本。（　　）

5. 适用于单件小批产品生产的成本核算方法有分步法和分批法。（　　）

自测题 6-2

目的：学会用分类法计算产品成本。

资料：某企业生产 A、B 两大类产品，采用分类法计算产品成本。A 类产品有 3 种规格，其中

002 号产品为标准产品，材料在生产开始时一次性投入。A 类产品 7 月有关产量、费用等资料如练习题表 1 和练习题表 2 所示。

要求：根据上述资料，分别计算 A 类 3 种产品的完工产品成本。

练习题表 1　A 类产品月末产量及定额记录

型号	月末在产品		完工产品数量（件）	单位完工产品定额成本（元）
	在产品数量（件）	在产品完工程度（%）		
001	200	20	400	30
002	300	25	600	20
003	400	50	800	25

练习题表 2　A 类产品费用资料　　（单位：元）

摘要	直接材料	直接人工	制造费用	合计
月初在产品本月	40 000	10 000	5 000	
发生费用	60 000	50 000	8 000	
合计				

第 7 章

其他行业的成本核算

学习目标

1. 熟悉施工企业建筑工程的成本核算的特点及核算程序
2. 了解农业企业成本的核算
3. 熟悉商品流通企业成本的核算

7.1 施工企业建筑安装工程成本核算

7.1.1 施工企业的生产特点

施工企业是从事建筑工程及安装工程施工生产活动的企业。施工企业的生产活动主要是建造各种房屋、建筑物以及提供机器设备的安装等服务。施工企业与一般的工业企业进行比较，具有以下特点：

（1）建筑安装产品具有固定性。建筑安装产品不同于一般的工业产品，它必须是在建设单位指定的地点进行施工生产，并且是从施工生产到交付使用，再从生产使用到报废清理，始终固定在同一地理位置（除因城市改造等非常因素进行迁移外）。因此建筑安装产品具有固定性的特点。

（2）建筑安装施工生产具有流动性。一般工业企业的生产特点是，企业的生产在固定的场地上进行，而生产出来的产品是流动的。施工企业的生产与工业企业相反，建筑安装产品的固定性导致了施工生产的流动性。建筑安装企业是在建设单位指定的地点进行施工生产，因此其生产活动并无定所，具有很强的流动性。这种流动性的特点不仅仅表现在人员（包括生产工人和施工管理人员）的流动，也表现在施工设备（如塔吊、挖土机、打桩机、搅拌机等）以及施工物资（模板、挡板、脚手架、安全网等）的流动。

（3）建筑安装施工的生产具有长期性。建筑安装的产品不同于一般工业企业产品的另一个特点，是生产周期具有长期性。一般的建筑产品体积庞大，加之露天作业且受不同季节气候和环境的影响，一件建筑产品的生产少则数月，多则数年，甚至十几年，生产周期具有长期性。

（4）建筑安装产品具有单一性。建筑安装产品不同于一般的工业企业产品的再一个特点是，产品生产具有单一性（单件性）。一般工业企业的产品是批量生产，同一批量生产的产品都具有同一性。建筑安装产品的生产不能像工业产品那样，在生产线上批量生产，而是受投资规模、地形、地质、水文、气候等诸多因素的影响，造成各个建筑产品之间极少完全相同，由此决定了建筑安装产品的单一性（单件性）特点。

7.1.2 施工企业成本核算概述

1. 工程成本核算对象的确定

为了正确地组织工程成本核算，必须合理地划分工程成本核算对象。工程成本核算对象是指以什么样的工程作为对象来归集所发生的费用，从而计算工程的实际成本。通常，可作以下几种划分：

（1）以单位工程为成本核算对象。单位工程是指具有独立的设计文件及施工图预算，可以独立组织施工的工程。单位工程是单项工程的组成部分。一般来说，由于施工图预算是按单位工程编制的，为此施工企业应该以每一个单位工程作为成本核算对象。这样按单位工程确定其实际成本，便于与预算成本进行比较，以检查工程预算的执行情况。

（2）以同类工程为成本核算对象。同类工程是指那些工程结构类型相同，施工时间相近，并在同一地点施工的建筑群体，可以合并为一个成本核算对象。

（3）以分部工程为成本核算对象。分部工程是单位工程的组成部分。对于那些工程规模较大、施工周期较长的工程以及那些推行新结构、新材料、新工艺的工程，为了分析其经济效果，根据需要，可以按其工程部位作为成本核算对象。

一个单位工程由几个施工企业共同施工时，各施工企业都应以同一单位工程为成本核算对象，各自核算自行完成的部分。

2. 工程成本项目

施工企业的成本项目一般有以下 5 项：

（1）人工费。人工费是指企业直接从事建筑安装工程的施工人员的工资、奖金、社会保险费、非货币性福利、工资性质的津贴、劳动保护费等。

（2）材料费。材料费是指在工程施工过程中耗用的构成工程实体的原材料、辅助材料、结构件、零配件、半成品的费用和周转材料的摊销及租赁费。

（3）机械使用费。机械使用费是指在工程施工过程中使用自有施工机械所发生的折旧、修理等机械使用费和租用外单位施工机械的租赁费以及施工机械的安装、拆卸和进出场费。

（4）其他直接费。其他直接费是指施工过程中发生的材料二次搬运费、临时设施摊销费、生产工具及用具使用费、检验及试验费、工程定位复测费、工程点交费、场地清理费等。

（5）间接费用。间接费用是指施工企业所属的施工单位（如工程处、工区、分公司等）为组织和管理工程施工所发生的全部支出，包括施工单位管理人员的工资薪酬及奖金、社会保险费、非货币性福利、办公费、固定资产折旧费及修理费、物料消耗及低值易耗品摊销费、取暖费、水电费、差旅费、财产保险费、检验及试验费、工程保修费、劳动保护费、排污费以及其他费用。它不包括企业行政管理部门为组织和管理施工生产而发生的管理费用。

以上各成本项目的费用，构成建筑安装工程的制造成本。其中，第（1）～（4）项属于工程直接费成本，第（5）项为间接费成本。

3. 工程成本核算应设置的账户

为了正确、及时地计算建筑安装工程的实际成本，施工企业应按照一定的核算程序，正确地组织工程成本的核算。下面介绍为了总括反映工程成本核算的全过程，施工企业一般应设置的几个成本类账户。

（1）“工程施工”账户。该账户核算施工企业进行建筑安装工程施工所发生的各项费用支出。企业在施工过程中发生的各项费用，应按成本核算对象和成本项目进行归集，为此该账户还应该按照成本核算对象设置明细账，账内按成本项目设立专栏或专行，以便进行明细核算。

“工程施工”账户的借方核算施工过程中发生的人工费、材料费、机械使用费、其他直接费和间接费用。其中，属于直接费成本项目的应直接记入有关成本核算对象的相应成本项目，费用发生时，记入该账户的借方，同时记入“原材料”“应付职工薪酬”“辅助生产”“银行存款”等账户的贷方。属于间接费成本项目的，可先在该账户下设置“工程施工——间接费用”明细账户进行归集，月度终了时，再按一定的分配标准，分配计入有关成本核算对象的成本项目。该账户的贷方核算结转的已完工程、竣工工程的实际成本。

施工企业按照工程合同确定的工程价款结算办法，有按月结算、分段结算或竣工后一次结算。结算已完工程实际成本时，记入该账户的贷方，同时记入“工程结算成本”（或“主营业务成本”）账户的借方。该账户期末借方余额为期末未完工程的实际成本。

（2）“机械作业”账户。该账户核算施工企业及其内部独立核算的施工单位、机械站和运输队使用自有施工机械和运输设备进行机械作业（包括机械化施工和运输作业）所发生的各项费用。企业使用自有机械所发生的费用，应按成本核算对象和成本项目进行归集。

成本核算对象一般应以施工机械或运输设备的种类确定，据以设置明细账，并按成本项目设立专栏或专行，以便进行明细核算。“机械作业”账户的成本项目一般分为：人工费、燃料及动力、折旧及修理费、其他直接费、间接费用（为组织和管理机械作业生产所发生的费用）。

企业使用自有机械发生费用支出时，记入“机械作业”账户的借方，同时记入“原材料”“应付职工薪酬”“累计折旧”“银行存款”等账户的贷方。

该账户的贷方核算分配结转的费用。月度终了，分不同情况进行分配和结转：凡是为本单位承包的工程进行机械化施工和运输作业的成本，记入“工程施工——机械作业”明细账户的借方，同时记入“机械作业”账户的贷方；凡是对外提供机械作业的成本，记入“其他业务成本”“专项工程支出”等账户的借方，同时记入“机械作业”账户的贷方。该账户月度终了时应无余额。

企业及其内部独立核算的施工单位，从外单位或本企业其他内部独立核算的机械站租入施工机械，按规定的台班费定额支付的机械租赁费，直接记入有关工程成本核算对象的“机械使用费”成本项目中，不通过“机械作业”账户核算。

（3）“辅助生产成本”账户。该账户核算企业非独立核算的辅助生产部门为工程施工、机械作业、专项工程等提供劳务（如设备维修、构件的现场制作、铁木件加工、供水、供电、供气、施工机械的安装及拆卸等）所发生的各项费用。

辅助生产部门所发生的各项费用，应按成本核算对象和成本项目进行归集。成本核算对象一般可按提供的劳务类别确定。成本项目一般可分为：人工费、材料费、其他直接费、间接费用（为组织和管理辅助生产所发生的费用）。

该账户的借方核算发生的辅助生产费用。发生费用支出时，记入“辅助生产成本”账户的借方，同时记入“原材料”“应付职工薪酬”“累计折旧”“银行存款”等账户的贷方。该账户的贷方核算分配结转的费用。月度终了，分不同情况进行分配和结转：凡是为本单位有关方面提供的部分，记入“工程施工”“机械作业”“管理费用”等账户的借方，同时记入“辅助生产成本”账户的贷方；凡是对外提供的部分，记入“其他业务成本”“专项工程支出”等账户的借方，同时记入“辅助生产成本”账户的贷方。该账户的月末余额为辅助生产部门尚未完工的在产品的实际成本。

此外，企业发生的期间费用，应通过设置“管理费用”和“财务费用”分别进行核算，本节不再赘述。

4. 工程实际成本核算的程序

施工企业除了设置以上三个成本类账户组织施工成本核算外，还应按照一定的核算程序，正确地组织工程成本的核算。施工企业工程实际成本核算的程序概述如下：

- 归集和分配各项生产费用
- 分配辅助生产费用
- 分配机械使用费用
- 分配工程间接费用
- 结转已完工程实际成本

7.1.3　工程成本的核算

如前所述，建筑安装工程的成本项目，包括人工费、材料费、机械使用费、其他直接费和间接费用。工程实际成本的核算，也要按这些成本项目分别进行。

1. 人工费的核算

工程成本中的人工费，是指企业直接从事建筑安装工程的施工人员的工资薪酬、奖金、职工社会保险费、职工教育经费、工会经费以及工资性质的津贴、劳动保护费等。

由于工资制度不同，人工费计入工程成本的方法也不同。在计件工资制度下，生产工人工资通常是根据产量凭证计算工资并直接计入工程成本。

在计时工资制度下，如果只有一项工程，所发生的人工费属于直接费用，可直接计入该项工程成本；如果有多项工程，人工费为多项工程所发生，则属于间接费用，这就需要采用一定的分配方法在各项工程之间分配。人工费的分配，通常采用按各项工程实耗工日比例分配的方法。计算公式如下：

$$人工费分配率=\frac{人工费总额}{实际耗用总工日数}$$

$$\begin{matrix}某工程应分\\配的人工费\end{matrix}=\begin{matrix}该工程实际\\耗用工日数\end{matrix}\times\begin{matrix}人工费\\分配率\end{matrix}$$

【例 7-1】第一建筑工程公司所属的某施工单位本期承包甲、乙两项土建工程。为了便于举例说明工程成本核算的全过程，假定该施工单位实行计时工资制度。施工单位财会部门根据某月份人工费总额和用工记录，编制“人工费分配表”，如表 7-1 所示。

表 7-1　人工费分配表

施工单位：× × 单位　　　　　　2018 年 5 月

工程名称	生产工日（工日）	工资（元）	社保费（元）	人工费合计（元）
分配率	—	240	26.4	—
甲工程	300	72 000	7 920	79 920

（续）

工程名称	生产工日（工日）	工资（元）	社保费（元）	人工费合计（元）
乙工程	240	57 600	6 336	63 936
合计	540	129 600	14 256	143 856

根据表 7-1，编制会计分录如下：

借：工程施工——甲工程　　72 000
　　　　　　——乙工程　　57 600
　贷：应付职工薪酬——工资　　129 600
借：工程施工——甲工程　　7 920
　　　　　　——乙工程　　6 336
　贷：应付职工薪酬——社会保险费　　14 256

根据上述会计分录，登记在该施工单位“工程施工”明细账和按各该成本核算对象设置的“工程成本卡”的“人工费”成本项目栏内。

2. 材料费的核算

工程成本中的材料费，是指施工过程中耗用的构成工程实体的各种材料，包括主要材料、结构件、零配件、半成品、其他材料的费用和周转材料的摊销以及租赁费用。

在工程成本计算中，各种材料的耗费，是由财会部门根据仓库提供的“领料单”“定额领料单”“大堆材料耗用计算单”以及“退料单”等凭证，经审核计算的。

实际工作中，施工单位对确属工程耗用材料，应分别按不同成本核算对象，编制“材料耗用分配表”，以汇总计算各个成本核算对象所耗材料的实际成本。

【例 7-2】假定第一建筑工程公司所属的某施工单位，根据某月甲、乙两项工程所耗材料，编制了“材料耗用分配表”，如表 7-2 所示。

表 7-2　材料耗用分配表

施工单位：×× 单位　　2018 年 5 月　　（单位：元）

材料类别 \ 工程名称		甲工程	乙工程	合计
主要材料	计划成本	22 000	81 000	103 000
	材料差异（超支）	220	810	1 030
结构件	计划成本	57 000	99 000	156 000
	材料差异（超支）	570	990	1 560
小计	计划成本	79 000	180 000	259 000
	材料差异（超支）	790	1 800	2 590
周转材料摊销		10 800	10 350	21 150
合计		90 590	192 150	282 740

根据表 7-2，编制会计分录如下：

借：工程施工——甲工程　　79 000
　　　　　　——乙工程　　180 000
　贷：原材料　　259 000

借：工程施工——甲工程　　790
　　　　　　——乙工程　　1 800
　贷：材料成本差异　　2 590
借：工程施工——甲工程　　10 800
　　　　　　——乙工程　　10 350
　贷：周转材料　　21 150

根据上述会计分录，将工程所耗各材料费及周转材料摊销额登记在该施工单位“工程施工”明细账和按相应成本核算对象设置的“工程成本卡”的“材料费”成本项目栏内。

3. 机械使用费的核算

工程成本中的机械使用费，是指施工过程中使用自有施工机械所发生的折旧、修理等机械使用费和租用外单位施工机械的租赁费以及施工机械的安装、拆卸和进出场费。

施工单位使用的施工机械，主要有租赁和自行管理两种。因此，核算方法也不相同。施工单位租赁机械所发生的费用，可以根据机械租赁结算账单，直接计入各有关的工程成本核算对象。

【例 7-3】假设银行转来结算账单，支付某施工机械站的挖土机为甲工程开挖地槽的租赁费用 5 000 元。根据结算凭证，编制会计分录如下：

借：工程施工——甲工程　　5 000
　贷：银行存款　　5 000

根据上述会计分录，将工程发生的机械费直接登记在该施工单位“工程施工”明细账和按各成本核算对象设置的“工程成本卡”的“机械使用费”成本项目栏内。

施工单位自行管理的施工机械所发生的各项费用（包括人工费、燃料及动力费、折旧及修理费、其他直接费和间接费用等），应通过设置“机械作业”账户进行核算。发生的各项机械使用费，记入该账户的借方，月末按受益对象分配机械使用费时，记入该账户的贷方，该账户期末应无余额。该账户应按不同类别的施工机械设置“机械作业”明细账户，以便分别计算各类机械单位台班（或单位工作量）的实际成本，然后再根据“机械使用任务单”所列各项工程使用台班数（或完成的工程量），将当月发生的机械使用费分配给各项工程成本核算对象。

机械使用费采用间接分配方法，具体有以下两种：单位成本分配法和定额比例法。

（1）单位成本分配法。施工单位对各类机械单独进行明细核算时，可以采用这种方法。计算公式如下：

$$\text{单位台班或工程量成本}=\frac{\text{某类机械本期发生机械费合计额}}{\text{某类机械本期工作台班（或完成工程量）总数}}$$

$$\text{某工程应分配的机械使用费}=\text{该工程本期使用台班数（或完成工程量）}\times\text{单位台班或工程量成本}$$

【例 7-4】本月发生的混凝土搅拌机使用费合计为 4 000 元，本月共完成混凝土工程量 200 立方米，其中甲工程完成 140 立方米，乙工程完成 60 立方米。计算分配如下：

$$单位工程量成本=\frac{4\,000}{200}=20\text{（元）}$$

$$甲工程应分配的机械使用费=140\times 20=2\,800\text{（元）}$$

$$乙工程应分配的机械使用费=60\times 20=1\,200\text{（元）}$$

（2）定额比例法。如果施工单位不是按机械类别对机械使用费组织明细核算，而是只反映各种机械使用费的总额，再采用上述方法进行分配，就会影响费用计算的准确性。因为不同类别机械的单位（台班或工程量）成本相差悬殊，不宜按平均单位成本法计算，可以采用定额比例法进行机械使用费的分配，具体程序如下。

首先，归集本期实际发生的机械使用费总额。

然后，计算各类机械的定额成本。可根据不同机械单位台班（或工程量）的预算定额和本期实际完成的台班数（或工程量）相乘而得。计算公式为：

$$\begin{matrix}某类机械的\\定额成本\end{matrix}=\begin{matrix}该类机械本期实际\\工作台班或工程量\end{matrix}\times\begin{matrix}单位台班\\定额成本\end{matrix}$$

再后，计算机械使用费分配率。可根据本期实际发生的机械使用费合计额和本期按定额成本计算的机械使用费合计额相除而得。计算公式为：

$$\begin{matrix}机械使用\\费分配率\end{matrix}=\frac{本期实际发生机械使用费合计额}{本期按定额成本计算的机械费合计额}$$

最后，将实际发生的机械使用费在各项工程之间进行分配。根据各项工程本期按定额成本计算的机械使用费合计额和计算出的机械使用费分配率进行调整分配。计算公式如下：

$$\begin{matrix}某工程应分配\\的机械使用费\end{matrix}=\begin{matrix}该工程按定额成本\\计算的机械费合计\end{matrix}\times\begin{matrix}机械使用\\费分配率\end{matrix}$$

【例 7-5】假定根据“机械作业”明细账，本期发生了下列费用：

机械操作人员的人工费	1 020 元
机械所耗燃料动力费	2 400 元
机械的折旧及修理费	1 080 元
替换工具及部件费	400 元
其他	140 元
机械使用费合计	5 040 元

与吊车、搅拌机有关的资料如下：吊车 12 台 / 班，单位预算定额 150 元；搅拌机 150 立方米，单位预算定额 20 元。

根据公式计算吊车、搅拌机定额成本如下：

吊车的定额成本：12 台班 ×150 元（单位预算定额）	=1 800（元）
搅拌机的定额成本：150 立方米 ×20 元（单位预算定额）	=3 000（元）
定额成本合计	4 800（元）

根据本期实际发生的机械使用费合计、吊车、搅拌机的定额成本计算机械使用费分配率，如下：

$$机械使用费分配率=\frac{5\,040}{4\,800}=1.05$$

甲工程应分配的机械使用费 = 3 200 × 1.05 = 3 360（元）
乙工程应分配的机械使用费 = 1 600 × 1.05 = 1 680（元）
机械使用费合计　　　　　　　　　　5 040（元）

根据上述计算过程，编制“机械使用费分配表”，如表 7-3 所示。

根据表 7-3，编制会计分录如下：

借：工程施工——甲工程　　　　3 360
　　　　　　——乙工程　　　　1 680
　贷：机械作业　　　　　　　　　　5 040

表 7-3　机械使用费分配表

施工单位：× × 单位　　　　2018 年 5 月　　　　（金额单位：元）

工程名称	按台班定额成本计算					分配率	应分配的机械使用费
	吊车台班定额（150 元）		搅拌机单位工程量定额（20 元）		合计		
	台班	金额	工程量（立方米）	金额			
甲工程	8	1 200	100	2 000	3 200	1.05	3 360
乙工程	4	600	50	1 000	1 600	1.05	1 680
合计	12	1 800	150	3 000	4 800		5 040

根据上述会计分录，将各工程分配的机械使用费登记在该施工单位“工程施工”明细账和按各成本核算对象设置的“工程成本卡”的“机械使用费”成本项目栏内。

4. 其他直接费的核算

工程成本中的其他直接费，是指施工过程中发生的但又不属于“人工费”“材料费”“机械使用费”项目的其他直接费用，包括：因场地狭小而发生的材料二次搬运费、临时设施摊销费、施工过程中耗用的水、电、风、汽等生产工具用具使用费、检验试验费、工程定位复测费、工程点交费、场地清理费等。

施工过程中发生上述费用时，如能确定受益对象，则应直接计入该项工程成本；如不能确定受益对象，应采用合理的分配方法，分配计入有关的受益对象中。

【例 7-6】假设某施工单位本月发生临时设施摊销费 1 000 元，其中甲工程应负担 400 元，乙工程应负担 600 元。施工单位财会部门根据“临时设施摊销”账户，编制了以下会计分录：

借：工程施工——甲工程　　　　400
　　　　　　——乙工程　　　　600
　贷：临时设施摊销　　　　　　　　1 000

根据上述会计分录，将各工程应负担的其他直接费登记在该施工单位“工程施工”明细账和按各成本核算对象设置的“工程成本卡”的“其他直接费”成本项目栏内。

5. 间接费用的核算

工程成本中的间接费用，是指施工企业所属的施工单位（如工程处、工区、分公司等）为组织和管理工程施工所发生的全部支出，包括施工单位管理人员的工资薪酬及奖金、社会保险费、非货币性福利、职工教育经费、工会经费、办公费、固定资产折旧费及修理费、物料消耗及低值易耗品摊销费、取暖费、水电费、差旅费、财产保险费、检验及试验费、工程保修费、劳动保护费、排污费以及其他费用。它不包括企业行政管理部门（公司）为组织和管理施工生产而发生的管理费用。

为了归集和分配施工单位发生的各项间接费用，应设置“工程施工——间接费用”明细账户。发生的各项间接费用记入该账户的借方；月度终了，按照适当的分配标准，分配记入各项工程成本时，记入该账户的贷方；该账户期末应无余额。

为了使实际成本便于与预算成本进行比较分析，间接费用的分配标准应尽量同预算口径相一致，即要根据不同情况分别以工程直接费和工程人工费为分配标准。

一般建筑工程应以各工程的直接费成本为分配标准，设备安装工程应以各工程的人工费成本为分配标准。如果一个施工单位既有建筑工程，又有设备安装工程，那么，间接费用应首先在不同类别的过程之间，以人工费成本为分配标准，进行第一次分配。计算公式如下：

$$\text{间接费用分配率}=\frac{\text{本期实际发生的间接费用合计额}}{\text{本期各类工程成本中的人工费合计额}}$$

$$\text{某类工程应分配的间接费用}=\text{该类工程成本}\times\text{间接费用分配率}$$

在各类工程应分配的间接费用计算出来后，再进行第二次分配。计算公式如下：

$$\text{建筑工程间接费用分配率}=\frac{\text{建筑工程成本应分配间接费用合计}}{\text{各建筑工程的直接费成本合计}}$$

$$\text{某建筑工程应分配的间接费用}=\text{该建筑工程直接费成本}\times\text{建筑工程间接费用分配率}$$

$$\text{安装工程间接费用分配率}=\frac{\text{安装工程成本应分配间接费用合计}}{\text{各安装工程的人工费成本合计}}$$

$$\text{某安装工程应分配的间接费用}=\text{该安装工程人工费成本}\times\text{安装工程间接费用分配率}$$

【例 7-7】参见例 7-1 ～ 7-6。假设某施工单位只有建筑工程，没有安装工程，则本月所发生的间接费用，可采用工程直接费分配标准进行分配。本期发生间接费用总额为 40 131 元。间接费用分配如下：

（1）归集本期实际发生的间接费用总额。根据“工程施工——间接费用”明细账户进行汇总。

（2）计算各工程本期直接费成本。可根据按各工程设置的“工程成本卡”进行计算。根据例 7-1 ～例 7-5 的资料，甲、乙工程直接费成本汇总如下：

甲工程直接费成本 = 79 920（人工费）+ 90 590（材料费）+ 8 360（机械使用费）+ 400（其他直接费）= 179 270（元）

乙工程直接费成本 = 63 936（人工费）+ 192 150（材料费）+ 1 680（机械使用费）+ 600（其他直接费）= 258 366（元）

（3）计算间接费用分配率。

$$\text{间接费用分配率}=\frac{52\ 294}{179\ 270+258\ 366}\times 100\%=11.949\ 2\%$$

（4）将实际发生的间接费用在各工程之间进行分配。

甲工程应分配间接费用 = 179 270×11.949 2% = 21 421.33（元）

乙工程应分配间接费用 = 258 366×11.949 2% = 30 872.67（元）

根据上述分配过程，编制“间接费用分配表”如表 7-4 所示。

表 7-4　间接费用分配表

施工单位：×× 单位　　　　2018 年 5 月　　　　（金额单位：元）

工程名称	直接费成本	费用分配率	应分配金额
甲工程	179 270	11.9492%	21 421.33
乙工程	258 366	11.9492%	30 872.67
合计	436 636	—	52 294.00

根据表 7-4，编制会计分录如下：

借：工程施工——甲工程　　21 421.33

　　　　　　——乙工程　　30 872.67

　贷：工程施工——间接费用　　52 294

根据上述会计分录，将各工程应分配的间接费用登记在该施工单位“工程施工”明细账和按各成本核算对象设置的“工程成本卡”的“工程施工——间接费用”成本项目栏内。

通过上述核算过程，施工单位本期发生的各项费用，均已登记在该施工单位“工程施工”明细账和按各成本核算对象设置的“工程成本卡”内（见表 7-5、表 7-6 和表 7-7）。

表 7-5　工程成本明细账

施工单位：×× 单位　　　　2018 年 5 月　　　　（单位：元）

摘要	直接费成本				间接费用	成本合计
	人工费	材料费	机械费用	其他直接		
期初未完施工	120 400	590 010	10 040	4 000	100 293	824 743
分配人工费（表 7-1）	143 856					
分配材料费（表 7-2）		280 150				
分配材料成本差异（表 7-2）		2 590				
分配机械使用费（例 7-3）			5 000			
分配机械使用费（表 7-3）			5 040			
分配其他直接费（例 7-6）				1 000		
分配间接费用（表 7-4）					52 294	
本期施工费用合计	143 856	282 740	10 040	1 000	52 294	489 930
减：本期竣工工程成本	200 320	680 600	18 400	4 400	121 714.33	1 025 434.33
本期已完工程成本	63 436	182 100	1 600	500	26 870.67	274 506.67
期末未完施工	500	10 050	80	100	4 002	14 732

表 7-6　工程成本卡

工程名称：甲工程　　　　2018 年 5 月　　　　（单位：元）

摘要	直接费成本				间接费用	成本合计
	人工费	材料费	机械费用	其他直接		
期初未完施工	120 400	590 010	10 040	4 000	100 293	824 743
分配人工费（表 7-1）	79 920					

（续）

摘要	直接费成本				间接费用	成本合计
	人工费	材料费	机械费用	其他直接		
分配材料费（表 7-2）		89 800				
分配材料成本差异（例 7-2）		790				
分配机械使用费（例 7-3）			5 000			
分配机械使用费（表 7-3）			3 360			
分配其他直接费（例 7-6）				400		
分配间接费用（表 7-4）					21 421.33	
本期施工费用合计	79 920	90 590	8 360	400	21 421.33	200 691.33
减：本期竣工工程成本	200 320	680 600	18 400	4 400	121 714.33	1 025 434.33
期末未完施工	—	—	—	—	—	—

表 7-7　工程成本卡

工程名称：乙工程　　2018 年 5 月　　（单位：元）

摘要	直接费成本				间接费用	成本合计
	人工费	材料费	机械使用费	其他直接费		
分配人工费（表 7-1）	63 936					
分配材料费（表 7-2）		190 350				
分配材料成本差异（例 7-2）		1 800				
分配机械使用费（表 7-3）			1 680			
分配其他直接费（例 7-6）				600		
分配间接费用（表 7-4）					30 872.67	
本期施工费用合计	63 936	192 150	1 680	600	30 872.67	289 238.67
减：期末未完施工	500	10 050	80	100	4 002	14 732
本期已完工程成本	63 436	182 100	1 600	500	26 870.67	274 506.67

6. 工程实际成本核算

建筑安装工程成本核算一般是以单位工程为对象。期末，如果所施工的单位工程全部完工，则称为竣工工程；如果单位工程尚未全部完工，只是其中某项分部工程或分项工程完成了预算定额规定的内容，则称为已完工程。已完工程实际成本的核算应和工程价款的结算相配比。

施工企业工程价款的结算，主要有竣工后一次结算（或分段结算）和按月结算等方式。采用竣工后一次结算（或分段结算）工程价款方式的工程，应按建造合同确定的工程价款结算期结算已完工程成本；采用按月结算工程价款方式的工程，应按月结算已完工程实际成本。

采用竣工后一次结算工程价款方式的工程，当其竣工后，“工程成本卡”中自开工之日起归集的累计施工费用，就是该竣工工程的全部实际成本。

【例 7-8】假设甲工程实行竣工后一次结算，该工程本期已经全部完工。根据该工程“工程成本卡”的记录，其竣工工程实际成本为：1 025 434.33 元（期初未完施工费用 824 743 元 + 本期发生的施工费用 200 691.33 元）。据此办理转账手续，编制会计分录如下：

借：工程结算成本（或主营业务成本）　　1 025 434.33

　贷：工程施工——甲工程　　1 025 434.33

根据上述会计分录，将该工程的竣工工程实际成本登记在该施工单位“工程施工”明细账和该工程的“工程成本卡”内，登记后“工程成本卡”应无余额，如表 7-6 所示。

采用按月结算工程价款方式的工程，于月末计算工程实际成本时，应区别不同情况处理：如果某项工程虽尚未竣工，但都是已完工程，则“工程成本卡”中的实际施工费用（如果有月初余额，还应包括月初未完工程成本）之和，就是本期已完工程的实际成本；如果该项工程本月没有已完工程，则“工程成本卡”中的实际施工费用之和，就是该工程未完工程成本；如果该工程既有已完工程，又有未完工程，则“工程成本卡”中的实际施工费用之和，还应在本月已完工程与期末未完工程之间进行分配，以确定本期已完工程和未完工程的实际成本。通常可采用按预算价格计算的工作量作为分配标准，这就需要先确定本期已完工程的工作量和期末未完工程的工作量。已完工程的工作量按照本期统计资料求得，未完工程的工作量可用“估量法”计算确定，即通过盘点确定的期末未完施工实物量，估计折合成相当于已完工程的实物量，然后再乘以工程预算定额中该项工程已完工程的预算价格，即可求得未完工程的工作量。计算公式如下：

$$\frac{\text{未完工程工作}}{\text{量（建筑工程）}}=\frac{\text{未完工程折合成}}{\text{已完工程实物量}}\times\text{预算单价}\times(1+\text{间接费用率})$$

$$\frac{\text{未完工程工作}}{\text{量（安装工程）}}=\frac{\text{未完工程折合成}}{\text{已完工程实物量}}\times\text{预算单价}+\frac{\text{未完工程}}{\text{的人工费}}\times\frac{\text{间接费}}{\text{用率}}$$

未完工程的工作量按照上式计算出来后，本期实际施工费用合计额便可按照已完工程和未完工程的工作量的比例，在二者之间进行分配，分别求得本期已完工程和期末未完工程的实际成本。但是，就一般情况而言，在当期完成的全部工作量中未完施工所占的比重往往很小，为了简化成本计算程序，在实际工作中，可将未完工程的工作量视同它的实际成本，以此省去分配手续，因为这样做对已完工程实际成本的计算影响也不大。本期已完工程实际成本的计算公式如下：

$$\frac{\text{本期已完工}}{\text{程实际成本}}=\frac{\text{期初未完施}}{\text{工实际成本}}+\frac{\text{本月发生}}{\text{施工费用}}-\frac{\text{期末未完施}}{\text{工实际成本}}$$

【例 7-9】假设乙工程采用按月结算工程价款方式。该工程本月开工（月初没有未完施工），月末采用“估量法”计算确定的未完工程工作量为 14 732 元（见表 7-7）。根据该工程“工程成本卡”的记录，本月已完工程实际成本为 228 194.70 元（本期发生的施工费用 242 926.70 元 − 期末未完工程成本 14 732 元）。据此办理转账手续，编制会计分录如下：

借：工程结算成本（或主营业务成本）　　228 194.70

　贷：工程施工——乙工程　　228 194.70

根据上述会计分录，将该工程的本月已完工程实际成本登记在该施工单位“工程施工”明细账和该工程的“工程成本卡”内（见表 7-7）。

7. 工程预算成本和竣工成本决算

工程预算成本是指施工企业按规定的预算单价及收费标准，对已完工程计算的工程成本。

比较工程预算成本同工程实际成本，可以了解实际成本的超支或节约情况，从而加强经济核算。

竣工成本决算是指单位工程竣工后的全部成本（包括预算成本和实际成本）。

竣工成本决算可以考核竣工工程成本节约或超支的情况，并为以后同类工程积累成本资料。

7.2 农业企业生产成本核算

7.2.1 农业企业的生产成本概述

农业企业的生产成本是由生产经营过程中发生的直接费用和间接费用构成的。企业行政管理部门为组织和管理生产经营活动而发生的期间费用（包括管理费用、财务费用和营业费用），直接计入当期损益，不构成生产成本。农业生产成本中的直接费用包括直接工资、直接材料和其他直接支出；间接费用则为制造费用。

7.2.2 农业企业生产成本核算账户的设置

为了总括反映农业企业成本核算的全过程，一般应设置以下几个成本类会计账户。

1.“农业生产成本”账户

该账户核算农业企业在农业生产过程中所发生的各项生产费用支出。企业在生产过程中发生的各项费用，应按照成本核算对象和成本项目进行归集。

该账户的借方核算生产过程中发生的直接人工、直接材料和其他直接支出以及间接费用。其中直接人工、直接材料和其他直接支出等，直接计入有关的产品成本，费用发生时，记入“农业生产成本”账户的借方，同时记入“农用材料”“应付职工薪酬”“银行存款”等账户的贷方。对辅助生产单位提供的劳务，记入“农业生产成本”账户的借方，同时记入“辅助生产成本”账户的贷方。机械作业所发生的费用，可在“农业生产成本”账户下设置“农业生产成本——机械作业”明细账户进行归集，期末再按有关受益对象的受益量进行分配。年终尚未完成脱粒作业的产品，预提脱粒费用时，记入“农业生产成本”账户的借方，同时记入“预提费用”账户的贷方。生产中发生的间接费用，先在“制造费用”账户进行归集，期末再按一定的标准，分配计入有关产品成本，借记“农业生产成本”账户，贷记“制造费用”账户。“农业生产成本”账户的贷方核算转出的产成品成本。期末，对经过验收入库的产成品，应按其实际成本记入“库存商品”账户的借方，同时记入“农业生产成本”账户的贷方。不入库就直接销售的鲜活产品以及对外销售的副产品，按实际成本记入“营业成本”账户的借方，同时记入“农业生产成本”账户的贷方。自产留用的种子、饲料、口粮等，应视同销售，按实际成本记入“营业成本”账户的借方，同时记入“农业生产成本”账户的贷方。“农业生产成本”账户的借方余额，表示农业生产各项在产品的成本。由于农业生产包括农产品生产、林产品生产、畜（禽）产品生产、水产品生产及副业生产等，因此，应按不同的成本核算对象设置明细账户，分别进行核算。

2.“辅助生产成本”账户

该账户核算企业的辅助生产单位在生产产品和提供劳务过程中所发生的各项费用。辅助生产部门所发生的各项费用，应按成本核算对象和成本项目进行归集。

成本核算对象一般可按提供的劳务类别确定（如修路、木工、粉碎等）。成本项目一般可分为：材料费、人工费、其他直接费、间接费用（为组织和管理辅助生产所发生的费用）。

该账户的借方核算所发生的费用。发生费用支出时，记入“辅助生产成本”账户的借方，同时记入“原材料”“应付职工薪酬”“银行存款”等账户的贷方。发生的间接费用，先在“制造费用”账户进行归集，期末再按一定的标准分配计入。该账户的贷方核算分配转出的费用。月末，分不同情况进行分配和结转：凡对外单位提供产品、劳务的部分，应按实际成本，借记“主营业务成本”“其他业务成本”等账户，贷记“辅助生产成本”账户；凡为本企业生产单位和管理部门等提供的产品和劳务，应按一定的分配标准分配给各受益对象，借记“农业生产成本”“制造费用”“管理费用”等账户，贷记“辅助生产成本”账户；该账户期末一般应无余额。

3.“制造费用”账户

该账户核算农业企业所属单位为生产农业产品和提供相应劳务而发生的各项间接费用，包括工资薪酬及社保费、折旧费、租赁费、办公费、水电费等。发生各项间接费用支出时，借记“制造费用”账户，贷记“原材料”“应付职工薪酬”“银行存款”等账户。按一定方法分配间接费用时，借记“农业生产成本”等账户，贷记“制造费用”账户。该账户期末应无余额。

此外，企业发生的期间费用，应通过设置“管理费用”“财务费用”和“销售费用”等账户分别进行核算，这里不再赘述。

7.2.3　农业企业的生产成本核算程序

为了正确、及时地计算产品的实际成本，农业企业必须根据成本核算的组织体系和各种生产费用的性质与特点，按照一定的核算程序，正确地组织产品成本的核算。规模较大的农业企业，可实行两级成本核算，即分别在基层核算单位和企业进行。规模较小的企业，可实行一级成本核算，即成本核算集中在企业进行。企业还应当根据生产经营特点和成本管理要求确定成本核算的重点和对象。对主要产品的成本应单独组织核算，次要产品的成本可适当合并核算。

农业企业产品成本核算程序，一般可归纳为以下几点：

- 分配各项生产费用
- 分配辅助生产费用
- 分配机械费用
- 分配制造费用
- 结转完工产品实际成本

7.2.4　农业企业的产品成本核算

农业生产包括农产品生产、林产品生产、畜（禽）产品生产、水产品生产及副业生产等，本节只以农产品为例说明其产品成本核算。

农业企业生产的主要农产品，一般包括：小麦、水稻、大豆、玉米、棉花、糖料、烟叶等。农产品的生产受自然气候影响较大，其生产周期较长，有的每年只收获一次，有的多年收获一次。因此，成本计算期应与生产周期相一致。

农业产品的成本和费用，应核算至以下阶段：粮豆的成本算至入仓入库和能够销售为止。从仓囤出库和场上交售发生的包装费、运杂费，作为销售费用处理。棉花的成本算至加工皮棉为止。打包上交过程中发生的包装费、运输费，作为销售费用处理。纤维作物、香料作物等农产品的成本，算至加工完成为止。年底尚未脱粒作物的成本，应当包括预提脱粒费用。下年度实际发生的脱粒费用与预提数的差额，由下年度同一作物负担。农业产品的成本项目，包括直接材料、直接人工、其他直接费、间接费用以及往年费用。农产品成本的核算要按上述成本项目分别进行。

1. 直接材料的核算

农业企业产品成本中的直接材料，是指企业在农业生产经营过程中实际消耗的各种材料，包括种子和种苗、肥料和农药、燃料和动力、备品和配件以及其他材料等。

实际工作中，企业应对确属生产耗用的材料，分不同成本核算对象编制“材料耗用汇总表”，以汇总计算各个成本核算对象所耗材料的实际成本。

【例 7-10】为了便于举例说明农产品成本核算的简要过程，假定某农业企业本年度种植水稻和玉米两种主要农产品。本期根据两项主要农产品所耗材料，编制了“材料耗用汇总表”，如表 7-8 所示。

根据表 7-8，编制会计分录如下：

借：农业生产成本——水稻　　34 000
　　　　　　　　——玉米　　7 000
　　　　　　　　——机械作业　　3 600
　　制造费用　　2 400
　贷：农用材料　　　　41 000
　　　辅助材料　　　　6 000

表 7-8　材料耗用汇总表

2018 年 3 月　　（单位：元）

材料 部门	种子	肥料及农药	辅助材料	合计
水稻	20 000	14 000		34 000
玉米	2 000	5 000		7 000
机械作业			3 600	3 600
生产队			2 400	2 400
合计	22 000	19 000	6 000	47 000

2. 直接人工的核算

农业企业产品成本中的直接人工，是指企业直接从事农业生产经营人员的工资薪酬、奖金、津贴和补贴等。企业对所发生的人工费用，应采用比例分配方法，在各种产品之间进行分配。通常可采用按各产品实耗工日比例分配。计算公式如下：

$$\text{直接人工分配率} = \frac{\text{直接人工总额}}{\text{实际耗用总工日数}}$$

$$\begin{matrix}\text{某产品应分配}\\\text{直接人工}\end{matrix} = \begin{matrix}\text{该产品实际}\\\text{耗用工日数}\end{matrix} \times \text{直接人工分配率}$$

该企业本期分配工资及社保费资料，如表 7-9 所示。

表 7-9　工资薪酬及社保费分配表

2018 年 3 月　　　　　　　　　　（金额单位：元）

材料 部门	实耗工日 分配率：200	应分配工资	提取社保费	合计
水稻	300 工日	60 000	8 400	68 400
玉米	100 工日	20 000	2 800	22 800
小计	400 工日	80 000	11 200	91 200
机械作业		9 600	1 344	10 944
生产队		24 400	3 416	27 816
合计		114 000	15 960	129 960

根据表 7-9，编制会计分录如下：

借：农业生产成本——水稻　　68 400
　　　　　　　——玉米　　22 800
　　　　　　　——机械作业　　10 944
　　制造费用　　27 816
　贷：应付职工薪酬——工资　　114 000
　　　应付职工薪酬——社会保险费　　15 960

3. 固定资产折旧及保养费的核算

农业企业在生产经营中使用的固定资产，应按规定的折旧方法计提折旧费，连同所发生的固定资产保养费，计入产品成本中。

以例 7-10 中的企业为例。该企业本期应提折旧及保养费资料如表 7-10 所示。

表 7-10　固定资产折旧及保养费分配表

2018 年 3 月　　　　　　　　　　（单位：元）

项目 部门	应计提折旧	保养费支出	合计
机械作业	15 000	6 000	21 000
生产队	17 000	14 000	31 000
合计	32 000	20 000	52 000

根据表 7-10，编制会计分录如下：

借：农业生产成本——机械作业　　21 000
　　制造费用　　31 000
　贷：累计折旧　　32 000
　　　银行存款　　20 000

4. 机械作业费的核算

企业在生产经营过程中发生的机械作业费用，应通过设置“农业生产成本——机械作业”明细账户进行归集，期末再按照有关受益对象的受益量进行分配。

以例 7-10 中的企业为例，该企业本期所发生的机械作业费资料如下：

直接材料　3 600 元
直接人工　10 944 元
折旧及保养费　21 000 元
其他费用　2 456 元
合计　38 000 元

企业在一定时期内发生的机械作业费，可按实际完成的工作量（标准亩）比例进行分配，如表 7-11 所示。

表 7-11　机械作业费分配表

2018 年 3 月

产品	作业标准（亩）	费用分配率	应分配金额（元）
水稻	4 600	5	23 000
玉米	3 000	5	15 000
合计	7 600	—	38 000

根据表 7-11，编制会计分录如下：

借：农业生产成本——水稻　23 000
　　　　　　　　——玉米　15 000
　贷：农业生产成本——机械作业　38 000

5. 间接费用的核算

农业企业的间接费用，是指企业各个生产经营单位（生产队）为组织和管理市场所发生的生产单位管理人员工资薪酬及社会保险费、固定资产折旧费、机物料消耗、水电费、办公费、差旅费等，亦称制造费用。企业发生的间接费用，可按全年工资总额比例分配。

以例 7-10 中的企业为例。该企业本期发生的全部间接费用资料如下：

材料费　2 400 元
工资薪酬及社保费　27 816 元
折旧费　31 000 元
其他费用　3 784 元
合计　65 000 元

该企业间接费用的分配，如表 7-12 所示。

表 7-12　间接费用分配表

2018 年 3 月　（金额单位：元）

产品	工资总额	费用分配率	应分配金额
水稻	60 000	0.8125	48 750
玉米	20 000	0.8125	16 250
合计	80 000	—	65 000

根据表 7-12，编制会计分录如下：

借：农业生产成本——水稻　　48 750
　　　　　　　——玉米　　16 250
　贷：制造费用　　65 000

通过上述核算过程，企业本期发生的各项费用，均已登记在“农业生产成本”明细账内，如表 7-13、表 7-14 所示。

表 7-13　农业生产成本明细账

产品名称：水稻　　2018 年 3 月　　（单位：元）

摘要	直接材料	直接工资	其他直接费	制造费用	合计
分配材料费	34 000				34 000
分配人工费		68 400			68 400
分配机械费			23 000		23 000
分配间接费				48 750	48 750
合计	34 000	68 400	23 000	48 750	174 150

表 7-14　农业生产成本明细账

产品名称：玉米　　2018 年 3 月　　（单位：元）

摘要	直接材料	直接工资	其他直接费	制造费用	合计
分配材料费	7 000				7 000
分配人工费		22 800			22 800
分配机械费			15 000		15 000
分配间接费				16 250	16 250
合计	7 000	22 800	15 000	16 250	61 050

企业应根据各产品的“农业生产成本”明细账和相关资料，于年末编制“农业主要产品成本表”，以计算各产品的总成本、单位成本、单位面积成本等指标。例 7-9 中所示企业的相应信息如表 7-15 所示。

表 7-15　农业主要产品成本表

2018 年 12 月　　（金额单位：元）

项目 \ 产品	水稻	玉米	合计
直接材料	80 617.6	21 013.0	101 630.6
其中：种子和种苗	47 412.4	6 008.9	53 421.3
肥料和农药	33 205.2	15 004.1	48 209.3
直接人工	162 226.4	68 425.3	230 651.7
其他直接费	54 557.3	45 012.2	99 569.5
制造费用	115 598.7	48 749.5	164 348.2
生产成本合计	413 000	183 200	596 200
减：副产品价值	4 300	1 150	5 450
主要产品总成本	408 700	182 050	590 750
播种面积（亩）	500	400	900
总产量（千克）	460 300	280 800	—
单位面积成本	817.40	455.13	—
主要产品单位成本	0.88	0.65	—

7.3 商品流通企业成本核算

7.3.1 商品流通企业的特点

1. 商品流通企业的性质

商品流通企业即商业企业，是指以从事商品流通为主营业务的企业。商品流通企业是通过商品的购、销、调、存等经营业务来组织商品流通的，其中购进和销售业务是完成商品流通企业基本任务的关键性活动。调拨、储存、运输等经营活动都是围绕着商品购销活动展开的。

商品流通企业包括商业、粮食、物资供应、供销合作社、对外贸易、图书发行、医药商业、石油商业、烟草商业等企业。

2. 商品流通企业的分类

商品流通企业按流通企业在社会再生产过程中的作用划分，可分为批发企业和零售企业。

（1）批发企业。批发企业是以批发业务为主，使商品从生产领域进入流通领域，在流通领域中继续流转或进入生产性消费领域。

（2）零售企业。零售企业以从事零售业务为主，使商品从生产领域或从流通领域进入非生产性消费领域。

此外，有的商品流通企业既从事批发业务，也从事零售业务，称为批零兼营企业。

3. 商品流通企业的经营特点

商品流通企业与其他行业企业的经营活动相比较，主要有以下方面特点：

- 商品流通企业的经营活动主要是商品的购销活动。
- 商品流通企业资产中，存货资产所占比重较大，是企业资产管理的重点。
- 商品流通企业的资金运动是以“货币→商品→货币”为主要形式，也就是货币和商品之间的转换。

7.3.2 商品流通企业的成本

商品流通企业的成本主要有商品成本和其他业务成本。

商品流通企业的商品成本包括商品采购成本、商品存货成本、商品加工成本、商品销售成本和其他业务成本。

1. 商品采购成本

商品采购成本是因采购商品发生的成本。主要包括买价，因采购商品发生的采购费用，按新会计准则存货准则的规定，应计入商品采购成本。因此，商品流通企业的商品采购成本不仅采购商品的进价成本、采购费用，而且还包括应计入商品采购成本的税金。例如，增值税一般纳税企业从小规模纳税企业购进商品所支付的增值税；进口商品的关税、消费税。

2. 商品存货成本

商品流通企业的存货成本一般以商品的采购成本为基础进行核算，结合发出存货的计价方法确定发出存货的成本。例如，商品流通企业采用先进先出法确定发出商品存货的成本。

但是，如果商品流通企业的商品采购受季节性影响，所发生的采购费用、仓储费用较大而且不均衡时，为提高成本核算的真实性，正确反映存货的价值，也可将这些金额较大的采购费用、仓储费用按商品存销比例进行分配。经过分配后，一部分采购费用、仓储费用就计入了存货成本。

3. 商品加工成本

商品流通企业的商品加工成本与制造业的生产成本相同，指企业将原材料或半成品等进行加工制成商品的全部支出。商品加工成本包括原材料或半成品成本、加工费用以及相关税金。

4. 商品销售成本

商品销售成本是指已售商品的成本，它在期末要与当期的销售收入进行配比计算利润。商品销售成本的计算要根据商品购进成本以及企业所用的存货计价方法确定。

5. 其他业务成本

其他业务成本是商品成本以外的其他销售或提供其他劳务等发生的成本，包括直接材料、直接人工、其他费用以及计入其他业务成本的税金等。

7.3.3　商品流通企业库存商品的核算

商品流通企业的库存商品核算方法分为数量金额核算法和金额核算法两大类。

1. 数量金额核算法

数量金额核算法是同时以实物量和价值量指标核算库存商品的增减变动及其结存的情况。由于价值指标可分为进价金额和售价金额，因此数量金额核算法又具体分为数量进价金额核算法和数量售价金额核算法两种方法。

但无论采用什么价值指标，商品的计价以采购商品的进价成本为基础。

（1）数量进价金额核算法。采用这种方法时，按商品的品名、规格同时用数量和金额反映和监督商品的进、销、存增减变化。企业设置“库存商品”总账，按商品进价金额记账。按商品的大类设置二级账，以进价金额记录大类商品的增减变化及其结果。按商品的种类、品名、规格、存放地点设置库存商品明细账，用数量和进价金额记录商品的增加、减少和结存。采用这种方法，还应按库存商品明细账分户的方法在仓库设置库存商品保管账，登记商品进、销、存的数量。通过库存商品保管账与库存商品明细账核对，保证两账的数量相符。这种核算方法主要适用于批发商品和农副产品采购等商品流通企业。

（2）数量售价金额核算法。采用这种方法时，按商品品种同时用数量和售价金额两种计量单位记录商品进、销、存的增减变化。采用数量售价金额核算法，库存商品总账、二级账及其明细账均以商品售价金额记录。在库存商品按售价记录的同时，为了反映商品的进价成本，应将售价高于进价的差额单独设置“商品进销差价”账户进行核算，以便调整库存商品账户的售价金额，并计算已销商品的进价成本。这种方法主要适用于供应价格比较稳定，同时具备前店后仓、批仓结合，财会部门、业务部门和仓库同在一地的基层批发企业和经营贵重的零售企业。

2. 金额核算法

金额核算法是在建立对实物管理负责制的基础上，以货币为计量单位来反映和监督库存商品的增减变动及结存的核算方法。由于价值指标分为进价金额和售价金额，因此金额核算法又分为进价金额核算法和售价金额核算法。

（1）进价金额核算法。进价金额核算法也称“进价记账，盘存计销”核算法。采用这种方法，财会部门应设置“库存商品”总账，按实物负责人分户设置库存商品明细账。库存商品总账、明细账一律以进价金额记账，只记金额，不记数量。商品购进时以进价金额记账，不记数量；商品销售后只反映收入，不结转销售成本。月末通过实地盘点，按最后一批购进商品的进价单价计算月末结存商品的金额，再倒算本月已销售商品的进价成本。这种方法适用于经营鲜活商品的零售企业。

（2）售价金额核算法。售价金额核算法也称“售价金额记账，实物负责制”。采用这种方法，企业应建立实物管理负责制，并根据经营情况按经营的商品种类或地点划分若干营业小组、柜组或门市部，确定实物责任人，负责人对其经营的商品负责。财会部门按各实物负责人设置明细账，记录所经销商品的增、减、结存的情况。售价记账、金额控制，库存商品总账和明细账发生的增减变化，一律以售价金额在库存商品总账和明细账内进行记录，只记金额，不记数量，以售价金额控制各实物负责人经营的全部商品的进、销、存情况。企业必须建立定期盘点制度，商品的存货平时只反映金额，不反映商品的品名、数量，通过期末盘点以保证账实相符。为了反映商品的进价成本，应对售价高于进价的差额单独设置“商品进销差价”调整类账户核算。这种方法主要适用于经营工业品的零售企业。

7.3.4 商品销售成本核算的基本问题

库存商品的核算方法不同，商品销售成本的核算也不相同。商品销售成本的计算首先要解决已销商品的进货单价的确认和成本计算顺序两个基本问题。

1. 已销商品的进货单价的确认

实行进价金额核算的商品流通企业，库存商品是按进价记录的，商品销售成本应该按销售数量乘以原进货单位成本。但是由于各批商品进货单价不同，商品销售成本核算的关键在于进货成本的确认。

进货成本的确认可以采用先进先出法、后进先出法、加权平均法、最后进价法、个别记价法、毛利率法等。

2. 成本计算顺序

成本计算顺序有顺算成本法和逆算成本法两种形式。

（1）顺算成本法。顺算成本法是根据商品的单位成本先确认商品销售成本，再确认期末存货成本。计算公式如下：

$$\text{商品销售成本}=\text{商品销售数量}\times\text{商品单位成本}$$

$$\begin{matrix}\text{期末结存}\\\text{商品成本}\end{matrix}=\begin{matrix}\text{期初结存}\\\text{商品成本}\end{matrix}+\begin{matrix}\text{本期购入}\\\text{商品成本}\end{matrix}-\begin{matrix}\text{商品销}\\\text{售成本}\end{matrix}$$

（2）逆算成本法。逆算成本法根据商品的单位成本先确认期末结存商品成本，再确认商品销售成本。计算公式如下：

$$\text{期末结存商品成本}=\text{期末结存数量}\times\text{商品单位成本}$$

$$\begin{matrix}\text{商品销售}\\\text{成本}\end{matrix}=\begin{matrix}\text{期初结存}\\\text{商品成本}\end{matrix}+\begin{matrix}\text{本期购入}\\\text{商品成本}\end{matrix}-\begin{matrix}\text{期末结存}\\\text{商品成本}\end{matrix}$$

7.3.5 数量进价金额核算法、进价金额核算法下销售成本的核算

1. 数量进价金额核算法、进价金额核算法下销售成本的计算

采用数量进价金额核算法的企业可根据具体情况，采用先进先出法、后进先出法、全月一次加权平均法、个别计价法、最后进价法、毛利率法等方法确定商品销售成本以及期末结存商品的成本。

（1）先进先出法。先进先出法是以先购入的商品先销售为假定前提的计价方法，其成本计算采用顺算法。

采用这种方法，就是每次销售商品后，按结存商品的第 1 批的进货单价计算商品销售成本。如果销售数量超过第 1 批购进的商品数量，超过的部分按第 2 批购入的商品进货单价计算，并以此类推。

采用这种方法，比较符合商品的实物流动，一般企业都尽可能把先购入的商品先销售，特别是经营鲜活商品的企业。这种方法使存货的价值比较接近当时的物价水平。

（2）全月一次加权平均法。全月一次加权平均法是在期末时，分别根据每种商品的数量和金额计算该种商品的加权平均单位成本，然后根据期末库存商品数量计算库存商品成本，最后再确定本期销售成本，其成本计算一般采用逆算法。计算公式如下：

$$加权平均单价=\frac{期初结存商品成本+本期购入商品成本}{期初结存商品数量+本期购入商品数量}$$

$$期末结存商品成本=期末结存商品数量\times加权平均单价$$

$$商品销售成本=期初结存商品成本+本期购入商品成本-期末结存商品成本$$

（3）个别计价法。个别计价法也称分批实际进价法，是以商品购销能分清批次为依据的计算方法，其成本计算采用顺算法。计算公式如下：

$$某批商品销售成本=该批商品销售数量\times该批商品实际进价$$

（4）最后进价法。最后进价法是一种以期末主要进货地区的最后一次单价作为计算期末结存商品成本的依据，其成本计算采用逆算法。计算公式如下：

$$期末结存商品成本=期末结存数量\times最后一次进货单价$$

$$商品销售成本=期初结存商品成本+本期购入商品成本-期末结存商品成本$$

（5）毛利率法。毛利率法是一种以上季度实际毛利率或本期计划毛利率为依据匡算销售毛利，然后确定销售成本的计算方法。

对某些批发企业，由于经营商品的种类较多，按月以前述存货的计价方法确定商品销售成本或结存商品的成本有困难的，可以采用毛利率法。具体做法是：

1）一个季度的前两个月，根据上季度实际毛利率或本季度计划毛利率分商品类别匡算销售毛利，进而估算本季度前两个月商品销售成本，然后再据以确定结存商品的成本。

2）为了真实地反映商品的实际销售成本，正确计算企业的销售利润，在季度末还应采用上述的其他方法，用逆算法先确定季末结存商品的成本，然后根据季度初结存商品成本、本季度购入商品成本以及季末结存商品的成本计算本季度销售商品成本总额。最后，用本季度销售商品成本总额减去前两个月估算的商品销售成本，其差额作为最后一个月的实际销售成本。

每季度前两个月的商品销售成本、月末结存商品成本计算公式如下：

$$销售毛利=本期销售收入\times上季度毛利率或本期计划毛利率$$

$$本月商品销售成本=本月销售收入-销售毛利$$

或

$$=本月销售收入\times(1-毛利率)$$

$$月末结存商品成本=月初结存商品成本+本月购入商品成本-本月商品销售成本$$

季度末月商品销售成本、月末结存商品成本的计算公式如下：

$$\text{本季度销售商品总成本} = \text{季度初结存商品成本} + \text{本季度购入商品成本总额} - \text{季度末结存商品成本}$$

$$\text{季度末月销售商品成本} = \text{本季度销售商品总成本} - \left(\text{本季度第 1 个月估算的商品销售成本} + \text{本季度第 2 个月估算的商品销售成本}\right)$$

值得注意的是，毛利率法是按大类商品或全部商品计算商品销售成本，而不是按每种商品计算商品销售成本。

【例 7-11】某商品流通企业经营大类商品，7 月的商品销售收入 50 000 元，8 月商品销售收入 62 000 元，上季度末该类商品实际毛利率为 9%。计算 7、8 月的商品销售成本。

7 月的销售成本 = 50 000×（1−9%）= 45 500（元）

8 月的销售成本 = 62 000×（1−9%）= 56 420（元）

再假设该企业季度初结存商品成本 90 000 元，本季度购进该类商品成本 120 000 元，9 月末该类商品结存 500 件，最后一次进价每件 160 元。请计算 9 月的销售成本。

季度末结存商品成本 = 160×500 = 80 000（元）

本季度商品销售成本 = 90 000 + 120 000 − 80 000 = 130 000（元）

9 月销售成本 = 130 000 −（45 500 + 56 420）= 28 080（元）

上述几种成本计算方法各有其优缺点，商品流通企业应根据自身的经营情况选择适当的计算方法，但必须注意的是，无论选择哪种计算方法，一般在一个会计年度内不得改变，以保持计算口径的一致性。

2. 数量进价金额核算法、进价金额核算法下销售成本的结转方法

当商品销售成本计算出来后，还应按一定的结转方法把商品销售成本从“库存商品”账户结转到“主营业务成本”账户。此时，结转销售成本的方法有分散结转和集中结转两种。

（1）分散结转法。分散结转法是指按每种商品明细账分别计算出商品销售成本和期末结存商品成本，在每一个账户中逐一转出商品销售成本，然后逐户汇总，求得全部商品的销售成本，再从库存商品总账上一笔结转销售成本。

这种方法的特点是采用顺算成本法逐户计算销售成本和期末结存商品成本，并分别反映在各个明细账中，然后将商品销售成本转入总分类账户。

（2）集中结转法。集中结转法是指按每一商品明细账登记期末结存商品成本，并将每个商品明细账中登记的期末结存商品成本进行汇总，再按大类商品采用逆算成本法倒求商品销售成本，最后在库存商品总账上一笔结转销售成本。

无论是分散结转和集中结转，其会计处理是相同的，即：

借：主营业务成本	×××	
贷：库存商品		×××

3. 销售成本结转的时间

按照配比性原则的要求，销售成本的结转必须与商品销售收入在同一个会计期间进行。在具体时日上，销售成本的结转又分为逐日结转和定期结转两种方法。

（1）逐日结转法。逐日结转法是指每日实现商品销售收入时，立即结转商品销售成本。逐日结转法适用于采用顺算成本法，并要求分项考核商品销售成果的企业，如进口商品销售、出口商品销售、代销商品销售等。

（2）定期结转法。定期结转法是指在一定时期末将当期的销售商品的成本一并结转。这种方法适用于采用逆算成本法，并于期末集中计算已销商品成本的企业。

7.3.6　数量售价金额核算法、售价金额核算法下销售成本的核算

1. 数量售价金额核算法、售价金额核算法的特点

商品流通企业采用数量售价金额核算法时，库存商品按商品售价计量，库存商品的进价与售价的差额单独设置“商品进销差价”账户核算。当销售商品时，对已销商品的销售成本按售价进行结转。为了调整按售价计算的销售成本，需要计算商品进销差价率，并以此计算进销差价额，将已销商品成本由售价金额调整为进价金额。

2. 商品进销差价率的计算

计算商品进销差价率，一方面是将已销商品的成本由售价调整为进价，另一方面是将库存商品的成本由售价调整为进价。

商品进销差价率的计算有综合差价率法、分类（柜组）差价率法和实际差价计算法 3 种方法。

（1）综合差价率法。综合差价率法是按全部商品的存销比例分摊商品进销差价的方法，计算公式如下：

$$\text{综合差价率}=\frac{\text{商品进销差价账户期初余额}+\text{本期商品的进销差价额}}{\text{期末结存商品成本（售价金额）}+\text{本期销售商品的销售收入}}\times 100\%$$

$$\text{本月销售商品应分摊的进销差价}=\text{本月销售商品的销售收入}\times\text{综合差价率}$$

$$\text{月末结存商品应分摊的进销差价}=\text{月末结存商品成本（售价金额）}\times\text{综合差价率}$$

【例 7-12】某商品流通企业“商品进销差价”账户期初余额 37 000 元，本期购入商品的进销差价为 62 000 元。月末“库存商品”账户余额 345 000 元，本月销售商品收入 555 000 元。请用综合差价率计算本月已销商品的进销差价以及库存商品进销差价。

$$\text{综合差价率}=\frac{37\,000+62\,000}{345\,000+555\,000}\times 100\%=11\%$$

$$\text{本月已销商品应分摊的进销差价}=555\,000\times 11\%=61\,050\text{（元）}$$

$$\text{月末结存商品应分摊的进销差价}=345\,000\times 11\%=37\,950\text{（元）}$$

采用综合差价率法，其优点是比较简便，但由于不同种类的商品的进销差价不同，计算结果不够准确，最后会影响商品的销售毛利和库存商品价值的准确性。

（2）分类（柜组）差价率法。分类（柜组）差价率法是按各大类（或柜组）商品的存销比例分摊各类（柜组）商品进销差价的一种方法。

采用这种方法，“主营业务收入”“库存商品”“商品进销差价”账户需按商品大类或柜组设置明细账。

由于同一类商品的进销差价比较接近，因此这种方法计算结果比综合差价率准确些。

（3）实际价差计算法。实际价差计算法也称盘存商品进销差价计算法，它通过对各种商品进行实地盘点，以盘存数量分别乘以商品的进价单价、售价单价，求出结存商品应保留价差，然后用商品进销差价额减去结存商品应保留价差，倒求销售商品的进销差价。计算公式如下：

$$库存商品售价总额=\Sigma(每种商品盘存数量\times该商品售价单价)$$

$$库存商品进价总额=\Sigma(每种商品盘存数量\times该商品进价单价)$$

$$库存商品应保留价差=库存商品售价总额-库存商品进价总额$$

$$\begin{matrix}已销商品\\进销价差\end{matrix}=\begin{matrix}月末进销差\\价账户余额\end{matrix}-\begin{matrix}库存商品应保\\留进销差价\end{matrix}$$

【例 7-13】某商品流通企业月末“库存商品”账户余额为 228 500 元，“商品进销差价”账户余额为 55 800 元。期末盘点后，实际结存数量与账面数量相符。按商品进价计算的商品进价总额为 186 100 元。请采用实际差价计算法计算本月已销商品进销差价。

月末库存商品应保留进销差价 = 228 500 − 186 100 = 42 400（元）

本月已销商品进销差价 = 55 800 − 42 400 = 13 400（元）

实际价差计算法比前面介绍的两种方法都准确，但由于要查找各种商品原进价，并且要对期末库存商品实地盘点，工作量很大，一般月度不宜采用这种方法。在年底调整核实库存商品的进销差价时，才使用这种方法。

3. 数量售价金额核算法、售价金额核算法下销售成本的结转

数量售价金额核算法、售价金额核算法下，首先按售价金额结转销售成本，然后根据计算的已销商品分摊的进销差价额来调整按售价金额计算的销售成本。相应的会计分录如下：

借：主营业务成本	×××	
贷：库存商品		×××
借：商品进销差价	×××	
贷：主营业务成本		×××

【例 7-14】接例 7-10。该商品流通企业当期销售成本售价金额为 345 000 元，已销商品进销差价为 13 400 元。请做结转销售成本的会计处理。

借：主营业务成本	345 000	
贷：库存商品		345 000
借：商品进销差价	13 400	
贷：主营业务成本		13 400

注：已销商品进价金额 = 345 000 − 13 400 = 331 600（元）

▶本章小结

本章主要讲述了如何进行建筑施工企业、农业企业以及商品流通企业的成本核算。

施工企业的生产具有产品固定性和单一性、生产的流动性和长期性等特点，这决定了它们的工程成本以单位工程为成本核算对象、以同类工程为成本核算对象、以分部工程为成本核算对象

或各施工企业都以同一单位工程为成本核算对象。施工企业应设置“工程施工”“机械作业”和“辅助生产成本”等账户组织成本核算。

农业企业的生产成本是由生产经营过程中发生的直接费用和间接费用构成的。企业行政管理部门为组织和管理生产经营活动而发生的期间费用（包括管理费用、财务费用和营业费用），直接计入当期损益，不构成生产成本。农业企业一般应设置“农业生产成本”“辅助生产成本”“制造费用”等账户。对主要产品的成本应单独组织核算，次要产品的成本可适当合并核算。

商品流通企业的商品成本包括商品采购成本、商品存货成本、商品销售成本、商品加工成本和其他业务成本。商品流通企业的库存商品核算方法分为数量金额核算法和金额核算法两大类。商品销售成本的核算有数量进价金额核算法、进价核算法、数量售价金额核算法和售价金额核算法。

思考题

1. 施工企业的生产有哪些特点？
2. 如何确定工程成本核算对象？
3. 工程成本核算应设置哪些账户？
4. 如何组织工程成本核算？
5. 农业企业的生产成本包括哪些内容？
6. 农业企业一般应设置哪些成本类账户？
7. 农业企业产品成本核算要经过哪些程序？
8. 商品流通企业的成本包括哪些内容？
9. 如何对商品流通企业的库存商品进行核算？
10. 进行商品销售成本核算应解决的基本问题是什么？
11. 什么是毛利率法？这种方法适用于哪些商品流通企业？

自测题

自测题 7-1

单项选择题

1. “工程施工”会计科目的类别应该属于（　　）。
   A. 资产类　B. 成本类　C. 负债类　D. 损益类
2. 施工成本中的机械使用费，是指施工过程中使用的费用，不应包括（　　）费。
   A. 自有机械折旧　B. 修理　C. 租赁　D. 租赁保证金
3. 商品流通企业的对库存商品核算方法可以选择（　　）。
   A. 计划成本核算法　B. 金额核算法　C. 实际成本核算法　D. 数量核算法
4. 采用（　　）计价比较符合商品的实物流动，一般企业都尽可能把先购入的商品先销售，特别是经营鲜活商品的企业。这种方法使存货的价值比较接近当时的物价水平。
   A. 先进先出法　B. 个别计价法　C. 全月一次加权平均法　D. 最后进价法
5. 下列账户中，不属于农业企业生产成本核算的账户是（　　）。
   A. 农业生产成本　B. 农业大棚管理费用　C. 辅助生产成本　D. 制造费用

多项选择题

1. 施工企业的成本项目一般包括（　　）。

A. 人工费　　B. 机械使用费　　C. 间接费用　　D. 其他直接费

2. 施工企业的成本核算对象一般可以（　　）。

A. 以单位工程为对象　　B. 以分项工程为对象　　C. 以同类工程为对象　　D. 以分部工程为对象

3. 工程成本中的人工费包括施工人员的（　　）。

A. 工资薪酬　　B. 社会保险费　　C. 奖金　　D. 职工教育经费

4. 农业企业进行成本核算时，应设置（　　）成本类账户。

A. 农业生产成本　　B. 辅助生产成本　　C. 制造费用　　D. 机械作业成本

5. 商品流通企业的商品成本的成本包括（　　）内容。

A. 商品采购成本　　B. 商品存货成本　　C. 商品加工成本　　D. 商品销售成本

判断题

1. 施工企业因场地狭小而发生的材料二次搬运费应该记人工程成本的“其他直接费”项目。（　　）
2. 施工企业的间接费用的核算与制造业一样，都是先将所发生的间接费用归集起来，期末按照一定的分配标准进行分配。（　　）
3. 农产品的生产受自然气候影响较大，其生产周期较长，成本计算期应与生产周期相一致，其成本应于产品产出的月份核算。（　　）
4. 农业企业发生的间接费用可以按全年工资总额比例分配。（　　）
5. 商品销售成本的计算首先要解决已销商品的进货单价的确认和成本计算顺序的两个基本问题。（　　）

自测题 7-2

目的：掌握施工企业的成本核算。

资料：A 施工单位承包了两项土建工程，甲工程已于上年度 9 月开工，本月竣工；乙工程本月开工，年末竣工。2014 年 3 月的有关成本核算资料如下：

1. 甲工程期初未完施工成本为 37 790 元，其中人工费 2 700 元，材料费 30 150 元，机械使用费 1 065 元，其他直接费 375 元，间接费用 3 500 元。

2. 本期发生费用：

（1）工资薪酬及社会保险费（见练习题表 1）。

练习题表 1　　（单位：元）

人员类别	应付职工薪酬	提取社保费	合计
施工生产工人	47 696	5 962	53 658
机械操作工人	1 633	229	1 862
施工管理人员	7 664	1 073	8 737
合计	56 993	7 264	64 257

（2）生产工日：甲工程 2 950 工日，乙工程 2 470 工日，合计 5 420 工日。

（3）耗用材料（实际成本）如练习题表 2 所示。

练习题表 2　　（单位：元）

材料类别	甲工程	乙工程	施工机械	施工管理	合计
主要材料	21 950	81 150			103 100
结构件	57 250	98 850			156 100
机械配件			6 300		6 300
其他材料			5 520	15 600	21 120
周转材料摊销	13 400	12 250			25 650

（续）

材料类别	甲工程	乙工程	施工机械	施工管理	合计
合计	92 600	192 250	11 820	15 600	312 270

（4）计提的固定资产折旧及大修理费用（见练习题表 3）。

（5）共计发生水电费 13 500 元，其中甲工程 4 800 元，乙工程 6 700 元，施工机械 920 元，施工管理 1 080 元。

（6）施工机械工作台班共计 200 台班，其中甲工程 120 台班，乙工程 80 台班。

（7）本期应分摊财产保险费 710.70 元（长期待摊费用）。

（8）工程间接费按工程直接费比例在各工程之间进行分配。

练习题表 3　（单位：元）

人员类别	折旧费	大修理费	合计
施工机械	14 250	7 120	21 370
管理部门	9 600	4 800	14 400
合计	23 850	11 920	35 770

3. 乙工程期末未完施工成本为 48 400 元，其中人工费 7 800 元，材料费 33 400 元，机械使用费 1 750 元，其他直接费 950 元，间接费用 4 500 元。

要求：根据以上资料，计算本月已完工程实际成本。

自测题 7-3

目的：掌握商品流通企业的成本核算。

资料：B 商品流通企业“商品进销差价”账户有期初余额 20 000 元，本期购入商品的进销差价为 30 000 元。月末“库存商品”账户余额为 100 000 元，本月商品销售收入为 400 000 元。

要求：

（1）用综合差价率计算本月已销商品的进销差价以及库存商品进销差价。

（2）编制结转已销商品进销差价的会计分录。

自测题 7-4

目的：掌握商品流通企业的成本核算。

资料：C 零售企业采用售价金额核算法，当期发生了下列经济业务：

（1）采购商品 1 批，进价 3 000 元，增值税 510 元，货款及增值税用银行存款支付，商品已验收入库，售价金额 4 680 元。

（2）该批商品全部销售，款项 4 680 元存入银行。

（3）将含税收入折算为不含税收入，增值税税率 17%，结转增值税销项税额。

要求：

（1）计算该商品的进销差价。

（2）编制购进商品、验收入库、销售商品、结转销项税、结转已销商品成本、结转进销差价的会计分录。

（3）计算该企业的销售毛利。

第8章

管理会计概述

学习目标

1. 了解管理会计与经济发展、管理科学理论发展的关系
2. 了解管理会计产生的背景及其发展的根本原因
3. 熟悉现代管理会计的形成与发展过程
4. 掌握管理会计的定义和基本概念
5. 掌握管理会计的基本内容与职能
6. 掌握管理会计的特点
7. 掌握管理会计与财务会计的关系
8. 掌握管理会计与成本会计的关系

8.1 管理会计的定义

8.1.1 什么是管理会计

对于管理会计的定义，国内外学术界一直存在各种各样的观点，国内也长期存在着的信息系统论和管理活动论的争论。在各种观点中，一个经常被引用的定义是1966年8月美国会计学会为庆祝学会成立50周年纪念大会而发表的著名的《基本会计理论公报》(*A Statement of Basic Accounting Theory*) 中的会计定义。该公报将会计重新定义为“为了信息使用者可做出有根据的判断与决策而进行的确认、计量记录和报告经济信息的程序”。这个定义强调了经济信息的提供和经济信息的有效使用这两方面的重要性。会计信息的作用在于它有助于做出良好的判断和正确的决策。可见，会计与对企业经济信息的需求密不可分。了解这一点有助于我们理解现代会计的两大分支，管理会计和财务会计的划分，有助于理解管理会计的定义。

管理会计是以“管理支持为目的的会计分支，是通过相关信息的提供支持企业的各项管理行为，为改进企业经营管理、提高经济效益服务。管理会计通过一系列的专门方法，利用财务会计及其他有关资料进行整理、计算、对比和分析，使企业内部各级管理人员能够对各

个责任单位和整个企业日常的和预期的经济活动及其所反映出的经济信息进行计划、控制、评价和考核，并对企业管理当局的管理决策提供信息支持。从会计的发展历史上看，管理会计是随着传统财务会计的发展分离出来的一个企业会计分支，其目的是为企业管理层制定实施管理行为提供所依据的信息。管理会计分离出来后，传统企业会计模式形成了财务会计和管理会计两大分支。

管理会计在西方发达国家的发展，主要以美国为代表。1972 年，在美国会计师联合会下面单独设立了“管理会计师协会”，并创办了“管理会计证书”项目，举行管理会计师资格考试。此后，美国除了有注册会计师（CPA）以外，又出现了从事管理会计专门职业的注册管理会计师（CMA）。美国的“管理会计师协会”自 1985 年起改称“注册管理会计师协会”，并发行了《管理会计》月刊。

8.1.2　国外会计学界对管理会计定义的论述

西方会计学术界对管理会计所下的定义可以分为两类，下面分别予以介绍。

1. 广义的管理会计定义

最具代表性的广义的管理会计定义是美国全国会计师联合会（NAA）下设的管理会计实务委员会于 1981 年发布的管理会计公告《 MA1A ：管理会计的定义》中对管理会计所下定义：“管理会计是向企业管理当局提供关于企业内部计划、评价、控制以及确保企业资源的合理使用和经营责任的履行所需财务信息的确认、计量、归集、分析、编报、解释和传递过程。管理会计还包括为诸如股东、债权人、规章制定机构及税务当局等非管理集团编制财务报告。”该定义将管理会计视为一个大的会计体系，财务会计等只是其中的分支。1982 年 6 月，该委员会发布的公告《 MA1B ：管理会计的目标》中进一步说明：“管理会计师负责完成管理会计的目标，管理会计师的定义是广义的，它包括从事主计、司库、财务分析、计划与预算、成本会计、内部审计及普通会计等工作的各种人员。”[⊖]

2. 狭义的管理会计定义

除了管理会计的广义定义外，另一类属于狭义的管理会计定义。1958 年，美国会计学会下属的管理会计委员会对管理会计做了如下的定义：“管理会计是运用适当的技术和概念来处理某个主体的历史的和预期的经济数据，帮助管理当局制定具有适当经济目标的计划，并以实现这些目标、做出合理的决策为目的。”1966 年，美国会计学会在其《基本会计理论公报》中称：“管理会计是利用适当的技术和观念，加工历史和未来的经济信息，以帮助管理人员制定合理的经济目标方案，并协助管理部门达到其经济目标，制定合理的经济决策。”该定义认为，管理会计是一种技术和方法，它强调管理会计不仅加工历史信息，而且加工未来信息，表明了管理会计与财务会计的重要不同之处。此外，该定义还强调了管理会计主要是服务于企业内部的管理人员，帮助他们进行经济决策。美国管理会计师协会 1981 年给出的定义为：“管理会计是一个对财务信息进行确认、计量、汇总、分析、编制、解释和传递的过程，这些加工过的信息在管理中被用于内部的计划、评价和控制，并保证合理地、负责地利用企业的各种资源。”该定义强调了管理会计是为企业的内部计划、评价和控制服务，为充分、有效地利用企业资源服务，但它只局限于对财务信息的进一步加工、传递和使用。[⊜] 1988 年，国际会计师联合会常设的财务与管理会计委员会提出的管理会计的定义是：“管理

⊖　江庭友．西方管理会计基本理论研究概述 [J]．财会月刊，2003(5).

⊜　刘运国，魏哲妍．论现代管理会计的定义 [J]．会计之友，2004(5).

会计是在一个组织内部对管理当局用于规划、评价和控制的信息（财务的和经营的信息）进行确认、计量、积累、分析、编报、解释和传输的过程，以确保其资源的合理利用并对它们承担经营责任。”目前，这种狭义的管理会计定义被学术界与实务界广为接受。

3. 广义的管理会计定义与狭义的管理会计定义的区别

广义的管理会计定义与狭义的管理会计定义的最大区别在于：后者明确了管理会计信息的使用者是企业内部的管理人员，不包括企业外部的利益相关者。这就将管理会计与财务会计作为两个独立的分支而分离开，从而形成了现代会计的两个分支的划分。

8.1.3 国内学者对管理会计定义的论述

在国内会计学界，对于管理会计的定义也存在着多种观点，但是基本上都是从狭义的角度对管理会计进行定义的。余绪缨教授认为：“管理会计是为企业内部使用者提供管理信息的会计，它为企业内部使用者提供有助于正确进行经营决策和改善经营管理的有关资料，发挥会计信息的内部管理职能。”[㊀]余绪缨教授的定义强调了管理会计主要为企业内部管理和决策服务。

李天民教授认为：“管理会计主要是通过一系列专门方法利用财务会计提供的资料及其他有关资料进行整理、计算、对比和分析，使企业各级管理人员能据此对日常发生的一切经济活动进行规划与控制，并帮助企业领导做出各种决策的一套信息处理系统。”[㊁]李天民教授的定义强调了现代管理会计要为企业内部管理人员服务。

我们认为，管理会计是以强化企业内部经营管理、提高企业经济效益为最终目的的会计信息处理系统。管理会计运用一系列专门的方法，对财务会计以及其他信息进行重新加工和整理，通过确认、计量、记录、分析、解释与报告等一系列工作环节，实现对企业过去、现在和未来的经济活动的预测、决策、计划、控制、考核和评价，为企业内部管理提供信息依据，并直接或者间接参与企业经营管理，其服务对象是企业内部管理人员。而财务会计是以企业已经发生的经济业务为依据，以货币为主要计量手段，对企业的资金运动过程和结果以及资金运动过程中所形成的经济关系进行反映与监督，并主要向企业外部利益相关者提供反映企业财务状况和经营成果的信息。

8.2 管理会计的形成与发展

管理会计是为适应社会化大生产以及企业经济管理的客观需要，在科学技术迅速进步的推动下，在财务会计的基础上孕育、发展并分离出来的一个会计分支，是会计学和管理学相结合的产物。为了认识管理会计的本质和目标，把握其发展趋向，应当首先了解其产生和发展的历史。

8.2.1 管理会计的萌芽与形成阶段（20 世纪初至 50 年代）

管理会计的产生和发展同资本主义生产的发展有着密切的关系，其最初萌芽产生于 20 世纪初。19 世纪中期，尤其是进入 20 世纪以来，人类社会在经济和科学技术等各个方面都

㊀ 葛家澍，余绪缨．会计大典 [M]．北京：中国财政经济出版社，1999.

㊁ 李天民．管理会计学 [M]．北京：中央广播电视大学出版社，1984.

有了很大的发展，股份公司作为一种企业组织形式逐渐占据了统治地位，其特点是股权高度分散，并且股东人数众多，加之企业生产经营日趋复杂化和专业化，绝大部分股东不可能直接参与企业的日常经营管理，只能将企业资产的经营管理权授予职业管理人员，从而形成了所有权与经营权的明显分离。所有权与经营权的分离，使股东产生了对企业经营信息的迫切需求，也导致财务会计的进一步发展和完善。与此同时，管理会计开始逐渐从传统财务会计中分离出来。随着资本主义社会化大生产的逐渐成熟，企业生产工艺日益复杂，经营规模不断扩大，以美国为代表的西方资本主义国家进入了工业高速发展期。但是，企业在内部管理方面却仍然固守着传统的经验管理，而陈旧的经验管理方式无法克服粗放经营、生产效率低下及资源浪费严重等种种弊端。显然，传统的经验管理已经不能有效适用于对生产经营的控制，这种管理模式已经不适应工业的发展。企业的生产效率低下的状况同以大机器工业和大规模生产为特点的现代工业模式之间的矛盾越来越尖锐，对提高企业的经营管理水平的迫切需求，需要一种崭新的管理手段，以适应企业大规模社会化生产的需要，摆脱旧的管理模式对工业经济进一步发展的严重束缚。在这种形势下，19 世纪末 20 世纪初产生了科学管理法，其代表人物是美国的泰勒和法国的法约尔。尤其是西方管理理论古典学派的代表人物泰勒（F. W. Taylor）提出的科学管理理论取代了落后的“传统管理”，开创了企业管理的新纪元。科学管理的中心是提高劳动生产率，在理论上抛弃了根据经验、习惯、主观想象与假设进行企业管理的模式，主张采用科学的管理方法。被誉为“科学管理之父”的泰勒于 1911 年发表了著名的《科学管理原理》(*Principles of Scientific Management*)，其核心是科学分析人在劳动中的机械动作，制定最精确的操作方法，实行最完善的计算和监督制度。泰勒强调提高生产和工作效率，通过他所倡导的时间与动作研究，制定一定客观条件下可以实现并认为最有效率的标准，以此作为评价和考核的依据，以促使企业实现生产的各个方面高度的标准化。标准制定后，严格进行过程控制以保证标准的执行，杜绝一切可避免的资源浪费和低生产效率的产生。

随着泰勒的科学管理学说在理论和实践上的不断完善以及迅速推广，会计领域也出现了一些新的技术方法，包括“标准人工成本”“标准材料成本”“标准制造费用”“成本差异及差异分析”和“预算控制”等。

美国工程师哈里森在 1918 ～ 1920 年相继出版了《有助于生产的成本会计》《新工业时代的成本会计》和《成本会计的科学基础》等著作。哈里森采用了科学管理的各项原则，提出了标准成本概念，主张进行科学的事前成本计算，认为工业生产应该采用预计成本的办法并纳入会计系统，以形成真正的标准成本会计。这位精通会计又有科学管理思想的工程师，在长期研究的基础上，于 1930 年出版了《标准成本》一书，从而使标准成本的科学计算方法得以建立。1919 年，美国全国成本会计师协会（NACA）成立，该协会通过一系列研究报告以及地方性和全国性大会的召开，对推广标准成本计算起了很大作用。此后，美国会计学界经过近十年的争论，正式将标准成本纳入了会计系统。

同时，预算控制也和标准成本一样，被引进到会计中来。可以说，预算控制也是把“科学管理”运用于会计的产物。在美国企业会计实行预算控制制度的初期，预算控制一般仅限于单项预算，如销售预算、费用预算、成本预算、资本性投资预算或现金预算等。后来，在单项预算的基础上形成了企业的全面预算，通过预算与实际结果的对比，计算预算差异，并通过分析差异原因明确责任部门的经济责任，从而改进企业的经营管理工作。公共预算制度的实施始于 19 世纪末美国的小城镇，后来扩大到美国各州。1921 年 6 月，美国国会颁行《预算与会计法》，不仅对各级政府机构，而且对民间企业预算控制的推行产生了决定性的影响，对推行预算控制成本也产生了极大影响。1922 年，被誉为美国管理会计创始人之一的麦金西（J. O. Mckinsey）的《预算控制论》（*Budgetary Control*）问世，成为美国最早问世的管理会计专著。在管理会计的这个发展阶段产生的预算控制以及标准成本，将事先规划计算与事中监督控制、事后分析评价结合起来，消除生产中一切可能避免的损失和浪费，为会计直接服务于企业内部管理开创了新的途径。㊀

在预算控制和标准成本逐渐形成完善的同时，成本习性划分、变动成本法、弹性预算和保本点分析等方法也相继出现。1903 年，赫斯提出了用变动预算的方法来管理间接制造费用。1909 年，诺伯尔创制了利润坐标图，并于 1933 年提出了保本点分析。1934 年，威廉姆斯（J. H. Williams）的《弹性预算：费用控制和经理活动》一书出版。20 世纪 40 年代产生的行为学派也开始应用于企业管理，并提出“分权管理”形式，会计中逐渐出现了一些责任会计的理论和方法。1922 年，奎因坦斯出版的著作《管理会计：财务管理入门》(*Management Accounting*：*an Introduction to Financial Management*）一书中首次明确提出“管理会计”这个名称。1924 年，麦金西的《管理会计》(*Managerial Accounting*）论著出版。这些相关著作的问世，为管理会计作为一门学科的存在奠定了基础。

1952 年，国际会计师联合会正式通过了“管理会计”这个专门名词。1953 年，世界会计协会在巴黎的会议上正式承认管理会计是一门独立的科学，这基本标志管理会计的正式形成。㊁

综上所述，管理会计产生始于 20 世纪初，是以泰勒的科学管理理论为基础，以标准成本和预算控制（包括相关的变动成本法、弹性预算、保本点分析和责任会计等内容）为主要支柱的执行性管理会计，这两个制度的建立和实行标志着管理会计的雏形已经形成。从 20 世纪初至 50 年代，管理会计处于在传统会计内部孕育发展的初级阶段，其基本点是在企业整体战略和决策确定的前提下，解决在内部经营管理中如何提高生产效率和经营效果的问题，主要关注企业决策方案的落实和经营计划的执行，因此属于局部性和执行性的管理会计。

8.2.2 现代管理会计阶段（20 世纪 50 ～ 70 年代）

自 20 世纪初初步萌芽，管理会计的发展经历了一个比较长的历史过程。现代管理会计的迅速发展主要是在第二次世界大战以后，特别是在 20 世纪 50 年代以后。现代管理会计发展的客观条件是社会经济的发展、管理科学的变革和科学技术的进步。第二次世界大战后世界经济的发展与加强经济管理的客观需要，是管理会计迅速发展的根本原因，科学技术的进步为管理会计的发展和应用提供了必要的条件。从 20 世纪 50 年代开始，西方国家的经济发展出现了许多新的特点，科学技术的快速进步推动了世界经济的迅猛发展，企业的内外部环境发生了很大变化，主要表现在以下方面：新的生产技术的产生和应用以及市场需求的变化，缩短了产品的生产周期，加快了产品升级换代的速度；产品的工艺技术复杂程度增加，加工过程日趋复杂化，要求企业内部生产系统紧密结合和协作，生产专业化程度空前提高；资本和技术的密集化造成企业经营规模日趋庞大，跨国公司大量出现，经营方式日益复杂；市场竞争更加激烈，企业利润率普遍下降，经营日趋困难，经济危机频繁产生。在这个大的背景下，迫切要求企业实现管理现代化的转型，对生产经营活动进行更加科学精确的计划和控制，提高产品质量，降低成本以提高利润，加强企业的内部管理效率和对外部市场的灵活反

㊀ 倪国范，陆国藩，陈铁峰. 管理会计 [M]. 杭州：杭州大学出版社，1996.

㊁ 康晓东. 管理会计 [M]. 北京：兵器工业出版社，1996.

应及应变能力，增强整体竞争能力。与此相对应，准确及时的事前预测和正确的经营管理决策直接关系着企业的兴衰成败。

然而，在企业外部环境剧烈变化的情况下，曾对工业经济的发展发挥了巨大作用的“科学管理学说”已经无法适应不断变化的企业管理的需要。泰勒的科学管理理论的重点是对企业的生产过程进行科学管理，实行高度标准化，以提高生产和工作效率。因此，科学管理理论只重视生产过程的高度标准化，忽视了企业管理的全局性以及企业作为一个整体与企业外部的联系，同时也忽视了劳动者的主观能动性，只将他们作为机器的附属物来管理，因而不能适应第二次世界大战后西方经济发展的新形势，也自然不能适应企业新的管理要求。于是，现代管理理论的各种管理学派纷纷涌现，如社会系统学派、决策理论学派、系统管理学派、权变理论学派、管理科学学派、人际行为学派和群体行为学派等，逐渐取代了科学管理理论。

现代管理科学的形成和发展，对管理会计的发展起到了关键的指导作用，为管理会计的发展奠定了日臻完善的理论基础，并且为管理会计提供了现代化的管理方法和技术，使管理会计的发展进入新的发展阶段，促使管理会计更加强调经济预测和参与经营管理决策，逐步完善自身的理论和方法。同时，电子计算机的广泛应用，提供了先进的工具。由此，在丰富和发展了早期管理会计的基础上，形成了以“决策与计划会计”和“执行会计”为主体的管理会计结构。现代管理会计不同于早期的执行性管理会计，现代管理会计以现代管理理论为基础，以提高企业经济效益和管理效率为核心，决策性与执行性并重，强调全局性观念。从管理会计的学科体系看，现代管理会计已具有相对独立的理论和方法，在会计学的基础上吸收了现代管理学、数理统计学、经济学、行为科学等学科的研究成果。管理会计的产生和发展极大地丰富了会计科学的内容，延伸和发展了会计的职能，从对企业的生产经营活动进行事后的核算反映，延伸到进行事前的财务预测并参与经营决策、对企业经济活动进行实时的事中控制和事后的考核与评价。

在管理会计的这个发展阶段，以美国为代表的西方国家的会计学术界对管理会计的研究也达到了一个前所未有的高潮。1958 年，美国会计学会的研究报告中，以管理实践中的各种管理会计方法为素材，对其意义和方法做了说明，明确地指出了管理会计基本方法即标准成本计算、预算管理、盈亏临界点分析、差量分析法、变动预算、边际分析等，从而组建了管理会计方法体系的基础。20 世纪 60 年代，电子计算机和信息科学的发展造就了“业绩会计”和“决策会计”，从而使管理会计的理论方法体系进一步确定。进入 70 年代之后，卡普兰的《管理会计和行为科学》(*Management Accounting and Behavioral Science*)、霍普伍德的《会计系统和管理行为》(*An Accounting System and Managerial Behaviour*)、穆尔和杰德凯合著的《管理会计》(*Managerial Accounting*)、纳尔逊和米勒合著的《现代管理会计》(*Modern Managerial Accounting*)、霍格伦的《管理会计导论》(*Introduction to Management Accounting*)等优秀著作相继问世。至 70 年代末，美国学术界对管理会计的研究达到了顶峰。㊀

8.2.3　现代管理会计的变革阶段（20 世纪 70 年代以后）

从 20 世纪 70 年代起，管理会计开始进入一个大变革、大发展的时期，可以说这是一个由传统管理会计向新型的现代管理会计过渡的一个历史转折点。㊁进入 20 世纪 70 年代，管理会计出现了很多新的发展趋势。

㊀ 胡玉明．管理会计发展的历史演进 [J]．财会通讯，2004(1).

㊁ 余绪缨．会计大典第 5 卷：管理会计 [M]．北京：中国财政经济出版社，1999.

首先，随着社会经济的高速发展，对商品的社会需求的多样化和个性化导致企业生产由传统的大批量标准化生产转变为以顾客需求为导向的“顾客化”生产模式。同时，科学技术的进步和创新促使企业生产的技术含量迅速提高，生产流程日趋计算机化和自动化，数控机床、计算机辅助设计、计算机辅助制造、弹性制造系统等先进手段被广泛应用，为企业适应顾客的多样化并对多变的市场需求进行灵活反应提供了技术上的可能与保证。另外，世界经济的高速发展和经济一体化进程的加快，国际化大市场逐渐形成，企业竞争（包括国际市场的竞争）更趋剧烈，促使企业必须站在宏观战略角度上进行各种决策。与此相适应，战略管理理论有了长足的发展，并促使了战略管理会计的产生。社会经济和科学技术的重大变革和发展对管理会计产生了重大的冲击，促使管理会计不断拓展新的领域，以更加适应社会经济和科学技术新发展所形成的企业内部和外部环境的变化。如作业成本计算与作业管理、适时制生产系统与存货管理、质量成本管理、产品生命周期成本管理、目标成本法等。

在上述管理会计的新的研究领域中，作业成本法是比较典型，也是非常重要的一个内容。从 1988 ～ 1990 年，库珀和卡普兰连续在《成本管理杂志》(*Journal of Cost Management*) 上发表了多篇论述作业成本计算（activity-based costing）的文章，对传统成本计算方法提出批评和改进的意见。传统的成本计算方法将企业生产中发生的制造费用按照直接人工、机器小时、材料成本等与产量存在直接关系的分配基准分配给各种产品。在工业自动化程度较高的情况下，由于制造费用这种间接成本在成本总量中所占比重不断增加，导致传统的成本计算方法提供的产品成本数据产生严重扭曲，进而影响了管理者的定价决策、产品生产组合决策等。为克服这一缺陷，作业成本法按照不同的成本动因将所有的制造费用追踪归属于某一种作业或作业中心，然后再由每一种作业或作业中心按照作业成本动因分配给不同的产品。这些作业成本动因有些是与产量有直接关系的（如人工小时、机器小时），而有些是与产量没有直接关系的（如产品生产批次）。在作业成本计算的基础上，与波特提出的“价值链”(value chain）观念相呼应，在管理会计中又产生了作业管理（activity-based management）理论。借助于作业管理，管理会计在 20 世纪 80 年代和 90 年代取得的许多引人注目的新进展都是围绕着管理会计如何为企业“价值链”优化和价值增值提供相关信息而展开的，这推动了企业组织的变革，提高了企业的竞争能力。平衡计分卡（balanced scorecard）是 20 世纪 90 年代管理会计理论与实践另外一个重要的发展，引起了管理会计理论界和实务界的高度重视。平衡计分卡是一种以“因果关系”为纽带，将企业的战略、过程、行为与结果一体化，财务指标与非财务指标相融合的绩效评价系统。平衡计分卡通过财务维度、客户维度、业务流程维度和学习与成长维度全面评价企业的经营绩效，是一种体现战略导向的绩效评价系统。

其次，计算机和定量分析方法的结合为管理会计提供了有力的工具和方法。随着经济发展速度的加快和复杂程度的不断提高，传统的会计方法已不能满足企业经营管理和决策的需要，特别是无法解决企业未来经济活动的不确定性导致的风险问题，新的定量分析方法因此被大量引入管理会计中并被广泛使用。随着运筹学、线性规划、概率论等定量分析方法的广泛应用，管理会计信息质量和决策的科学性都有了质的提高。同时，电子计算机的应用使会计数据的处理能力大为增强。

再次，学科发展中相关学科交叉渗透促使管理会计中形成了新的领域。如在现代企业所有权和经营权两权分离的前提下，产生了股东与管理层之间的委托代理关系。代理人理论就是关于委托人和代理人之间如何建立并强化稳固的委托代理关系，保证在一定权利和责任下双方利益都能够得到实现的理论。在管理会计中引进与应用代理人理论和信息经济学，对管理会计体系中的预算激励方式和业绩评价方法的研究和应用起到了进一步推动与发展的作用。

8.3　管理会计的基本内容与职能

8.3.1　管理会计的职能

管理会计是在企业管理活动中发挥其职能作用的，管理会计的职能和内容与企业内部管理循环密切相关。管理会计的职能主要是提供有效的经济信息，从而使企业管理人员能更加有效地加强管理，起到管理支持的作用。因此，管理会计极大地丰富了传统会计“反映”和“监督”这两项基本职能，综合地履行更加广泛的管理支持职能，主要包括预测、决策、计划、控制、考核和评价等几个方面。因此，管理会计的职能从财务会计单纯的事后核算（反映）扩展到将反映过去、控制现在和规划未来有机地结合起来，形成一个完整的时间链条，在企业管理上发挥出更大作用。

1. 预测

预测是指根据历史资料，采用系统并且科学的方法推测事物未来发展状况。管理会计主要依据历史的或者现时的会计资料以及其他有关资料，采用定量分析模型或者定性分析手段，预计和推测企业未来经济业务的发展趋势以及对企业的财务状况、经营效益、现金流量等方面的影响，为企业内部经营管理决策提供可靠信息。管理会计的预测职能主要反映在收入预测、成本预测、利润预测、资金需要量预测等方面。

2. 决策

决策职能是管理会计的核心职能之一，有的学者甚至把管理会计称为“决策会计”。管理会计主要以提供与决策相关的信息的方式参与企业内部管理决策，充分利用所掌握的资料，严密地进行定量分析，帮助企业管理当局做出科学的决策。管理会计提供的数据和信息可以帮助管理人员有效地完成各种不同类型的决策。例如，产品品种组合的选择、长期投资项目分析、产品定价等。决策以预测为基础，通过预测提出企业实现一定经营目标可供选择的备选方案，根据决策目标收集整理与各个方案有关的会计信息和其他资料，测算每个备选方案对企业产生的经济影响，并对能够实现某一特定经营目标的多个备选方案进行分析和比较，权衡利弊得失，做出最优选择，为管理人员做出正确的决策提供依据上的支持。

3. 计划

计划是事先规定目标和拟定方法以使实际进程按照预定目标完成的过程。管理会计的计划功能主要体现在管理会计提供的数据与信息可以帮助企业制定短期的或者长期的计划中。在具体表现形式上，管理会计通过编制企业全面预算，将决策所确定的各个管理层次、每个业务领域以及不同时间范围内的目标落实到全面预算中，并对各项预算指标进一步分解，通过编制责任预算的方式，合理有效地组织和协调企业经营链条上的各个环节，充分利用企业可以支配的人力、物力和财力资源，确保全面预算的实现，并为控制企业的实际经营活动提供依据。

4. 控制

控制是指通过一定的手段对企业实际经济活动施加影响，使之能够按预定目标进行。管理会计根据事先编制的预算，实时控制企业的经济活动，对发生的实际经济活动进行同步计量、记录和报告，及时将实际数据与预算数据进行对比，确定偏离程度，计算差异并分析差异产生的原因，确定相关责任。对于不利差异提出改进措施，并在必要时对预算进行修订。通过控制职能，管理会计有效发挥对生产经营活动的干预作用，确保各项计划目标的实现。管理会计的控制职能主要由以下 4 个环节组成：

（1）制定控制标准。全面预算是企业的总体目标，也是衡量企业生产经营活动绩效的标准。为更有效地实施控制，需要将全面预算的各项指标按照企业内部划分的责任单位进行层层分解，编制责任中心的责任预算，作为评价考核各责任中心的标准。

（2）对实际经营活动进行连续计量和记录，收集实际经营活动的反馈信息，定期编制业绩报告。

（3）将实际经营活动的反馈数据同责任预算数据进行对比，确定差异程度，以分析各责任中心的工作绩效。

（4）对偏离预算的差异进行纠正，根据差异产生的原因，及时调整企业的经营活动，保证既定经营目标的实现。管理会计的计划职能与控制职能相互联系、相互作用，计划是控制的依据，控制是计划得以实现的保证。

5. 考核和评价

考核和评价是对企业内部责任单位责任的落实和履行等进行考核与评价的过程。管理会计主要通过实施责任会计制度来进行责任考核。

管理会计的职能相互之间具有非常紧密的联系，构成一个完整的管理会计循环。预测是决策的前提，决策是计划的基础，而计划既是预测和决策的综合反映，又是经营目标的具体化，是进行控制、考核的依据。

8.3.2 管理会计的基本内容

管理会计的内容与企业内部管理程序相适应，与管理会计的职能相对应，包括“管理会计基本方法”“计划与决策会计”“执行与控制会计”三个部分。20 世纪 60 年代以前，管理会计的内容主要包括标准成本制度、预算控制、本量利分析、差异分析、决策分析、定量分析、责任会计制度等几个内容。进入 20 世纪 70 年代以来，管理会计不断吸收现代管理科学、运筹学、预测和决策技术等研究成果，使其内容更加丰富，计划和决策会计内容大量增加。需要强调的一点是，管理会计主要为企业内部管理服务，企业管理当局对信息的需求决定了管理会计的信息提供。由于不同企业内部管理中对信息的要求差别很大，并且可能随时进行调整，因此管理会计的内容很难有一个统一且固定的模式。管理会计包括哪些内容，到目前为止尚未完全定型，也没有形成一个完全公认的范围。

1. 管理会计基本方法

管理会计基本方法主要包括成本性态分析、变动成本法、本量利分析等内容。这些内容为“计划与决策会计”和“执行与控制会计”提供了基本的理论基础和分析方法，贯穿于企业经营管理的各个领域和整个经营过程。

2. 计划与决策会计

计划与决策会计的基本内容是提供有用信息，帮助企业管理当局确定企业生产经营的规划（期间规划和项目规划），它侧重于发挥管理会计的预测、决策和计划的职能，为企业规划未来、预测前景、提供或参与决策服务。其内容包括以下两个方面：

（1）有关决策分析及作为其前提的预测分析，如预测分析方法、短期经营决策和长期投资决策等。

（2）全面预算及责任会计中的责任预算等。在工作程序上，首先对企业计划经营指标，如销售收入、成本水平、利润水平、保本点等，进行科学的预测分析，对短期经营活动和长期投资活动进行决策分析。然后将预测和决策所确定的最终结果加以综合汇总，形成书面文件，编制成企业在一定期间内的全面预算。最后再根据事先划分的责任中心，将全面预算中的综合指标进行分解，形成各个责任中心的责任预算目标。

3. 执行与控制会计

执行与控制会计是管理会计为分析评价责任单位过去的经营业绩、控制现在和未来经济活动服务的，它侧重于发挥管理会计的控制、考核和评价的职能。其基本过程主要包括：首先，对企业日常发生的各项经济活动，以责任中心为基本单位，采用标准成本和变动成本等方法进行计算和记录，编制一定时期的业绩报告。在此基础上，一方面对各个责任单位的业绩报告反映出的实际业绩与预算责任目标之间的差异进行分析，借以考核和评价各个责任单位的工作成果，并根据情况给予奖惩；另一方面，对发生的重大差异进行定量分析和定性分析，将偏离预算的信息及时反馈给企业管理决策当局，并提出改进建议，以便修正今后的预算，并采取措施，及时纠正偏差或解决问题，实现预算目标。可以看出，执行与控制会计是通过制定控制标准、进行指标分解、落实责任、考核评价和差异分析等手段，对企业生产经营活动发挥控制作用。

8.4　管理会计与相关会计学科的关系

会计史学家一般将 1494 年帕乔利《簿记论》的出版称为会计学术思想领域的第一次革命，它标志着古代会计的结束，近代会计的开始。然而，自此以后，直至现代会计在 20 世纪初逐渐分离出财务会计和管理会计两个相对独立的分支后，会计科学才又进入一个崭新的发展阶段。

管理会计与财务会计是现代会计的两大分支，各自包含不同的内容，同时也具备不同的功能，因此不能互相替代。管理会计与财务会计既有区别，又有联系。财务会计是一个复杂的信息系统，根据一套系统且严密的会计假设和会计基本原则，以特定的会计处理方法和完整的会计处理流程进行会计数据处理，最终通过定期编制的财务报表提供相关的企业经济信息，集中而概括地说明企业的财务状况、经营成果和资金流动情况。管理会计则根据财务会计资料和其他有关资料进行重新整理、计算、对比和分析，提供企业经营管理所需要的信息，参与企业预测、决策、计划、控制和责任考核等管理活动。财务会计与管理会计互相联系、互相补充，发挥各自的职能作用。通过比较管理会计与财务会计的联系和区别，可以更加深入地认识管理会计的本质，掌握管理会计的特点。

8.4.1　管理会计与财务会计的关系

1. 管理会计与财务会计的区别

（1）在信息使用者方面的区别。在信息使用者方面，管理会计侧重于向企业内部管理层提供相关信息；财务会计以财务报表为主要的信息输出载体，提供财务会计信息，并侧重于向企业外部与企业存在经济利益关系的团体或个人，如当前的和潜在的投资者、银行和其他债权人、税务和国民经济统计部门等有关政府机构提供会计信息。通过企业的财务报表，利益相关者可以了解企业的财务状况和经营成果，以便于做出与企业有关的各种决策。例如，投资人在进行投资决策时需要决定是否购买、持有或抛售该企业的股票，商业银行需要决定是否向企业投放贷款，税务部门需要了解企业的经营状况以及纳税情况作为制定税收政策的依据。而管理会计则主要为企业内部各个管理级别和不同职能部门的管理人员的管理决策提供有效的支持信息，以达到加强企业内部管理，提高企业经济效益的目的。综上所述，财务会计的资料主要是满足对外报告的需要，所以财务会计又被称为对外报告会计；管理会计的信息主要侧重于满足企业内部管理方面的需要，为企业内部管理服务，所以又被称为对内报告会计。

（2）在时间导向上的区别。在时间导向上，管理会计着重于企业未来的经济活动，财务会计的着眼点是反映已经成为事实的过去的经济活动，侧重于反映和解释过去。按照财务会计的核算原则，财务会计主要是面向过去，根据企业已经发生的经济业务进行会计处理，反映企业过去的经济活动所形成的财务状况和经营成果，为会计信息的需求者提供有关企业过去的经营活动的历史信息。管理会计的着眼点则是面向企业未来的经济活动和管理活动，更加侧重于对企业未来的经济活动的规划和决策，并将对企业历史经营活动的描述和对未来经营的规划综合起来，不仅要反映、分析、评价企业的过去，而且要利用财务会计的历史资料和其他有关信息，筹划未来。同时，在经营活动进行的过程中，还需要施加有效的控制，并在经营活动结束后进行考核和评价。因此，现代管理会计履行了广泛的职能，在时间导向上兼顾企业过去、现在和未来的经营管理活动，从财务会计单纯的事后核算扩展到将反映过去、控制现在和筹划未来有机地结合起来。

（3）在强制性和受约束程度上的区别。在强制性和受约束程度上，管理会计不受统一的会计准则和会计制度的限制。会计准则和会计制度是会计主体进行会计核算的统一规范。为了使财务报表真实反映企业的经营状况，为企业外部的信息使用者提供可靠的决策依据，保证它们的决策不会受到错误信息的误导，财务会计必须严格遵循政府机构或者行业专业团体制定的统一的会计准则和会计制度。例如，各项资产按历史成本计价；收入应与相关的费用配比，以正确计算当期损益等。财务会计工作严格遵守统一的会计规范，以保证财务报表提供的信息在时间上具有一致性和在空间上具有可比性。而管理会计则以预测和决策理论、运筹学和行为科学等现代管理理论为指导原则，不受会计准则的约束，不存在强制性的统一规范的约束，而只需要根据企业内部管理需要提供信息，因此比较自由、灵活。另外，管理会计在信息提供的方式上更为灵活多变，以满足某些特定决策目的的需要。例如，资产不用历史成本而用现行市价计量；成本控制中强调成本数据的相关性而放弃配比原则等。

（4）在工作流程和组织上的区别。在工作流程和组织上，管理会计没有固定的会计程序。财务会计工作具有比较严密的结构，采用货币计量的形式反映企业的经济活动，预先设置会计科目，根据复式记账的原理，通过审核原始凭证、填制记账凭证、登记会计账簿、编制会计报表等固定的数据处理流程，严格按照既定会计程序完成会计工作，按规定期限报送统一格式的财务会计报表。

管理会计没有固定的会计程序和处理规范，可自由选择会计处理方法，一般不涉及填制凭证和复式记账法，只是根据信息对管理活动的相关性和有用性来组织工作。管理会计一般不存在规范化和程式化的账务处理流程，而是根据企业内部管理上的需要，不定期地编制特殊的专门性的管理报表，根据需要自行设计报表格式。

（5）在会计方法选择上的区别。在会计方法选择上，管理会计更加灵活多变并广泛采用其他学科的方法和技术。财务会计已经有了一套比较成熟和稳定的方法体系，虽然会计规范为企业的财务会计核算提供了一定的选择余地，但是总体上财务会计必须遵循一贯性和可比性原则，在一定时期内，前后各个会计期间只能采用同一种会计处理方法，不得随意变更，确需变更会计处理方法的，必须在财务报告中说明。

管理会计可选择灵活多样的专门方法对特定的问题进行分析处理，在信息处理过程中大量运用现代数学、统计学、经济学、管理学等学科的方法，吸收了运筹学和数理统计学中许多数量分析技术，以对信息进行收集和加工，回归分析法、概率分析法、线性规划等方法都已经成为管理会计的常用方法。例如，管理会计中采用数学建模的方法，通过对企业经济活动及相关因素的分析，建立明确的计量模型，以探求和揭示有关变量之间客观存在的数量关系，为管理人员正确地进行经营决策和有效地改善经营管理提供客观依据。

（6）在会计分期上的区别。财务会计需要定期（月度、季度、半年度和年度）编制财务报表，对外报送会计信息，以反映企业过去的已经发生的经济活动，提供信息和解释信息。

管理会计信息的提供频率比较高，不受时间的限制，根据管理的需要在任何期间编制管理报表，在会计分期上没有统一的要求。因此，管理会计在信息提供的时效性上远高于财务会计。它不仅要反映过去，而且要控制现在，预测和计划未来。

（7）在信息特征上的区别。在信息特征上，管理会计更加丰富和灵活。财务会计提供的财务信息是全面的、系统的、连续的和综合的。

管理会计提供的信息是特定的、部分的和有选择的，要求具有高度的适用性和针对性。财务会计的资料要求精确无误，而管理会计的资料则要求及时和具有弹性。财务会计仅提供货币计量信息，管理会计在注重货币计量信息的同时，还非常倚重非货币计量信息，它重视非货币性信息的重要程度甚至超过货币性信息。管理会计大量提供涉及未来的信息，并且不要求绝对准确，只要求具有及时性和相关性。因此，管理会计除采用某些实际数据之外，还大量采用计划数、估计数、近似值和趋势值等。

（8）在会计主体的确定上的区别。在会计主体的确定上，管理会计主体的划分范围更加灵活。财务会计主要以整个企业为会计主体，提供综合的财务信息，在总体上评价、考核企业的财务状况和经营成果，它所提供的财务会计报表集中反映和说明整个企业的财务状况和经营成果，而不说明企业内部各部门、各单位的情况。而管理会计则更着重考虑局部对企业经营情况的影响，同时面向企业整体和各个构成部分，会计主体的划分可大可小。管理会计既从整个企业的全局出发，又主要以企业内部各个责任中心为会计主体。管理会计的工作主体可分为多个层次，它既可以把整个企业作为主体，也可以将企业内部的个别部门、个别产品、个别设备甚至雇员个体作为会计主体。

2. 管理会计与财务会计的联系

（1）管理会计与财务会计是同一会计系统的两个分支。管理会计和财务会计是同一个会计系统的两个分支，只是在服务对象上各有侧重。管理会计更侧重于为企业各级管理人员服务，为其提供决策支持，直接或者间接参与企业内部管理决策。财务会计虽然在一定程度上也为企业管理人员以及内部经营管理服务，但主要还是侧重于对企业外部与企业存在利害关系者服务。财务会计提供的财务报表综合反映了各项财务成本信息，它是企业生产经营各个方面工作质量和效果的集中表现，是全面评价企业各个方面业绩的依据。但是，财务会计在核算方法的灵活性、信息提供的及时性和信息的丰富程度等方面都无法满足管理层的需要，在这一点上，必须依赖于管理会计。

（2）管理会计起源于财务会计，在很多概念上相同。财务会计和管理会计是同一会计信息系统，它们存在着内在的联系，管理会计是财务会计发展到一定阶段的产物。随着企业生产经营和管理的日益现代化，产生了对管理会计信息的需求，而传统财务会计无法满足这些需求。因此，传统会计中分离出管理会计这一新的会计分支。管理会计虽然不受财务会计规范的约束，但直接运用了财务会计的许多基本概念和方法，如管理会计涉及的会计要素基本上完全沿袭于财务会计。财务会计和管理会计共同构成企业会计，彼此分工，相互依存，互为补充。

（3）信息来源基本相同。财务会计和管理会计所利用的原始信息和资料有很多是相同的。同时，在管理会计中使用了大量的经过财务会计处理的数据，财务会计数据是管理会计核算中的重要组成部分。管理会计从不同渠道取得各种各样的资料，其中基本的是财务会计资料。管理会计通过对财务会计资料进行重新加工、调整，再结合其他途径获得的有关资料进行综合分析和比较。管理会计一般不涉及填制会计凭证和登记账簿的工作，而是直接利用财务会计账簿记载的信息资料或财务报表提供的信息进行分析、加工和延伸，作为编制各种管理报表的依据，为企业经营管理服务。可见，财务会计和管理会计的主要信息资料来源是共通和相同的。

（4）核算对象相同。财务会计和管理会计核算的对象都是企业发生的经济活动，只是由于分工不同，两者的工作重点才各有侧重。财务会计侧重于企业过去的、已经发生的整体的经济活动；管理会计则侧重于企业现在的或未来的、企业局部的和特定的经济活动。

8.4.2 管理会计与成本会计的关系

管理会计与成本会计的联系非常紧密，这是国内外会计学界所一致认同的。但是，这种紧密的联系也使得管理会计和成本会计在名称和内涵上出现了很多的混乱情况。成本会计与管理会计到底存在着怎样的联系与区别，它们之间到底有没有明确的界限，目前还存在着很大的分歧甚至混乱的情况。无论从我国还是从国外来看，理论界对于成本会计与管理会计的界限有时是模糊的，尤其在西方会计界中，经常将成本会计（cost accounting）与管理会计（management accounting）交替使用。西方许多会计学者所撰写的教材，其书名经常将管理会计和成本会计等同起来。有些会计学者认为：因为组织内部的管理人员是会计信息的第一使用者，是成本会计人员的内部客户，所以现代成本会计应该称为管理会计。

我国管理会计学界的余绪缨教授认为：成本会计与管理会计之间虽然有一定的联系，但也应明确区分它们之间的界限，不同事物应具有不同的质的规定性。⊖管理会计中的很多内容最初是从成本会计中衍生出来的。例如，成本问题是管理会计研究的一个重要问题，而成本的管理和控制来源于成本会计的成本计算。另外，如标准成本、预算控制、差异分析等，原来是作为成本会计的一个组成部分而存在的。但这只能说明管理会计在其长期发展过程中曾经和成本会计有着密切的联系，并不能由此而认定管理会计就是成本会计的同义语。

从历史发展看，成本会计起源于成本计算，属于财务会计的一个构成部分，它是资本主义国家大机器生产和工业化的产物。19世纪中叶以后，企业生产规模急剧扩大，大机器化生产方式占据统治地位，引起间接费用在产品成本中所占的比重越来越大，加上产品品种日益多样化，使间接费用在不同品种的产品之间进行准确和合理分配的难度越来越大。为取得各产品的成本数据，需要在复式簿记为基础的财务会计体系之外进行单独的成本计算，以取得进行成本方面的账务处理所需要的数据。以后经过较长期的实践，逐步将成本的汇集与结转分配纳入财务会计簿记的框架，实现成本会计与财务会计的有机结合，为财务会计对外编制财务报表（如确定本期已销产品的成本并列入利润表，确定期末未销产成品和在产品成本并列入资产负债表）。随着企业会计外部环境的变化，成本会计从单纯的事后成本计算发展到事后的成本计算、事前的成本计划以及事中的成本控制相结合，随着泰勒制的广泛实施后所形成的“标准成本系统”引进应用到会计体系中来，使成本会计开始在一定程度上具有管理的性质，并为管理会计所继承，形成了相对独立的管理会计的初期萌芽。

可见，原始意义上的成本会计实际上是财务会计的一个组成部分，与管理会计之间并没

⊖ 余绪缨．半个世纪以来管理会计形成与发展的历史回顾及其新世纪发展的展望 [J]．财会通讯，2001(1).

有建立直接的联系。管理会计从总体上看，是 20 世纪以来尤其是第二次世界大战后社会经济条件的变化、科学技术和现代管理科学的发展相结合的产物。

从总体上看，管理会计虽然也研究许多涉及成本的问题，但成本会计与管理会计的关系应该从以下两个方面进行明确地区分：

（1）两者从历史发展来看，管理会计与成本会计有很深的历史渊源。管理会计是在成本会计的基础之上发展起来的会计分支。

管理会计在形成初期，是构建在成本会计基础上的。随着管理会计的不断发展和成熟，管理会计拓宽了原有成本会计的预测、决策支持等职能，具有更广阔的研究领域。管理会计利用成本会计所提供的信息进行分析、决策和规划，并以此为基础在内容上又有了很大的扩展，已经远远超出成本会计的内容范畴。

（2）成本会计中的成本与管理会计中的成本有着很大的区别。首先，从成本的内涵看，成本会计侧重于计算产品每单位的“平均成本”，借此为企业对外编制财务报表提供成本数据。而管理会计则侧重于反映过去、控制现在、规划未来的“差别成本”，为企业内部经营和管理决策提供成本数据。其次，从成本的分类看，成本会计主要按照成本的内容将其区分为材料、人工和制造费用，或者将成本区分为直接成本和间接成本，并且进行成本的归集和分配，以计算产品成本，完成存货计价和损益计量的任务。而在管理会计中则根据不同的目的将成本进行了多样化分类，如边际成本、增量成本、付现成本、机会成本、可控成本、不可控成本、责任成本、沉没成本、相关成本等，为企业的内部管理和决策服务。最后，从成本发生的空间范围看，成本会计中所涉及的成本，只涉及微观的产品生产成本；而管理会计的成本不局限于微观领域，同时扩展到宏观视野。例如，管理会计中的产品全生命周期成本的计算，既计算产品生产者的成本（如产品的研究与开发成本、规划与设计成本、制造成本、营销成本等），也包括产品使用者的成本（如产品的使用成本、维修成本和处置成本等）。再如，环境管理会计中的环境成本，更具明显的宏观性。㊀

在明确界定成本会计和管理会计内容界限的前提下，对于成本会计和管理会计名称的混同问题，可以理解为成本会计存在狭义和广义两种定义。

狭义的成本会计，主要包括成本资料的归集、记录、汇总、分配和最终确定产品的单位成本，主要侧重于产品成本计算，特别是在工业企业的会计实务中占有重要的地位。广义的成本会计除了进行产品成本计算外，还进一步把成本的计划和控制等方面的内容也包括进去。因此，成本会计这个概念具有较大的弹性，可以包括多方面的内容。但是，不能由此而认定成本会计是和财务会计与管理会计相平行的一门独立学科。或者说，不能把成本会计看成是游离于财务会计与管理会计之外而独立存在的会计分支。㊁

成本会计的有关内容实际上是作为财务会计与管理会计的有机组成部分而存在的。狭义成本会计应首先看成是财务会计的一个有机组成部分。财务会计的存货计价和收益确定这两个重要问题都和成本计算有着密切联系。这种联系具体表现在：正确计算产品成本是正确划分本期已销售产品成本和期末未销售产品成本的基础。其中，本期已销售产品成本应列入当期损益，以便于同本期实现的销售收入相配比，据以确定本期的净收益。而期末未销售产品成本则作为流动资产的一个部分列入资产负债表。所以，产品成本的计算是否正确，直接关系到本期已销售产品成本和期末未销售产品成本的划分是否正确，也就意味着存货计价和收益确定是否正确，最终直接影响到财务报表能否如实反映企业的财务状况和经营成果。

㊀ 余绪缨．半个世纪以来管理会计形成与发展的历史回顾及其新世纪发展的展望 [J]．财会通讯，2001(1).

㊁ 余绪缨．管理会计 [M]．北京：中国财政经济出版社，1983.

狭义成本会计所提供的成本资料，同时也是管理会计所采用的各种形式的成本概念的基础。实际上，管理会计在完成自身智能的过程中所采用的各种特殊的成本概念是以产品成本计算所提供的基本成本资料为基础并进行重新加工和改造而形成的，其目的是适应不同的内部管理的需要。

广义成本会计中关于成本计划和控制的部分（如成本预算、标准成本、责任成本、成本差异等）是和管理会计相交叉的，它们实际上是管理会计的一个有机组成部分。现代管理会计无论从广度或深度上，同传统的成本会计已不可同日而语了。

综上所述，我们认为应该将成本会计与管理会计进行明确区分，即成本会计是狭义上的成本会计，仍然属于财务会计范畴，主要内容是进行产品成本的计算，为财务会计对外信息披露中的损益确定及存货计价提供成本信息。而管理会计在成本会计的基础上产生，但随着内容的不断扩充，已经远远超出成本会计的内容范围，成为一个独立的会计分支。将成本会计与管理会计等同起来，或者认为管理会计包括成本会计的认识很容易造成概念上的混淆，不利于正确理解现代管理会计的真正内涵，不能如实反映当今会计科学发展的现状及其今后的发展趋向。

▶本章小结

管理会计和财务会计一起并称为现代会计的两大分支。相对于财务会计，管理会计主要通过向企业管理人员提供管理所需信息并以管理支持的形式间接参与企业的内部管理活动。本章主要阐述了管理会计的基本概念、基本理论以及管理会计形成与发展的历史演进，并将管理会计同财务会计相对比，分析说明现代管理会计具有侧重于为企业内部的经营管理服务、方式方法更为灵活多样、同时兼顾企业生产经营的全局和局部两个方面、面向未来和广泛应用数学方法等多方面的特点。通过本章内容的学习，学生可以认识到管理会计在企业管理中的重要作用，初步掌握管理会计的基本理论和方法，为管理会计课程后续的学习打下良好的基础。更为重要的是，在学习管理会计基本理论的同时，培养学生认识、分析和解决管理会计实务问题的能力。

▶思考题

1. 什么是管理会计？什么是财务会计？
2. 管理会计的基本职能是什么？
3. 管理会计有哪些不同于财务会计的特点？管理会计和财务会计的关系是什么？
4. 如何正确理解管理会计与成本会计的关系？
5. 简述管理会计的主要内容。
6. 解释计划与决策会计和执行与控制会计的含义。
7. 管理会计的形成和发展可以分为哪几个发展阶段？每个阶段的特点是什么？

▶自测题

单项选择题

1. 下列说法正确的是（　　）。

   A. 管理会计是经营管理型会计，财务会计是报告型会计

   B. 管理会计是报告型会计，财务会计是经营管理型会计

C. 管理会计为对外报告会计

D. 财务会计为对内报告会计

2. 管理会计不要求（　　）的信息。

A. 相对精确　　B. 及时　　C. 绝对精确　　D. 相关

3. 管理会计与财务会计的关系是（　　）。

A. 服务对象相同、概念不同　　B. 基本信息同源、服务对象不同

C. 基本信息不同源、服务对象相同　　D. 服务对象不同、概念相同

4. 管理会计的基本方法不包括（　　）。

A. 本量利分析　　B. 预算控制　　C. 预测分析　　D. 平行结转分步法

多项选择题

1. 狭义管理会计的核心特点为（　　）。

A. 以企业整体为会计主体

B. 为企业管理当局的目标服务

C. 为股东、债权人等企业外部主体服务

D. 是一个信息系统，包括用来解释实际经济活动所必需的货币性和非货币性信息

E. 内容上，既包括财务会计，又包括成本会计

2. 管理会计可选择灵活多样的方法对特定问题进行处理，大量运用（　　）等方法。

A. 模拟分析　　B. 微积分　　C. 回归分析　　D. 线性规划

E. 概率分析

3. 管理会计的基本职能包括（　　）。

A. 规划　　B. 评价　　C. 控制　　D. 预测

E. 决策

4. 管理会计的控制职能主要由（　　）等环节组成。

A. 制定控制标准

B. 记录实际经济活动状况

C. 预测实际经济活动的未来走向

D. 将实际经济活动与计划结果进行对比

E. 对差异进行分析和纠正

判断题

1. 管理会计和财务会计同属于现代会计的两大分支，因此，两者在信息特征及信息载体、方法体系及观念取向等方面是一致的。（　　）

2. 不同于财务会计，管理会计没有相对应的职业资格认证或考试。（　　）

3. 管理会计的作用不仅限于分析过去，而且还能控制现在和预测规划未来。（　　）

4. 管理会计受会计准则、会计制度的制约，同时企业亦可根据管理的实际情况和需要进行调整。（　　）

第9章

成本性态分析和变动成本法

学习目标

1. 了解成本性态的含义、分类
2. 了解混合成本的含义，掌握混合成本的分解
3. 掌握本量利分析
4. 熟悉变动成本法的特点，掌握变动成本法与完全成本法对分期损益的影响

9.1 成本性态分析

9.1.1 成本性态的含义

成本性态也称为成本习性（cost behavior/cost character），是指成本总额与业务量（产量或销量）总数之间的依存关系。这个依存关系是客观存在的，是有规律的。这里所说的业务量是指企业在一定的生产经营周期内投入或完成的经营工作量的统称，可以根据具体的业务性质而有所不同，其表现形式可以是实物量、价值量和时间量。例如，产品的产量或销量，直接人工小时或机器工时，维修部门的维修工时等。在管理会计中，研究成本对业务量的依存性，即从数量上具体掌握成本与业务量之间的规律，具有重要意义。

9.1.2 成本按性态的分类

成本按其性态分类，通常可以分为固定成本、变动成本和混合成本等三大类。

1. 固定成本

（1）固定成本的特征。固定成本是指在一定时期和一定业务量范围内，总额不直接受业务量变动的影响而能保持固定不变的成本。例如，按直线法计提的厂房、机器设备的折旧费；行政管理人员的月工资、财产保险费、不动产税、广告费、职工教育培训费、租金等，都属于固定成本。固定成本的总额不随业务量的变化而变化，用字母 a 表示。但是，单位固定成本却与业务量成反比变化，即随着业务量的增加，单位产品分摊的固定成本份额将相应

减少，反之亦然。

【例 9-1】 某企业生产一种产品，需要使用设备一台，该设备按月计提的折旧费为 6 000 元。该设备的最大月生产能力为 6 000 件。随着业务量的变动，对于固定成本的影响如表 9-1 所示。

表 9-1　固定成本总额与业务量的关系

业务量（件）	固定成本总额（元）	单位固定成本（元）
1 000	6 000	6
2 000	6 000	3
3 000	6 000	2
4 000	6 000	1.5
5 000	6 000	1.2
6 000	6 000	1

根据表 9-1 给出的数据，设业务量为自变量 x，固定成本总额和单位固定成本分别为因变量 y，我们可以作出图 9-1 和图 9-2。

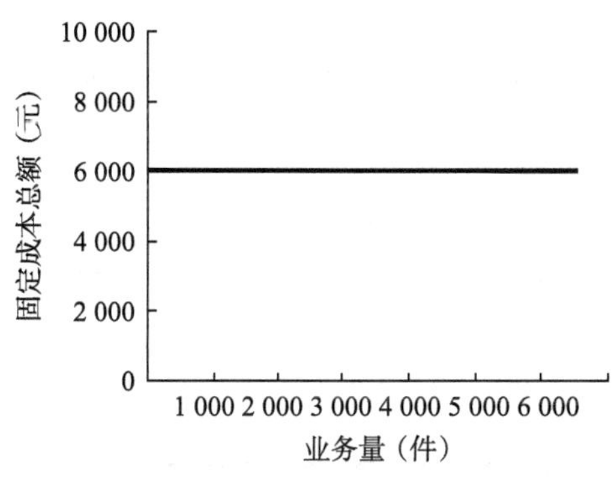

图 9-1　固定成本总额与业务量之间的关系

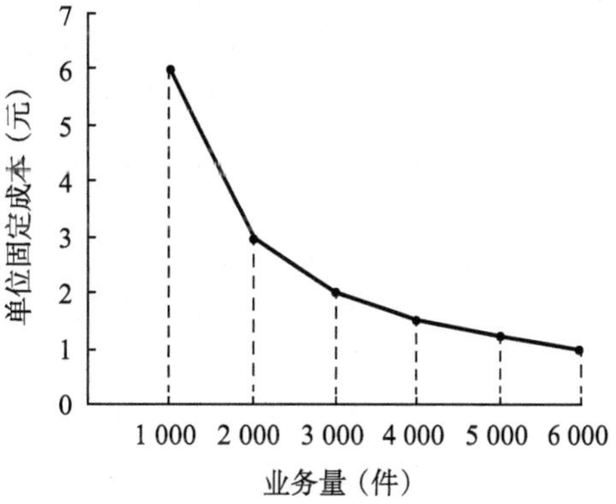

图 9-2　单位固定成本与业务量之间的关系

在图 9-1 中固定成本总额与业务量之间的关系表现为一条与横轴平行的直线，说明了固定成本总额不随业务量变化而变化的特点，即 $y = a$。

在图 9-2 中，单位固定成本与业务量之间的关系表现为一条随着业务量水平增加而递减的曲线，说明了单位固定成本与业务量成反比例变动的基本特点，即 $y = a/x$。

（2）固定成本的种类。固定成本根据其支出是否受管理部门决策的影响而可以改变，进一步划分为约束性固定成本和酌量性固定成本。

1）约束性固定成本。约束性固定成本是指管理当局决策无法改变其支出数额的固定成本，也可以称为承诺性固定成本。例如，厂房和机器设备按直线法计提的折旧费、保险费、房屋和设备的租金、不动产税、财产保险费、行政管理人员的月工资等，都属于约束性固定成本。这些费用是企业经营业务必须负担的最低支出，是维持企业最基本生产能力的成本，因此又被称为“经营能力成本”。约束性固定成本通常是由企业的高级管理部门根据企业战略规划和长远目标确定的，一旦确定在短期内很难改变，即使经营中断也会发生，并且会对企业的生产和经营目标产生极其重大的影响。要想降低约束性固定成本，只能从合理、充分的利用企业生产能力的角度入手，提高产品的业务量，降低其相对单位成本。

2）酌量性固定成本。酌量性固定成本也称为选择性固定成本或者任意性固定成本，是为完成特定活动而支出的成本，是管理当局决策可以改变支出数额的成本。例如广告费、职工教育培训费、研发费等。但这种成本也并不是可有可无的，它实质上是一种为企业生产经营提供良好条件的成本，甚至可以直接关系到企业未来的竞争能力的大小。

（3）固定成本的相关范围。固定成本的“固定性”并不是绝对的，而是有条件限制的，这种限定条件或者说限定范围在管理会计中被称为“相关范围”，它是一个重要概念，有以下含义：

1）就其期间范围看，它指一个特定的时期。从较长的时期看，成本具有变动性，所有成本都是可变的，即使是约束性固定成本也不例外，其发生额也会产生变化。因为一个正常的企业随着时间的推移，其经营能力会发生变化，由此将会引起厂房扩大、设备更新、管理人员增减等现象，从而会改变折旧费、财产保险费、不动产税和行政管理人员的工资等支出的金额。所以，只有在一定的时期内，企业的一些成本才具有不随业务量变化而变化的固定性特征。

2）就其空间范围看，固定成本表现在某一特定的业务量水平内具有固定性。因为业务量的扩大超过了这一水平后，同样也会引起厂房扩大等情况发生，从而使相应的固定成本同时增加。所以，即使是一定时期内的固定成本，也必须是在某一特定的业务量范围内保持固定，否则，固定成本的“固定性”也不复存在。

参见例 9-1。若产品业务量计划达到 8 000 件，那么该企业为了完成生产计划，就必须再增添设备。设备的折旧费用因此扩大到 12 000 元，如图 9-3 所示。

从图 9-3 可以看出，0 ～ 6 000 件的业务量范围属于一个相关范围，在这个范围内固定成本保持不变。当业务量超过 6 000 件时，原来的相关范围被打破，固定成本额出现一次跳跃，进入到一个新的相关范围并继续保持固定不变。

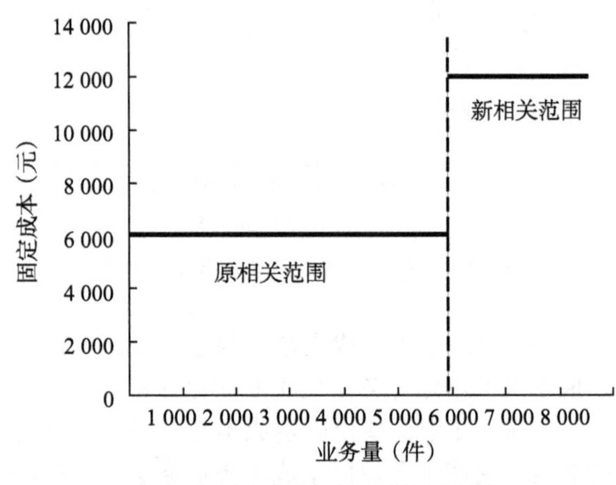

图 9-3　固定成本的“相关范围”

2. 变动成本

（1）变动成本的特征。变动成本是指在一定的条件下，总额会随业务量的变动而变动的成本，其特点是在一定时期和一定范围内，其成本总额随业务量的增减而正比例增减。例如，直接材料费、直接人工费、产品包装费等。

与固定成本不同的是，变动成本的总额随业务量的变化而成正比例变化，而单位变动成本则是一个定值，用字母 b 表示。

【例 9-2】某公司生产一种产品，单位产品耗用的直接材料成本为 10 元，则业务量在一定范围内变动时对总成本的影响，如表 9-2 所示。

表 9-2　变动成本与业务量的关系

业务量（件）	总成本（元）	单位材料成本（元）
1 000	10 000	10
2 000	20 000	10

（续）

业务量（件）	总成本（元）	单位材料成本（元）
3 000	30 000	10
4 000	40 000	10
5 000	50 000	10

根据表 9-2 所给出的数据，我们设业务量为自变量 x，变动成本总额为因变量 y，可以作出图 9-4。

在图 9-4 中，变动成本总额与业务量之间的关系表现为一条随着业务量水平的变化而正比例变化的直线，该直线的斜率为单位变动成本 b，即 $y = bx$。

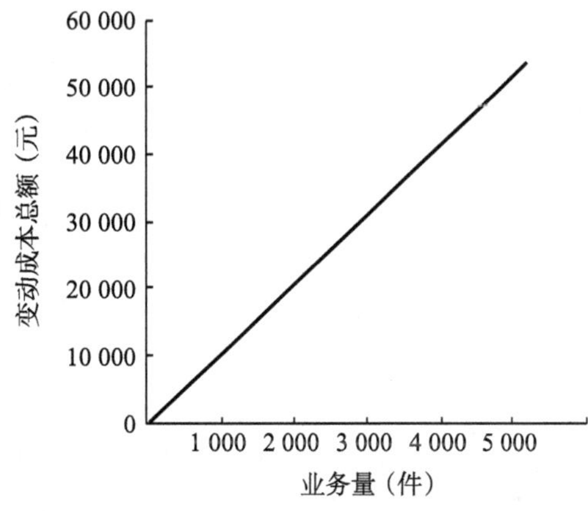

图 9-4　变动成本与业务量的关系

（2）变动成本的相关范围。与固定成本一样，变动成本的变动性，即“随业务量的变动而正比例变化”也有其“相关范围”。即变动成本总额与业务量之间的这种正比例变动关系（即完全线性关系）只是在一定的业务量范围内存在的，超过这一业务量范围，两者就不一定存在正比例关系（即表现为非线性关系）。

例如，当一种产品的业务量较低时，单位产品的材料费和人工小时的消耗可能会比较高，而当业务量逐渐增加到一定程度时（即相关范围），由于可以更加合理有效地利用材料和人工小时，从而单位产品的材料和人工小时的消耗会相应降低，因此，在业务量增长的初期，变动成本一般不会同产品的业务量成正比例变化关系，成本的增长会小于业务量的增长，因此其总成本线呈一定的向下弯曲状态（即斜率 b 逐渐下降）；而在业务量增长到一定限度后，若继续增长，就会出现一些新的经济因数（如支付加班费过多等），从而拉高单位产品的变动成本，这时总成本线会呈现一定的向上弯曲（即斜率 b 逐渐上升）。在业务量增长的中间阶段，有关指标会比较平稳，使业务量与成本间呈现完全的线性关系。这一阶段就是变动成本的“相关范围”。这可以用图 9-5 表示。

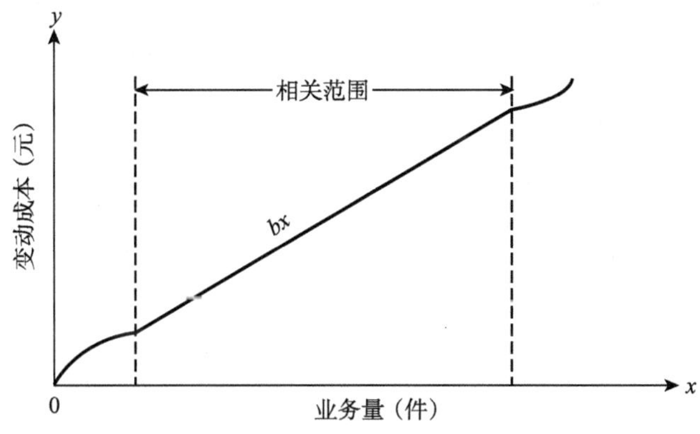

图 9-5　变动成本的“相关范围”

固定成本的相关范围的界限相对容易划分，而变动成本由于呈渐进性变化，相关范围划分起来要相对困难一些。在现实经济生活中，许多成本与业务量之间的关系，表现成一种非线性关系，但在某一特定的相关范围，则可以假定它们之间存在完全线性关系并进行成本性态分析，预测有关成本随业务量的变化而变化的水平。虽然这不是一种精确的描述，但是，如果我们能够合理地确定上述关系，那么就可以将成本与业务量之间的非线性关系近似地确定为线性关系，为相关的预测和决策提供数据支持。

3. 混合成本

在现实生活中，固定成本和变动成本的成本性态是两种极端类型，而大多数成本是位于两者之间的混合体，并不完全表现为固定成本习性或变动成本习性，我们称之为混合成本。混合成本的分解方法参见本章附录 9A。

（1）混合成本特征。混合成本介于固定成本和变动成本之间，它同时兼有固定与变动两种性质。这类成本的特征是，其发生额的高低虽然直接受业务量大小的影响，但不保持严格的比例关系。

（2）混合成本的种类。混合成本的种类比较多，通常将其分为以下 4 类：

1）半变动成本。半变动成本（semi-variable cost）是由明显的固定和变动两部分成本组成的成本。此类成本通常有一个基数部分（初始量），它不随业务量的变化而变化，体现固定成本性态，但在基数部分以上，它则随着业务量的变化而变化，又体现出变动成本性态。例如企业的公用事业费、水费、电费、电话费等都是半变动成本。企业支付的上述费用都有一个基数，超出部分才随业务量的增大而增大。其模型可以用图 9-6 表示。

2）半固定成本。半固定成本（semi-fixed cost）又称阶梯式固定成本（step-fixed cost）。这种成本在一定的业务量范围内，发生额是固定的，体现固定成本性态。一旦业务量增长超过这一范围，其发生额就会跃升到一个新的水平，并在新的业务量范围内固定不变，直到出现另一个新的跃升为止，并如此重复下去。其成本随业务量增长呈现阶梯状增长趋势。例如，企业的化验员、运货员、质检员等人员的工资，受班次影响的动力费及机器设备的维修费等，就属于半固定成本。其模型可以用图 9-7 表示。

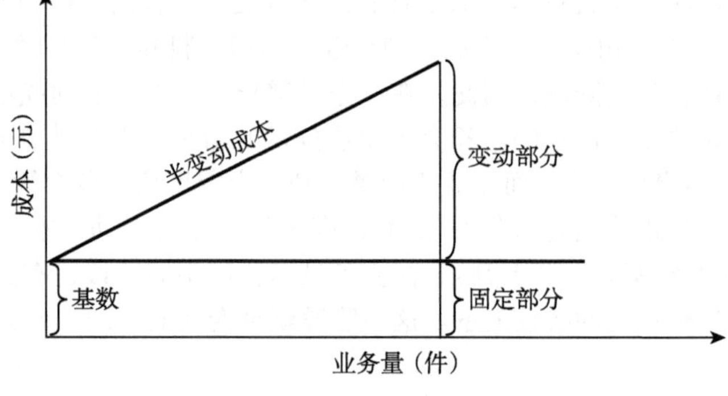

图 9-6　半变动成本的习性模型

3）延伸变动成本。延伸变动成本又称为低坡式混合成本，指在一定业务量范围内，成本总额保持不变，表现为固定成本习性，但超过该业务量范围后，成本则随业务量的变化而变化，表现为变动成本习性。例如，在企业正常的工作量情况下，支付职工的基本工资保持不变，但当职工的工作时间超过了正常水平，还会得到按超额部分成正比支付的加

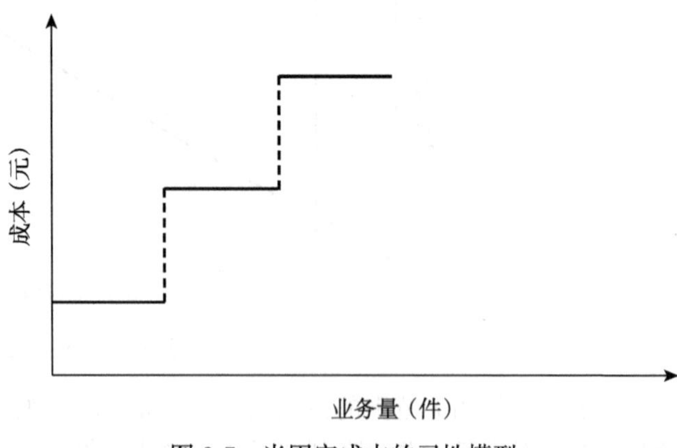

图 9-7　半固定成本的习性模型

班工资，且加班工资的多少与加班时间的长短有着某种比例关系。其模型可以用图 9-8 表示。

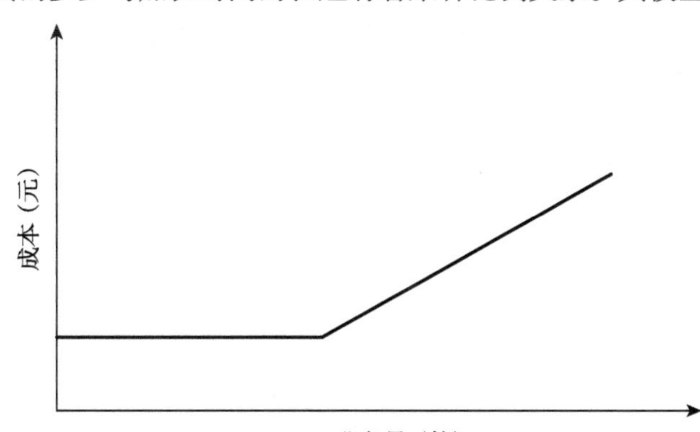

图 9-8　延伸变动成本的习性模型

4）曲线变动成本。曲线变动成本（curve variable cost）是指成本总额与业务量之间表现为非线性关系的成本。这类成本通常存在一个初始量，一般不变，相当于固定成本部分；但在这个初始量基础上，随业务量的增长，成本也相应增长，但两者的增长幅度并不一样（非线性），因而出现抛物线上升或下降的趋势，分别称为递增成本曲线或递减成本曲线。例如，各种违约罚金、累计计件工资等，当刚达到约定业务量时，这种成本是固定不变的，随业务量的增加，这种成本逐步上升，而且比业务量增加还要快，变化率是递增的。又如，热处理的电炉设备，每班都须预热，其预热成本属固定成本性质，但处理后的耗电成本，虽然也随处理量的增大而增大，但上升得越来越慢，变化率为递减。其模型可以分别用图 9-9 和图 9-10 表示。

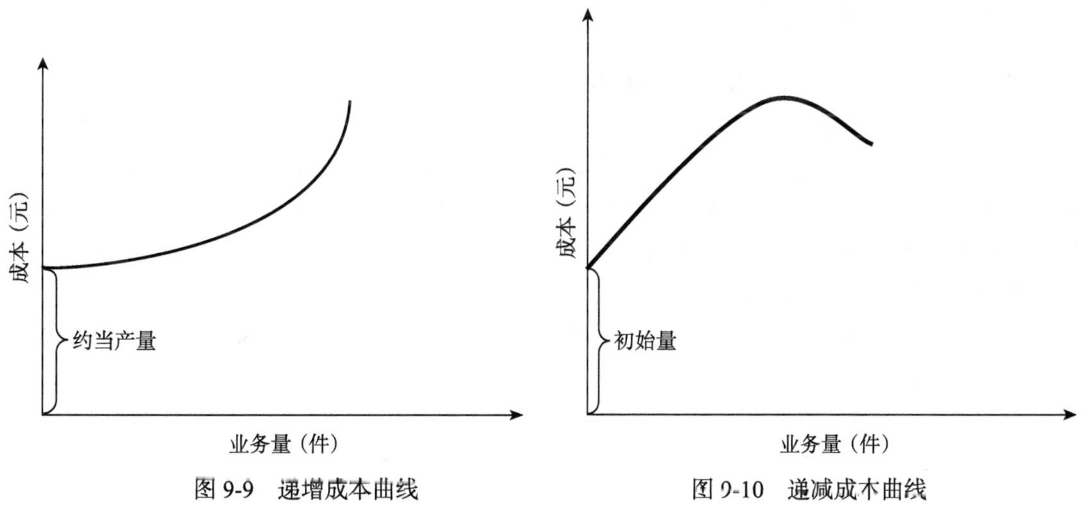

图 9-9　递增成本曲线　　图 9-10　递减成本曲线

9.1.3　管理会计的总成本公式及其习性模型

成本按其性态分类，通常可以分为固定成本、变动成本和混合成本，而混合成本又可以分解为固定成本与变动成本之和，所以在相关范围内，总成本函数可用公式表示为：

$$y = a + bx$$

式中，y 是总成本；x 是业务量；a 是固定成本总额（即真正意义上的固定成本与混合成本中的固定部分之和）；b 是单位变动成本；bx 是变动成本总额（即真正意义上的变动成本与混合成本中的变动部分之和）。

成本函数模型的建立将为本量利分析、预测分析、短期决策分析和全部预算等奠定基础。总成本的性态模型如图 9-11 所示。

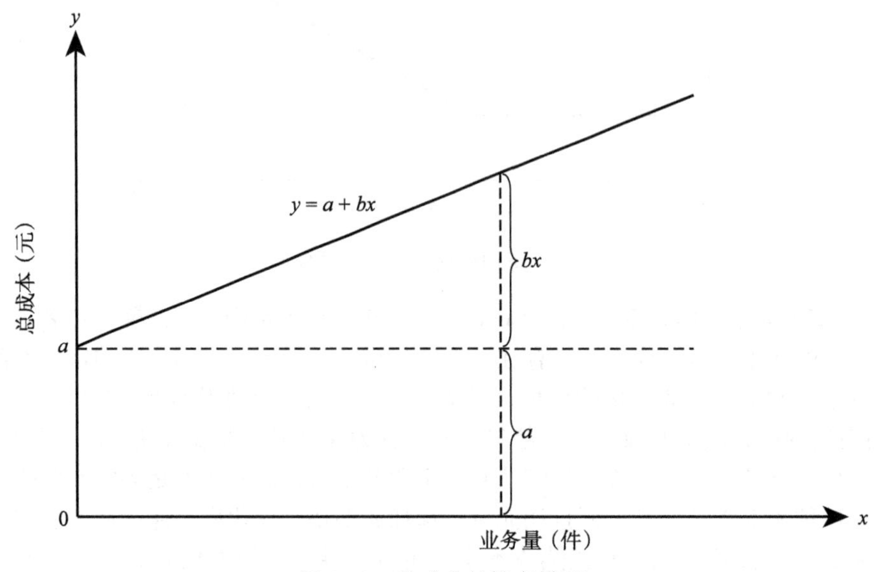

图 9-11　总成本的性态模型

9.2　本量利分析概述

9.2.1　本量利分析的意义及其基本公式

1. 本量利分析的意义

本量利分析是“成本 − 业务量（产量或销量）− 利润分析”的简称，也称为 CVP（cost-volume-profit）分析。它是在成本性态分析的基础上，进一步展开的一种分析方法，着重研究成本、业务量和利润三者之间的相互依存关系。

2. 本量利分析的基本公式

把成本、业务量与利润之间的依存关系用等式来表达，即构成为本量利分析的基本公式，描述如下：

利润 = 销售收入 − 变动成本 − 固定成本
= 销售单价 × 销售量 − 单位变动成本 × 销售量 − 固定成本
=（销售单价 − 单位变动成本）× 销售量 − 固定成本

设销售单价为 p，销售量为 x，固定成本总额为 a，单位变动成本为 b，利润为 ρ，则这些变量之间的关系可用下式表达：

$$\rho = px - bx - a$$
$$= (p - b)\,x - a$$

式中，ρ 在我国主要指营业利润，而在西方财务会计中主要指“息税前利润”（earnings before interest and tax，EBIT）。

3. 本量利分析的应用

本量利分析的基本原理和方法在企业预测、决策、计划和控制等方面的实际应用十分广泛，主要表现在：① 保本点预测；② 确保目标利润实现的销售量和销售额预测；③ 利润预测及利润敏感性分析；④ 生产决策、定价决策；⑤ 全面预算；⑥ 成本控制和责任会计。

9.2.2 贡献毛益

1. 贡献毛益的含义

贡献毛益是指产品的销售收入减去变动成本后的余额，也可称为边际贡献、贡献边际、边际利润或创利额。

贡献毛益有两种表现形式，一种是单位概念，称为单位贡献毛益，用字母 cm 表示，指产品的销售单价减去单位变动成本后的余额。单位贡献毛益的性质是反映各产品的盈利能力，即企业每增加销售一个单位该产品可增加的毛收益。另一种是总额概念，称为贡献毛益总额，用字母 Tcm 表示，简称贡献毛益，指产品的销售收入总额减去变动成本总额后的余额。贡献毛益总额的性质是反映企业产品的销售能为企业的营业利润做出多大贡献。

2. 贡献毛益的计算公式

在第一种表现形式下，单位贡献毛益的计算公式如下：

$$\text{单位贡献毛益}\ (cm) = \text{销售单价} - \text{单位变动成本} = p-b$$

在另一种表现形式下，贡献毛益总额的计算公式如下：

$$\begin{aligned}\text{贡献毛益总额}\ (Tcm) &= \text{销售收入} - \text{变动成本}\\ &= px-bx = (p-b)\,x\\ &= \text{单位贡献毛益} \times \text{销售量}\\ &= cm \cdot x\end{aligned}$$

将以上公式变形，可得：

$$\text{销售单价}\ (p) = \text{单位贡献毛益} + \text{单位变动成本} = cm + b$$

$$\text{销售收入}\ (px) = \text{贡献毛益总额} + \text{变动成本} = Tcm + bx$$

$$\text{单位贡献毛益}\ (cm) = \text{贡献毛益总额} \div \text{销售量} = Tcm/x$$

$$\text{销售量}\ (x) = \text{贡献毛益} \div \text{单价贡献毛益} = Tcm/cm$$

根据本量利分析的基本公式，贡献毛益总额、固定成本及营业利润三者之间的关系可用下式表示：

$$\begin{aligned}\text{营业利润}\ (\rho) &= \text{贡献毛益总额} - \text{固定成本} = Tcm-a\\ &= \text{单位贡献毛益} \times \text{销售量} - \text{固定成本} = cm \cdot x-a\end{aligned}$$

从上述公式可以看出，企业销售产品提供的贡献毛益，并非企业的营业利润，但它与企业营业利润的形成有着密切的关系。因为企业获得的贡献毛益首先要用来弥补固定成本，只有当贡献毛益大于固定成本时才能为企业提供利润。否则，若贡献毛益不够补偿固定成本，则会出现亏损。

在以上公式的基础上，还可以推导出下列公式：

$$\text{贡献毛益总额}\ (Tcm) = \text{固定成本} + \text{营业利润} = a + \rho$$

$$\text{固定成本}\ (a) = \text{贡献毛益总额} - \text{营业利润} = Tcm-\rho$$

3. 贡献毛益率和变动成本率

贡献毛益的相对数形式为贡献毛益率，用字母 cmR 表示，它表示贡献毛益总额占销售收入总额的百分比，或单位贡献毛益占销售单价的百分比，反映每百元销售额中能提供的毛益金额。其计算公式如下：

$$\begin{aligned}贡献毛益率 (cmR) &= 贡献毛益总额 / 销售收入 \times 100\% \\ &= Tcm/px \times 100\% \\ &= cm \cdot x/px \\ &= 单位贡献毛益 \div 销售单价 \times 100\% \\ &= cm/p \times 100\%\end{aligned}$$

另外，与贡献毛益率密切相关的指标是变动成本率。变动成本率指变动成本总额占销售收入总额的百分比，或单位变动成本占销售单价的百分比，它反映每百元销售额中变动成本所占的金额。其计算公式如下：

$$\begin{aligned}变动成本率 &= 变动成本 / 销售收入 \times 100\% \\ &= bx/px \times 100\% \\ &= 单位变动成本 \div 销售单价 \times 100\% \\ &= b/p \times 100\%\end{aligned}$$

因为贡献毛益加上变动成本等于销售收入，因而贡献毛益率加上变动成本率等于 100%，它们之间的关系如下：

$$贡献毛益率 (cmR) = 1- 变动成本率 = 1-bR$$

$$变动成本率 (bR) = 1- 贡献毛益率 = 1-cmR$$

由此可见，贡献毛益率与变动成本率属于互补性质。变动成本率低的企业，则贡献毛益率高，创利能力大；反之，变动成本率高的企业，则贡献毛益率低，创利能力小。

将以上公式变形，得：

$$\begin{aligned}单位贡献毛益 (cm) &= 销售单价 \times 贡献毛益率 \\ &= p \cdot cmR\end{aligned}$$

$$\begin{aligned}贡献毛益总额 (Tcm) &= 销售收入 \times 贡献毛益率 \\ &= p \cdot x \cdot cmR\end{aligned}$$

$$\begin{aligned}销售收入 (p \cdot x) &= 贡献毛益 / 贡献毛益率 \\ &= Tcm/cmR\end{aligned}$$

【例 9-3】某公司只生产一种产品，已知单位变动成本为 21 元，固定成本总额为 150 000 元，单位产品售价为 35 元，预计下一年可销售 16 000 件。求：

（1）计算单位贡献毛益、全部贡献毛益指标。

（2）计算营业利润。

（3）计算贡献毛益率与变动成本率，并验证两者之间的关系。

计算结果如下：

（1）单位贡献毛益 $(cm) = p-b = 35-21 = 14$（元）

贡献毛益总额 $(Tcm) = cm \cdot x = 14 \times 16\,000 = 224\,000$（元）

（2）营业利润 $(\rho) = Tcm-a$

$= 224\,000-150\,000 = 74\,000$（元）

（3）贡献毛益率 $(cmR) = cm/p \times 100\% = 14 \div 35 \times 100\% = 40\%$

或 $= Tcm/(p \cdot x) \times 100\% = 224\,000 \div (35 \times 16\,000) = 40\%$

变动成本率 $(bR) = b/p \times 100\% = 21 \div 35 \times 100\% = 60\%$

或 $= bx/px \times 100\% = (21 \times 16\ 000) \div (35 \times 16\ 000) \times 100\% = 60\%$

贡献毛益率 + 变动成本率 $= cmR + bR = 40\% + 60\% = 1$

9.3 变动成本法

9.3.1 变动成本法的意义和特点

1. 变动成本法的含义和理论依据

所谓变动成本法，是指在计算产品成本时，产品成本中只包括在生产过程中消耗的直接材料、直接人工和变动性制造费用，而不包括固定性制造费用，固定性制造费用作为期间成本在发生的当期全额从收入中扣除。它不同于完全成本法，属于管理会计专用的一种成本计算方法。

美国学者哈里斯在 1936 年率先提出了变动成本法的概念，但由于当时完全成本法在企业中已经普遍应用，所以，那时变动成本法的概念没有受到社会的广泛关注。直到 20 世纪 50 年代，随着现代管理会计体系逐渐成形，会计信息使用者对于管理会计的要求逐渐提高到加强预测分析、决策分析、预算控制的层面，企业管理当局迫切要求企业财会部门提供更符合管理需求的信息，以便加强对企业各项经营活动的事前规划和日常管理，变动成本法的应用正好满足了管理当局的需要，进而被广泛应用于企业内部控制方面，成为企业管理会计工作的一项新的重要内容。

变动成本法的理论根据是：固定性制造费用是在这个会计期间内为企业提供一定的生产经营条件，以保持生产能力，并使其处于准备状态而发生的费用，它的发生是与企业维持一定的生产能力联系在一起的，这些生产能力一经形成，有关的费用就已经确定，它的多少与业务量的多少并没有直接的联系，既不会因为业务量的提高而增加，也不会因为业务量的下降而减少。固定性制造费用实际上是与会计期间相互联系的支出，随着时间的消逝而逐渐丧失，因此把这部分费用视为期间费用更合理，即，固定性制造费用应该在发生的当期全部列入利润表，作为本期贡献毛益总额的减项，而不能像完全成本法那样将其延续到后面的会计期间，这改变了完全成本法中把固定性制造费用在本期销售商品和期末产品之间进行分配的传统，而是由当期销售的商品负担全部的固定性制造费用。

2. 变动成本法的特点

下面介绍与完全成本法即传统的成本计算方法相比，变动成本法的几个方面的特点。

（1）两者划分成本的标准、类别以及产品成本包含的内容不同。变动成本法是根据成本习性把成本划分为变动成本和固定成本两大类。变动成本法下产品成本只包括生产领域发生的直接材料、直接人工和变动性制造费用 3 个变动项目，这 3 个项目之和被称为变动性生产成本。固定性制造费用则作为期间成本全额一次性从当期收入中扣除。非生产领域的推销费用和管理费用也要分解为变动和固定两部分，并在利润表内分开列示。

完全成本法根据成本的经济用途或经济职能把企业的全部成本划分为生产成本和期间成本。生产成本是企业为生产产品或提供劳务而发生的，期间成本是企业为进行推销活动、组织和管理生产经营活动而发生的。生产成本按照经济用途进一步划分为直接材料、直接人工和制造费用 3 个项目，这 3 个项目全部计入产品成本。期间成本则包括推销费用和管理费用。具体的关系可以用表 9-3 表示。

表 9-3　完全成本法和变动成本法在成本划分及产品成本包含内容方面的比较

成本计算方法	完全成本法	变动成本法
成本划分的标准	经济用途	成本习性
成本划分的类别	生产成本：直接材料、直接人工、全部制造费用 期间成本：推销费用、管理费用	变动成本：直接材料（变动）、直接人工（变动）、变动制造费用、变动推销费用、变动管理费用 固定成本：固定制造费用、固定推销费用、固定管理费用
产品成本包含的内容	直接材料 直接人工 全部制造费用	直接材料 直接人工 变动制造费用

【**例 9-4**】设某公司没有月初存货。当月只产销甲产品，产量为 50 件，销量为 30 件，月末结存 20 件。甲产品销售单价为 1 000 元。该种产品的有关成本资料如下：

直接材料 5 000 元；直接人工 3 500 元；变动性制造费用 1 500 元；固定性制造费用 2 000 元；管理费用 4 000 元（其中，变动性管理费用 1 000 元）；推销费用 2 000 元（其中，变动性推销费用 1 000 元）。

要求：根据上述资料，分别计算在两种不同的成本计算方法下，本月产品成本和单位产品成本。

变动成本法：

产品成本 = 直接材料 + 直接人工 + 变动性制造费用
= 5 000 + 3 500 + 1 500 = 10 000（元）

单位产品成本 = 产品成本 ÷ 产量
= 10 000 ÷ 50 = 200（元 / 件）

完全成本法：

产品成本 = 直接材料 + 直接人工 + 全部制造费用
= 直接材料 + 直接人工 + 变动性制造费用 + 固定性制造费用
= 5 000 + 3 500 + 1 500 + 2 000 = 12 000（元）

单位产品成本 = 产品成本 ÷ 产量 = 12 000 ÷ 50 = 240（元 / 件）

根据例 9-4 的计算结果，可以得出如下结论：

- 在变动成本法下，当期的产品成本即是当期的变动性生产成本，单位产品成本即为单位变动性生产成本。
- 在完全成本法下，当期的产品成本为变动性生产成本与固定性制造费用之和，从而单位产品成本实质上是由单位变动性生产成本和单位固定性制造费用两部分构成。
- 因为在变动成本法下，产品成本中不包含固定性制造费用，所以计算出来的产品成本、单位产品成本较完全成本法要低。两者产品成本的差额 2 000 元即为固定性制造费用，单位产品成本之差额 40 元为当期的单位固定性制造费用（2 000 元 ÷ 50 件）。

（2）两者存货成本的构成内容不同。由于变动成本法与完全成本法下的产品成本的构成不同，因而产成品和在产品存货的成本构成内容也不同。采用变动成本法，不论是库存产品、在产品还是已经售出的产品，其成本只包含变动性生产成本，而不包括固定性制造费用。而采用完全成本法时，其成本则包括了全部的生产成本。

【例 9-5】根据例 9-4 的资料，分别用两种成本计算方法计算期末存货成本。

变动成本法：

期末存货成本 = 单位产品成本 × 期末库存量 = 200×20 = 4 000（元）

完全成本法：

期末存货成本 = 单位产品成本 × 期末库存量 = 240×20 = 4 800（元）

很明显，在变动成本法下，期末存货计价必然小于完全成本法下的期末存货计价，其差额 800 元是期末存货所吸收的固定性制造费用（40 元 / 件 ×20 件）。

其实，两种方法的上述两点区别可以看成是相关联的两个问题，或者说是同一问题的两个方面。产品成本的构成不同，自然存货成本的构成也不同。

（3）两者计算盈亏的公式不同。变动成本法下，盈亏的计算公式依据本量利分析的基本等式，即

营业利润 = 销售收入总额 − 变动成本总额 − 固定成本总额
= 单价 × 销量 − 单位变动成本 × 销量 − 固定成本总额

其中：① 销售收入总额 − 变动成本总额 = 贡献毛益

② 单位变动成本 = 单位变动性生产成本 + 单位变动性推销和管理费用
= 变动性生产成本 / 产量 + 变动性推销和管理费用 / 销量

③单位变动成本 × 销量 −（变动性生产成本 / 产量 + 变动性推销和管理费用 / 销量）× 销量

④固定成本＝固定性制造费用 + 固定性推销和管理费用

所以在变动成本法下，营业利润的最终计算公式为

营业利润 = 单价 × 销量 −（变动性生产成本 / 产量 + 变动性推销和管理费用 / 销量）× 销量 − 固定性制造费用 − 固定性推销和管理费用
= 单价 × 销量 −（变动性生产成本 / 产量）× 销量 − 变动性推销和管理费用 − 固定性制造费用 − 固定性推销和管理费用

其中：变动性推销和管理费用、固定性制造费用、固定性推销和管理费用在变动成本法下是期间费用，而期间费用应该全额从收入中扣除。

完全成本法下，盈亏的计算公式为

营业利润 = 销售收入总额 − 已销售产品成本总额 − 期间费用

其中：①销售收入总额 − 已销售产品成本总额 = 销售毛利总额

②已销售产品成本总额 = 期初产成品存货成本 + 本期完工产品成本 − 期末产成品存货成本

③期间费用 = 推销费用 + 管理费用

【例 9-6】仍根据例 9-4 的资料，分别采用两种方法计算盈亏。结果如下：

变动成本法：

贡献毛益 = 销售收入总额 − 变动成本总额
= 1 000×30 −（200×30 + 1 000 + 1 000）= 22 000（元）

营业利润 = 贡献毛益 − 固定成本
= 22 000 −（2 000+3 000 +1 000）= 16 000（元）

完全成本法：

销售毛利总额 = 销售收入总额 − 销售成本总额

= 1 000×30−[0 +（240×50）−（240×20）] = 22 800（元）

营业利润 = 销售毛利总额 − 期间成本

= 22 800 −（4 000+2 000）= 16 800（元）

9.3.2 变动成本法与完全成本法对分期损益的影响

变动成本法与完全成本法对分期损益的影响，表现为在不同方法下计算出的利润会产生差异。

（1）在没有期初存货的情况下，两种计算方法对分期损益的影响。

【例 9-7】假定某公司去年只产销甲产品，当年没有期初存货。当年甲产品的产量为 2 000 件，而销量为 1 500 件，每单位产品的售价为 100 元。成本资料为：直接材料 60 000 元，直接人工 40 000 元，制造费用 30 000 元（其中，变动性制造费用 10 000 元），推销费用 30 000 元（其中，变动性推销费用 15 000 元），管理费用 10 000 元（其中，变动性管理费用 2 000 元）。

要求：根据上面提供的资料，分别用两种成本计算方法计算营业利润，并分析利润产生差异的原因。

变动成本法下：

单位产品成本 =（60 000 + 40 000 + 10 000）÷ 2 000 = 55（元 / 件）

利润计算过程如表 9-4 所示。

表 9-4 某企业利润表（变动成本法）（单位：元）

项目	金额
销售收入（1 500 件，单价 100 元）	150 000
减：变动生产成本（单位成本 55 元）	82 500
贡献毛益（生产阶段）	67 500
减：变动性管理费用	2 000
变动性推销费用	15 000
贡献毛益（全部）	50 500
减：固定成本	
固定性制造费用	20 000
固定性管理费用	8 000
固定性推销费用	15 000
营业利润	7 500

完全成本法下：

单位固定制造费用 = 20 000 ÷ 2 000 = 10（元 / 件）

单位产品成本 = 55 + 10 = 65（元 / 件）

利润计算过程如表 9-5 所示。

表 9-5 某企业利润表（完全成本法）（单位：元）

项目	金额
销售收入（1 500 件，单价 100 元）	150 000

（续）

项目	金额
减：销售成本	
期初存货成本	0
加：本期生产成本（2 000 件，单位成本 65 元）	130 000
可供销售产品成本	130 000
减：期末存货成本（500 件，单位成本 65 元）	32 500
销售成本总额	97 500
销售毛利	52 500
减：管理费用	10 000
推销费用	30 000
营业利润	12 500

从表 9-4 和表 9-5 可以看出，两种成本法下所计算出的营业利润不同。采用变动成本法时，利润为 7 500 元；采用完全成本法时，利润为 12 500 元，相差 5 000 元。这 5 000 元正是期末存货成本负担的固定制造费用部分（10 元 / 件 ×500 件）。

在变动成本法下，这 5 000 元全额一次性计入当期损益，从收入中扣除了。而在完全成本法下，这 5 000 元被期末存货所吸收，作为存货成本的一部分列入了期末资产负债表，转到了下一个会计年度。由于扣除的成本少了 5 000 元，利润自然就多了 5 000 元。

（2）在销售量逐年变动而产量维持不变的情况下，两种计算方法对分期损益的影响。

【例 9-8】假设某企业只生产一种产品。第 1、2、3 年各年的产量（基于其正常生产能力）都是 6 000 件，第 1 年年初没有存货。3 年的销售量分别为 6 000 件、5 000 件和 7 000 件。单位产品售价为 10 元。

成本资料为：单位变动生产成本 5 元，固定性制造费用 24 000 元，推销与管理费用假设全部为固定成本，每年发生额共计为 1 000 元。

要求：根据以上资料，分别采用两种成本计算方法确定各年的营业利润，并分析利润产生差异的原因。

在变动成本法下，各年单位产品成本 = 5（元 / 件）。

在完全成本法下，各年单位产品成本 = 5 + 24 000 ÷ 6 000 = 5 + 4 = 9（元 / 件）。

变动成本法下各年的利润计算过程如表 9-6 所示。

表 9-6　某企业利润表（变动成本法）　　（单位：元）

项目	金额（第 1 年）	金额（第 2 年）	金额（第 3 年）
销售收入（单价 10 元）	60 000	50 000	70 000
减：变动生产成本（单位成本 5 元）	30 000	25 000	35 000
贡献毛益	30 000	25 000	35 000
减：固定成本			
固定性制造费用	24 000	24 000	24 000
固定性推销与管理费用	1 000	1 000	1 000
营业利润	5 000	0	10 000

完全成本法下各年的利润计算过程如表 9-7 所示。

上述计算结果表明：

第 1 年，两种成本计算法下的营业利润相等，均为 5 000 元。

这是因为在变动成本法下，固定性制造费用 24 000 元全部计入了当期损益；在完全成本法下，当年发生的固定性制造费用也由于产销平衡且各年产品成本相等而全额从收入中扣除了，因而不同方法下的利润相等。

第 2 年，按变动成本法计算的营业利润比按完全成本法计算的营业利润少了 4 000 元。

表 9-7 某企业利润表（完全成本法） （单位：元）

项目	金额（第 1 年）	金额（第 2 年）	金额（第 3 年）
销售收入（单价 10 元）	60 000	50 000	70 000
减：销售成本			
期初存货成本	0	0	9 000
加：本期生产成本（单位成本 9 元）	54 000	54 000	54 000
可供销售产品成本	54 000	54 000	63 000
减：期末存货成本	0	9 000	0
销售成本总额	54 000	45 000	63 000
销售毛利	6 000	5 000	7 000
减：推销及管理费用	1 000	1 000	1 000
营业利润	5 000	4 000	6 000

这是因为在变动成本法下，固定性制造费用 24 000 元全部计入了当期损益；而在完全成本法下，只有已实现销售的产品所负担的固定性制造费用 20 000 元（4 元 / 件 ×5 000 件）计入了当期损益，从收入中扣除了，另外的 4 000 元（4 元 / 件 ×1 000 件）固定性制造费用则被期末存货所吸收，作为存货成本的构成部分，列入了期末资产负债表，从而导致利润多了 4 000 元。

第 3 年，按变动成本法计算的营业利润比按完全成本法计算的营业利润大了 4 000 元。

这是因为在变动成本法下，计入第 3 年损溢的固定性制造费用仍为 24 000 元，而在完全成本法下，本年销售的产品不仅包括本年生产的 6 000 件，还包括期初存货 1 000 件，因而从收入中扣除的固定性制造费用不仅包括本年发生额 24 000 元，期初存货所吸收的固定性制造费用 4 000 元随着产品的销售也在本年释放，从而导致成本多扣除了 4 000 元，因此营业利润少了 4 000 元。

从表 9-6 和表 9-7 中可以看出，两种成本法下，3 年营业利润之和都是 15 000 元。也就是说，从较长时期看，两种成本法下的营业利润的差异可以相互抵消。

（3）在产量逐年变动而销售量维持不变的情况下，两种计算方法对分期损益的影响。下面我们举例说明这个问题。

【例 9-9】假定某公司最近 3 年只产销乙产品，有关资料如表 9-8 所示。

乙产品其他基本资料如下：

单价 20 元；单位变动生产成本 5 元；固定制造费用 48 000 元；推销与管理费用 8 000 元（假设全部为固定成本）。

要求：根据以上资料，分别采用两种成本计算方法，据以确定各年的营业利润并分析利润产生差异的原因。

在变动成本法下，单位产品成本 = 5（元 / 件）。

在完全成本法下，第 1 年的单位产品成本 = 5 + 48 000/6 000 = 5 + 8 = 13（元 / 件）；

第 2 年的单位产品成本 = 5 + 48 000/8 000 = 5 + 6 = 11（元 / 件）；
第 3 年的单位产品成本 = 5 + 48 000/4 000 = 5 + 12 = 17（元 / 件）。

表 9-8　乙产品产销量统计表　（单位：件）

项目	第 1 年	第 2 年	第 3 年	合计
期初存货量	0	0	2 000	0
本年产量	6 000	8 000	4 000	18 000
本年销量	6 000	6 000	6 000	18 000
期末存货量	0	2 000	0	0

变动成本法下各年利润的计算过程如表 9-9 所示。

表 9-9　利润计算表（变动成本法）　（单位：元）

项目	金额（第 1 年）	金额（第 2 年）	金额（第 3 年）
销售收入（单价 20 元）	120 000	120 000	120 000
减：变动生产成本（单位变动成本 5 元）	30 000	30 000	30 000
贡献毛益	90 000	90 000	90 000
减：固定成本			
固定性制造费用	48 000	48 000	48 000
固定性推销与管理费用	8 000	8 000	8 000
营业利润	34 000	34 000	34 000

完全成本法下各年利润的计算过程如表 9-10 所示。

表 9-10　利润计算表（完全成本法）　（单位：元）

项目	金额（第 1 年）	金额（第 2 年）	金额（第 3 年）
销售收入（单价 20 元）	120 000	120 000	120 000
减：销售成本			
期初存货成本	0	0	22 000
加：本期生产成本	78 000	88 000	68 000
可供销售产品成本	78 000	88 000	90 000
减：期末存货成本	0	22 000	0
销售成本总额	78 000	66 000	90 000
销售毛利	42 000	54 000	30 000
减：推销及管理费用	8 000	8 000	8 000
营业利润	34 000	46 000	22 000

上述计算结果表明：

第 1 年，两种方法计算出来的营业利润相等。这是因为当年的销量等于产量且期初存货与期末存货均为 0，无论采用哪种方法，当年发生的固定性制造费用均全额从收入中扣除了，因此两种方法下计算出来的营业利润相等。

第 2 年，按变动成本法计算的营业利润比按完全成本法计算的营业利润少了 12 000 元。这是因为在变动成本法下，固定性制造费用 48 000 元全部计入了当期损益；而在完全成本法下，只有已实现销售的产品所负担的固定性制造费用 36 000 元（6 元 / 件 ×6 000 件）计入了当期损益，另外 12 000 元（6 元 / 件 ×2 000 件）固定性制造费用则被期末存货所吸收，作为存货成本的构成部分，列入了期末资产负债表，因而利润多了 12 000 元。

第 3 年，按变动成本法计算的营业利润比按完全成本法计算的营业利润多了 12 000 元。这是因为变动成本法下，计入第 3 年损益的固定性制造费用仍为 48 000 元，而在完全成本法下，本年销售的产品不仅包括本年生产的 4 000 件，还包括期初存货 2 000 件，因而从收入中扣除的固定性制造费用不仅包括当年发生额 48 000 元，期初存货所吸收的固定性制造费用 12 000 元随着产品的销售也在本年释放，从而导致营业利润少了 12 000 元。

9.3.3 对完全成本法与变动成本法的评价

1. 对完全成本法的评价

（1）完全成本法的优点。目前，完全成本法之所以仍然得到认可并在实际中广泛应用的原因就在于，既然变动生产成本与固定制造费用都是产品生产过程中所必需支付的费用，那么两种成本就都应计入产品成本中去。除此之外，在企业的经营管理中采用完全成本法还有以下两个方面的优点：

1）可以大大刺激企业加速发展生产的积极性。采用完全成本法时，产量越大，则单位固定制造费用就越低，从而单位产品成本也就随之降低，单位利润上升。正是这一原因，在客观上刺激了生产的发展。

【例 9-10】假设 A 公司本期只生产甲产品，固定制造费用总额为 10 000 元，单位变动生产成本为 20 元，那么当产量为 1 000、2 000、5 000 件时，单位产品成本如表 9-11 所示。

表 9-11 单位产品成本计算表

产量（件）	1 000	2 000	5 000
单位固定制造费用（元）	10 000 ÷ 1 000 = 10	10 000 ÷ 2 000 = 5	10 000 ÷ 5 000 = 2
单位变动生产成本（元）	20	20	20
单位产品成本（元）	30	25	22

从表 9-11 可以看出，完全成本法下产量越大，单位产品成本就越小。

2）完全成本法是会计准则要求采用的成本计算方法。完全成本法是一种传统的计算成本的方法，已经得到会计界的公认，所以现行会计准则要求企业只能采用完全成本法，并以此为依据编制对外报表。

（2）完全成本法的缺点。

1）完全成本法所确定的利润额与销售量不相关。在售价、单位变动成本和固定成本总额水平不变的情况下，利润的多少理应和销售量的增减相一致，多销售产品就应该多获得利润。但是，按照完全成本法所确定的利润额与销售量不相关，这就往往使管理人员不易理解，甚至会促使企业片面追求高产量，造成盲目生产的结果。

例如，从例 9-9 的数据可以看出，尽管企业每年产品的销售量相同，销售单价和成本水平也均无变动，但只要各年产量不同，各年的单位产品成本和营业利润就有很大差别。这容易使企业管理部门迷惑不解。

在某产品销售单价和成本水平均无变动的前提下，尽管企业该产品的销售量增加，但出现了营业利润反而减少的情况。

【例 9-11】假设 A 公司连续两年只产销甲产品。甲产品销售单价为 20 元，单位变动生产成本为 8 元，固定制造费用为 150 000 元。第 1 年年初没有存货，产量为 15 000 件，销售量为

10 000 件。第 2 年产量为 10 000 件，销售量为 15 000 件。假设该企业没有推销及管理费用。

要求：根据上述资料，运用完全成本法计算这两年的营业利润。

第 1 年：甲产品单位产品成本 = 8 + 150 000 ÷ 15 000 = 8 + 10 = 18（元 / 件）

第 2 年：甲产品单位产品成本 = 8 + 150 000 ÷ 10 000 = 8 + 15 = 23（元 / 件）

利润计算过程如表 9-12 所示。

表 9-12　利润计算表（完全成本法）　　（单位：元）

项目	金额（第 1 年）	金额（第 2 年）
销售收入（单价 20 元）	200 000	300 000
减：销售成本		
期初存货成本	0	90 000
加：本期生产成本	270 000	230 000
可供销售产品成本	270 000	320 000
减：期末存货成本	90 000	0
销售成本总额	180 000	320 000
营业利润	20 000	−20 000

由此可见，尽管第 2 年的销售收入相对于第 1 年有明显的增长，但是出现了第 2 年营业利润不增反减的奇怪现象。

在销售单价、单位变动成本、固定成本总额等条件均不变动且销售量下降的情况下，由于产量大幅增加，反而会造成利润不减反增。这样，不但使人费解，而且会促使企业盲目扩大生产。

【例 9-12】假设 A 公司近两年只产销甲产品，其销售单价为 10 元，单位变动生产成本为 4 元，固定制造费用为 30 000 元。第 1 年年初没有存货，产量为 10 000 件，销售量为 10 000 件。第 2 年产量为 30 000 件，销售量为 8 000 件。假设该企业没有推销及管理费用。

要求：根据上述资料，运用完全成本法计算这两年的营业利润。

第 1 年：甲产品单位产品成本 = 4 + 30 000 ÷ 10 000 = 4 + 3 = 7（元 / 件）

第 2 年：甲产品单位产品成本 = 4 + 30 000 ÷ 30 000 = 4 + 1 = 5（元 / 件）

利润计算过程如表 9-13 所示。

表 9-13　利润计算表（完全成本法）　　（单位：元）

项目	金额（第 1 年）	金额（第 2 年）
销售收入（单价 10 元）	100 000	80 000
减：销售成本		
期初存货成本	0	0
加：本期生产成本	70 000	150 000
可供销售的生产成本	70 000	150 000
减：期末存货成本	0	110 000
销售成本总额	70 000	40 000
营业利润	30 000	40 000

由此可见，尽管第 2 年的销售量相对于第 1 年有所下降，但是第 2 年的营业利润却增长了。

2）采用完全成本法计算出来的单位产品成本往往不能反映生产部门的真实业绩。根据例 9-10 的资料分析，若 A 公司进行技术革新，努力降低了单位变动性生产成本 30%，则产量为 1 000 件时，单位产品成本 = 20 ×（1−30%）+ 10 000 ÷ 1 000 = 24（元）。但产量为 5 000 件时，企业无须做任何努力，单位成本仍旧会低于 24 元。这说明完全成本法计算出来的单位产品成本往往不能反映生产部门的真实业绩。

3）在完全成本法下，由于成本没有按成本习性分为变动成本与固定成本，无法计算贡献毛益，因而不便于进行预测分析、参与决策和编制弹性预算等，不利于规划和控制企业的经济活动。

4）采用完全成本法，对于固定制造费用往往需要经过很繁重的分配手续，然后计入产品成本，而且固定制造费用的各种分配方法难免要受人为判断的影响，带有较大的主观随意性。

2. 对变动成本法的评价

（1）变动成本法的优点。变动成本法的优点既与它的特点相联系而存在，又是同完全成本法相比较而得出的。因而在讨论它的优点时，一方面既要从它的特点出发，另一方面也要与完全成本法做某些比较。概括而言，变动成本法的优点主要有以下几点：

1）能够提供各种有用的会计信息，有利于进行正确的预测和短期决策。变动成本法所提供的信息，能够揭示成本、产量、利润之间的依存关系，能够找出生产、销售、成本和利润变动的内在规律，这将有利于管理当局深入进行本量利分析和贡献毛益分析，以便于进行预测和决策。

2）能够使管理当局更加重视销售，防止盲目生产。采用完全成本计算法，很容易出现前面我们提到的 3 种反常情况。特别是在销量下降、利润反而有所增长的情况下，更容易助长企业只重视生产，不重视销售的不良倾向，这显然是和现代市场经济的客观要求相背离的。反之，变动成本法可以排除产量对利润的影响，利润随销量作同向变动，这样就会促使管理当局努力开拓销售渠道，重视产品的销售环节，防止盲目生产。

3）便于分清各部门的经管责任，有利于进行成本控制和业绩评价。变动成本法按照成本习性对成本进行分类，其中变动成本一般是生产和供应部门的可控成本，可以由其负责，一般通过事前制定标准成本和建立弹性预算进行日常控制；固定成本一般是管理部门的可控成本，可以由管理部门负责，一般通过制定费用预算的方法进行控制。另外，变动成本法所提供的信息还能把由于产量变动所引起的成本升降，同由于成本控制工作的好坏而造成的成本升降，清楚地区别开。这就不仅有利于企业进行科学的分析，采用正确的方法进行成本控制，还能对各有关责任单位履行经管责任的工作业绩做出恰当的评价。

4）简化了产品成本计算。采用变动成本法，把固定制造费用列作期间成本，从贡献毛益总额中减除，可以节省间接费用的分摊手续，这不仅大大简化了产品成本的计算过程，而且还可以避免间接费用分摊中的一些主观随意性。

（2）变动成本法的缺点。变动成本法的优点虽然是明显的，但是它也不可避免地存在着一定的局限性。变动成本法的缺点主要有以下几点：

1）不符合传统成本概念的要求。按照传统的概念，产品成本应该包括生产领域发生的变动成本和固定成本，而按变动成本法计算的产品成本不能满足这种要求，而且固定成本与变动成本的划分本身就存在局限性，这种划分方法在很大程度上是假设的结果。

2）不能适应长期决策的需要。长期决策不同于短期决策，它的关键在于可以提供若干年后仍然相对准确的预测数据作为依据。但是从长期来看，单位变动成本和固定成本总额都无法固定不变，所以，尽管变动成本法对于短期决策可以提供选择最优方案的有关资料，但对于长期决策来说，其局限性就表现出来了。

▶本章小结

成本性态是指成本总额与业务量总数之间的依存关系。按照成本习性，成本可划分为固定成本、变动成本和混合成本，而混合成本可以分解为变动与固定成本之和。所以，管理会计中总成本的计算公式为：总成本 = 单位变动成本 × 业务量 + 固定成本。在此基础上，可以进行本量利分析，并计算贡献毛益、营业利润等指标。

变动成本法与完全成本法有着各自的含义及理论依据，两者在诸多方面存在着差别，对产品成本、分期损益等指标会产生不同的影响。两者各具有一定的优势及局限性。

▶思考题

1. 什么是成本性态？成本按照成本性态怎样分类？
2 什么是混合成本？常见的混合成本分为哪几类？常用的混合成本的分解方法有哪些？
3. 什么是贡献毛益？
4. 什么是本量利分析？它具有哪些用途？其基本公式是什么？
5. 什么是变动成本法？它的理论依据是什么？
6. 采用变动成本法计算营业利润的公式是什么？该公式与完全成本法下计算营业利润的公式有何区别？
7. 试举例说明变动成本法和完全成本法在计算营业利润方面的差异。
8. 采用完全成本法有哪些优缺点？
9. 同完全成本法相比，采用变动成本法有哪些优势，又有哪些局限性？

▶自测题

自测题 9-1

单项选择题

1. 在相关范围内，其单位成本不随业务量的变动而变动的成本是（　　）。
   A. 固定成本　　B. 变动成本　　C. 混合成本　　D. 不确定
2. 下列各项中只有在完全成本法中才能作为产品成本处理的是（　　）。
   A. 变动生产成本　　B. 变动非生产成本　　C. 固定生产成本　　D. 固定非生产成本
3. 某企业每月生产零件数在 3 000 件以内时，需要化验员 4 名；在此基础上，每增加产量 1 000 件，需要增加 1 名化验员。此种情况下，化验员的工资成本属于（　　）。
   A. 阶梯式混合成本　　B. 曲线式混合成本
   C. 延伸变动成本　　D. 以初始量为基础的半变动成本
4. 若本期完全成本法下的利润小于变动成本法下的利润，则（　　）。
   A. 本期产量大于本期销售量　　B. 本期产量等于本期销售量
   C. 期末存货量大于期初存货量　　D. 期末存货量小于期初存货量
5. 企业根据经营方针，由高阶层领导确定一定期间的预算额而形成的成本，称之为（　　）。

A. 约束性固定成本　　B. 酌量性固定成本　　C. 混合成本　　D. 变动成本

多项选择题

1. 固定成本的主要特点是（　　）。
   A. 在相关范围内，固定成本总额不受产量变动的影响
   B. 在相关范围内，单位固定成本不变
   C. 在相关范围内，单位固定成本与产量呈反比例变动
   D. 其成本变动的幅度同产量的变化保持严格的比例关系
2. 在变动成本法下，下列（　　）项目对期末存货成本高低无影响。
   A. 变动性制造费用　　B. 固定性制造费用　　C. 变动性销售费用　　D. 变动性管理费用
3. 变动成本法与完全成本法的区别主要在于（　　）。
   A. 产品成本组成不同　　B. 存货成本组成不同　　C. 期间成本构成不同　　D. 盈亏计算方法不同
4. 变动成本法的优点主要体现在以下几个方面（　　）。
   A. 所提供的成本资料较符合企业生产经营的实际情况
   B. 能提供每种产品盈利能力的资料，有利于管理人员的决策分析
   C. 便于分清各部门的经济责任，有利于进行成本控制与业绩评价
   D. 符合传统的成本概念的要求
5. 采用变动成本计算，产品成本包括下列哪几项（　　）。
   A. 直接材料　　B. 固定性制造费用　　C. 直接人工
   D. 变动性制造费用　　E 固定性销售与管理费用

判断题

1. 降低约束性固定成本的唯一途径是提高产品产量，相对降低其单位成本。（　　）
2. 固定成本是指在一定的业务量范围内，其单位成本保持稳定，不随业务量的变化而变化的成本。（　　）
3. 全部成本法会鼓励企业片面追求产量，盲目生产，造成仓库积压，财政虚收。（　　）
4. 变动成本法可以避免全部成本法那样由于受本期产量高低的影响，而把功过延期反映在下个会计期间的销售成本和盈亏上。（　　）
5. 基于对变动与全部成本法优缺点的认识，企业可以对产成品和存货的计价以及基本财务报表的编制采用变动成本法；而对内部管理则采用全部成本法。（　　）

自测题 9-2

目的：掌握混合成本的分解。

资料：A 厂 2014 年上半年设备维修成本与机器工时的数据如下表所示：

机器工时（小时）	**设备维修成本**（元）
11 000	1 490
14 000	1 700
10 000	1 400
13 000	1 640
15 000	1 920
16 000	1 650

要求：

（1）用高低点法分解设备维修成本。

（2）用回归直线法分解设备维修成本。

自测题 9-3

目的： 掌握两种成本计算方法在产品成本包含内容上的差别及对利润的影响。

资料： 假设 B 公司只生产 1 种产品，本年度的各项资料如下表所示。

要求：

（1）分别用完全成本法和变动成本法计算该产品的单位成本。

（2）分别用完全成本法和变动成本法计算本年度该产品的期末存货成本。

（3）分别用完全成本法和变动成本法计算该公司本年度的营业利润。

产量（件）	4 500
销售量（件）	3 600
销售单价（元）	18
期初存货（件）	0
直接材料（元）	18 000
直接人工（元）	13 500
变动性制造费用（元）	5 000
固定性制造费用（元）	8 500
变动性推销及管理费用（元）	9 000
固定性推销及管理费用（元）	4 500

自测题 9-4

目的： 掌握两种成本计算方法得出的利润结果产生差异的原因。

资料： C 公司 2012 年、2013 年、2014 年连续 3 年的产销量及成本资料如下表所示：

项 目	2012 年	2013 年	2014 年
期初存货（件）	0	2 000	2 000
本期产量（件）	10 000	10 000	10 000
本期销售量（件）	8 000	10 000	12 000
期末存货（件）	2 000	2 000	0
销售单价（元）	10	10	10
单位变动成本（元）	5	5	5
固定性制造费用（元）	10 000	10 000	10 000
固定性推销及管理费用（元）	10 000	10 000	10 000

要求： 根据以上资料，分别采用完全成本法和变动成本法计算营业利润，并分析利润产生差异的原因。

附录 9A　混合成本的分解方法

混合成本同时兼有固定和变动两种性质，但并不能直接区分为固定成本和变动成本，因此需要采用不同的方法将其中的固定和变动因素分解出来，再分别纳入固定成本和变动成本两大类别中去，以此作为基础规划和控制企业经济活动的手段之一。

混合成本分解的方法有多种，其中比较科学的分解方法是数学分析法。数学分析法是通过对历史成本数据的分析，依据混合成本在一定时期内与业务量间的依存关系，采用一定的数学方法对数据进行处理，以确定其中固定成本和单位变动成本平均值的方法。

9A.1 高低点法

高低点法是数学分析法中较为简单的一种方法。其基本原理是：任何一个混合成本项目都是由固定成本和变动成本两种因素组成的，而且收集的历史数据在一个相关范围内，因而它可用数学模型 $y = a + bx$ 来近似地表示。根据成本习性可知，固定成本 a 在相关范围内是固定不变的，若单位变动成本 b 在相关范围内是个常数，则变动成本总额就随着高低点业务量的变动而变动。因此，高低点法是在一定相关范围内，选取业务量的最高与最低两点的混合成本、业务量最高点与业务量最低点的值，来推算混合成本中的固定成本总额和单位变动成本的一种简便方法。

具体步骤是：根据选得的数据，以最高业务量的混合成本与最低业务量的混合成本之差，除以最高点业务量与最低点业务量之差，计算出 b，然后代入最高或最低点的混合成本公式，即可计算出混合成本中的固定成本 a。

设 y 为混合成本，x 为业务量，则：

$$\because\ y_{高} = a + bx_{高} \quad ①$$

$$y_{低} = a + bx_{低} \quad ②$$

① − ②，得

$$y_{高} - y_{低} = b(x_{高} - x_{低})$$

$$\therefore\ b = (y_{高} - y_{低}) \div (x_{高} - x_{低}) = \Delta y \div \Delta x$$

将 b 代入式①或②，得：

$$a = y_{高} - bx_{高}$$

或

$$= y_{低} - bx_{低}$$

【**例 9A-1**】假设中田公司维修车间过去 12 个月的维修成本和维修工时的有关数据如表 9A-1 所示。用高低点法将维修成本分解为变动成本和固定成本。

表 9A-1　中田公司 1 ～ 12 月的维修成本信息

月	维修工时（小时）	维修成本（元）
1	800	2 000
2	600	1 700
3	900	2 250
4	1 000	2 550
5	800	2 150
6	1 100	2 750
7	1 000	2 460
8	1 000	2 520
9	900	2 320
10	700	1 950
11	1 100	2 650
12	1 200	2 900

首先从表 9A-1 中找出维修工时的最高点 1 200 小时和维修工时的最低点 600 小时，以及相应的维修成本 2 900 元和 1 700 元，计算出单位小时的维修变动成本 b 为：

$$b = \Delta y \div \Delta x = (2\,900 - 1\,700) \div (1\,200 - 600) = 2\ （元 / 小时）$$

$$a = 2\,900 - 2 \times 1\,200 = 500\text{（元）}$$

或

$$= 1\,700 - 2 \times 600 = 500\text{（元）}$$

以上计算表明，该企业维修固定成本部分支出为 500 元，单位变动成本为 2 元，由此，维修车间维修成本可按下式计算：

$$y = 500 + 2x$$

运用高低点法需要注意以下事项：

第一，最高点与最低点业务量是该混合成本的两个端点，超出这个范围，模型就不一定再适用。

第二，这种方法是用最高点与最低点的数据来描述的，其结果会有偶然性，会影响对未来成本的预测。

第三，当有多个业务量相同，而且又都是最高或最低点时，只需按高低点法的原理，高点取大成本，低点取小成本。

用高低点法分解成本简便易行，但因为最高点与最低点很可能产生了较大偏离，它们所代表的可能是非典型的成本—业务量关系，如若这样，运用这两点所计算出的成本方程式就无法代表通常发生的情况，结论不准确。

9A.2　散点图法

散点图法也叫目测法，其原理与高低点法相似，成本可以被描述为：$y = a + bx$。具体步骤为：将收集到的用于分析的历史数据，在直角坐标图上逐一标出，以纵轴表示成本（y），横轴表示业务量（x），这样历史数据就形成若干个点散布在坐标图上，然后通过目测，画一条反映成本变动趋势的直线。该直线与纵轴的交点，即该直线在纵轴上的截距就代表固定成本 a，这条直线的斜率就是单位变动成本 b。

【例 9A-2】沿用表 9A-1 的数据作散点图，如图 9A-1 所示，具体步骤如下：

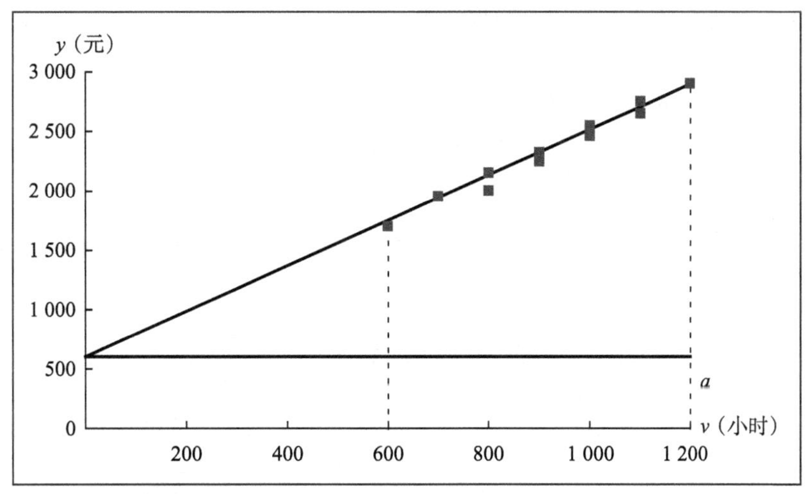

图 9A-1　维修成本的散点图

第一，在平面直角坐标系中标出散点。

第二，通过目测，画出能反映维修成本平均变动趋势的直线。

第三，确定固定成本 a，此图中为 600 元（直线与纵轴的交点）。

第四，计算单位变动成本（直线的斜率）。选择相关范围（直线上任意一点）内某一产量即可。如选择 1 000 小时，维修成本为 2 550 元。求出变动成本 b，即：

$$b=(y-a)\div x=(2\,550-600)\div 1\,000=1.95\text{（元 / 小时）}$$

根据散点图法得到 a、b 之后，模型即为：

$$y=600+1.95x$$

散点图法与高低点法原理相同，但散点图法考虑了所提供的全部历史资料，比较形象直观，易于理解，较高低点法更为科学。然而，由于散点图法靠目测决定直线，往往因人而异，能够画出多条反映成本习性的直线，很难判断哪条直线描述得更准确，因而容易带有主观随意性，从而影响计算的客观性。

9A.3 回归直线法

回归直线法的原理是：从散点图中可以找到一条与全部观测值的误差平方和最小的直线，该直线的截距就是固定成本 a，斜率就是单位变动成本 b，这条直线在数理统计中称为回归直线或回归方程，这种方法又被称为最小平方法。因而，回归直线法是根据一系列历史成本资料，用数学上的最小平方法的原理，计算出最能代表平均水平的直线截距和斜率，以其作为固定成本和单位变动成本，从而勾画出最能代表平均水平的一条直线的一种成本分解方法。

在回归直线法下，由于反映成本与业务量关系的直线方程为 $y=a+bx$，方程中的参数 a、b 之值，可以通过建立决定回归直线的联立方程组求得，其计算步骤如下：

首先，加总 n 组观测值总和，即以总和（Σ）的形式表示 $y=a+bx$ 中的每一项，得：

$$\Sigma y=na+b\Sigma x \qquad ①$$

由①式变形可得：

$$a=(\Sigma y-b\Sigma x)/n \qquad ②$$

将①式的左右两边各项同时用 x 加权，得：

$$\Sigma xy=a\Sigma x+b\Sigma x^2 \qquad ③$$

将②式代入③式，求得变动成本 b 为：

$$b=(n\Sigma xy-\Sigma x\Sigma y)/[n\Sigma x^2-(\Sigma x)^2] \qquad ④$$

最后，将④代入②，得出固定成本 a。

【例 9A-3】 仍沿用例 9A-1 的数据，采用回归直线法对维修车间的维修成本进行分解。有关数据如表 9A-2 所示。

表 9A-2　维修车间维修成本分解表

月份	维修工时（x）	维修成本（y）(元)	xy	x^2
1	800	2 000	1 600 000	640 000
2	600	1 700	1 020 000	360 000
3	900	2 250	2 025 000	810 000
4	1 000	2 550	2 550 000	1 000 000
5	800	2 150	1 720 000	640 000
6	1 100	2 750	3 025 000	1 210 000

（续）

月份	维修工时（x）	维修成本（y）(元)	xy	x^2
7	1 000	2 460	2 460 000	1 000 000
8	1 000	2 520	2 520 000	1 000 000
9	900	2 320	2 088 000	810 000
10	700	1 950	1 365 000	490 000
11	1 100	2 650	2 915 000	1 210 000
12	1 200	2 900	3 480 000	1 440 000
$n = 12$	$\Sigma x = 11\ 100$	$\Sigma y = 28\ 200$	$\Sigma xy = 26\ 768\ 000$	$\Sigma x^2 = 10\ 610\ 000$

将表 9A-2 中的有关数据代入④和②，得：

$$b = (n\Sigma xy - \Sigma x\Sigma y)/[n\Sigma x^2 - (\Sigma x)^2]$$

$$= 819.6 \div 411 = 2\text{（元 / 小时）}$$

$$a = (\Sigma y - b\Sigma x)/n = (28\ 200 - 2 \times 11\ 100) \div 12 = 500\text{（元）}$$

回归直线法避免了高低点法的偶然性，又比散点图法更加具有客观性，准确度高，但要注意剔除非正常值。其缺点是计算工作量相对较大。

第10章

预测分析

▶ **学习目标**

1. 了解预测的含义、作用、基本程序和基本方法
2. 熟悉利润预测、销售预测和成本预测的意义和作用
3. 熟悉销售预测的基本方法
4. 掌握利润预测的盈亏平衡点分析、目标利润分析和经营杠杆系数分析
5. 掌握成本预测的趋势预测法和因果预测法

10.1　预测分析概述

10.1.1　预测分析的含义

凡事预则立，不预则废。企业的预定目标给出了企业未来发展的方向，但未来是不确定的，这就需要预测。通俗地讲，预测是回答诸如“如果……将怎样”这样一类的问题。通过预测，把那些不确定因素的发生、发展及变化趋势尽可能地确定下来。因此，预测就是指根据过去和现在的已知因素，运用人们的知识、经验和科学方法，对未来进行预计，并推测事物未来的发展趋势。预测为计划和决策提供依据，也是计划和决策的重要组成部分。预测不是臆测，这里的预测是科学的预测，它是建立在对预测对象认识、分析和科学的推理基础之上的。企业的基本战略是为未来制订计划，一个企业的成功，与管理部门能否较好地预测未来和制定合适的企业战略有密切关系。对经济状况进行事前的准确判断，可以给管理人员提供对将来可能发生情况的一个初步意见或看法。当然，将这些看法转化为数量是很困难的工作。但是，通过预测，我们能够利用科学的方法，在已有数据的基础上，帮助企业对未来的不确定事项做出事前的准确推测。

由于客观世界的复杂性和不确定性与人类认识局限性之间的矛盾，预测科学仍然处于成长阶段，在预测手段上还存在着一定的不完善性，执行预测工作的人员在自身的知识、经验、胆略、价值取向等方面也客观存在着差异性。预测工作不可避免地存在一定的误差和局限性。

在现代企业管理中，由于在预测中采用了一系列科学的程序与方法，并利用计算机作为工具，预测的结果相对比较可靠，这也有助于加深对经济活动规律的了解。

10.1.2　预测分析的作用

首先，预测是加强企业全面管理的首要环节。随着市场竞争的加剧，在企业内部管理工作上要求对企业的经济活动进行时间上和空间上的全面管理。单靠事后分析和评价等手段已经远远不能适应客观的需要，管理工作必须将事前的预测、决策和计划、事中的控制与事后的分析和评价结合起来，这对促进企业内部管理效率的提高具有非常重要的作用。

其次，预测是进行决策和编制计划的前提。通过预测，掌握企业未来的经济活动的变动趋势，有助于将未知因素转化为已知因素，帮助管理者提高主动性，减少盲目性。通过预测，可以对生产经营活动中可能出现的有利与不利情况进行全面和系统分析，避免决策的片面性和局限性。另外，预测的过程，同时也是为计划提供客观指导的过程。有了科学的预测，就可以进行正确的事前计划，可以使计划建立在客观实际的基础之上。所以，预测是决策与计划的基础和前提条件，决策和计划则是预测的后续环节。

10.1.3　预测分析的基本方法

预测分析的方法种类繁多，大体上存在着一百多种预测方法，但常用的只有十几种。每一种预测方法都有它的适用范围，有时可以用几种方法来预测同一个对象，以进行相互补充和验证，提高预测结果的精确度。预测方法的选择因预测的内容和期限不同而有所不同。按预测方法本身的性质划分，可以将预测方法分为定性预测法和定量预测法两大类。需要特别强调的是：定量预测法和定性预测法并不是相互排斥的，两者具有相互补充的关系。在预测过程中经常需要将定性预测法和定量预测法结合使用，以提高预测的质量。

1. 定性预测法

定性预测法是指通过调查研究的方式，依靠个人的经验和综合分析能力，对未来经济活动状况进行预测的一类方法。

由于定性预测法一般无须繁杂的技术测算，都是通过预测者的经验和主观判断进行的预测，因而又常被称为直观预测法。定性预测法的优点是简便，缺点是科学性差，主观臆断强。因此，这种方法一般在资料缺乏或不能获取足够数据资料而难于采用定量方法预测时采用。

采用定性预测方法进行预测时，要特别注意尊重客观实际，切忌主观臆断。定性预测方法的具体形式有很多，德尔菲法（Delphi Method）就是比较常用的一种。德尔菲法又称专家调查法，在20世纪40年代由美国兰德公司首创，最初主要用于军事方面的预测，后来被广泛应用到经济领域。几十年来该方法在实践中不断得到改进，增添了一些新内容，现已普遍地应用于军事、工程和经济管理等诸多领域。简单地说，德尔菲法是根据预测目的选定一组专家，以函询方式向专家提出问题，同时提供有关预测所需要的信息，请各位专家个人做出预测；然后，将各专家个人的意见予以综合、整理和归纳，匿名（不列出表达意见的各专家的姓名）反馈给各位专家，再次征求意见。这样，在企业与专家们之间往返循环几次，个人预测不断得到修正，最后形成的较为一致的意见被作为最终的预测结果。

2. 定量预测法

定量预测法是指根据相关的历史数据，通过建立数学模型来测算未来经济活动状况的一种方法。

定量预测法的关键在于建立和使用合适的数学模型，因此，收集到足够可靠的数据资料是采用定量预测方法的先决条件。常见的定量预测法有趋势预测法（时间序列法）、因果预测法、计量经济学模型、投入产出法和替代效应模型等。本章只介绍前两种方法。趋势预测法是以某项指标过去的变化趋势作为预测的依据，这意味着把未来作为过去历史的延伸，即假定未来仍然按过去的发展趋势而发展，未来是过去的延续并与过去的发展趋势保持一致。趋势预测法包括简单算术平均法、移动平均法、指数平滑法等具体方法。因果预测法是从某项指标与其他有关指标之间的规律性联系中进行分析研究，以它们之间的内在关联性作为预测的依据。因果预测法包括回归分析法、相关分析法等具体方法。

10.1.4 预测分析的基本程序

正确进行预测，需要首先建立一套科学的预测分析的程序。预测过程一般应包括以下六个步骤：

（1）确定预测目标。根据企业决策的目标，按照决策和计划的需要，提出需要进行预测的项目，确定预测要解决的具体问题、预测的内容、预测期限，提出基本假设，拟订预测提纲。

（2）调查、收集和整理资料。进行预测，需要广泛收集预测所需的资料和数据。获得资料是预测的第二步工作。有些资料可能是经过加工整理的资料，但更多的可能需要通过调查来获得。调查是一项基础性工作，要采用适当的调查方法，设计好调查样本和调查表，保证调查资料全面、可靠。

（3）选择预测方法。在预测过程中，应根据不同的预测项目，选择适当的预测方法。例如，定性的或定量的、短期的或中长期的、技术预测或经济预测等，并要注意各种方法综合使用，相互印证。

（4）建立预测模型并执行预测。如果在预测中采用定量预测的方法，必须要建立数学模型，对定性预测的问题也应建立一些合理的逻辑推理程序，然后根据数学模型和推理程序进行预测。

（5）分析、评价预测结果并修正预测值。为了使预测结果更加完善，要分析企业内部和外部的各种因素的影响，并要对那些已经发生变化的因素进行分析评定。通过分析，认定预测结果与未来实际可能的误差后，对已有的预测结果进行修正。

（6）提交预测报告。将预测分析的完整过程进行整理、总结和归纳，撰写预测报告，提交给决策者。

在实际的预测分析工作中，以上过程可能需要或者说是必须反复多次。也就是说，只有经过多次的预测、比较以及对初步预测目标和预测方法的不断修改、完善，才能最终获得比较理想的预测结果。

10.1.5 预测分析的要求

预测分析工作一般要满足以下五个要求：

（1）保证作为预测基础的数据的可靠性和真实性。通过建立定量的预测模型的方法进行预测，是预测工作中广泛采用的方法。因此，数据的可靠性和真实性直接影响预测的效果。

（2）选择适当的预测方法。在进行预测前，要充分研究和考察本企业的实际情况，选取最适合的预测方法。

（3）保证有效的沟通和协调。在预测过程中，应充分注意预测内容所涉及的各级生产人员和管理人员的有效参与和沟通。

（4）正确认识预测结果的误差。效果再好的预测结果与实际发生的结果也不可能是完全相符的，必须考虑到预测的合理误差范围。根据预测结果做出决策时，应注意留有余地。预测误差产生的原因，一般来说主要有以下几种：预测是在假设过去和现在的规律能够延续到未来的条件下进行的，但实际已发生了变化；预测模型是对实际情况的近似模拟，不可能完全吻合；预测方法选择不当；预测依据的资料不完整或有虚假因素；预测环境或影响预测对象的主要因素发生了重大变化；预测人员的经验、分析及判断能力的局限性。

（5）注意预测结果的时效性。客观条件变化时，预测结果本身也要不断修正。为保证预测结果的有效性，要尽可能缩短预测时间，使预测工作真正发挥应有的作用。

10.2　利润预测分析

利润预测是按照企业经营目标的要求，通过对影响利润变动的成本、产销量等因素的综合分析，对未来一定时间内可能达到的利润水平和变动趋势进行的科学预计和推测。利润预测是正确编制利润预算的重要依据。通过利润预测，可以合理地确定目标利润，使其得以顺利实现。所谓目标利润是指企业在未来一段期间内，经过努力应该达到的最优化利润控制目标，是企业未来经营必须考虑的重要战略目标之一。

利润预测中，一种经常采用的方法是本量利分析法。本量利分析法是成本、业务量、利润分析法的简称，是对成本、业务量、利润三者之间的变量关系进行的分析，可以反映业务量和成本（包括变动成本和固定成本）的变动对利润的影响。

由于利润是收入与总成本的差额，收入是单价与销售量的乘积，总成本又可以分为固定成本和变动成本，因此成本、业务量和利润三者之间的关系可以用式（10-1）来表示。

$$利润 = 单价 \times 销售量 - 单位变动成本 \times 销售量 - 固定成本总额 \tag{10-1}$$

如式（10-1）所示，企业经营活动中的成本、业务量和利润三者之间具有很清晰的数量关系，本量利分析法是建立在成本按照习性划分基础上的一个重要的分析方法。在管理会计中，本量利分析法既可用于规划企业未来的经济活动，又可用于经营决策，其用途主要包括如下几个方面：用于单一产品或多种产品盈亏平衡点的预测；在目标利润既定的条件下确定目标销售量；预测企业预期利润；揭示企业经营在利润上的安全程度；在销售量、成本和目标利润既定的情况下确定产品售价；根据既定销售量、售价和目标利润提出成本的要求；用于各种生产经营决策。本节主要介绍本量利分析法在盈亏平衡点预测和目标利润预测等利润预测分析中的运用。

10.2.1　盈亏平衡点预测

1. 盈亏平衡点预测概述

所谓盈亏平衡，就是收入等于成本，由此导致利润为零。因此，使企业收入总额等于成本总额的销售水平（销售量或销售额）被称为盈亏平衡点，也称为保本点、损益平衡点、盈亏临界点、损益两平点等。处于盈亏平衡点的销售水平上，企业正好处于不亏不盈的状态。盈亏平衡点是个很重要的指标，是企业获利的基础，超过了盈亏平衡点后再扩大销售量才能获得利润。由于销售水平可以用销售数量和销售金额两种方式来表示，盈亏平衡点也相应地分为盈亏平衡点销售量和盈亏平衡点销售额两种形式。

2. 单一产品盈亏平衡点预测

单一产品盈亏平衡点预测是指在企业只生产、销售一种产品的前提下进行的盈亏平衡点预测。

利用本量利分析法的基本公式，在假设利润为零（盈亏平衡）的前提下，将式（10-1）进行适当移项和变形，由此推导出单一产品盈亏平衡点的计算公式，如下：

$$盈亏平衡点销售量=\frac{固定成本总额}{单位-单位变动成本} \tag{10-2}$$

如式（10-2）所示，单位变动成本和固定成本与盈亏平衡点销售量同向变动，单价与盈亏平衡点销售量反向变动。利用上述公式，在取得单价、单位变动成本和固定成本总额等相关参数的基础上，就可以进行盈亏平衡点的计算。需要注意的是，根据式（10-2）计算出来的盈亏平衡点是以销售量表示的盈亏平衡点。如果需要计算盈亏平衡点销售额，只需将盈亏平衡点销售量乘以单价即可。

【例 10-1】某企业生产甲产品，预计每件甲产品的单位价格为 200 元，单位变动成本为 120 元，本期发生的固定成本为 64 000 元。请预测该企业的盈亏平衡点销售量和销售额。

根据式（10-2），计算过程如下：

$$盈亏平衡点销售量=\frac{64\ 000}{200-120}=800（件）$$

$$盈亏平衡点销售额=200\times800=160\ 000（元）$$

即当企业的销售量达到 800 件（收入为 160 000 元）时，收入正好完全抵减成本总额，企业的利润为零。

3. 贡献毛益预测

先来看看与贡献毛益有关的几个公式：

$$贡献毛益总额=销售收入-变动成本总额 \tag{10-3}$$

$$单位贡献毛益=单价-单位变动成本 \tag{10-4}$$

$$贡献毛益率=贡献毛益总额\div销售收入=单位贡献毛益\div单价 \tag{10-5}$$

$$变动成本率=变动成本总额\div销售收入=单位变动成本\div单价 \tag{10-6}$$

式（10-3）～式（10-6）中的几个指标之间存在着很明显的关系：首先，单位贡献毛益与贡献毛益总额是整体与部分的关系。单位贡献毛益反映了销售 1 个单位的产品所产生的贡献额，贡献毛益总额反映了所有产品所产生的贡献毛益总额。

其次，如果假定某一种产品的单价和单位变动成本保持不变，则每单位产品产生的贡献毛益额是相同的。单位贡献毛益与销售量的乘积就是贡献毛益总额。贡献毛益率是产品销售的贡献程度的相对数指标，反映了销售一定金额的产品所产生的贡献额的百分比，即百元收入含有的贡献毛益额。因此，单位贡献毛益又等于单价与贡献毛益率的乘积。

再次，变动成本率反映了产品收入中变动成本的含量百分比，因此变动成本率与贡献毛益率之和等于 1。

最后，在单价和单位变动成本不变的前提下，单位贡献毛益和贡献毛益率保持不变，而贡献毛益总额与单位贡献毛益和销售量之间存在正比例关系。

引入贡献毛益这个概念之后，就可写出单一产品盈亏平衡点的计算公式，如下：

$$盈亏平衡点销售量 = \frac{固定成本}{单位贡献毛益} \tag{10-7}$$

$$盈亏平衡点销售额 = \frac{固定成本}{贡献毛益率} \tag{10-8}$$

【例 10-2】某厂生产一种产品需花费固定成本 300 000 元，单位变动成本为 80 元，产品销售价格为每件 100 元，现在销售量为 20 000 件。请预测单位贡献毛益、贡献毛益总额、贡献毛益率和盈亏平衡点销售量及销售额。

根据式（10-3）～式（10-8），计算过程如下：

$$单位贡献毛益 = 100-80 = 20（元）$$

$$贡献毛益总额 = (100-80)\times 20\,000 = 400\,000（元）$$

$$贡献毛益率 = \frac{100-80}{100}\times 100\% = 20\%$$

$$盈亏平衡点销售量 = \frac{300\,000}{100-80} = 15\,000（件）$$

$$盈亏平衡点销售额 = \frac{300\,000}{20\%} = 1\,500\,000（元）$$

盈亏平衡点预测中涉及的变量之间的关系，也可以通过绘制图形的方式更加直观地反映出来，如图 10-1 所示。

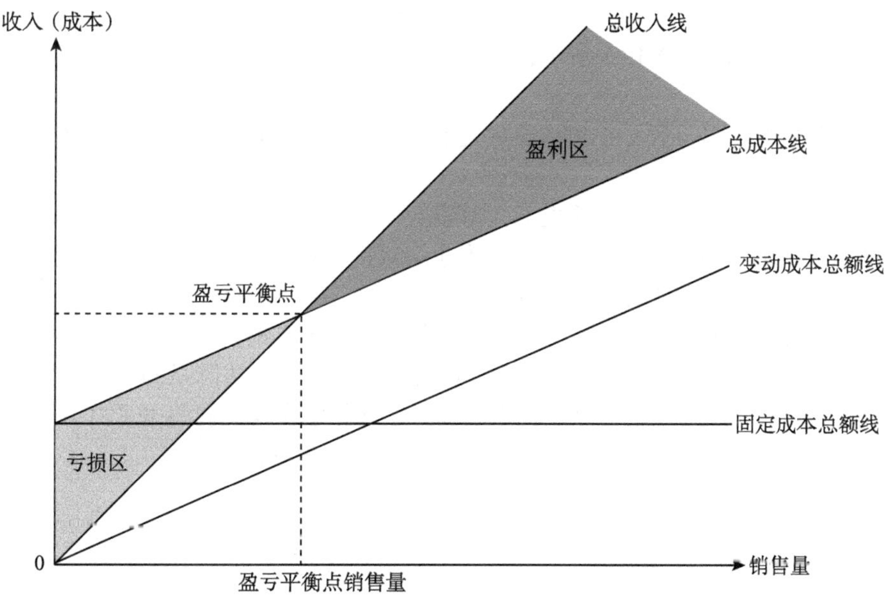

图 10-1 本量利分析图

如图 10-1 所示，总成本线和总收入线两条直线的交点即为盈亏平衡点，该点的横坐标为盈亏平衡点销售量，纵坐标为盈亏平衡点销售额。相对于盈亏平衡点的公式计算，本量利分析图虽然不能准确地显示盈亏平衡点的数据，但能够比较形象直观地反映有关因素之间的相互关系，从中可以揭示一些规律：

第一，在低于盈亏平衡点（盈亏平衡点左侧）的任何一个销售量水平上，销售收入都低于成本总额，形成了一个亏损区。在高于盈亏平衡点（盈亏平衡点右侧）的任何一个销售量水平上，销售收入都高于成本总额，形成了一个盈利区。

第二，在一定的销售量下，盈亏平衡点越低，实现的利润越多，即发生的亏损越小；反之，则利润越小或亏损越大。

第三，在销售收入既定的情况下，盈亏平衡点的高低取决于单位变动成本和固定成本总额的大小。单位变动成本和固定成本总额越大，盈亏平衡点就越高；反之，盈亏平衡点就越低。

第四，企业的实际销售量只要超过盈亏平衡点一个单位，即可获得一个单位边际贡献的利润，超过得越多，盈利就越多。在管理会计中，把企业实际销售水平超过盈亏平衡点销售水平的差额称为安全边际，它反映了企业持续盈利状态的保持能力。

4. 安全边际

安全边际是企业实际销售水平超过盈亏平衡点销售水平的差额。安全边际的衡量指标包括安全边际量、安全边际额、安全边际率和盈亏平衡作业率 4 个具体指标。除了盈亏平衡作业率指标外，其他 3 个安全边际指标都是正指标，数值越大，企业经营的安全程度就越高。盈亏平衡作业率是一个反指标，数值越小，说明企业的安全程度越高。具体计算公式如下：

$$\text{安全边际量} = \text{实际销售量} - \text{盈亏平衡点销售量} \quad (10\text{-}9)$$

$$\text{安全边际额} = \text{实际销售额} - \text{盈亏平衡点销售额} \quad (10\text{-}10)$$

$$\text{安全边际率} = \frac{\text{安全边际量（额）}}{\text{实际销售量（额）}} \quad (10\text{-}11)$$

$$\text{盈亏平衡作业率} = \frac{\text{盈亏平衡点销售量（额）}}{\text{实际销售量（额）}} \quad (10\text{-}12)$$

如式（10-9）～式（10-12）所示，安全边际率与盈亏平衡作业率有密切的关系，具体包括如下几点：

第一，安全边际率与盈亏平衡作业率之和等于 1，两者此消彼长，降低盈亏平衡点可以提高安全边际。

第二，在实际销售量既定的前提下，单位变动成本、固定成本总额与盈亏平衡点销售量（额）呈同向变动的关系，而盈亏平衡点与安全边际则呈反向变动的关系。因此，单位变动成本和固定成本与安全边际是反向变动关系。

第三，在实际销售量既定的前提下，单价与盈亏平衡点销售量（额）呈反向变动的关系，而盈亏平衡点与安全边际呈反向变动关系。因此，单价与安全边际是同向变动关系。

第四，只有安全边际才能为企业提供利润，因此企业实现的利润也可由下列公式计算：

$$\text{利润} = \text{安全边际量} \times \text{单位贡献毛益} \quad (10\text{-}13)$$

$$\text{利润} = \text{安全边际额} \times \text{贡献毛益率} \quad (10\text{-}14)$$

$$\text{利润率} = \text{安全边际率} \times \text{贡献毛益率} \quad (10\text{-}15)$$

$$\text{利润率} = (1 - \text{盈亏平衡作业率}) \times \text{贡献毛益率} \quad (10\text{-}16)$$

$$\text{利润率} = \text{安全边际率} \times (1 - \text{变动成本率}) \quad (10\text{-}17)$$

【例 10-3】某自行车厂生产一种自行车，单价为 300 元，单位变动成本为 180 元，固定成本为 600 000 元，一共生产并销售了 10 000 辆。

要求：预测贡献毛益率、盈亏平衡点销售量、安全边际量、安全边际率、盈亏平衡作业率和利润率。

根据式（10-9）～式（10-17），计算过程如下：

$$贡献毛益率=\frac{300-180}{300}\times 100\%=40\%$$

$$盈亏平衡点销售量=\frac{600\ 000}{300-180}=5\ 000（辆）$$

$$安全边际量=10\ 000-5\ 000=5\ 000（辆）$$

$$安全边际率=\frac{5\ 000}{10\ 000}\times 100\%=50\%$$

$$盈亏平衡作业率=\frac{5\ 000}{10\ 000}\times 100\%=50\%$$

$$利润率=40\%\times 50\%=20\%$$

5. 多种产品盈亏平衡点的预测

多种产品盈亏平衡点的预测指在生产和销售两种及两种以上的产品时的盈亏平衡点预测。在多品种前提下，盈亏平衡点销售量称为盈亏平衡点综合销售量。如果不同产品的计量单位不一致，则无法将不同产品的实物量相加，以计算总的盈亏平衡点销售额为宜，称为盈亏平衡点综合销售额。在多品种条件下，采用加权平均法计算盈亏平衡点销售水平，即在掌握每种产品自身的单位边际贡献或者边际贡献率的基础上，按照各种产品销售量或者销售额占全部产品总销售量或者总销售额的比重进行加权平均，据以计算加权平均单位边际贡献或加权平均边际贡献率，进而计算盈亏平衡点销售水平。具体计算公式如下：

$$盈亏平衡点综合销售量=\frac{固定成本总额}{加权平均单位贡献毛益} \tag{10-18}$$

$$盈亏平衡点综合销售额=\frac{固定成本总额}{加权平均贡献毛益率} \tag{10-19}$$

$$各产品盈亏平衡点销售量=盈亏平衡点综合销售量\times 该产品销售量比重 \tag{10-20}$$

$$各产品盈亏平衡点销售额=盈亏平衡点综合销售额\times 该产品销售额比重 \tag{10-21}$$

$$加权平均单位贡献毛益=\Sigma 某产品单位贡献毛益\times 该产品销售量比重 \tag{10-22}$$

$$加权平均贡献毛益率=\Sigma 某产品贡献毛益率\times 该产品销售额比重 \tag{10-23}$$

如式（10-18）～式（10-23）所示，在其他条件不变的前提下，提高贡献毛益率高的产品的销售比重，降低贡献毛益率低的产品的销售比重，就会提高综合贡献边际率水平，从而可以降低盈亏平衡点综合销售额。所以，在多品种的情况下，产品销售的品种结构直接影响到企业的盈利水平和盈利能力。

【例 10-4】某企业生产甲、乙、丙 3 种产品。已知这 3 种产品的单价分别为 10 元、8 元和 6 元，单位变动成本分别为 8 元、5 元和 4 元，销售量分别为 200 件、500 件和 550 件。固定成本总额为 1 000 元。

要求：预测每一种产品的贡献毛益率、加权平均贡献毛益率、盈亏平衡点综合销售额以及每一种产品的盈亏平衡点销售额。

根据式（10-18）～式（10-23），计算过程如下：

甲、乙、丙 3 种产品的贡献毛益率分别为：

$$甲产品的贡献毛益率=\frac{10-8}{10}\times100\%=20\%$$

$$乙产品的贡献毛益率=\frac{8-5}{8}\times100\%=37.5\%$$

$$丙产品的贡献毛益率=\frac{6-4}{6}\times100\%=33.33\%$$

各产品的销售比重分别为：

$$甲产品的销售比重=\frac{10\times200}{10\times200+8\times500+6\times550}\times100\%=21.51\%$$

$$乙产品的销售比重=\frac{8\times500}{10\times200+8\times500+6\times550}\times100\%=43.01\%$$

$$丙产品的销售比重=\frac{6\times550}{10\times200+8\times500+6\times550}\times100\%=35.48\%$$

以各产品的销售比重为权数，计算加权平均贡献毛益率，如下：

加权平均贡献毛益率 = 20%×21.51% + 37.5%×43.01% + 33.33%×35.48% = 32.26%

$$盈亏平衡点综合销售额=\frac{1\,000}{32.26\%}=3\,099.81（元）$$

甲、乙、丙 3 种产品的盈亏平衡点销售额分别为：

甲产品的盈亏平衡点销售额 = 21.51%×3 099.81 = 666.77（元）

乙产品的盈亏平衡点销售额 = 43.01%×3 099.81 = 1 333.23（元）

丙产品的盈亏平衡点销售额 = 35.48%×3 099.81 = 1 099.81（元）

10.2.2 目标利润预测

1. 目标利润预测概述

企业在计划年度开始之前，需要进行目标利润的预测分析，以确定计划年度应实现的利润数额。

利润预测是按照企业经营目标的要求，通过综合分析企业内外部条件，测算企业未来一定时期可能达到的利润水平和变动趋势。

利润预测是企业预测分析的重要内容，是利润管理的有机组成部分。通过目标利润的预测，可以改善生产经营，提高经济效益，充分调动企业各方面的积极性。同时，利润目标同企业经营目标紧密相连，为企业落实目标、制定措施提供了依据。

利润预测是企业加强利润管理的重要措施，为目标利润的确定和利润计划的编制提供了科学的依据，可以为企业实现目标利润指明方向，为利润计划的顺利实现制定相应的措施。为实现目标利润，企业必须要进行多方面的分析，进而确定实现目标利润的途径和措施。通过基本的本量利关系的分析可以看出，要实现一定的目标利润，可以通过增加销售量、提高单价、降低单位变动成本、降低固定成本等措施来实现。因此，目标利润预测的具体内容主要是围绕如何测算实现一定的目标利润所要达到的销售量水平和需要保持的产品价格及成本水平进行的。

2. 实现目标利润的销售水平的测算

目标利润的预测方法也是建立在本量利分析的基础之上，是盈亏平衡点预测的进一步延伸和扩展。实际上，盈亏平衡点预测可以看成是目标利润预测的一种特殊情况，即目标利润为零的特殊经营状态下的利润分析。实现目标利润的销售水平测算的基本计算公式如下所示：

$$\text{实现目标利润的销售量}=\frac{\text{固定成本总额}+\text{目标利润}}{\text{单位}-\text{单位变动成本}} \tag{10-24}$$

$$\text{实现目标利润的销售量}=\frac{\text{固定成本}+\text{目标利润}}{\text{单位贡献毛益}} \tag{10-25}$$

$$\text{实现目标利润的销售额}=\frac{\text{固定成本}+\text{目标利润}}{\text{贡献毛益率}} \tag{10-26}$$

$$\text{实现目标利润的综合销售量}=\frac{\text{固定成本总额}+\text{目标利润}}{\text{加权平均单位贡献毛益}} \tag{10-27}$$

$$\text{实现目标利润的综合销售额}=\frac{\text{固定成本总额}+\text{目标利润}}{\text{加权平均贡献毛益率}} \tag{10-28}$$

【例 10-5】某企业生产的某种产品的单位销售价格为 200 元，单位变动成本为 180 元，固定成本总额为 500 000 元。该企业确定的计划年度的目标利润是 150 000 元。请预测该产品的单位贡献毛益、贡献毛益率和实现目标利润的销售量以及销售额。

根据公式，计算过程如下：

$$\text{单位贡献毛益}=200-180=20\text{（元）}$$

$$\text{贡献毛益率}=\frac{200-180}{200}\times 100\%=10\%$$

$$\text{实现目标利润的销售量}=\frac{500\,000+150\,000}{200-180}=32\,500\text{（件）}$$

$$\text{实现目标利润的销售额}=\frac{500\,000+150\,000}{10\%}=6\,500\,000\text{（元）}$$

10.2.3　本量利分析法的基本假设

本量利分析以一系列基本假设为研究的前提条件。了解这些基本假设的目的是为了严格限定这些基本假设的适用范围，同时指出它们的不足之处，以对这些基本假设进行合乎逻辑的扩展。在实践工作中，还要结合实际对本量利分析模型予以调整，以更好地适应实践工作的需要。下面介绍本量利分析主要包括的几项基本假设。

1. 成本性态分析假设

所谓成本性态，是指成本与产销量之间的依存关系。按照成本性态，可以将总成本分为固定成本、变动成本和混合成本 3 类。成本性态分析是指在明确各种成本性态的基础上，按照一定的方法，最终将全部成本分解为固定成本和变动成本两大类的分析过程。成本性态分析假设假定成本性态分析工作已经完成，混合成本已分解，全部成本已经区分为固定成本和变动成本两部分。

2. 销售收入与销售量呈完全线性关系假设

本量利分析中，通常都假设销售单价是个常数，销售收入与销售量成正比，两者存在严格的线性关系。但这个假设只有在产品基本上处于成熟期，其售价比较稳定，通货膨胀率很低的条件下才能成立。在市场经济环境中，物价经常受到竞争、市场需求等多种因素的影响而上下波动，因而产品售价就不可能像假设的那样是一个常数。

3. 变动成本与产量呈完全线性联系假设

在本量利分析中，变动成本与业务量（产量）成正比例变动关系。但这个重要假设也只有在一定的产量范围内和时间范围内才能成立。如果产量过低或超负荷生产，都会导致单位变动成本增加。

4. 固定成本保持不变假设

固定成本保持不变假设指固定成本总额与产量无关，不会随着产量的变动而变动。但这个假设也只有在一定的产量和时间范围内才能成立。如果超出这个范围，例如由于产量的大幅度增加而导致必须新增设备或增加生产班次等，必然引起固定成本总额的增加。

5. 品种结构不变假设

这一假设假定一个销售多种产品的企业，各种产品的销售比例关系不会发生变化。但实际上企业很难做到始终按一个固定的品种结构模式均匀地销售各种产品。一旦品种结构变动较大，而各种产品盈利水平又不一致时，会导致整体盈利水平的较大变动。

6. 产销平衡假设

产量的变动会影响到成本的高低，而销量的变动则影响到收入的多少。基于产销平衡的假设，在本量利分析模型中，通常不考虑“产量”而只考虑“销量”这一数量因素。但实际上产销常常是不平衡的，一旦二者有较大的差别，就需要考虑产量因素对本期利润的影响。

需要说明的是，5 项基本假设中的第 2、3、4 项假设都涉及了相关范围的概念，均属于相关范围假定。相关范围是指一定时期和一定产销量的变动范围。相关范围假定是假定在一定的时期和一定的产销量范围之内，固定成本和变动成本保持线性特性，前者固定不变，后者正比例变动；产品单价也不因产销量的变化而改变。

10.2.4 经营杠杆在利润预测中的应用

1. 经营杠杆的含义

如式（10-1）所示，利润的高低受到单价、销量、单位变动成本和固定成本的影响。在单价、单位变动成本和固定成本总额不发生变动的情况下，产销量的增减变动直接导致了利润的变动。由于变动成本和固定成本的特殊性质，产销量的变动虽然不会改变固定成本的总额，但单位产品的固定成本会发生变化。当产销量增加时，单位产品的固定成本会降低，从而提高单位产品的利润，使利润的增加率大于产销量的增加率。相反，当产销量减少时，单位产品的固定成本会增加，从而降低单位产品的利润，使得利润的下降率也大于产销量的下降率。如果不存在固定成本，所有成本都是变动成本，那么利润的变动率就和产销量的变动率相同。因此，这种由于存在固定成本而造成的，在其他因素不变的条件下，由于产销量变动产生的利润的变动率大于产销量的变动率的现象叫作经营杠杆。只要企业存在固定成本，就存在经营杠杆的作用。但不同企业经营杠杆作用的程度是不一致的，为此，需要对经营杠杆进行计量。经营杠杆作用的程度大小是用经营杠杆系数来表示的。

2. 经营杠杆系数的计量

经营杠杆系数是指利润变动率相当于产销量变动率的倍数，其计算公式为：

$$经营杠杆系数=\frac{利润变动率}{销售量变动率} \tag{10-29}$$

$$\begin{aligned}经营杠杆系数&=\frac{销售量\times(单价-单位变动成本)}{销售量\times(单价-单位变动成本)-固定成本总额}\\&=\frac{贡献毛益总额}{利润额}\end{aligned} \tag{10-30}$$

采用式（10-29）计算经营杠杆系数要求已知两期的利润和销售量指标，而式（10-30）则要求已知基期的单价、单位变动成本、固定成本总额和销售量指标。两种计算方法得出的结果是一致的。经营杠杆系数的数值反映了一定幅度的销售量的变动引起的利润变动幅度是销售量变动幅度的倍数。例如，如果经营杠杆系数为5，则说明销售量变动引起的利润的变动幅度是销售量变动幅度的5倍。也即，如果销售量下降10%，引起的利润的下降幅度是50%。

如式（10-29）和式（10-30）所示，经营杠杆系数的变动规律是：

第一，只要固定成本不等于零，经营杠杆系数就永远大于1；第二，销售量变动方向与经营杠杆系数变动方向相反；第三，成本指标的变动方向与经营杠杆系数的变动方向相同；第四，单价的变动方向与经营杠杆系数的变动方向相反；第五，在同一销售量水平上，经营杠杆系数越大，同一幅度的销售量变动幅度引起的利润变动幅度就越大，经营风险也就越大。

【例 10-6】 A公司生产一种产品，单价100元，单位变动成本50元。该公司每年发生的固定成本总额为200 000元，产销量为5 000件，利润为50 000元。公司拟扩大生产和销售规模，产量预计提高2 000件，单位变动成本降低10元，固定成本增加50 000元，单价降低至95元。请分别计算扩大规模前后的经营杠杆系数。

根据式（10-29）和式（10-30），计算过程如下：

$$扩大规模前的经营杠杆系数=\frac{5\ 000\times(100-50)}{5\ 000\times(100-50)-200\ 000}=5$$

$$扩大规模后的经营杠杆系数=\frac{7\ 000\times(95-40)}{7\ 000\times(95-40)-250\ 000}=2.85$$

上述计算结果表明：在扩大规模前，如果销售量在5 000件的基础上降低1%，会导致利润下降5%。扩大规模后，经营杠杆系数降低为2.85，经营风险有很大程度的降低，销售量在7 000件的基础上降低1%，只会引起利润下降2.85%。

3. 利用经营杠杆系数预测利润

经营杠杆能反映企业的经营风险程度。经营杠杆系数越大，表明一定幅度的销售量的变动引起的利润变动越剧烈，企业经营风险也就越大。此外，经营杠杆系数的计算还能帮助管理层进行科学的利润预测。根据已知的经营杠杆系数及其他有关资料，可以预测出目标利润以及保证此目标实现的预计销售变动率等预期指标。

【例 10-7】 某公司生产一种甲产品，预计今年能销售1 000件，销售单价200元，单位变动成本90元，固定成本总额55 000元，实现利润55 000元。

要求：计算经营杠杆系数、增加销售量 5% 的前提下可实现的利润、使目标利润达到 66 000 元的销售量。

$$经营杠杆系数=\frac{1\ 000\times(200-90)}{1\ 000\times(200-90)-55\ 000}=2$$

由于经营杠杆系数为 2，销售量增加 5%，会引起利润增加 10%，即：

销售量增加 5% 后预计可实现利润 = 55 000×（1 + 2×5%）= 60 500（元）

目标利润达到 66 000 元时的利润变动率 =（66 000 − 55 000）÷ 55 000×100% = 20%

由于经营杠杆系数为 2，则为了达到利润增加 20% 的目标，销售量应该增加 10%，即：

目标利润达到 66 000 元的销售量 = 1 000×（1 + 10%）= 1 100（件）

10.3 销售预测分析

10.3.1 销售预测的含义

广义的销售预测包括市场调查和销售量预测。狭义的销售预测专指销售量预测。所谓市场调查，是指对商品从生产到消费过程中所发生的有关市场销售和供应方面的资料做系统的收集、记录和分析，以了解商品的现实市场和潜在市场，并得出有无市场和市场容量大小的结论。销售量预测是根据市场调查所获得的有关资料和所搜集到的历史数据，对市场供需等影响销售量的企业内外部因素进行分析，在充分调查和研究的基础上，运用科学的预测方法和管理人员的实践经验，测算出未来一定时期内市场对企业生产的各种商品的需求量以及变化趋势，为经营决策提供依据。

10.3.2 销售预测的作用

在"以市场为导向"的市场经济经营环境中，销售预测在企业经营预测系统中处于先导地位，它对于指导利润预测、成本预测和资金预测，制定经营计划，组织生产和进行长、短期经营决策都起着重要的作用。

销售预测是进行短期和长期计划的起点，是进行财务预测和全面预算的基础，也是进行各项决策的基础。企业的一切财务需求都是销售引起的，只有对市场进行调查并且确定预计销售量以后，才能根据销售量的多少，决定原材料的采购量、产品的产量和所需要的资金量等重要的指标。实际上，这是以销定产思想的具体体现。例如，销售预测是确定公司生产计划的基础，也决定了相应的原材料、半成品、零部件、生产设备以及人员的配置。产品的销售直接决定了企业的现金流入，而预测现金的回流是计划工作的一个重要环节。从长远来说，公司根据销售预测来确定设备的购置、人员的配备、资金的筹措等问题。所以，可以说销售预测是企业将市场的状况转化为公司运行的具体目标和计划的工具。

10.3.3 销售预测的特点

销售预测是一项非常复杂的工作，需要考虑的因素很多，做出准确的预测是非常困难的。影响销售预测的因素有很多，如社会经济发展水平、物价水平、企业的营销策略、竞争对手的反应、销售渠道的结构、法律和政策的限制、成本、行业总需求、市场定位、消费者的消费习惯，甚至政治因素等。因此，销售预测是一项技术性和专业性都非常强的工作，需要预测人员具备丰富的市场营销方面的专业知识、技能和实践经验。对于管理会计预测和决策等管理环节来说，销售预测的重要性毋庸置疑。但是在很多方面，销售预测已经远远超出管理会计人员的能力和工作范畴。在实践工作中，管理会计人员必须依靠相关职能部门的专业人员的技术支持，才能完成销售预测的工作，取得销售预测数据。

10.3.4　销售预测的步骤

完整的销售预测工作一般包含以下几个步骤：

第一步，确定销售预测目的，即预测什么，通过预测要解决什么问题，进而明确规定预测目标、预测期限等。

第二步，调查、搜集、整理资料。资料是预测的依据，有了充分的资料，才能为销售预测提供可靠的数据。这些资料主要包括历史资料和现实资料。历史资料指预测期以前各观察期的各种有关的市场资料。现实资料是指进行预测时或预测期内市场及各种影响因素的资料。

第三步，对资料进行周密分析，选择适当的预测方法。并不是每一个预测方法都适合所有要预测的问题，预测方法选用是否得当，将直接影响预测的精确性和可靠性。根据销售预测的目的、时间、设备和人员等条件选择合适的方法，是预测成功的关键。

第四步，根据销售预测模型确定预测值，测定预测误差。产生误差的原因，可能是预测所依据的资料有遗漏、错误或预测方法存在缺陷，也有可能是受到实施销售预测的人员的主观偏好的不利影响。

第五步，检验预测成果，修正预测值。

第六步，编写销售预测报告，对销售预测工作进行总结。

10.3.5　销售预测的方法

销售预测的方法有很多，主要包括定性预测和定量预测两类方法。

销售的定性预测分析就是根据专业销售人员的经验，依据对市场有关情况的了解和分析，根据过去的销售情况并结合现时的市场调查资料，结合对市场未来发展变化的估计，由预测者根据实践经验和主观判断做出的销售预测。销售的定性预测方法的特点是灵活方便，运行成本低，所需要的预测时间较短，时效性较强，特别适用于缺少历史资料的销售预测，如对投放市场的新产品的未来需求量进行预测等。

销售的定量预测分析多数是根据过去的历史资料来预测未来的情况，主要利用企业销售量的历史数据，以大量的历史观察值为主要依据，建立适当的数学模型作为预测模型，运用一定的数学方法计算未来企业销售量。销售预测的常用方法包括：

（1）直接调查法。直接调查法是指通过抽样方式选择一部分潜在的购买者，直接向他们了解某一时期内的购买意向，推测购买者购买意向的主要变动趋势，从而确定销售量的预测值。

（2）经验判断法。经验判断法又称意见汇集法，是由参与预测的人员各自独立地进行判断，预测者根据所掌握的情况和数据，凭着自己的知识和经验做出主观的判断，然后将每个人的判断结果加总得到最后的预测结果的一种预测方法。实务中可以是专业销售人员或者市场营销领域的专家作为参与预测的成员，发挥他们对产品的市场现状和发展前景、企业在市场竞争中所处的地位等方面的专业优势，根据他们的经验，结合市场调查的情况做出判断。这种方法费时短、耗费小，具有较强的实用价值，在企业中较普遍采用。但是，测定预测值时，往往运用简单算术平均法，不够科学。同时，经验判断法的预测过程中受预测者主观因素的影响程度比较大。

（3）回归分析预测法。在现实经济生活中，产品需求与很多因素存在着因果联系。回归分析预测法就是根据销售量各种影响因素与销售量之间的相关关系，确定影响销售量的主要因素，将影响因素作为自变量，将所要预测的销售量作为因变量，对市场的未来销售状况做出预测。

（4）时间序列预测法。时间序列预测法（也称趋势预测法，参见第 10.4.2 节）是以销售状况的时间序列历史资料为依据，依据时间序列的变动规律建立适当的数学模型，根据不同时期销售量构成的时间数列的变动方向和程度进行外延和类推，来预测下一个时期或未来若干时期的销售量，对销售市场的未来趋势做出预测。根据具体方法的不同，时间序列预测法又可分为简单算术平均、指数平滑、移动平均等。时间序列预测法实际上是根据预测目标的历史数据寻求发展变化的规律性和趋势，并假设未来时期也按以往这个变化趋势发展，据此预测未来某个时期的销售数据。

（5）产品生命周期预测法。产品生命周期可分为导入、成长、成熟、衰退 4 个阶段。导入阶段是产品的试制与试销阶段，产量小，成本较高，利润相对也比较低；进入成长阶段后，由于消费者对产品已有普遍的认识，销售量与利润随之增加，于是吸引一些企业加入竞争；进入成熟阶段后，产品供应开始饱和，市场竞争非常激烈，利润逐步下降；最后是衰退期，竞争力降低的产品会被淘汰，新产品的出现导致旧产品相继退出市场。由此形成一个完整的产品生命周期。产品在导入期、成长期、成熟期、衰退期的销售状况，一般存在一定的规律性。如在成长期开始稍稍降价，以扩大销售量。在衰退期销售额大大降低，这时一般会以降低价格作为主要的竞争手段。通过对产品在不同阶段的销售状况的规律性进行分析来预测未来的销售趋势，也是一种普遍采用的方法。

10.4 成本预测分析

10.4.1 成本预测概述

所谓成本预测，就是根据有关数据资料，运用定量分析和定性分析的方法对未来成本水平及其变动趋势做出科学的测算，推测成本发生的必然性或可能性，为成本的计划、控制和决策提供依据。在成本预测中，预测人员根据与成本有关的各种数据、可能发生的发展变化和将要采取的各种措施，采用一定的专门方法，对未来的成本水平及其变化趋势做出科学的测算。成本预测的特点是根据历史的数据和事物的内在联系，以及企业的具体现实情况，测算未来成本发展的趋势。

随着企业生产规模不断扩大，技术含量不断提高，工艺过程愈加复杂，生产过程中某一环节的生产成本一旦失去控制，都有可能给企业造成巨大的经济损失。为了防止成本费用管理的失控现象，必须科学地预测生产耗费的水平和变化趋势，以便在此基础上采取有效措施，从而做好成本管理工作。在企业的内部管理工作中，预算和绩效报告的编制、标准成本的制定以及为某些决策提供准确的成本预测数据，都以可靠的成本预测为基础。因此，成本预测在企业内部管理中具有重要的作用。

10.4.2 成本预测的趋势预测法

定量预测最常用的方法是趋势预测法，它根据历史统计资料的时间序列，预测事物发展的趋势。趋势预测法主要用于短期预测，常用的有算术平均法、移动平均法、指数平滑法等方法。趋势预测法又称时间序列法，其主要特点是假设成本指标会以同样的比率朝同样的方向变化，从而可根据其过去的变化规律推测未来的预期值。这种方法通常在企业成本水平较为稳定的情况下，用来预测较短时期内的成本发展趋势。时间序列法的原理是首先分析历史数据的发展轨迹，然后将这个轨迹外推到将来。

1. 简单算术平均法

简单算术平均法是根据过去若干时期的实际成本数据的算术平均数，来预测计划期的成本的一种预测方法。它依据简单平均数的原理，求预测对象过去各个时期数据的平均值，以这个平均值作为预测值。这种方法只适用于没有明显波动或较小增减变化的成本的预测。简单算术平均法的计算公式为：

$$Y_{n+1}=\frac{\sum Y_i}{n}=\frac{Y_1+Y_2+Y_3+\cdots+Y_n}{n} \tag{10-31}$$

式中，Y_{n+1} 是预测成本；Y_i 是第 i 期的实际成本；n 是期数。

【例 10-8】 某企业某年各月成本额情况如表 10-1 所示。根据表中的资料，预测下一年度 1 月的成本额。

表 10-1　成本数据表　（单位：万元）

月	1	2	3	4	5	6
成本	372.90	384.20	418.10	385.30	463.30	497.20
月	7	8	9	10	11	12
成本	565.00	519.80	531.10	587.60	508.50	621.50

预测成本额 =（372.90 + 384.20 + 418.10 + 385.30 + 463.30 + 497.20 + 565.00 + 519.80 + 531.10 + 587.60 + 508.50 + 621.50）÷ 12 = 487.875（万元）

即该企业下一年度 1 月的成本额预计为 487.875 万元。

用简单算术平均法预测成本，计算方法比较简单。但这种方法把各个时期的成本差异平均化，没有考虑不同时期（如远期和近期）实际成本数字对预测值的不同影响，预测误差一般较大。所以，此种方法一般只适用于成本水平比较平稳的情况。

2. 加权算术平均法

在利用简单算术平均法进行成本预测时，我们假设预测所依据的成本历史数据对成本预测值具有相同的影响。如果在预测时，越接近预测期的历史数据越重要，则要对不同历史期间的历史数据区别对待，以反映不同历史期间对未来成本的影响程度的差异。在这种情况下，可以采用加权算术平均法进行预测。加权算术平均法是根据若干时期的成本额的历史资料，按其距离预测期的远近采用不同的权重分别进行加权，计算出加权平均值，并以此作为预测值。采用这种方法预测成本，关键在于对各期历史成本资料进行加权的权重的确定。一般而言，成本的历史数据距离预测期越近，对预测期的预测成本的影响也就越大，所选择的加权数就应越大。反之，成本的历史数据距离预测期越远，对预测期的预测成本的影响就越小，所选择的加权数就应越小。采用这种方法来确定成本预测值，目的是为了适当扩大近期实际成本量对未来期间成本量预测值的影响作用。加权算术平均法成本预测值的计算公式如下：

$$Y=\frac{\sum\left(X_iW_i\right)}{\sum W_i} \tag{10-32}$$

式中，Y 是预测成本；X_i 是第 i 期的实际成本；W_i 是第 i 期的对应权重。

【例 10-9】已知某企业生产一种产品，2013 ～ 2018 年的年度总成本资料如表 10-2 所示。要求采用加权算术平均法预测 2019 年产品的总成本。

表 10-2　成本数据表　（单位：万元）

年份	总成本
2013	12 000
2014	12 500
2015	13 000
2016	14 000
2017	14 500
2018	15 000

2019 年的预测总成本 = (12 000×1 + 12 500×2 + 13 000×3 + 14 000×4 + 14 500×5 + 15 000×6) ÷ (1 + 2 + 3 + 4 + 5 + 6) = 14 023.81（万元）

3. 移动平均法

移动平均法是根据成本的历史资料向前延伸进行预测的方法，即计算不断向前移动的 N 个成本历史数据的平均值，通过引进距离预测期越来越近的新数据，不断修改平均值，并以最后得到的作为最终的成本预测值，这样就可以反映成本的变化趋势。采用移动平均法进行成本预测时，实际是假定未来某个时期的预计成本是与它最临近时期成本的延续。移动平均法按具体延伸测算方式的不同，可分为一次移动平均法、加权移动平均法、二次移动平均法和指数修匀趋势 4 种主要方法。一次移动平均法所使用的计算公式为：

$$M_t^{(1)} = \frac{Y_t + Y_{t-1} + \cdots + Y_{t-N+1}}{N} \tag{10-33}$$

式中，$M_t^{(1)}$ 是第 t 期的一次移动平均数；Y_t 是第 t 期的观测值；N（步长）是移动平均的期间数，即在计算每一移动平均数时所使用的成本历史数据的个数。

式（10-33）表明：t 每向前移动一个时期，就增加一个近期数据，去掉一个远期数据，得到一个新的平均数。由于它不断地“吐故纳新”，逐期向前移动，所以称为移动平均法。移动平均可以平滑成本数据，消除成本的周期变动和不规则变动的影响，使成本变动的长期趋势显示出来。成本预测值的公式为：

$$Y_{t+1} = M_t^{(1)} \tag{10-34}$$

即第 t 期的一次移动平均数作为第 t+1 期的预测值。

【例 10-10】某企业某一年度各月成本总额如表 10-3 所示。请用一次移动平均法测算下一年度 1 月的总成本水平（步长 N 分别取 N = 3 和 N = 5）。

表 10-3　预测成本计算表　（金额单位：万元）

月份	实际成本	N = 3			N = 5		
	Y_t	M_t	Y_{t+1}	绝对误差	M_t	Y_{t+1}	绝对误差
1 月	732						
2 月	834						
3 月	648	738					
4 月	693	725	738	45			

（续）

月份	实际成本 Y_t	N = 3			N = 5		
		M_t	Y_{t+1}	绝对误差	M_t	Y_{t+1}	绝对误差
5 月	750	697	725	25	731.4		
6 月	630	691	697	67	711.0	731.4	101.4
7 月	612	664	691	79	666.6	711.0	99.0
8 月	636	626	664	28	664.2	666.6	30.6
9 月	759	669	626	133	677.4	664.2	94.8
10 月	690	695	669	21	665.4	677.4	12.6
11 月	672	707	695	23	673.8	665.4	6.6
12 月	741	701	707	34	699.6	673.8	67.2
预测期			701			699.6	
平均绝对误差				50.56			58.89

分别取移动期间数 $N=3$ 和 $N=5$，计算移动平均值$M_t^{(1)}$，并预测成本 Y_{t+1}。

如果取 $N=3$，则得到 $M_3=(Y_3+Y_2+Y_1)\div 3=(648+834+732)\div 3=738$。

所以，$Y_4=738$。其他计算依次类推，具体如表 10-3 所示。

由计算表可以得到：$N=3$ 时，预测期间的预测成本为 701 万元；$N=5$ 时，预测期间的预测成本为 699.6 万元。

在采用移动平均法时需要注意，移动期间数 N 的选择是成本预测的关键问题。一般情况下，N 的取值在 3 ～ 6 之间，如果成本历史数据显示出成本波动较大，N 应该取大一些，以消除成本波动的干扰。如果成本波动不大，成本趋势比较平稳，N 可以取比较小的数值。在例 10-10 中，当 $N=3$ 时，平均绝对误差为 50.56，当 $N=5$ 时，平均绝对误差为 58.89。因此，以 $N=3$ 时的成本预测值为最终的预测结果。

4. 指数平滑法

指数平滑法是根据本期的实际值和过去对本期的预测值，预测下一期数值，它反映了最近时期事件的数值对预测值的影响。这是一种在移动平均法的基础上发展起来的特殊的加权平均法，指数平滑法与加权平均法在实质上有相似之处。在采用指数平滑法进行预测时，需要将过去成本指标变化的趋势作为预测未来成本水平的依据。具体而言，就是在预测计划期的成本时，根据本期成本的预测值和实际值对计划期成本的影响程度的大小，引入平滑系数（或称平滑因子）进行加权，以测算计划期成本水平。指数平滑法的目的是消除由时间数列的不规则成分所引起的随机波动，所以称为平滑方法。指数平滑法适用于稳定的成本时间数列，即没有明显的趋势、循环和季节影响的成本时间数列。当有明显的趋势、循环和季节变化时，指数平滑法将不能很好地起作用。

指数平滑法的计算公式为：

$$Y_t=Y_{t-1}+\alpha\,(S_{t-1}-Y_{t-1})=\alpha S_{t-1}+(1-\alpha)\,Y_{t-1} \tag{10-35}$$

式中，Y_t 是预测值；S_{t-1} 是上一期的实际值；Y_{t-1} 是上一期的预测值；α 是加权系数（也称平滑系数）（$0\leqslant\alpha\leqslant 1$）。平滑系数取值的大小，表示了不同时期的数据在预测中的作用：α 值越大，则下一期的预测值越是接近于本期实际值（如果 $\alpha=1$，则下一期预测值等于本期实际值）；α 值越小，下一期的预测值越是偏离本期实际值。平滑系数一般要根据经验确定，因而不可避免地带有一定的主观性。平滑系数越大，则本期实际成本对预测结果的影响越大；平滑系数越小，影响越小。因此，人们通常采用较小的平滑系数反映预测值变动的长期趋势，而采用较大的平滑系数反映近期预测值的变化趋势。

【**例 10-11**】某企业某年的成本预测值为 5 000 万元，而实际成本为 4 000 万元。设平滑系数为 0.6，要求用指数平滑法预测下一年度的总成本。

预测年度总成本 = 0.6×4 000 +（1 − 0.6）×5 000 = 4 400（万元）

用指数平滑法预测的下一年度的总成本为 4 400 万元。

10.4.3 成本预测的因果预测法

因果预测法从某项指标与其他有关指标之间的规律性联系中进行分析研究，根据它们之间的因果关系作为预测的依据。常见的因果预测法有回归分析法和相关分析法等。因果预测法是利用不同变量之间的因果关系来预测未来，因此要求具备足够的历史资料，才能从中找到这种因果关系。并且，这种因果关系需要用数学方程来表达。因果预测法是一种比较复杂的预测技术，它的优点是比较准确。

回归分析法是一种重要的因果关系定量分析方法。在经济活动中，许多经济现象都有一定的相互关系，如商品销售量的多少与消费者的购买力、商品价格等有关。在企业生产经营活动中，各种变量之间常常存在因果关系。如产品成本和产品产量之间就存在因果关系，产品产量增加时，产品成本也随之增加；产品产量减少时，产品成本也随之减少。产品产量是自变量，产品成本是因变量，即由于产品产量的变化而引起产品成本的变化。根据事物因果关系，找出变化的原因，对未来做出预测的方法一般称为回归分析法，它通过对具有因果关系的两个或者两个以上变量，根据大量观察和对数据的测算，依据已有的数据建立变量之间的关系，用一种数理统计方法建立表示变量之间相互关系的数学方程，近似表达变量间变化关系，用数学的模式预测变量未来的发展变化，从一个已知量来推测另一个未知量。在回归分析中，预测对象为因变量，影响预测对象的因素为自变量，表达因变量和自变量之间变化关系的数学模型称为回归方程。利用回归方程便可推测因变量的变化方向和程度。

回归分析有一元回归（简单回归）和多元回归，线性回归和非线性回归的区分。回归分析研究的因果关系，如果只涉及一个自变量，称为一元回归分析；如果涉及两个或两个以上自变量，则称为多元回归分析。回归分析研究分析的因变量与自变量，其因果关系如果呈线性，数学模型则为线性回归方程；当因果关系呈非线性时，数学模型为非线性回归方程。在这里，我们以一元线性回归分析法为例来说明回归分析法在成本预测中的应用。

一元线性回归分析法的回归方程为：

$$Y = a + bX \tag{10-36}$$

式中，X 是自变量，即引起因变量变化的某种影响因素；Y 是因变量，即需要预测的变量预测值；a、b 是回归系数，其中 a 为截距，b 为斜率，其计算公式如下：

$$a = \frac{\sum Y - b\sum X}{n} \tag{10-37}$$

$$b = \frac{n\sum XY - \sum X\sum Y}{n\sum X^2 - \left(\sum X\right)^2} \tag{10-38}$$

在预测成本时，可以以产量或作业小时作为自变量，而以总成本作为因变量。即 Y 为产品总成本，X 为产品产量或者作业小时，则产品总成本和产品产量之间的关系，可以用式

（10-36）所示的方程式来表示。利用多个相关的历史数据的回归计算，求出 a 和 b 的值，即可进行预测期成本的预测。首先，根据成本的历史资料，根据上述公式计算出 a、b 值及回归直线方程式。其次，根据确定出的线性回归方程式，将任何可能值的自变量 X 代入，就可以得出其因变量 Y 的预测值，即预测产品在任何产量下的总成本。

【例 10-12】假设不同产量（用 X 表示）下的总成本（用 Y 表示）历史数据如表 10-4 所示。

表 10-4 产量及总成本数据汇总表

X（件）	Y（元）	X^2	XY
30	500	900	15 000
50	650	2 500	32 500
20	300	400	6 000
10	300	100	3 000
60	900	3 600	54 000
50	750	2 500	37 500
40	650	1 600	26 000
60	700	3 600	42 000
30	450	900	13 500
10	350	100	3 500
40	600	1 600	24 000
20	450	400	9 000
$\Sigma X = 420$	$\Sigma Y = 6\ 600$	$\Sigma X^2 = 18\ 200$	$\Sigma XY \approx 266\ 000$

根据表中数据，首先计算回归系数 a 和 b 值，并确定反映成本变动趋势的线性回归方程式：

$$b = \frac{n\sum XY - \sum X \sum Y}{n\sum X^2 - \left(\sum X\right)^2} = \frac{12 \times 266\ 000 - 420 \times 6\ 600}{12 \times 18\ 200 - 420 \times 420} = 10$$

$$a = \frac{\sum Y - b\sum X}{n} = \frac{6\ 600 - 10 \times 420}{12} = 200$$

求出的直线回归方程式如下：

$$Y = 200 + 10X$$

如果需要预测产量为 30 件时的成本预测值，将 $X = 30$ 代入上述直线回归方程式，得：

$$Y = 200 + 10 \times 30 = 500\text{（元）}$$

即：当产量为 30 件时，总成本预计为 500 元。

▶本章小结

本章阐明了企业预测的含义、作用、程序和方法等基本原理，并在此基础上分别说明了销售预测、成本预测和利润预测 3 个主要的预测应用领域。在利润预测部分，着重说明了如何利用本量利分析方法进行盈亏平衡点和目标利润的预测以及经营杠杆在利润预测中的应用。在销售预测部分，主要介绍了销售预测的基本原理和方法。在成本预测部分，侧重说明了如何利用趋势预测法和因果预测法对成本进行定量预测。通过本章的学习，有助于学生深入理解预测分析的基本理论，并熟练掌握对各项重要经济指标进行预测分析的主要方法和技术。

▶思考题

1. 什么是预测？预测的作用和基本程序是什么？
2. 试对比定性预测法和定量预测法的异同。
3. 盈亏平衡点的含义是什么？
4. 分别解释安全边际量、安全边际额、安全边际率和盈亏平衡点的含义。
5. 多种产品的盈亏平衡点预测与单一产品的盈亏平衡点预测有何不同？
6. 解释安全边际率、盈亏平衡作业率、变动成本率、贡献毛益率和利润率之间的关系。
7. 经营杠杆和经营杠杆系数的含义是什么？如何利用经营杠杆系数进行利润预测？
8. 如何解释经营杠杆系数的数值大小？经营杠杆系数的变动规律是什么？
9. 本量利分析法的基本假设是什么？
10. 销售预测可以采用哪些方法？
11. 成本预测的趋势预测法和因果预测法的基本原理是什么？

▶自测题

自测题 10-1

单项选择题

1.（　　）是根据人们的主观判断确定未来的估计值。
   A. 定量分析法　　B. 因果预测法　　C. 定性分析法　　D. 回归分析法
2. 下列属于定性分析法的是（　　）。
   A. 趋势预测分析法　　B. 德尔菲法　　C. 因果分析法　　D. 高低点法
3. 如果产品的单价与单位变动成本上升的百分比相同，其他因素不变，则盈亏临界点的销售量（　　）。
   A. 不变　　B. 上升　　C. 下降　　D. 不确定
4. 下列公式中不正确的是（　　）。
   A. 利润 = 贡献毛益率 × 安全边际额　　B. 安全边际率 + 贡献毛益率 =1
   C. 安全边际率 + 盈亏临界点作业率 =1　　D. 贡献毛益率 =（收入 − 变动成本）÷ 收入
5. 当单价为 100 元，贡献毛益率为 40%，安全边际量为 1 000 件时，企业可实现利润（　　）元。
   A. 2 500　　B. 100 000　　C. 60 000　　D. 40 000

多项选择题

1. 销售预测常用的方法有（　　）。
   A. 趋势预测法　　B. 直线回归法　　C. 算术平均法
   D. 指数平滑法　　E. 经验判断法
2. 在传统式的盈亏临界图中，下列描述正确的是（　　）。
   A. 在成本既定的情况下，销售单价越高，盈亏临界点越低
   B. 在销售单价、单位变动成本既定的情况下，固定成本越大，盈亏临界点越高
   C. 在成本既定的情况下，销售单价越高，盈亏临界点越高
   D. 在销售单价、固定成本总额既定的情况下，单位变动成本越高，临界点越高
   E. 在销售单价、固定成本总额既定的情况下，单位变动成本越高，临界点越低
3. 提高企业经营安全性的途径包括（　　）。
   A. 扩大销售量　　B. 降低固定成本　　C. 降低销售单价

D. 降低单位变动成本 E. 提高销售单价

4. 在本量利分析图中，盈亏临界点的位置取决于（ ）等因素。

A. 固定成本 B. 单位变动成本 C. 预计销售量水平

D. 销售单价 E. 目前销售量水平

5. 将会使盈亏临界点上升的业务有（ ）。

A. 提高单价 B. 扩大销售量 C. 增加固定成本

D. 增加单位变动成本 E. 降低单价

判断题

1. 定性分析法主要是依靠预测人员的丰富实践经验以及主观的判断和分析能力进行预测和推断的分析方法。（ ）

2. 指数平滑法要根据前期销售量的实际数和预测数，以加权因子权数，进行加权平均来预测下一期销售量的方法。（ ）

3. 盈亏临界点的贡献毛益刚好等于总成本，超过盈亏临界点的贡献毛益大于总成本，也就是实现了利润。（ ）

4. 若产品销售单价与单位变动成本同方向同比例变动，则单一品种的产品保本点业务量不变。（ ）

5. 如果变动成本率为 60%，固定成本总额为 30 000 元，则盈亏临界点为 50 000 元。（ ）

自测题 10-2

目的：通过练习，掌握多品种情况下的盈亏平衡点和目标利润预测。

资料：A 企业生产和销售甲、乙两种产品，产品的单位售价分别为 2 元和 10 元，边际贡献率分别是 20% 和 10%，全年固定成本为 45 000 元。

要求：

（1）假设全年的甲、乙两种产品分别销售了 50 000 件和 30 000 件，试计算用金额表示的盈亏平衡点，用实物单位表示的甲乙两种产品的盈亏平衡点、安全边际额、预计利润。

（2）如果增加广告费 5 000 元，可使甲产品销售量增至 60 000 件，而乙产品的销售量会减少到 20 000 件。试计算此时的盈亏平衡点销售额，并说明采取这一广告措施是否合理。

自测题 10-3

目的：通过练习，掌握单一品种盈亏平衡点和目标利润预测及安全边际率的计算。

资料：B 企业只产销一种产品，2018 年的销售量为 1 100 件，每件售价 80 元，产品的单位变动成本为 55 元，企业固定成本总额为 20 000 元。

要求：

（1）计算该企业 2018 年的盈亏平衡点销售量和企业的安全边际率，并评价该企业经营的安全性。

（2）若该企业 2019 年打算在 2018 年的基础上再使利润翻一番，企业应在单价、单位变动成本、销售量和固定成本方面采取什么措施？

自测题 10-4

目的：通过练习，掌握单一品种盈亏平衡点的计算。

资料：C 公司只产销一种产品，本年的单位变动成本为 8 元，变动成本总额为 84 000 元，获营业利润 18 000 元。若该公司计划下一年度变动成本率为本年度的 40%，其他条件不变。

要求：预测下年度的盈亏平衡点销售量和盈亏平衡点销售额。

自测题 10-5

目的：通过练习，掌握单一品种盈亏平衡点和目标利润的计算。

资料：D 公司 2018 年的销售收入为 180 000 元，销售成本为 160 000 元，其中固定成本为 88 000 元。若 2019 年计划增加广告费 3 200 元，产品单价仍为 40 元 / 件。

要求：

（1）预测 2019 年该公司的盈亏平衡点。

（2）若 2019 年计划实现目标利润 52 800 元，则目标销售额应为多少？

自测题 10-6

目的：通过练习，掌握盈亏平衡点和目标利润的计算。

资料：E 企业只生产一种产品。2018 年的销售量为 1 000 件，单价 20 元，单位成本 14 元，其中单位变动成本 10 元。为扩大经营规模，企业拟租用一台专用设备，年租金为 1 600 元。假定 2019 年产品单价和单位变动成本不变。

要求：

（1）计算 2019 年该企业的盈亏平衡点销售量。

（2）若要 2019 年实现利润翻一番的目标，预测 2019 年的销售量。

自测题 10-7

目的：通过练习，掌握多品种盈亏平衡点和目标利润的计算。

资料：F 公司产销 3 种产品，公司的固定成本为 19 800 元，其他有关资料如下：

产品	单价（元）	单位变动成本（元）	销售额结构（%）
甲	2 000	1 600	60.0
乙	500	300	7.5
丙	1 000	700	32.5

要求：计算该公司的边际贡献率和盈亏平衡点销售额。

自测题 10-8

目的：通过练习，掌握经营杠杆系数的计算以及在利润预测中的应用。

资料：某企业生产一种甲产品，今年的实际销售量为 2 000 件，售价 300 元，单位变动成本 140 元，获利 200 000 元。

要求：

（1）计算经营杠杆系数。

（2）明年计划增加销售 6%，预测可实现的利润。

（3）若明年目标利润为 230 000 元，计算应达到的销售量。

自测题 10-9

目的：通过练习，掌握一元线性回归分析法的计算。

资料：某企业生产的甲产品 2018 年 7 ～ 12 月的产量及成本资料如下表所示：

月份	7 月	8 月	9 月	10 月	11 月	12 月
产量（件）	40	42	45	43	46	50
总成本（元）	8 800	9 100	9 600	9 300	9 800	10 500

要求：采用一元线性回归分析法测算成本模型。

第 11 章

短期经营决策

学习目标

1. 了解决策分析的含义、作用、类型和基本程序
2. 了解定价决策的基本原理、影响定价决策的主要因素以及定价决策的策略
3. 了解定价决策的竞争导向定价法和需求导向定价法
4. 熟悉短期经营决策的含义和基本内容
5. 掌握短期经营决策的相关收入的概念以及主要的相关成本
6. 掌握产品生产决策的具体应用类型及其决策方法
7. 掌握以成本为基础的定价决策方法

11.1 短期经营决策概述

11.1.1 决策分析

1. 决策的含义

决策是为了达到一定的目标，从两个或两个以上的可行方案中选择一个合理方案的分析判断过程。企业管理中的决策，就是企业管理者（决策人）为达到预期的经营目标，在已有信息和经验的基础上，借助于科学的理论和方法，从若干个备选方案中，选择出一个最合理并且最有效的行动方案的过程。

决策是决定企业管理工作成败的关键，是实施各项管理职能的保证，贯穿于企业生产经营活动的整个过程。决策过程并不仅仅是一个做决定的过程，也不是单纯选择方案的简单行动，而是一个提出问题、分析问题和解决问题的复杂过程，或者说是一个系统工程。决策分析技术首先在 20 世纪 60 年代初用于石油和天然气等重要工业部门的决策问题和项目投资前的可行性研究中。随着决策科学的发展，决策技术在经济管理、工程管理和生产管理等众多领域都得到了广泛的应用。

2. 决策的基本程序

决策者要做出正确的决策，必须遵循正确的决策程序。决策程序应包括以下 4 个基本

步骤：

第一，形成决策问题，确定成本决策目标。只有明确了决策目标，才能避免决策的失误。所以，确定决策目标是决策的首要环节。

第二，拟定备选方案。首先要分析和研究目标实现的外部因素和内部条件。在此基础上，将外部环境和内部环境的各种有利或不利条件，同决策事物未来趋势和发展状况的各种估计进行排列组合，拟定出两个以上的备选方案，并计算与备选方案相关联的财务和非财务数据。

第三，评价备选方案。备选方案拟订以后，随之便是对备选方案进行评价和全面权衡。评价标准是看哪一个方案最有利于达到决策目标。

第四，选择方案，多方案选优汰劣，即对各个备选的具体方案进行总体权衡后，由决策者挑选一个最优的方案。

第五，实施方案。决策的基本程序如图 11-1 所示。

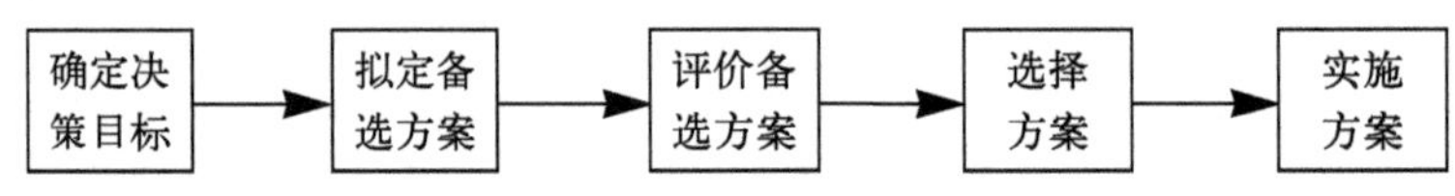

图 11-1　决策的基本程序示意图

3. 决策的分类

（1）按照决策方案本身的风险特征分类。按照决策方案本身的风险特征，决策可分为确定型决策、风险型决策和不确定型决策。

确定型决策是指有关备选方案都有确定状态的决策。在这种情况下，每个决策方案只产生一种确定的结果，不同方案在该状态下的相关数据是确定可知的，根据决策目标可以做出肯定的选择。

风险型决策是指决策方案存在若干不可控因素，决策者可以预知未来可能出现的若干种不同的状态，并测算出其出现的概率，以此为依据进行带有风险性的决策。

不确定型决策指决策者事前仅能预知各备选方案在几种可能的状态下产生几种不同的结果，但是难于确定其出现的概率。这类决策存在很多不可控因素，一般难以进行量化分析，主要依靠决策者的经验和个人判断进行。

风险和不确定性的区别主要在于：在不确定条件下，某一经济事项不只有一个可能结果，并且各种可能的结果出现的可能性的大小也不确知，即无法获知其概率。

（2）按照决策对象之间的关系分类。按照决策对象之间的关系，决策可以分为互斥型决策、独立型决策和组合方案决策。

互斥型决策是对互斥性的备选方案进行的决策。如果在多个备选方案中，选择其中任何一个就必须放弃其他所有的方案，那么这些方案之间就构成两两互斥的关系。

独立型决策是对独立的备选方案进行的决策。如果在多个备选方案之中，选择其中任何一个，对其他的方案的取舍均不产生任何影响，则这些方案之间是独立的关系。

组合方案决策是指在多个备选方案中选出一组最优的组合方案的决策。

（3）按照决策的重要程度分类。按照决策的重要程度，决策可分为战略决策和战术决策。

战略决策是涉及企业未来发展方向、整体发展战略的全局性重大决策。如经营目标的制定、组织结构的调整、新市场的开拓和新产品的开发、生产能力的扩大等问题的决策，其正确与否，对企业的经营成败具有决定性意义。

战术决策是指为达到预期的战略决策目标，针对日常经营活动的局部性决策。如产品生产的组合安排，零部件的自制与外购等。战术决策的正确与否不会对企业产生全局性的决定性影响。

（4）按照决策所涉及的期间跨度的长短分类。按照决策所涉及的期间跨度的长短，决策分为短期决策和长期决策。

短期决策通常只涉及 1 年（或 1 个营业周期）以内的经济事项。长期决策是指涉及的经济事项的期间超过 1 年（或 1 个营业周期），并对企业在较长时间内的经营状况产生影响的决策。

11.1.2　短期经营决策的含义及内容

1. 短期经营决策的含义

短期经营决策是指决策结果只会影响或决定企业近期（1 年或 1 个经营周期）经营活动的决策，主要侧重于企业日常经营活动的收入、成本、利润、产品生产等方面。短期经营决策是为了解决如何充分利用企业的各种资源，尽可能取得最大的经济效益而实施的决策。

2. 短期经营决策的内容

短期经营决策的具体内容主要包括定价决策和生产决策两大类。定价决策是指围绕产品的销售价格而展开的决策。一般情况下，产品的单价越高，实现的销售收入和销售利润也就越多；反之，则越少。但是，产品售价的高低对产品的供求关系影响也很大，提高产品售价，需求量将会下降；反之，则上升。因此，确定产品的最佳售价，必须考虑市场供求趋势等多方面的影响因素，以保证企业经营目标的实现。生产决策是指围绕如何利用企业现有的人力、物力和财力资源组织生产经营，创造最大的经济效益的决策，主要侧重于是否生产、生产什么、如何生产以及生产多少等问题。

11.1.3　短期经营决策的方法

短期经营决策分析所采用的专门方法，因决策的具体内容不同而有所差别。但在本质上基本采用差量分析的形式。

差量分析法就是将备选方案的收入、成本等有关经济指标进行比较，选出最优方案的方法。在管理会计中，不同备选方案之间的差额，叫作“差量”。差量指标一般包含“差量收入”与“差量成本”两类。

差量收入是两个备选方案预期收入的差异数；差量成本是两个备选方案的预期成本的差异数。差量分析法的基本原理是：比较两个方案的差量收入与差量成本，差量收入与差量成本的差额就是差量利润。如果差量收入大于差量成本，那么前一个方案就是较优的；相反，如果差量收入小于差量成本，则后一个方案是较优的。

11.1.4　短期经营决策的相关收入与无关收入

企业管理决策非常强调相关性，奉行“不同决策目的，不同决策标准”的原则。短期经营决策往往要分析比较不同方案的收入、成本、利润的影响，以便从中选出最优方案。为此，在短期经营决策上通常要根据情况灵活运用一些独特的收入和成本概念，作为分析、评价有关方案经济效益大小的重要依据。

相关收入是指，某项收入的发生与某一特定的决策方案相联系，如果一项收入因某个经营决策方案的存在而存在，即若这个方案存在就会发生该项收入，若这个方案不存在，该项收入就不会发生，那么这项收入就是相关收入。一项收入的实现与否以及实现程度的大小会受到选择不同决策方案的影响，在不同的决策方案之间存在差异性，因此，相关收入是在短期经营决策中必须予以考虑的收入。

与相关收入对应的概念是无关收入。一项收入的发生与某决策方案的存在与否无关，即某个方案无论是否存在，该项收入均会发生，那么该项收入是某方案的无关收入。无关收入在短期经营决策中不予考虑。

11.1.5 短期经营决策的相关成本与无关成本

相关成本是指受决策影响而在决策过程中必须考虑的成本。如果一项成本只属于某个经营决策方案，即这个方案存在，就会发生这项成本，如果这个方案不存在，就不会发生这项成本，那么，这项成本就是相关成本。无关成本指不受决策影响而在决策中不必考虑的成本。相关成本和无关成本包括多种具体表现形式。

1. 付现成本和沉没成本

付现成本是指需要动用现金支付的成本，一般与经营决策相关，如耗用的材料、支付的工资等。沉没成本是指过去已经发生，目前决策无法对其改变的成本，如折旧费等。例如，某企业过去购入 1 台设备，原价为 20 000 元，累计折旧为 12 000 元。由于技术进步，设备已经过时，需要更新。在这种情况下，这台设备的账面价值 8 000 元就属于沉没成本。沉没成本对目前所进行的决策没有什么影响，属于决策无关成本，在评价有关方案的经济性时不必考虑。

2. 历史成本与重置成本

历史成本是指已经发生的实际成本，是决策中无须考虑的无关成本。重置成本是指目前从市场上购买同一资产时所需支付的成本。重置成本在一些经营决策中，属于相关成本。

3. 可控成本与不可控成本

可控成本是指某一考核单位（车间、部门）能施加影响并要对成本的发生负责的成本。不可控成本则是指不能施加影响、不需对成本的发生负责的成本。

4. 可避免成本与不可避免成本

可避免成本是指由于改变某方案的决策而无须或不再计入该方案总成本的那部分成本；反之，则为不可避免成本。

可避免成本是对于企业达到经营目的来说，并非绝对必要的成本，其发生与否取决于管理者的决策。如果某项成本是同采用某一方案直接相联系的，该方案不采用，这一项成本就不会发生，那么该项成本就称为可避免成本。例如，某企业原生产甲产品，现拟改生产乙产品，除继续使用现有各项生产设备外，还需添置一台价值 50 000 元的新设备。在这里，这台设备是否购置，完全取决于乙产品是否正式进行生产。如果决定生产乙产品，就要购置新设备，这项成本就要发生；如果企业决定不生产乙产品，就不会发生新设备的购置成本。因此，本例中新设备购置成本 50 000 元就是与转产乙产品这一方案直接相关联的可避免成本。

不可避免成本与可避免成本是相对应的。不可避免成本在企业经营活动中必然要发生的成本。其数额的多少，不因为具体方案的选定而有所改变。例如，某企业现有厂房、机器设备等固定资产的年折旧费为 90 000 元，根据市场需要，在下一个年度企业拟生产 A 产品或 B 产品。在这里，该企业下一年度无论生产哪种产品，现有各项固定资产的折旧费都要发生，数额仍为 90 000 元，折旧费就是一种不可避免成本。不可避免成本是目前已客观存在的成本，在进行各备选方案取舍的时候，同方案的取舍没有直接联系。

5. 边际成本与差量成本

边际成本是指多生产或少生产一单位产品时所增加或减少的成本。差量成本是指某一方案的估计成本与另一方案的估计成本之间的差额，它是经营决策上广泛应用的一个成本概念。

差量成本通常是由于生产设备增减、生产水平升降、生产方法改变等原因所导致的有关方案预期成本在数量上的差异。如某企业利用现有生产能力可以生产甲产品，也可以生产乙产品，经测算甲产品的总成本预计为 70 000 元，乙产品的总成本预计为 90 000 元，二者相差 20 000 元。甲、乙产品预计生产总成本之间的差额 20 000 元，即是甲、乙两种产品生产方案之间的差量成本。因此，通过比较有关备选方案的差量成本，就可直接评价它们经济性的优劣，并据以从中择优。

6. 机会成本

机会成本是指从互斥的各备选方案中选取一种方案而放弃其他方案时所丧失的最大的潜在利益，也就是选择这种方案所支付的代价。

企业的资源在短期内是既定的，因此要把已放弃的方案可能取得的利益看成是被选取的最优方案的机会成本加以考虑，才能对最优方案的最终效益做出全面的评价。例如，企业生产 A 产品，可以将其半成品立即出售，也可将半成品进一步加工成产品再行出售。出售半成品可得收入 8 000 元，出售产成品可得收入 17 000 元，但必须支付 3 000 元的加工成本。显然，这两种方案是两个相互排斥的机会。如果希望多获得销售收入而选择出售产成品的方案，那么，出售半成品方案可能获得的销售半成品的收入就会丧失。这样，出售产成品方案的全部成本就由两部分构成：一部分是加工成本 3 000 元；另一部分是机会成本 8 000 元。

机会成本虽然不是实际支出，也不记入企业的会计账册，但仍然应该将其作为一个现实的因素在决策时进行认真考虑。否则，就可能做出错误的选择。

7. 专属成本与共同成本

专属成本是指可以明确归属某种、某批产品或某个部门的成本。共同成本则是指需由几种、几批产品或几个部门共同分担的成本。

11.2　产品生产决策

11.2.1　新产品开发的决策分析

为了不断满足社会的需求，维持和扩大市场占有率，取得竞争优势，企业必须不断开发新产品，促进产品更新换代。在不考虑进行大规模投资的前提下，新产品开发的决策是指企业利用现有的剩余生产能力来开发新产品的决策。

【例 11-1】某企业原来只生产 A 产品，现准备开发新产品 B 或 C，有关资料如表 11-1 所示。

预计 B、C 产品的销路不会产生问题，但由于企业生产能力有限，只允许投产 B 产品和 C 产品之中的一种产品。

请问应做出生产哪种新产品的决策？如果生产 B 产品或 C 产品必须追加成本支出，购置专用工具和设备，其价值分别为 1 000 元和 5 000 元。则应做出生产哪种新产品的决策？

表 11-1　A、B、C 产品相关资料表

项目	A	B	C
产销量（件）	4 000	200	1 000
单价（元）	10	40	15
单位变动成本（元）	4.0	20.5	9.0
固定成本总额（元）	20 000	—	—

答：要做出开发新产品的决策，无论开发哪一种新产品，均无须考虑固定成本。因为对于固定成本 20 000 元来说，即使不开发新产品，它也将发生，因此该固定成本属于沉没成本，是不相关成本，决策时不予以考虑。因此，20 000 元固定成本不需要在各产品之间进行分配。由于相关成本只有变动成本，因此直接进行贡献毛益的比较，如下：

B 产品贡献毛益总额 = 40×200 − 20.5×200 = 3 900（元）

C 产品贡献毛益总额 = 15×1 000 − 9×1 000 = 6 000（元）

根据上述计算，企业应该生产 C 产品，这样可增加利润 2 100 元。

如果按照总额来对这两个方案进行分析和评价，如表 11-2 所示，所得结论与上述分析结论相同，应开发 C 产品，但计算过程比前一种方法要复杂。

表 11-2　总额分析表　　（单位：元）

项目	A	B	C	A、B 合计	A、C 合计
销售收入	40 000	8 000	15 000	48 000	55 000
变动成本	16 000	4 100	9 000	20 100	25 000
贡献毛益	24 000	3 900	6 000	27 900	30 000
固定成本	—	—	—	20 000	20 000
利润	—	—	—	+7 900	+10 000

生产 B 产品或 C 产品追加的成本支出为专属成本，必须在决策中予以考虑。利用差量损益分析进行决策，分析结果如表 11-3 所示。可见应开发 B 产品，这样可增加利润 1 900 元。

表 11-3　差量损益分析表　　（单位：元）

项目	开发 B 产品	开发 C 产品	差异额
相关收入	8 000	15 000	−7 000
相关成本	5 100	14 000	−8 900
其中：变动成本	4 100	9 000	—
专属成本	1 000	5 000	—
差量损益			+1 900

11.2.2　亏损产品应否停产的决策分析

用传统的财务会计的角度去观察，亏损产品肯定需要停产。从表面上看，亏损产品的停产似乎可以使企业增加利润或减少亏损。但是，从管理会计的角度来观察，亏损产品之所以发生亏损，有两种可能：一是该产品不能提供贡献毛益；二是该产品虽然提供了贡献毛益，但其贡献毛益总额不能抵补固定成本。

停产不能提供贡献毛益的产品是正确的，这样做可以使企业增加利润或减少亏损。如果对能提供贡献毛益的亏损产品停止生产，那么只会减少企业的利润或增加企业的亏损。这是因为，在该项决策中，固定成本属于不可避免成本，即无关成本，即使停止了亏损产品的生产，固定成本仍会发生，而且必然转嫁到其他产品成本中，从而使企业总利润下降。

【例 11-2】某公司生产甲、乙、丙 3 种产品，其中丙产品是亏损产品，有关资料如表 11-4 所示，固定成本按销售收入比例分摊。请就以下不同情况进行决策：

（1）亏损产品停产后，闲置的生产能力不能用于其他方面，丙产品应否停产？

（2）如果亏损产品停产后，闲置的生产能力可用于对外出租，预计全年可获租金收入 10 000 元，丙产品应否停产？

（3）如果亏损产品停产后，闲置的能力可使甲产品增产 20%，丙产品应否停产？

表 11-4　全部产品相关资料表　　（单位：元）

项目	甲	乙	丙	合计
销售收入	30 000	20 000	25 000	75 000
减：变动成本	21 000	10 000	20 000	51 000
贡献毛益	9 000	10 000	5 000	24 000
减：固定成本	7 200	4 800	6 000	18 000
利润	1 800	5 200	−1 000	6 000

决策分析如下：

（1）此条件下，固定成本不会因亏损产品的停产而改变，如果停止亏损产品的生产，原应由丙产品承担的固定成本将由甲、乙两种盈利产品负担，企业的利润不仅不能增加，反而会减少。分析过程如表 11-5 所示。

表 11-5　停产丙产品后利润总额分析表　　（单位：元）

项目	甲	乙	合计
销售收入	30 000	20 000	50 000
减：变动成本	21 000	10 000	31 000
贡献毛益	9 000	10 000	19 000
减：固定成本	10 800	7 200	18 000
利润	−1 800	2 800	1 000

如果亏损产品（丙产品）停产后，闲置的生产能力不能用于其他方面，如对外出租等，在这种情况下，丙产品负担的固定成本无论是否停产都将发生，因此视其为沉没成本，决策中应不予考虑。这样，相关成本只有变动成本，生产丙产品将获得贡献毛益 5 000 元。如果停产丙产品，贡献毛益将变为零。因此应继续生产该亏损产品，这样该公司的利润将维持原有的水平 6 000 元。否则，亏损产品一旦停产，利润将下降到 1 000 元。

由此可见，在亏损产品的闲置能力无法转移的条件下，只要亏损产品能够提供大于零的贡献毛益，就不应停止亏损产品的生产。相反，如果有条件，还应扩大亏损产品的生产，这样才能使企业的利润增加。

（2）此条件下，亏损产品停产后，年租金收入 10 000 元，可以视为继续生产亏损产品的机会成本（也可以视为停产的收入），在决策中必须考虑。可以采用差量损益分析进行决策，如表 11-6 所示。可见，此时应停产丙产品并将其闲置能力对外出租，这样可多获利 5 000 元。

表 11-6　差量损益分析表　（单位：元）

项目	继续生产	停产	差异额
相关收入	25 000	0	+25 000
相关成本	30 000	0	+30 000
其中：变动成本	20 000	0	
机会成本	10 000	0	
差量损益			−5 000

（3）此条件下，增产甲产品可以视为单独的方案，直接与亏损产品继续生产方案进行比较。增产所获贡献毛益为 1 800 元（9 000 元 ×20%），低于继续生产所获的贡献毛益，因此应继续生产亏损产品。另外，增产甲产品所获的贡献毛益也可视为继续生产亏损产品的机会成本，分析过程如表 11-7 所示。可见，也应继续生产亏损产品。两种分析所得结论相同。

表 11-7　差量损益分析表　（单位：元）

项目	继续生产	停产	差异额
相关收入	25 000	0	+25 000
相关成本	21 800	0	+21 800
其中：变动成本	20 000	0	
机会成本	1 800	0	
差量损益			+3 200

11.2.3　半成品是否进一步加工的决策分析

我们下面举例说明半成品是否进一步加工的决策分析。

【例 11-3】某企业现有生产能力可以生产半成品 5 000 件。如果将这些半成品直接出售，单价为 20 元。其单位成本资料如下：材料费用 8 元，工资费用 4 元，单位变动性制造费用 3 元，单位固定性制造费用为 2 元，合计为 17 元。现在该企业还可以利用剩余生产能力对半成品继续加工后再出售，这样单价可提高到 27 元，但每件需追加工资（变动成本）3 元、变动性制造费用 1 元、固定性制造费用 1.5 元。请就以下不相关的各种情况进行决策：

（1）若该企业的剩余能力足以将半成品全部加工为产成品，是否继续加工？

（2）若该企业只具有 80% 的加工能力，是否继续加工？

（3）若该企业要将半成品全部加工为产成品，需租入一台设备，年租金为 25 000 元，是否继续加工？

（4）若半成品与产成品的投入产出比为 2∶1，即 2 件半成品才可以加工为 1 件产成品，是否继续加工？

决策分析如下：

（1）继续加工前的半成品成本中包括变动成本和固定成本，而这部分成本不会因产品的继续加工而有所改变，属于沉没成本，因此决策中不予考虑。另外，继续加工增加的固定成本也应视为沉没成本，因为该企业利用其剩余生产能力，因此增加的固定成本为分配计入的固定成本。只有继续加工追加的工资和变动性制造费用才是与决策相关的成本。分析过程如表 11-8 所示。可见，半成品应继续加工为产成品再出售，这样可多获利 15 000 元。

表 11-8　差量损益分析表　　（单位：元）

项目	继续加工	直接出售	差异额
相关收入	27 × 5 000 = 135 000	20 × 5 000 = 100 000	35 000
相关成本	20 000	0	20 000
其中：追加工资	3 × 5 000 = 15 000	0	
追加变动成本	1 × 5 000 = 5 000	0	
差量损益			+15 000

（2）由于该企业只具有 80% 继续加工的生产能力，因此只能将 4 000 件半成品继续加工，据此进行的分析如表 11-9 所示。可见，应将半成品继续加工为产成品，这样可多获利 12 000 元。

表 11-9　差量损益分析表　　（单位：元）

项目	继续加工	直接出售	差异额
相关收入	27 × 4 000 = 108 000	2 × 4 000 = 80 000	+28 000
相关成本	16 000	0	+16 000
其中：追加工资	3 × 4 000 = 12 000	0	
追加变动成本	1 × 4 000 = 4 000	0	
差量损益			+12 000

（3）本条件下，租入设备的租金视为专属成本，在决策中必须考虑，据此进行的分析如表 11-10 所示。可见，半成品直接出售更有利，这样可多获利 10 000 元。

表 11-10　差量损益分析表　　（单位：元）

项目	继续加工	直接出售	差异额
相关收入	135 000	10 0000	+35 000
相关成本	45 000	0	+45 000
其中：追加工资	15 000	0	
追加变动成本	5 000	0	
专属成本	25 000	0	
差量损益			−10 000

（4）依据所给条件，产成品产量与半成品产量不同。如果将半成品继续加工成产成品，只能获得 2 500 件（5 000 ÷ 2）产成品，据此进行的分析如表 11-11 所示。可见，应直接出售半成品，这样可多获利 42 500 元。

表 11-11　差量损益分析表　　（单位：元）

项目	继续加工	直接出售	差异额
相关收入	27 × 2 500 = 67 500	100 000	−32 500
相关成本	10 000	0	+10 000
其中：追加工资	3 × 2 500 = 7 500	0	
追加变动成本	1 × 2 500 = 2 500	0	
差量损益			−42 500

11.2.4　联产品是否进一步加工的决策分析

我们下面举例说明联产品是否进一步加工的决策分析。

【例 11-4】某公司生产 A、B、C 3 种产品，这 3 种产品为联产品，产量分别为 250 千克、150 千克、100 千克，共发生联合成本 45 000 元，按产量比例分配给各产品。各产品的联合成本分别为 22 500 元、13 500 元、9 000 元。B 产品既可以直接出售，也可以继续加工为 D 产品再出售。每加工 1 千克的 B 产品需追加成本 4 元。A、B、C、D 4 种产品的单位售价分别为 210 元、240 元、150 元、280 元。请就以下两种不同情况进行决策：

（1）若 B 产品与 D 产品的产出比例为 1∶1，是否继续加工 B 产品？

（2）如果 B 产品与 D 产品的产出比例为 1∶0.9，若 B 产品直接出售，闲置的能力可以用于承揽零星加工业务，预计可获贡献毛益 5 000 元。如果继续加工，需购置一套工具，价值 2 000 元。是否继续加工 B 产品？

决策分析如下：

（1）联合成本不会因 B 产品的继续加工而发生任何改变，因此属于沉没成本，与决策无关。据此进行的分析如表 11-12 所示。可见，应将 B 产品加工为 D 产品再进行出售，这样可多获利 5 400 元。

表 11-12　差量损益分析表　　（单位：元）

项目	继续加工为 D 产品	直接出售 B 产品	差异额
相关收入	280 × 150 = 42 000	240 × 150 = 36 000	+6 000
相关成本	600	0	+600
其中：可分成本	4 × 150 = 600	0	
差量损益			+5 400

（2）依据所给条件，将 B 产品加工为 D 产品后，D 产品的产量为 135（150×0.9）千克，零星业务所获贡献毛益为继续加工的机会成本，购置的工具为其专属成本。据此进行的分析如表 11-13 所示。可见，应直接出售 B 产品，这样可多获利 5 740 元。

表 11-13　差量损益分析表　　（单位：元）

项目	继续加工为 D 产品	直接出售 B 产品	差异额
相关收入	280 × 135 = 37 800	36 000	+1 800
相关成本	7 540	0	+7 540
其中：可分成本	4 × 135 = 540	0	
机会成本	5 000	0	
专属成本	2 000	0	
差量损益			−5 740

11.2.5　零部件自制或外购的决策分析

企业生产所需零部件的取得有两个途径，一个是自制，另一个是外购。在既可自制又可外购的情况下，从降低成本的角度讲，就存在是自制合算还是外购合算的问题。这类问题的决策不需考虑原有的固定成本，它属于沉没成本，与决策无关。在决定零部件是自制还是外购时，只要比较两个不同方案的相关成本即可。在实际工作中，经常面临这样的情况：企业零部件原来是自行生产，现拟改为外购，而企业生产能力有余，且无法安排其他生产任务。这时，就要对是否外购零件进行分析。

【例 11-5】某企业每年需要某种零件 10 000 个。如果自制，每个零件成本为 48 元。如果外购，每个零件单价为 46 元。如果由自制改外购，剩余生产能力不能用于其他用途。有关资料如表 11-14 所示。

表 11-14　自制和外购相关成本资料表　　（单位：元）

项目	成本
外购	46
自制	
材料成本（变动成本）	20
人工成本（变动成本）	10
制造费用（变动成本）	6
分摊的固定成本	12
合计	48

直观判断，外购零件对企业有利，每年可节省 20 000 元：

$$差异成本 = 10\,000 \times (42 - 40) = 20\,000（元）$$

但是，不论自制还是外购，固定成本都要发生，它是沉没成本，与决策无关。如果把固定成本从单位成本中扣除，结果是自制比外购对企业有利，每年可节省 100 000 元。

$$差异成本 = 10\,000 \times (46 - 36) = 100\,000（元）$$

因此，还是应该继续自制零件。若企业自制这种零件，每年需要追加固定成本投入 20 000 元。在这种情况下是自制还是外购，就需要重新调整计算。计算如下：

$$\begin{aligned}\frac{补偿追加固定}{成本的产量} &= \frac{每年增加的}{固定成本} \div \left(\frac{外购的单位}{变动成本} - \frac{自制的单位}{变动成本}\right)\\ &= 20\,000 \div (46-36) = 2\,000（个）\end{aligned}$$

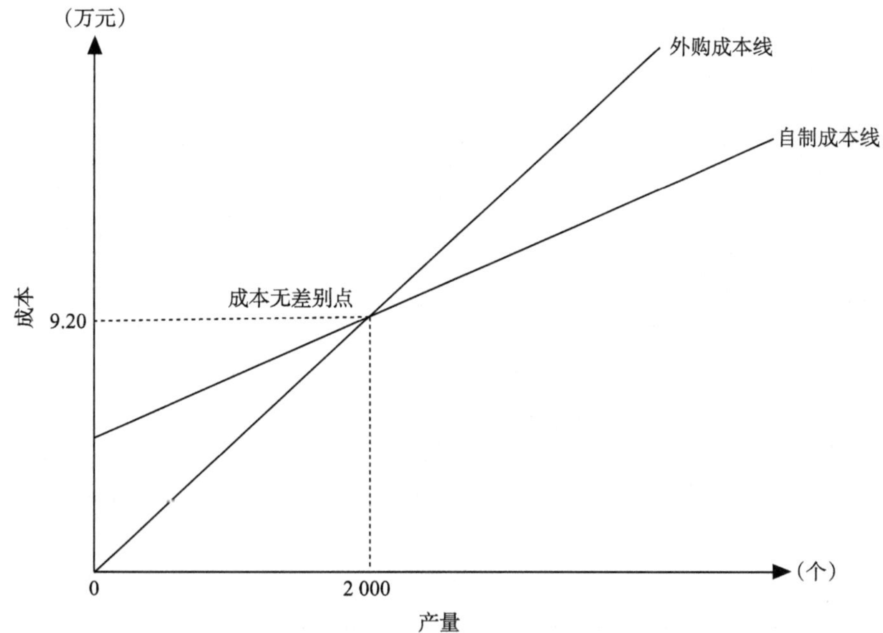

图 11-2　零部件自制或外购决策的成本无差别点分析图

当这种零件每年的需求量在补偿追加固定成本的产量之上时，自制对企业有利。

两种方案的比较可以通过作图的方式进行，如图 11-2 所示。图中，自制成本线和外购成本线的交点就是这两种方案的成本无差别点，即在该零件的年需要量为 2 000 个时，两种方案的总成本均为 92 000 元。由于该企业一年内该零件的需要量为 10 000 个，高于补偿追加固定成本所需要的产量，所以应该选择自制。

11.2.6 选择加工设备决策

同一种产品往往可以用不同技术水平的设备来加工制造。采用技术比较先进的设备，由于其购置成本比较高，单位产品中的固定成本就相应提高，但在生产过程中产品的加工成本比较低。采用技术落后的设备，单位产品分担的固定成本低，但产品的加工成本高。对不同类型设备的选择，要和所要生产的产品的产量大小联系起来进行考虑，才能得到正确的决策结果。

【例 11-6】某企业生产甲产品，原来采用机械化生产方式，现根据市场需要，拟采用自动化生产方式，有关资料如表 11-15 所示。

表 11-15　不同生产方式成本表　　（单位：元）

项目	机械化生产	自动化生产	差额
固定成本总额	50 000	110 000	60 000
单位变动成本	10	5	−5
单位产品销售价格	15	15	0

在对两个方案进行比较时，差异成本是相关成本。相对于自动化生产，机械化生产可以降低固定成本 60 000 元，但单位变动成本则多支出 5 元。因为产品的单价相同，两者成本的高低将直接导致利润的差别。

如果假定该企业产品产销量为 12 000 件，则利润如表 11-16 所示。

表 11-16　不同生产方式成本表　　（单位：元）

项目	机械化生产	自动化生产
销售收入	180 000	180 000
变动成本总额	120 000	60 000
固定成本总额	50 000	110 000
利润	10 000	10 000

而如果假定该企业产品产销量为 10 000 件，则利润如表 11-17 所示。

表 11-17　不同生产方式成本表　　（单位：元）

项目	机械化生产	自动化生产
销售收入	150 000	150 000
变动成本总额	100 000	50 000
固定成本总额	50 000	110 000
利润	0	−10 000

而如果假定该企业产品产销量为 15 000 件，则利润如表 11-18 所示。

表 11-18　不同生产方式成本表　（单位：元）

项目	机械化生产	自动化生产
销售收入	225 000	225 000
变动成本总额	150 000	75 000
固定成本总额	50 000	110 000
利润	25 000	40 000

将两种生产方式比较一下可以发现：当产销量（Q）为 10 000 件时，机械化生产成本低，利润高，对企业有利；产销量为 15 000 件时，自动化生产成本低，利润高，对企业有利。产销量为 12 000 件时，两种生产方式在成本和利润上没有差别。当产销量较小时，机械化生产有利，是因为较低的固定成本足以弥补较高的变动成本，但这种有利是有限度的。随着产销量的增加，这种成本的弥补作用对总成本的影响将越来越小，直至消失。当产销量达到 12 000 件时，正好使机械化生产较低的固定成本被自动化生产较少的变动成本所抵消。两种生产方式成本相等点的销售量这个点就是成本无差别点。按照上述资料，进行分析如下：

机械化生产的产品总成本：$Y_1 = 10 \times Q + 50\,000$

自动化生产的产品总成本：$Y_2 = 5 \times Q + 110\,000$

令　$Y_1 = Y_2$

则　$Q = 12\,000$（件）

在产销量为 12 000 件时，两个方案的总成本相等，因而提供的利润也相同。在产销量低于 12 000 件时，采用固定成本较低的机械化生产有利；在产销量高于 12 000 件时，采用单位变动成本较低的自动化生产有利。两种生产方式的比较如图 11-3 所示。

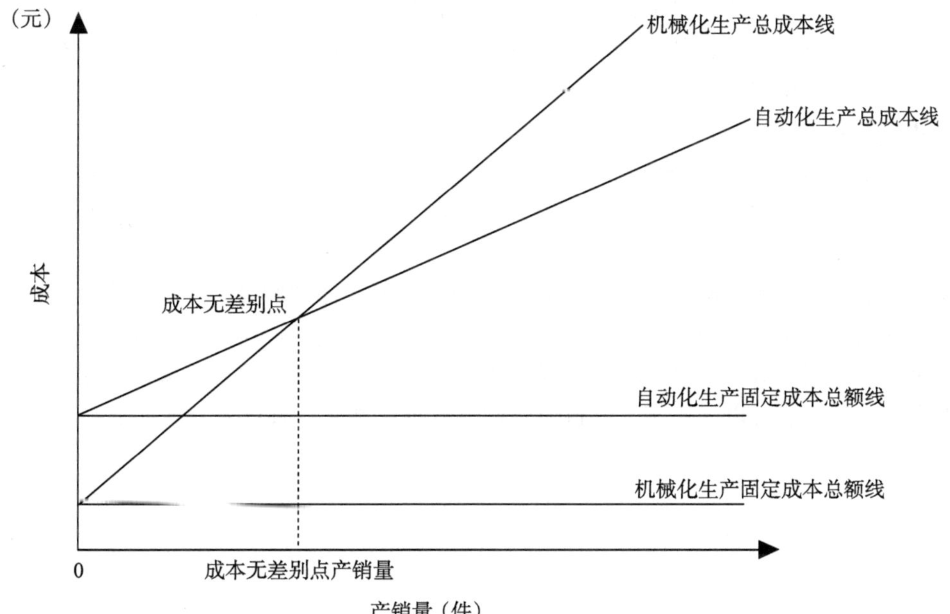

图 11-3　自动化生产和机械化生产的成本无差别点

如图 11-3 所示，机械化生产的固定成本较低，在比较低的产量下，总成本线低于自动化生产的总成本线。但随着产量的增加，通过成本无差别点后，机械化生产总成本线便高于自动化生产总成本线。而在成本无差别点上，机械化生产较低的固定成本完全被自动化生产较低的变动成本抵消。

11.3 产品定价决策

11.3.1 产品定价决策概述

价格是企业促进销售、获取效益的关键因素。价格是否合理直接影响产品的销售，是竞争的主要手段，关系到企业经营目标的实现。产品的均衡价格主要取决于市场的供需水平及其相互关系。企业的产品在市场上面临其他企业的竞争，如果定价高于市场均衡价格，顾客不愿意购买，如果低于市场价格，企业则不愿意销售。定价决策的基本准则是：从长期的角度来看，销售价格必须足以补偿全部的生产、管理和营销成本，并为企业的投资者提供合理的利润，以维持企业的生存和发展。同时，产品定价还应该能够维持必要的市场占有率，保证企业产品的销售。

11.3.2 产品定价决策应当考虑的因素

产品的价格确定，要以生产产品的社会必要劳动时间为依据。但由于市场供求关系的变化较大，而影响市场供求关系的因素甚多，因而产品的定价，一般要考虑到一些重要因素。

1. 成本因素

产品成本是指在产品生产过程和流通过程中所耗费的物质资料和支付劳动报酬的总和。在做定价决策时，必须首先使总成本费用得到补偿，这就要求价格不能低于总成本费用。如果产品成本高于产品价格，产品的收入不足以弥补其生产过程中的劳动消耗，则企业将出现亏损，企业的简单再生产也就出现障碍，更无力扩大再生产。因而，产品的成本是影响产品价格最基本、最直接的因素。

2. 市场需求

商品的价格除了受自身价值影响外，还要受供求关系的影响。当市场上某商品出现供过于求时，其价格就会降低；当供不应求时，价格就会上涨。企业确定的不同的价格，会产生不同的需求。

在正常情况下，价格越高，需求则越少；价格越低，需求则越多。但也存在着例外：第一，当一种物品价格上涨时，有人认为价格还将继续涨，则反而会增加对此物品的购买；第二，专为满足人们的虚荣心的物品，如珠宝首饰等，往往会因价格的下降使需求量减少。需求与价格之间的关系可以采用需求的价格弹性系数进行衡量，其计算公式如下：

$$E=\left|\frac{\dfrac{Q_1-Q_0}{Q_0}}{\dfrac{P_1-P_0}{P_0}}\right| \tag{11-1}$$

式中，Q_0 是原来的需求量；Q_1 是变动后的需求量；P_0 是原来的价格；P_1 是变动后的价格；E 是需求的价格弹性系数。

需求的价格弹性系数的判断标准为：如果弹性系数大于 1，说明这种产品富有弹性，即需求量变动百分比大于价格变动百分比，降价可以大幅度增加销售量；如果弹性系数等于 1

或趋近于 1，即需求弹性变动百分比与价格变动百分比相同或相近，降低或提高价格会增加或减少销量，但影响程度不大；如果弹性系数小于 1，说明这种产品缺乏弹性，即需求量变动百分比小于价格变动百分比；如果弹性系数等于 0，说明需求完全无弹性。这时，价格无论如何变化，需求量不变。

3. 政府干预

政府对产品的价格管理，主要是通过行政、法律以及货币供给、工资和物价政策等手段来调控和体现的。政府进行价格管理的目的在于通过政府的直接或者间接干预来限制企业的不正当竞争，以防谋取暴利，损害消费者的利益。例如，对于某些特定商品，政府以行政手段、法律手段制定产品的最高或最低限价，以约束不良的市场行为。

4. 企业发展战略

企业在市场营销中总是根据不断变化的市场需求和自身的实际经营状况，确定企业发展战略，而价格策略是其中的重要组成部分。例如，如果企业为了尽早收回投资，往往把盈利作为企业营销的首要目标，因而会确定比较高的产品价格。如果企业为了在市场上有较大的市场覆盖面，能在较长时期内有更大的发展，则往往又会把提高市场占有率作为企业市场营销的首选目标，这样，产品价格的确定就必须充分考虑到对消费者的吸引力等因素，价格会在一定时期内保持比较低的水平。

5. 市场竞争

产品竞争的激烈程度对产品的定价有很大的影响，竞争越激烈，对定价的影响就越大。在完全竞争的市场中，企业没有定价的主动权，只能被动地接受市场竞争中形成的价格；在不完全竞争的市场中，由于企业彼此提供的产品存在着差异，企业根据其“差异”优势，可通过部分地变动价格的方法来寻求较高的利润；在寡头垄断的市场中，只有少数几家企业控制着产品的价格，其他企业要进入这一市场会受到种种阻碍，而少数企业相互制约和垄断，市场中产品的价格不易随意改变；纯粹垄断的市场中，产品是独家经营，没有竞争对手，垄断企业控制了进入市场的种种障碍，所以就完全控制了市场价格。

6. 通货膨胀

通货膨胀是在流通领域中的货币供应量超过了货币需求量而引发的货币贬值、物价上涨等现象。通货膨胀会造成单位货币购买力下降，使企业的产品生产、经营成本费用增加，因而就迫使企业相应地提高产品价格，并且往往价格提高的幅度大于通货膨胀上升的幅度。

以上几点是影响产品定价的常见因素，除此之外，如利率的高低、汇率的变动、企业的生产能力等因素也会对价格产生影响。

11.3.3　产品定价决策的方法

企业的定价方法多种多样。为了在市场上实现预期目标，企业要从诸多的定价方法中挑选适当的方法。根据定价时侧重考虑的因素不同，定价方法有成本导向定价、需求导向定价和竞争导向定价等方法。

1. 成本导向定价

成本导向定价是指在综合考虑其他因素的基础上，以产品的成本为主要依据，加上预期利润和应纳税金而确定销售价格的定价方法。成本导向定价的具体形式是成本加成定价法。

成本加成定价法就是在单位产品成本的基础上，加上预期的利润额作为产品的销售价格。由于利润的多少是呈一定的比例，习惯上称这种比例为“加成”，因而这种方法就被称为成本加成定价法。成本加成定价法在具体应用中又可分为总成本加成和变动成本加成两种方法。

成本加成定价方法历史悠久，其优点是计算简单并且方便易行，不必因需求的变化而频繁地调整价格，如果同行业的各企业都采用这种定价方法，由于各企业的成本和目标利润率差不多，制定出的价格也相差不大，能够避免出现过度的价格竞争。这种方法的缺点是忽视市场竞争和供求状况对产品定价的影响，缺乏灵活性，难以适应市场竞争的变化形势。成本加成定价法从企业的角度来考虑定价的问题，忽视了市场需求、竞争情况、消费者的心理因素等问题，因而制定出来的价格与消费者的评价相关性不大。采用这种定价方法，必须事先准确地核算产品或劳务的成本，一般要以平均成本为准，另外要根据产品的市场需求弹性等因素确定恰当的加成百分比。成本加成定价法的计算公式为：

$$单位产品价格 = 单位产品成本 \times (1 + 加成率) \tag{11-2}$$

（1）总成本加成定价。总成本是企业在一定时期生产产品时的全部成本费用支出，按照不同费用在总成本中的变动情况，又可分为固定成本和变动成本两部分。因而式（11-2）中的单位产品成本就是单位产品总成本。

（2）变动成本加成定价。变动成本加成定价又称为贡献毛益定价法，即以单位变动成本为定价基本依据，加上单位产品贡献毛益，形成产品价格。因此这种方法在定价时只计算变动成本，而不计算固定成本，在变动成本的基础上加上预期的贡献毛益。这种定价方法可用公式表示为：

$$单位产品价格 = 单位产品变动成本 + 预期贡献毛益总额 \div 预期产品销量 \tag{11-3}$$

在企业之间相互竞争十分激烈时或者企业生产能力过剩，只有降低售价才能扩大销售时，采用变动成本加成定价法较为合适。在企业经营不景气、销售困难时，企业的生存比获取利润更重要，也可以采用变动成本加成定价方法。变动成本加成定价法的原则是：产品单价高于单位变动成本时，就可以考虑接受。因为不管企业是否生产、生产多少，在一定时期内固定成本都是要发生的，而产品单价高于单位变动成本，这时产品销售收入弥补变动成本后的剩余可以弥补固定成本，能够减少企业的亏损以维持企业的生存，扩大销售以增加企业的盈利。尤其在产品必须降价出售时，只要产品销售价格不低于变动成本，说明可以基本维持生产和销售的连续进行。但是，如果产品销售价格低于变动成本，贡献毛益不足以弥补固定成本，则表明生产得越多，亏损也就越大。

【例 11-7】如某企业某产品的生产能力为年产 70 万件，年固定成本 50 万元，单位产品变动成本为 1.80 元，产品单价为 3 元，现在企业只接到订单 40 万件。按此计划生产，贡献毛益弥补部分固定成本后，企业仍亏损 2 万元。如果有客户追加订货 20 万件，每件报价为 2.40 元。根据变动成本加成定价法的原则，这一报价是否可以接受？接受此订单后，企业将实现多少盈利？

按照变动成本加成定价法的原则，产品单价高于单位变动成本时，就可以接受。本例中特殊订货的单位产品价格高于其单位变动成本，因此可以接受。接受此订单后，企业将实现的盈利为：

$$利润 = (3 - 1.8) \times 400\,000 + (2.4 - 1.8) \times 200\,000 - 500\,000 = 100\,000（元）$$

2. 竞争导向定价法

竞争导向定价法是依据竞争者的价格并结合企业产品的竞争能力，选择有利于市场竞争的价格来定价。这种定价法的特点是：只要竞争者的价格不变，即使生产成本与需求发生变化，价格也不进行调整。竞争导向定价法是以同类产品的市场供应竞争状态为依据，以竞争对手的价格为基础的定价方法。这种方法以竞争为中心，同时结合企业自身的实力、发展战略等因素的要求来确定价格。

3. 需求导向定价

企业在定价时，不仅要考虑成本，而且要注意消费需求的变化及消费者价格心理，根据市场和用户能接受的价格定价。需求导向定价是指以产品的市场需求状态为主要依据，综合考虑企业的营销成本和市场竞争状态而制定或调整产品价格的方法。

11.3.4　产品定价决策的策略

产品的定价，需要以科学的理论和方法为指导，同时由于竞争和消费者的需要，还必须有高明的定价策略和技巧。企业的定价策略就是根据市场的具体情况，从定价目标出发，灵活运用价格手段，使其适应市场的不同情况，实现企业的营销目标。一般来说，企业的产品定价策略主要有新产品价格策略、心理价格策略、折扣价格策略和区分需求价格策略等。

1. 新产品定价策略

任何产品都有着自己的市场生命周期。由于产品生命周期的各阶段的特点不同，企业应从市场需求和产品生命周期的变化要求出发，有针对性地进行价格调整。新的产品能否获得消费者的欢迎，其定价策略起着十分重要的作用。新产品定价问题是一个富有挑战性的问题，充满不确定性，为了减少这些不确定性，对新产品定价时，可以考虑两种策略。

（1）撇脂定价策略。这种策略下，企业将新产品以尽可能高的价格投放市场，以赚取高额利润，在短期内收回投资。这是一种高价格策略，即在新产品上市初期，价格定得很高，目的在于在短时间内获取高额利润。这种价格策略因与从牛奶上层中撇取奶油相似而得名，因而所制定的价格称为撇脂价格。

（2）渗透定价策略。在渗透定价策略下，企业低价投放新产品，使产品在市场上广泛渗透，从而提高企业的市场占有率，然后随着份额的提高调整价格，降低成本，实现盈利目标。这是一种低价格策略，即在新产品投入市场时，以较低的价格吸引消费者，从而很快打开市场，就像倒入泥土的水一样，从缝隙里很快渗透进去，因而称此种价格为渗透价格。

（3）满意定价策略。这是一种折中价格策略，它吸取上述两种定价策略的长处，采取比撇脂价格低但比渗透价格高的适中价格，既能保证企业获取一定的初期利润，又能为消费者接受，因而用这种价格策略确定的价格称为满意价格，有时又称为“温和价格”或“君子价格”。

2. 心理定价策略

心理定价策略是运用心理学原理，根据不同类型的顾客来调整产品定价，使其能够满足消费者的心理需要，而不是仅仅考虑商品的价值。消费者，尤其是对价格较为敏感的消费者，往往通过价格因素来判断对产品的认可程度和购买意向，因而可在定价中利用消费者对价格的心理反应，刺激消费者购买。

3. 折扣定价策略

这种定价策略是在基本价格的基础上，由于顾客及早付清货款、淡季采购等因素，而给予顾客的一定的价格折扣。折扣定价中，企业的基本标价不变，而通过对实际价格的调整，把一部分利益转让给购买者，鼓励大量购买自己的产品，促使客户改变购买时间或鼓励客户及时付款。

（1）商业折扣。采用商业折扣的定价策略，就是对产品购买者给予价格折扣，目的是鼓励买方购买。

（2）数量折扣。数量折扣是指企业为了鼓励产品购买者大量购买，根据购买者所购买的数量给予一定的折扣，购买数量越大，价格越低。

（3）季节折扣。季节折扣是指企业在淡季时给予产品购买者的折扣优惠。在销售淡季，普遍出现需求不足、生产设备闲置的情况，此时企业可以制定低于旺季时的产品价格，以刺激消费者的消费欲望。

（4）同业折扣和佣金。同业折扣和佣金是指企业根据各类中间商在市场营销中所担负的不同职责，给予不同的价格折扣。一般来说，企业给批发商的折扣较大，给予零售商的折扣较小，这有利于促使批发商大量进货。使用同业折扣和佣金的目的在于刺激各类中间商充分发挥各自组织市场营销活动的功能。

4. 区分需求定价策略

区分需求定价策略是指相同的产品以不同的价格出售的策略，其目的是通过形成数个局部的市场而扩大销售，增加企业的盈利来源。区分需求定价策略主要包括地理差价定价策略、时间差价定价策略、对象差价定价策略和产品差价定价策略等。

▸本章小结

决策分析是管理会计的核心内容之一，充分体现了管理会计的决策会计特点。本章主要阐述了决策的基本原理和企业短期经营决策的专门方法及具体应用。通过本章的学习，学生可以掌握什么是决策分析、短期经营决策的方法、短期经营决策中的特殊概念及相互之间的联系、生产经营决策分析和产品定价决策分析等内容。

▸思考题

1. 什么是决策？其作用和基本程序是什么？
2. 如何对决策进行分类？
3. 影响定价决策的主要因素有哪些？定价决策有哪些基本方法？
4. 解释短期经营决策中相关收入和相关成本的含义。
5. 解释沉没成本、机会成本、专属成本、共同成本、边际成本和差量成本的含义。

▸自测题

自测题 11-1

单项选择题

1. 一般不涉及新的固定资产投资，只涉及一年以内的一次性专门业务，并仅对该时期内收支盈亏产生影响的决策为（　　）。

   A. 短期经营决策　　B. 长期投资决策　　C. 风险决策　　D. 控制决策

2. 某企业接受一批特殊订货，需购买一台专用设备，价值 1 000 元，在此特殊订货决策中，专用设备价值属于（　　）。

A. 重置成本　　B. 沉没成本　　C. 专属成本　　D. 不可避免成本

3. 在短期决策中，属于无关成本的是（　　）。

A. 差别成本　　B. 沉没成本　　C. 重置成本　　D. 不可避免成本

4. 某厂加工的半成品直接出售可获利 4 000 元，进一步加工为成品出售可获利 4 750 元，则加工为成品的机会成本是（　　）。

A. 4 750 元　　B. 750　　C. 8 750 元　　D. 4 000 元

5. 下列成本概念中，不属于相关成本的是（　　）。

A. 重置成本　　B. 共同成本　　C. 专属成本　　D. 边际成本

多项选择题

1. 下列属于相关成本的有（　　）。

A. 重置成本　　B. 沉没成本　　C. 专属成本　　D. 边际成本

E. 差量成本

2. 下列属于无关成本的有（　　）。

A. 账面成本　　B. 机会成本　　C. 共同成本　　D. 可避免成本

E. 差别成本

3. 在管理会计中，边际成本的具体表现形式有（　　）。

A. 单位变动成本　　B. 固定成本　　C. 差量成本　　D. 机会成本

E. 单位材料成本

4. 属于短期经营决策内容的有（　　）。

A. 新产品开发决策　　B. 亏损产品转、停产决策

C. 零部、配件取得方式的决策　　D. 设备更新改造决策

E. 联产品是否深加工决策

5. 差量分析涉及的指标有（　　）。

A. 差量收入　　B. 差量成本　　C. 差量损益　　D. 边际收入

E. 边际成本

判断题

1. 固定资产折旧费属于沉没成本，因此在决策中不予考虑。（　　）
2. 能够明确归属于特定决策方案的变动成本不是专属成本。（　　）
3. 若企业有剩余生产能力生产零部件，则固定资产属于无关成本。（　　）
4. 若进一步加工联产品所增加的收入大于增加的成本，则进一步加工更为有利。（　　）
5. 在采用何种加工设备的决策分析中，确定成本无差别点是关键。（　　）

自测题 11-2

目的：通过练习，掌握亏损产品是否停产的决策。

资料：A 企业生产一种变动成本率为 80% 的产品，2014 年亏损了 10 000 元，其销售成本为 110 000 元。假定 2015 年市场销售和成本水平不变。

要求：分别就以下情况为企业做出有关亏损产品的决策：

（1）假定与该亏损产品有关的生产能力无法转移，是否继续生产该产品？

（2）假定与该亏损产品有关的生产能力可用于临时对外出租，租金收入为 25 000 元，是否继续生产该产品？

（3）假定条件同（1），且该产品产量可以增产 1 倍并且不增加固定成本，该亏损产品的能力无法转移，是否应增产该产品？

（4）假定条件同（2），且该产品产量可以增产 1 倍并且不增加固定成本，该亏损产品的能力无法转移，是否应增产该产品？

自测题 11-3

目的： 通过练习，掌握特殊定价的决策。

资料： B 企业只生产一种产品，全年最大生产能力为 1 200 件，且生产能力无法扩大。年初已按单价 100 元的价格接受正常订单 1 000 件。该产品的单位生产成本为 80 元（其中，单位固定生产成本为 25 元，其余为变动生产成本）。现有一客户要求以每件 70 元的价格追加订货。请考虑以下不相关的情况，用差量分析法为企业做出是否接受低价追加订货的决策，并说明理由。

要求：

（1）剩余能力无法转移，追加订货量为 200 件，不追加专属成本。

（2）剩余能力无法转移，追加订货量为 200 件，但因有特殊要求，企业需追加 1 000 元专属成本。

（3）假定条件同（1），但剩余能力可用于对外出租，可获租金收入 5 000 元。

（4）剩余能力无法转移，追加订货量为 300 件，为完成整单追加订货，必须取消 100 件正常任务的生产。因有特殊要求，企业需追加 900 元专属成本。

自测题 11-4

目的： 通过练习，掌握零部件自制或外购的决策。

资料： C 企业每年需要 A 零件 2 000 件，原由其车间组织生产，年度总成本 19 000 元，其中固定生产成本为 7 000 元。如果改为从市场采购，采购单价为 8 元，且如果同时将剩余生产能力用于加工 B 零件，可节约外购成本 2 000 元。

要求： 为 C 企业做出外购或自制 A 零件的决策，并说明理由。

自测题 11-5

目的： 通过练习，掌握零部件自制或外购的决策。

资料： D 企业所需的甲零件可以自制，也可以外购。自制的单位变动成本为 8 元，专属固定成本总额为 1 600 元。外购单价为 12 元，如外购，剩余能力无法转移。

要求： 确定该零件全年需要量在何种情况下外购有利，在何种情况下自制有利？

自测题 11-6

目的： 通过练习，掌握半成品是否继续深加工的决策。

资料： E 企业每年生产 1 000 件甲半成品。其单位生产成本为 18 元（其中单位固定性制造费用为 2 元），直接出售的价格为 20 元。E 企业目前已具备将 80% 的甲半成品深加工为乙产成品的能力，但每深加工一件甲半成品，需要追加 5 元变动性加工成本。乙产成品的销售单价为 30 元。假定乙产成品的废品率为 1%。

要求： 分别考虑以下不相关的情况，用差量分析法决定是否深加工甲半成品：

（1）深加工能力无法转移。

（2）深加工能力可用于承揽零星加工业务，预计可获得贡献毛益 4 000 元。

（3）资料同（1），如果追加投入 5 000 元专属成本，可使深加工能力达到 100%，并使废品率降低为零。

自测题 11-7

目的： 通过练习，掌握零部件自制或外购的决策。

资料： F 企业常年生产需用的某部件以前一直从市场上采购。采购量在 5 000 件以下时，单价为 8 元；达到或超过 5 000 件时，单价为 7 元。如果追加投入 12 000 元专属成本，就可以自行制造该部件，预计单位变动成本为 5 元。

要求： 用成本无差别点法为 F 企业做出自制或外购 A 零件的决策，并说明理由。

自测题 11-8

目的： 通过练习，掌握开发新产品的决策。

资料： G 企业现有一定闲置设备，拟用于开发一种新产品。现有 A、B 两个品种可供选择，并且只能选择一种。A 品种的单价为 100 元 / 件，单位产品变动成本为 60 元，单位产品机器小时消耗定额为 2 小时 / 件，此外，还需消耗甲材料，其消耗定额为 5 千克 / 件。B 品种的单价为 120 元，单位产品变动成本为 40 元，单位产品机器小时消耗定额为 8 小时。它也需要消耗甲材料。甲材料的消耗定额为 2 千克 / 件。假定甲材料的供应充足。

要求： 做出开发哪个品种的新产品的决策，并说明理由。

第12章

长期投资决策

学习目标

1. 掌握货币时间价值的计算
2. 掌握资产投资决策的基本方法的概念、计算公式、评价标准和优缺点
3. 掌握长期投资决策的风险分析

12.1 长期投资决策概述

长期投资决策又称为资本支出决策。资本支出和营业支出是相对的。营业支出是指适应当年生产经营上的需要，主要由当年产品销售收入补偿的支出，所以营业支出一般只影响当年的现金、收支和盈亏。相对来说，为适应今后经营上的长远需要，不能由当年产品销售收入补偿的支出，称为资本支出。例如，新建或改、扩建厂房，购置或更新设备等，都属于资本支出，因而资本支出决策属于企业的长期投资决策。资本支出具有如下特点：

（1）支出的金额大。购买生产设备、建造配套的厂房及各项与之配套的设施等，都需要企业投入大量的物质资源。同时企业为论证投资项目的可行性，组织投资项目的实施，也需要投入大量的资源。资源的大量消耗意味着投入大量的资金。

（2）影响的持续期长。资本支出的发生，不仅对投资建设期的收支产生较大的影响，而且由于资本支出将在相当长的时间里为企业创造经济效益，发挥作用的时间长，因而对投资项目建成投产后的收支和盈亏也会产生较大影响，即影响到企业的长远发展。

（3）面临较高的风险。长期投资能否取得理想效果主要取决于对未来各方面因素预测的准确程度。由于资本支出影响的持续期长，影响因素复杂，如产品市场需求情况、原材料供应状况、通货膨胀水平、微利行业竞争激烈程度、设备技术老化速度以及政府的经济政策等等，都会影响到投资的实际效果。再加上其支出的金额大，而且变现能力较差，导致长期投资决策会面临较高的风险。

12.2　长期投资决策需要考虑的重要因素：货币时间价值

12.2.1　货币时间价值的含义

货币时间价值（time value of money）是指在不考虑风险和通货膨胀的情况下，货币经过一定时间的投资与再投资所产生的增值，也称为资金时间价值。简单地说，货币时间价值就是货币在不同时间上有不同的价值。货币时间价值是一个非常重要的概念，企业财务估价是借助于货币时间价值的计算形式来进行的。

在经济学中，现在 1 元钱的价值不等于将来 1 元钱的价值，现在的 1 元钱比将来的 1 元钱更值钱，拥有更高的经济价值。例如将现在的 1 元钱存入银行，假设银行存款年利率为 10%，则 1 年后可得到 1.10 元。这 1 元钱经过 1 年时间的投资增加了 0.10 元，这就是货币的时间价值。在本例中，现在的 1 元钱不等于 1 年后的 1 元钱，而是等于 1 年后的 1.10 元，即现在的 1 元钱比 1 年后的 1 元钱更值钱。

货币时间价值可以用绝对数来表示，如本例中 0.10 元（利息）；也可以用相对数来表示，即用增加价值占投入货币的百分比来表示，如本例中的 10%（利率）。

货币投入生产经营过程后，其数额随着时间的持续不断增长。这是一种客观的经济现象。企业资金循环和周转的起点是投入货币资金。企业用资金来购买所需的资源，然后生产出新的产品，产品出售时得到的货币量大于最初投入的货币量。资金在投资过程中，不断按照垫支——收回——再垫支——再收回的程序周而复始地运动。

货币时间价值表现为资金周转过程中的差额价值。资金的循环和周转以及因此实现的货币增值，需要或多或少的时间，每完成一次循环，货币就增加一定数额，周转的次数越多，增值额也越大。因此，随着时间的延续，即使不存在通货膨胀，货币总量在循环和周转中也按几何级数增长，使得货币具有时间价值。

从量的规定性来看，货币时间价值是在没有风险和通货膨胀情况下的社会平均投资报酬率。没有风险，意味着不考虑投资损失的情况；没有通货膨胀，即货币不会发生由于通货膨胀造成的贬值损失。

在市场经济环境中，由于竞争，市场经济中各部门投资的报酬率趋于平均化，企业在投资中所赚得的基本报酬也必须达到社会平均投资报酬水平，否则就不如投资于其他项目或其他行业。无风险和通货膨胀情况下的社会平均投资报酬水平就成为企业投资要求的基本报酬。

12.2.2　货币时间价值计算中的几个概念

货币时间价值计算中常使用终值和现值这两个概念。

1. 终值

终值又称将来值，是指现在一定金额的货币折合成未来某一时点上的货币价值，俗称“本利和”。

2. 现值

现值又称本金，是指未来某一时点上的一定金额的货币折合为现在的价值。

终值与现值是货币在不同时点上的两种称呼。例如，现在某人拥有货币 100 000 元，将其投资于年利率为 8% 的国库券，在 1 年以后获得的本利和为 108 000 元（100 000+100 000×8%）。那么，现在的 100 000 元在 1 年后的终值为 108 000 元；反之，1 年后的 108 000 元折合为现在的价值是 100 000 元。现在的 100 000 元与 1 年后的 108 000 元在价值上是等量的。

12.2.3 货币时间价值的计算

货币时间价值的计算包括一次性收付款项终值与现值的计算和年金终值与现值的计算。

1. 一次性收付款项终值与现值的计算

在某一特定时点上一次性支付（或收取），经过一段时间后再相应地一次性收取（或支付）的款项，即为一次性收付款项。

例如，某企业现在存入 100 000 元，银行存款年利率 5%，计划 5 年后取出，这种收付款项就属于一次性收付款项。

对于一次性收付款项终值与现值的计算，涉及两种计息方式，即单利和复利。所谓单利，是指只按照初始投入的本金计算各期的利息，当期利息不计入下期本金，即不重复计算利息，各期计算利息的基础不变。所谓复利，是指本金和利息都要计算利息，每经过一个计息期，要将所生利息加入本金再计算利息，即将当期末的本利和作为下一期的计息基础，逐期滚算，俗称“利滚利”。

（1）单利终值与现值的计算。为计算方便，先设定如下符号标识：

- 本金，又称初始金额或现值，以 P 表示
- 利率，相应利息与本金之比，以 i 表示
- 利息，以 I 表示
- 计息期数，即相邻两次计息的时间间隔，如年、月、日等（除非特别指明，计息期一般为 1 年），以 n 表示
- 终值，又称本利和，以 F 表示

1）单利终值的计算。按照单利计算货币时间价值时，可使用如下所示的 n 期利息的计算公式：

$$I=P\cdot i\cdot n \tag{12-1}$$

单利终值的计算公式为：

$$F=P+P\cdot i\cdot n=P\cdot(1+i\cdot n) \tag{12-2}$$

【例 12-1】某人将 10 000 元存入银行 3 年，银行存款年利率为 10%，若按单利计算利息，则：

第 1 年存款利息为 10 000×10% = 1 000（元）。

第 2 年计算利息时，其计息基础仍是初始本金 10 000 元，存款利息仍是 10 000×10% = 1 000（元）。

第 3 年计算利息时，原理同第 2 年，存款利息仍为 10 000×10% = 1 000（元）。

那么 3 年的利息总和为：

$$10\,000\times10\%\times3=3\,000\text{（元）}$$

3 年后的终值（本利和）为：

$$F=10\,000+10\,000\times10\%\times3=10\,000\times(1+10\%\times3)=13\,000\text{（元）}$$

2）单利现值的计算。单利现值的计算是单利终值计算的逆运算，计算公式为：

$$P=F/(1+i\cdot n) \tag{12-3}$$

【例 12-2】某人计划在 5 年后获得资金 100 000 元，以用于购置房产。若银行存款年利率为 5%，则在单利计息的条件下，此人现在应该存入银行的资金为：

$$P=100\,000\div(1+5\%\times5)=80\,000\text{（元）}$$

（2）复利终值与现值的计算。货币时间价值通常是按照复利计算的。如前所述，在复利条件下，本金和利息都要计算利息，每经过一个计息期，要将所生利息加入本金再计算利息，即按照当期末的本利和作为下一期的计息基础，逐期滚算。

1）复利终值的计算。复利终值是指一定量的本金按照复利计算若干期后的本利和。

【例 12-3】某人将 10 000 元存入银行 3 年，银行存款年利率为 10%，若为复利计息，经过 1 年时间后的本利和为：

$$F=P+P\cdot i=P\cdot(1+i)$$
$$=10\,000\times(1+10\%)=11\,000\text{（元）}$$

若此人不取走资金，将 11 000 元继续存入银行，则第 2 年的终值为：

$$F=P\cdot(1+i)\cdot(1+i)=P\cdot(1+i)^2$$
$$=10\,000\times(1+10\%)^2=12\,100\text{（元）}$$

同理，第 3 年的终值为：

$$F=P\cdot(1+i)^2\cdot(1+i)=P\cdot(1+i)^3$$
$$=10\,000\times(1+10\%)^3=13\,310\text{（元）}$$

按照复利计算的原则，第 n 年的终值为：

$$F=P\cdot(1+i)^n \tag{12-4}$$

式（12-4）是计算复利终值的一般公式，其中 $(1+i)^n$ 通常被称为复利终值系数或一元复利终值，用符号 $(F/P, i, n)$ 或 $\text{FVIF}_{i,n}$（future value of interest factor）表示。如 $(F/P, 10\%, 3)$ 表示利率为 10%，3 期的复利终值系数。复利终值系数可以通过查阅复利终值系数表获得（参见本书附录部分）。该表的第一行是利率 i，第一列是计息期数 n，相应的 $(1+i)^n$ 在其纵横相交处。通过该表可以查出，$(F/P, 10\%, 3)=1.331$。即在利率为 10% 的条件下，现在的 1 元与 3 年后的 1.331 元在经济上是等效的。凭借这个系数，可根据现值计算复利终值。该表的作用不仅在于根据 i 和 n 查找 1 元的复利终值，而且可以根据 1 元的复利终值和 $n(i)$ 查找 $i(n)$。

2）复利现值的计算。复利现值是指未来某一特定时间收到或付出的资金，按照复利计算的现在时点的价值，或是为取得将来一定本利和，现在所需要投资的本金。复利现值的计算是已知 F、i、n，求 P，是复利终值计算的逆运算，其公式为：

$$P=F\cdot(1+i)^{-n} \tag{12-5}$$

式（12-5）中，$(1+i)^{-n}$ 通常被称为复利现值系数或一元复利现值，用符号 $(P/F, i, n)$ 或 $\text{PVIF}_{i,n}$（present value of interest factor）表示。如 $(P/F, 10\%, 3)$ 表示利率为 10%，3 期的复利现值系数。复利现值系数可以通过查阅复利现值系数表获得（参见本书附录部分）。该表的使用方法同复利终值系数表。

【例 12-4】某企业准备进行一项投资。预计该投资项目在 3 年后可获得 1 500 000 元，年利率为 10%，则这笔收益的现值为：

$$P=F\cdot(1+i)^{-n}=F\cdot(P/F,\ i,\ n)=1\,500\,000\times(P/F,\ 10\%,\ 3)$$
$$=1\,500\,000\times0.751=1\,126\,500\text{（元）}$$

2. 年金终值与现值的计算

在实际经济生活中，除了存在上述的一次性收付款项外，还存在着一定时期内多次收付款项的资金运转形式，如一定时期内分期付款还贷、分期支付工程款等，这种形式可以称为系列收付款项。

在一定时期内每次等额收付的系列款项，称为年金（Annuity），记作 A。年金的特征是在一定时期内，每次收付款的时间间隔相同，收付款的金额相等。

年金按其每次收付发生的时点不同，可分为普通年金、预付年金、递延年金和永续年金。

【例 12-5】某投资项目持续经营 3 年，在 3 年内该项目每年获得的收益分别为 50 000 元、60 000 元、90 000 元，年利率为 8%。该项目的收益状态如下图所示。

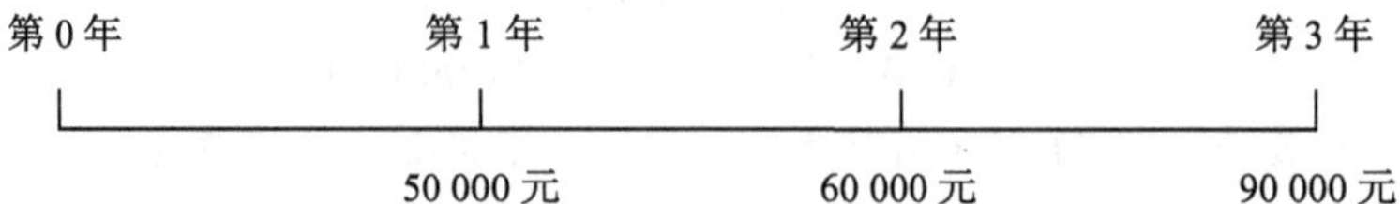

则该项目收益的终值和现值分别为：

$$F = 50\,000 \times (F/P,\ 8\%,\ 2) + 60\,000 \times (F/P,\ 8\%,\ 1) + 90\,000 = 213\,100\text{（元）}$$

$$P = 50\,000 \times (P/F, 8\%, 1) + 60\,000 \times (P/F, 8\%, 2) + 90\,000 \times (P/F, 8\%, 3) = 169\,180\text{（元）}$$

由例 12-5 可以看出，系列收付款项终值与现值的计算即是将一定时期内多次收付的款项按照复利计算终值与现值后加总而得。但若是每次收付金额相等的系列收付款项，其终值与现值的计算可使用其简化的形式。

（1）普通年金终值与现值的计算。

1）普通年金终值的计算。普通年金（ordinary annuity）又称后付年金，是指从第一期起，在一定时期内每期期末等额发生的系列收付款项。普通年金终值是指每期收付款项的复利终值之和，是折算到最后一期期末的本利和。其计算过程见图 12-1（设利率为 i，期数为 n，每期收付金额为 A）。

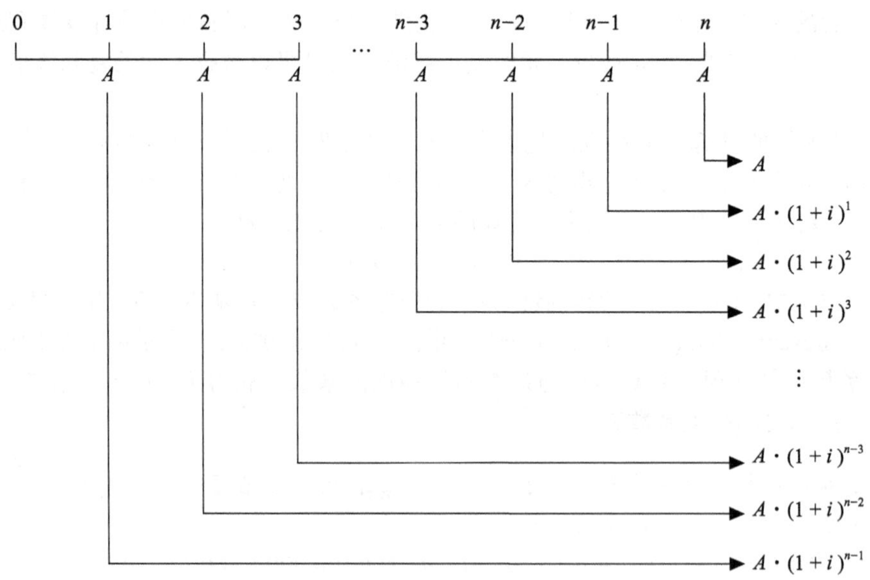

图 12-1　普通年金终值计算示意图

由于普通年金终值是每期收付款项的复利终值之和，所以由图 12-1 可知，

$$F = A + A \cdot (1+i)^1 + A \cdot (1+i)^2 + \cdots + A \cdot (1+i)^{n-2} + A \cdot (1+i)^{n-1} \tag{12-6}$$

但是如果期数很多，即 n 很大，则按照式（12-6）计算普通年金终值显然非常麻烦。鉴

于年金具有每次收付款金额相等的特征，所以可以找出简便方法，即将式（12-6）左右两端同时乘以（$1+i$），得

$$F\cdot(1+i)=A\cdot(1+i)^1+A\cdot(1+i)^2+\cdots+A\cdot(1+i)^{n-2}+A\cdot(1+i)^{n-1}+A\cdot(1+i)^n \tag{12-7}$$

用式（12-7）减式（12-6），得：

$$F\cdot i=A\cdot(1+i)^n-A$$

$$F=\frac{A\cdot(1+i)^n-A}{i}$$

$$=\frac{A\cdot(1+i)^n-1}{i} \tag{12-8}$$

式（12-8）中，分式的部分称为“普通年金终值系数”，记作（$F/A,i,n$）或 $\mathrm{FVIFA}_{i,n}$。也可以通过查阅普通年金终值系数表求得有关数值（参见本书附录）。因此，普通年金终值的计算公式亦可写成：

$$F=A\cdot(F/A,i,n)$$

$$=A\cdot\mathrm{FVIFA}_{i,n} \tag{12-9}$$

【例 12-6】某人打算在未来 5 年内每年存入银行 20 000 元以偿还届时到期的房屋贷款。存款的年利率 7%，则此人到期可以取得的本利和为：

$$F=20\ 000\times(F/A,7\%,5)$$

$$=20\ 000\times\mathrm{FVIFA}_{7\%,5}$$

$$=115\ 020（元）$$

2）年偿债基金的计算。偿债基金是指为了使年金终值达到清偿到期债务或满足到期特定的财务需要而于每年年末分次等额形成的存款准备金，是使年金终值达到既定金额每年应支付的年金数额。年偿债基金的计算实际上是已知年金终值求年金的过程，是年金终值的逆运算。其计算公式为：

$$A=F\cdot\frac{i}{(1+i)^n-1} \tag{12-10}$$

式（12-10）中，分式部分称为“偿债基金系数”，记作（A/F，i，n），可以通过查阅偿债基金系数表或计算年金终值系数的倒数求得。式 12-10 也可以表示为：

$$A=F\cdot(A/F,i,n)=F\cdot[1\div(F/A,i,n)]$$

【例 12-7】某企业有一笔 5 年后到期的借款 15 000 000 元，年利率 8%。则为偿还该项借款应建立的偿债基金额为：

$$A=15\ 000\ 000\times(A/F,8\%,5)$$

$$=15\ 000\ 000\times[1\div(F/A,8\%,5)]$$

$$=2\ 556\ 673（元）$$

3）普通年金现值的计算。普通年金现值是指每期期末等额收付款项的复利现值之和，是折算到第一期期初的本金。其计算过程见图 12-2（设利率为 i，期数为 n，每期收付金额为 A）。

由于普通年金现值是每期收付款项的复利现值之和，所以由图 12-2 可知：

$$P=A\cdot(1+i)^{-1}+A\cdot(1+i)^{-2}+\cdots+A\cdot(1+i)^{-(n-1)}+A\cdot(1+i)^{-n} \tag{12-11}$$

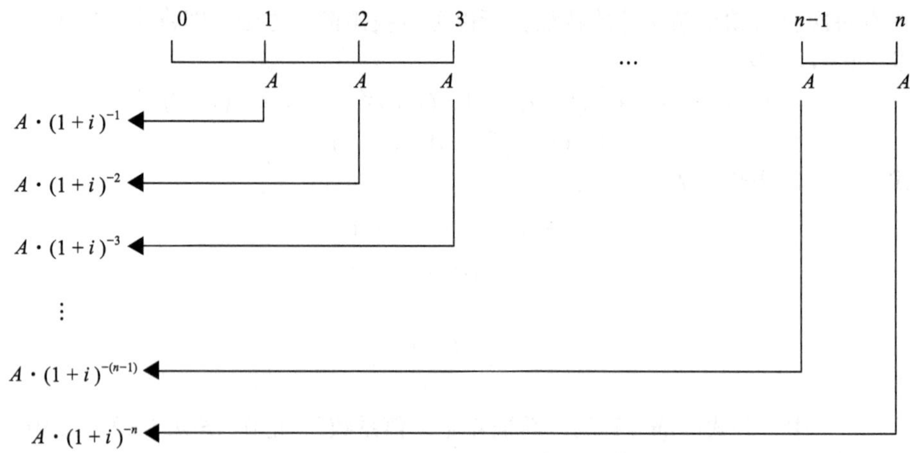

图 12-2　普通年金现值计算示意图

但是如果期数很多，即 n 很大，则按照式（12-11）计算普通年金现值也非常麻烦，所以也应找出简便方法，即将式（12-11）左右两端同时乘以（$1+i$），得：

$$P\cdot(1+i)=A+A\cdot(1+i)^{-1}+\cdots+A\cdot(1+i)^{-(n-1)} \tag{12-12}$$

用式（12-12）减式（12-11），得：

$$P\cdot i=A-A\cdot(1+i)^{-n}$$

$$P=\frac{A-A\cdot(1+i)^{-n}}{i}=A\times\frac{1-(1+i)^{-n}}{i} \tag{12-13}$$

式（12-13）中，分式部分称为“普通年金现值系数”，记作（$P/A, i, n$）或 $\mathrm{PVIFA}_{i,n}$，也可以通过查阅普通年金现值系数表求得有关数值，因而普通年金现值的计算公式亦可写成：

$$P=A\cdot(P/A, i, n)=A\cdot\mathrm{PVIFA}_{i,n} \tag{12-14}$$

【例 12-8】某公司计划进行项目投资，预计该项目在未来 10 年内每年年末均可取得收益 5 000 000 元，年利率 10%，则该项目收益的现值为：

$$\begin{aligned}P&=5\,000\,000\times(F/A，10\%，10)\\&=5\,000\,000\times\mathrm{PVIFA}_{10\%，10}\\&=30\,725\,000\text{（元）}\end{aligned}$$

4）年资本回收额的计算。资本回收额是指在给定的未来年限内收回初始投入资本而应于每年年末等额回收的金额。年资本回收额的计算实际上是已知年金现值求年金的过程，是年金现值的逆运算。其计算公式为：

$$A=P\cdot\frac{i}{1-(1+i)^{-n}} \tag{12-15}$$

式（12-15）中，分式部分称为“资本回收系数”，记作（$A/P，i，n$），可以通过查阅资本回收系数表或计算年金现值系数的倒数求得。式（12-15）也可以表示为：

$$A=P\cdot(A/P，i，n)=P\cdot[1/(P/A，i，n)]$$

【例 12-9】某企业现在投入资本 10 000 000 元用于新产品生产，预计该产品可以在未来 5 年内为企业带来收益。若年利率为 12%，则为了收回初始投资，产品每年的收益应为：

$$
\begin{aligned}
A &= 10\,000\,000 \times (A/P，12\%，5) \\
&= 10\,000\,000 \times [1/(P/A，12\%，5)] \\
&= 2\,773\,925（元）
\end{aligned}
$$

（2）预付年金终值与现值的计算。

1）预付年金终值的计算。预付年金（prepaid annuity）又称即付年金或先付年金，是指从第一期起，在一定时期内每期期初等额发生的系列收付款项。预付年金终值仍是指每期收付款项的复利终值之和，是折算到最后一期期末的本利和。但由于它与普通年金的区别仅在于付款时间的不同，因而其计算过程及计算公式的推导可以通过分析两者之间的关系而进行，具体如图 12-3 所示。

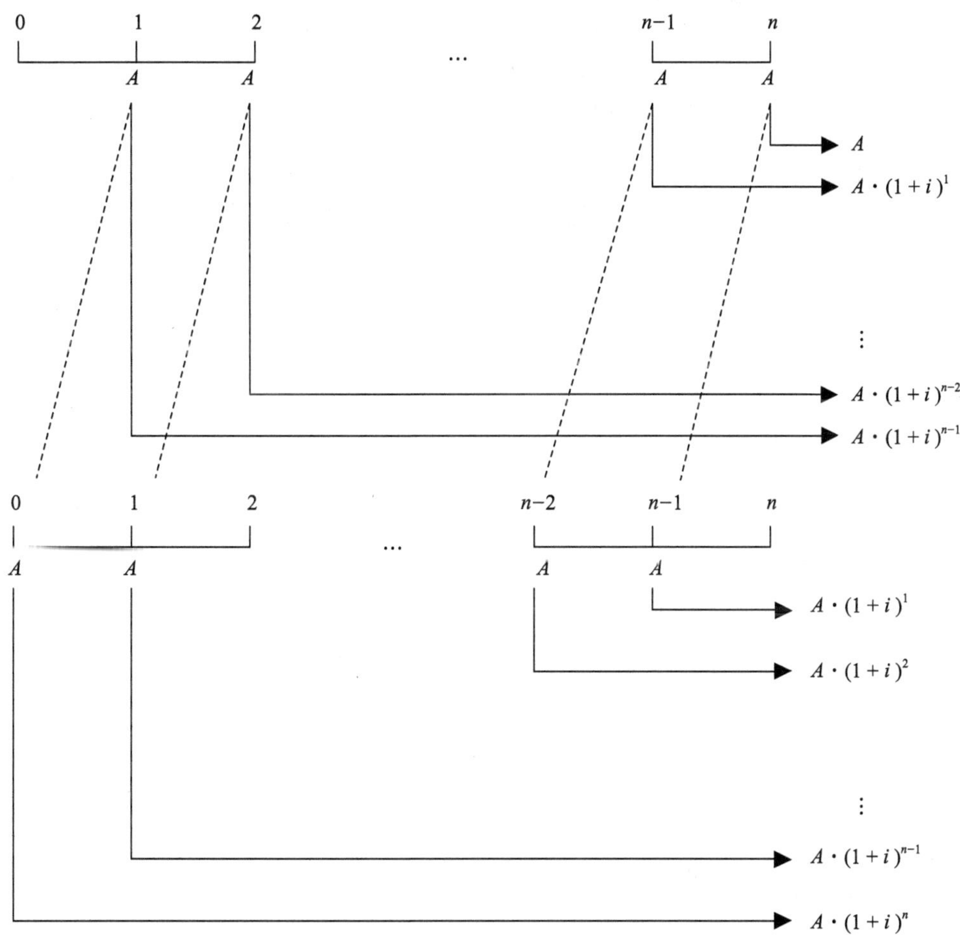

图 12-3　预付年金终值计算示意图

图 12-3 的上半部分为普通年金终值计算图，下半部分为预付年金终值计算图。按照图示中所示虚线将两种年金形式比较可以得出，n 期预付年金与 n 期普通年金的付款次数相同，但是由于付款时间不同，计算 n 期预付年金终值时，其各期收付款项的复利终值比 n 期普通年金各期收付款项的复利终值多一个计息期，即多乘以一次（$1+i$）。提取公因式后，n 期预付年金的终值就是在 n 期普通年金终值的基础上乘以（$1+i$）。其计算公式为：

$$F = A \cdot \frac{(1+i)^n - 1 \cdot (1+i)}{i} = A \cdot \left(\frac{(1+i)^{n+1} - 1}{i} - 1 \right) \qquad (12\text{-}16)$$

式（12-16）中，方括号内的内容称为“预付年金终值系数”，它是在普通年金终值系数基础上，期数加 1，系数值减 1 所得到的结果，可记作 $[(F/A, \text{i}, n+1)-1]$。查阅普通年金终值系数表 $n+1$ 期的数值并减去 1，便可得对应的预付年金终值系数的值（参见本书附录）。因此，预付年金终值的计算公式亦可写成：

$$F = A \cdot [(F/A, i, n+1)-1] \qquad (12\text{-}17)$$

【例 12-10】某人需要在未来 3 年内每年年初支付其房屋租金 12 000 元。若年利率为 5%，则期满此人支付租金的本利和为：

$$\begin{aligned} F &= 12\,000 \times [(F/A, 5\%, 4)-1] \\ &= 12\,000 \times (4.310-1) \\ &= 39\,720\ (\text{元}) \end{aligned}$$

2）预付年金现值的计算。预付年金现值仍是指每期收付款项的复利现值之和，是折算到第一期期初的本金。对于预付年金现值的计算仍可以通过分析其与普通年金之间的关系而进行，其计算过程及计算公式如图 12-4 所示。

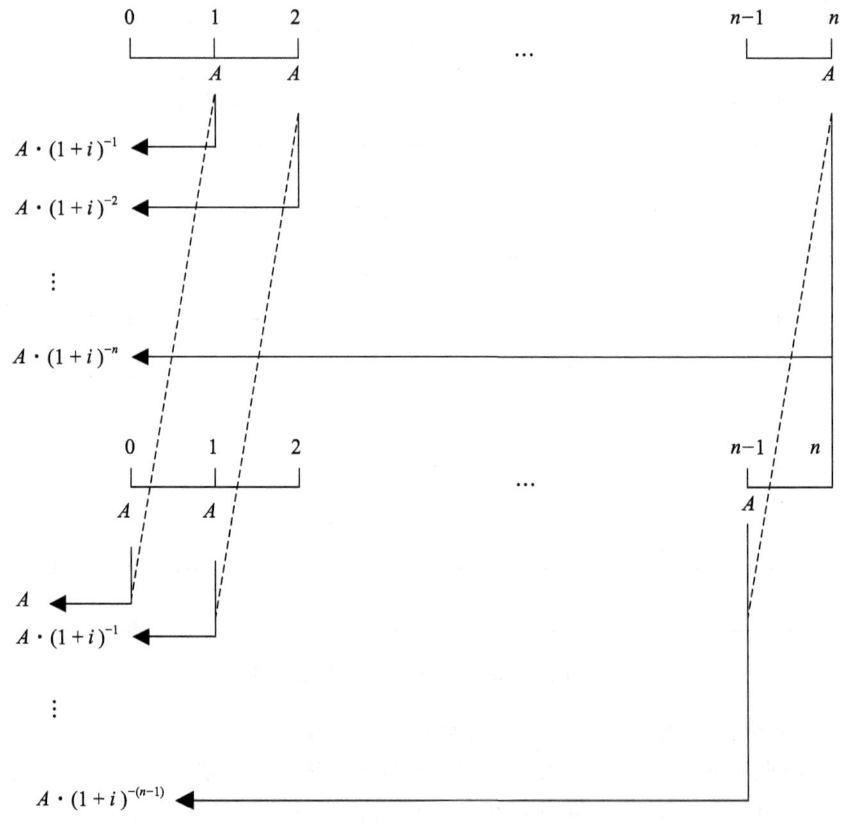

图 12-4　预付年金现值计算示意图

图 12-4 的上半部分为普通年金现值计算图，下半部分为预付年金现值计算图。如前所述，按照图中所示虚线将两种年金形式比较可以得出，n 期预付年金与 n 期普通年金的付款

次数相同，但是由于付款时间不同，计算 n 期预付年金现值时，其各期收付款项的复利现值比 n 期普通年金各期收付款项的复利现值少折现一期，即多乘以一次（$1+i$），提取公因式后，n 期预付年金的现值就是在 n 期普通年金现值的基础上乘以（$1+i$），其计算公式为：

$$P = A\cdot\frac{1-(1+i)^{-n}\cdot(1+i)}{i} = A\cdot\left(\frac{1-(1+i)^{-(n-1)}}{i}+1\right) \tag{12-18}$$

式（12-18）中，方括号内的部分称为"预付年金现值系数"，它是在普通年金现值系数基础上，期数减 1，系数值加 1 所得到的结果，可记作 $[(P/A，i，n-1)+1]$。查阅普通年金现值系数表 $n-1$ 期的数值并加 1，便可得对应的预付年金现值系数的值（参见本书附录）。因此，预付年金现值的计算公式亦可写成：

$$P = A\cdot[(P/A，i，n-1)+1] \tag{12-19}$$

【例 12-11】某企业计划从现在起每年年初从银行取出资金 150 000 元，连续 10 年，以用于股利发放。若银行存款年利率为 6%，则该企业现在需要存入银行的资金金额为：

$$\begin{aligned} P &= 150\,000\times[(P/A，6\%，9)+1] \\ &= 150\,000\times(6.802+1) \\ &= 1\,170\,300（元） \end{aligned}$$

（3）递延年金终值与现值的计算。递延年金是指第一次收付款项发生在第 2 期或第 2 期以后的年金，它是普通年金的特殊形式，凡是收付期不是在第 1 期期末的普通年金，均为递延年金。

【例 12-12】某企业现正进行项目投资，项目的建设期为 3 年，3 年后该项目可连续 5 年为企业每年提供收益 5 000 000 元。若年利率为 12%，则此项目取得收益的终值和现值应是多少？

根据题意，款项发生的形式如图 12-5 所示。

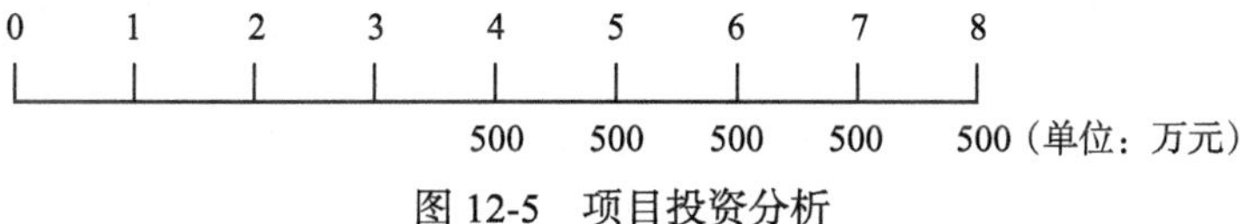

图 12-5　项目投资分析

由图 12-5 可以看出，该项目取得收益的形式属于递延年金，其中递延期（用 m 表示）为建设期 3 年，款项收付期（用 n 表示）为 5 年。而递延年金终值的计算方法和普通年金终值类似，与递延期数无关，则收益的终值应为：

$$F = 5\,000\,000\times(F/A，12\%，5) = 31\,765\,000（元）$$

递延年金现值的计算方法有两种：

第一种：把递延年金视为 n 期普通年金，求出折算到递延期期末的现值，然后按照 m 期复利折现到第 1 期的期初。计算公式为：

$$\begin{aligned} P &= A\cdot(P/A，i，n)\cdot(P/F，i，m) \\ &= 5\,000\,000\times(P/A，12\%，5)\cdot(P/F，12\%，3) \\ &\approx 12\,830\,000（元） \end{aligned}$$

第二种：假设递延期中也发生了款项的收付，先求出（$m+n$）期的年金现值，然后减去并未发生款项收付的递延期（m 期）的年金现值。计算如下：

$$\begin{aligned} P &= 50\,000\,000\times(P/A，12\%，8)-5\,000\,000\times(P/A，12\%，3) \\ &\approx 12\,830\,000（元） \end{aligned}$$

（4）永续年金现值的计算。永续年金是无限期等额收付的特种年金，也是普通年金的特殊形式，即期限趋向于无穷大的普通年金。由于永续年金没有终止的时点，因而没有终值，只有现值。永续年金的现值计算公式可以通过普通年金现值计算公式推导出：

$$P = A \cdot \frac{1-(1+i)^{-n}}{i} \tag{12-20}$$

当 $n \to \infty$ 时，$(1+i)^{-n}$ 的极限为 0，

$$\text{永续年金现值 } P = A/i \tag{12-21}$$

【例 12-13】某学院拟建立一项永久性的奖学金，每年颁发 50 000 元奖金。若年利率为 8%，则现在应存入的资金为：

$$P = 50\,000 \div 8\% = 625\,000\text{（元）}$$

12.2.4 货币时间价值计算中的特殊问题

1. 利率的推算

在货币时间价值的计算中，若已知终值、现值、期数、年金等变量，便可以依据终值（现值）的计算公式求出利率，这一过程可称为利率的推算。

对于一次性收付款项，根据复利终值（或现值）的公式，可以推导出利率的计算公式为：

$$i = (F/P)^{1/n} - 1 \tag{12-22}$$

对于永续年金，根据永续年金现值计算公式可以推导出利率的计算公式为：$i = A/P$。

对于普通年金，其利率的推算比较复杂，无法直接套用公式，必须利用相关的系数表。下面举例说明。

【例 12-14】某企业第 1 年年初投资 1 207 818 元购置设备 1 台，该设备投入即可使用，设备的使用期限为 10 年，在使用期限内每年末可为企业提供收益 180 000 元，则该设备的投资收益率为多少？

由题意可知，该设备提供收益的形式为普通年金，年金现值 $P = 1\,207\,818$ 元，年金 $A = 180\,000$ 元，期数 $n = 10$ 年，则依据普通年金现值计算公式 $P = A \cdot (P/A，i，n)$ 得：

$$1\,207\,818 = 180\,000 \times (P/A，i，10) \rightarrow (P/A，i，10) = 6.710$$

查找普通年金现值系数表中 $n = 10$ 的这一行，恰好找到系数值 6.710，其所对应的利率为 8%，则所求收益率为 8%。

例 12-14 中的情形是恰好可以在系数表中找到相关系数值，但若无法找到相关系数值，则需要查找该系数值的两个左右临界值，再运用内插法，具体步骤详见例 12-15。

【例 12-15】某企业第 1 年年初投资 900 000 元购置设备一台，该设备投入即可使用，设备的使用期限为 10 年，在使用期限内每年末可为企业提供收益 180 000 元，则该设备的投资收益率为多少？

由题意可知，该设备提供收益的形式为普通年金，年金现值 $P = 900\,000$ 元，年金 $A = 180\,000$ 元，期数 $n = 10$ 年，则依据普通年金现值计算公式 $P = A \cdot (P/A，i，n)$ 得：

$$900\,000 = 180\,000 \times (P/A，i，10) \rightarrow (P/A，i，10) = 5$$

查找普通年金现值系数表中 $n = 10$ 的这一行，无法找到恰好为 5 的系数值，于是在该行上找大于和小于 5 的两个临界系数值，即分别为 5.019（$i = 15\%$）和 4.833（$i = 16\%$）。在假

设利率与相关系数值成线性相关的前提下，可运用内插法求解利率 i。

$$\begin{array}{ll} \text{利率} & \text{现值系数} \\ \left\{\begin{array}{l} \left\{\begin{array}{l} 15\% \\ i \end{array}\right. \\ \;16\% \end{array}\right. & \left.\begin{array}{r} \left.\begin{array}{r} 5.019 \\ 5 \end{array}\right\} \\ 4.833\; \end{array}\right\} \end{array}$$

按照图示中箭头所示方向，求解过程如下：

$$\frac{15\%-i}{15\%-16\%}=\frac{1.019-5}{5.019-4.833}$$

$$i = 14.9\%$$

对于预付年金，其利率的推算同样可遵照上述方法。先求出预付年金终值（现值）系数值 F/A（P/A），然后沿普通年金终值（现值）系数表中 $(n+1)$[如果是现值，则查 $(n-1)$] 所在行，查找数值（$F/A+1$）[如果是现值，则查 $(P/A-1)$]，若恰好可以找到，则所对应的 i 即为所求，否则仍需要运用内插法求解。

2. 期间的推算

在货币时间价值的计算中，若已知终值、现值、利率、年金等变量，便可以依据终值（现值）的计算公式求出期间 n，这一过程可称为期间的推算。期间 n 的推算，其原理和步骤同利率的推算相类似。

【例 12-16】某企业第 1 年年初投资 2 000 000 元购置设备一台，该设备投入即可使用，在使用期限内每年可为企业提供收益 500 000 元。若年利率为 10%，求该设备至少使用多少年才合算？

由题意可知，该设备提供收益的形式为普通年金，年金现值 $P=2\ 000\ 000$ 元，年金 $A=500\ 000$ 元，利率 $i=10\%$，则依据普通年金现值计算公式 $P=A\cdot(P/A,\ i,\ n)$ 得：

$$2\ 000\ 000=500\ 000\times(P/A,\ 10\%,\ n)\rightarrow(P/A,\ 10\%,\ n)=4$$

查找普通年金现值系数表中 $i=10\%$ 的这一列，无法找到恰好为 4 的系数值，于是在该行上找大于和小于 4 的两个临界系数值，即分别为 3.790 8($n=5$) 和 4.355 3($n=6$)。可运用内插法求解期间 n。

$$\begin{array}{ll} \text{普通年金现值} & \text{年} \\ \left\{\begin{array}{l} \left\{\begin{array}{l} 3.791 \\ 4 \end{array}\right. \\ \;4.355 \end{array}\right. & \left.\begin{array}{r} \left.\begin{array}{r} 5 \\ n \end{array}\right\} \\ 6\; \end{array}\right\} \end{array}$$

按照图示中箭头所示方向，求解过程如下：

$$\frac{3.791-4}{3.791-4.355}=\frac{5-n}{5-6}$$

$$n = 5.37\text{（年）}$$

3. 名义利率与实际利率的换算

前面介绍如何计算货币时间价值时，均假设利率为年利率且每年复利一次。但在实际经济生活中，复利的计息期间不一定是 1 年，有可能为半年、季度、月度或日，此时每年的复利次数便超过了一次，在这种情况下，给定的年利率为名义利率，与实际年利率不一致。

对于一年内多次复利的情况，可采用两种方法计算货币时间价值。

第一种：将名义利率调整为实际利率，然后按照实际利率计算货币时间价值。调整公式为：

$$i=(1+r/m)^m-1 \tag{12-23}$$

式（12-23）中，i 是实际利率；r 是名义利率；m 是每年复利的次数。

【例 12-17】 某企业现在存入银行 50 000 元，年利率 10%，每季度复利一次，到第 5 年年末的本利和是多少？

依题意，　$P=50\,000$，$r=10\%$，$m=4$，$n=5$

则　$i=(1+10\%\div 4)^4-1=10.38\%$

$F=50\,000\times(1+10.38\%)^5=81\,900$（元）

第二种：将名义利率 r 调整为每复利周期一次时的利率 r/m，复利期数为 n 年内总的复利次数 $m\cdot n$。

【例 12-18】 利用例 12-17 中的数据，求得 $F=50\,000\times(1+10\%/4)^{4\times5}=81\,900$（元）。

12.3 长期投资决策需要考虑的重要因素：现金流量估算

这里所说的现金流量是指长期投资决策方案（项目）从筹建、设计施工、正式投产使用直至报废为止的整个期间内形成的现金流入量（cash inflow）与现金流出量（cash outflow）两者之间的差额，称为净现金流量（net cash flow，NCF）。具体估量各个投资方案形成的现金流入和流出的数量和时间及逐年的净现金流量，是正确评价其投资收益的一个必要条件。为了明确现金流量发生的时间，下面先介绍项目计算期的概念，然后再介绍现金流量。

12.3.1 项目计算期

项目计算期指投资项目从投资建设开始到最终清理结束整个过程的全部时间，即该项目的有效持续期间。完整的项目计算期包括建设期和生产经营期。其中建设期（记作 s，$s\geqslant 0$）的第 1 年年初（记作第 0 年）称为建设起点，建设期的最后一年年末（第 s 年）称为投产日；项目计算期的最后一年年末（记作第 n 年）称为终结点，从投产日到终结点之间的时间间隔称为生产经营期（记作 p）。

项目计算期如图 12-6 所示。

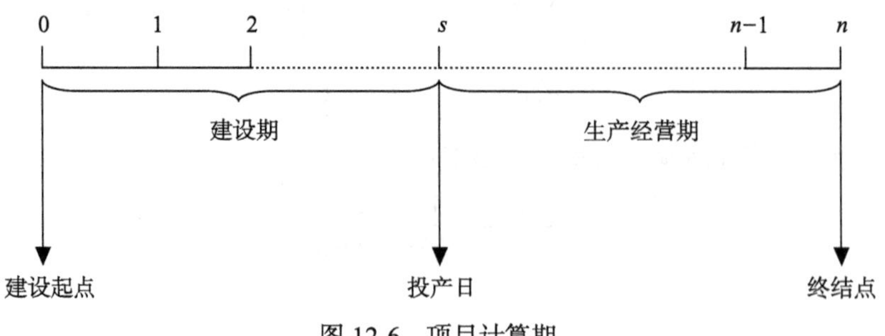

图 12-6　项目计算期

由图 12-6 可知：$n=s+p$。

12.3.2　现金流量

根据投资项目所处的时期不同，现金流量可以分为建设期净现金流量和经营期净现金流量。

1. 建设期净现金流量

建设期净现金流量又称为初始投资净现金流量，是指投资项目从开始到正式投产使用之前这段时间所产生的现金流量，包括全部的初始投资额。

建设期净现金流量主要有以下几项内容：固定资产投资支出、流动资产投资支出、无形资产投资支出、与固定资产投资有关的其他支出、旧固定资产的变现收入等。

2. 经营期净现金流量

经营期净现金流量是指从项目建成并投入使用开始到报废为止这段营业期间所产生的现金流量。下面介绍其具体内容。

（1）营业净现金流量。营业净现金流量主要是指项目在营业期间内由于生产经营所产生的现金收入与付现成本及所得税之差。现金收入即项目投产后每年实现的全部销售收入或业务收入的收现部分，一般假定与销售收入金额相等；付现成本是指项目在营业期内为满足企业正常生产经营的需要而支付现金的成本费用；税金是指由项目投资引起的，需在营业期内缴纳的税款，主要指所得税。营业净现金流量的计算公式如下：

$$\begin{aligned}\text{年度营业现金流量} &= \text{现金收入} - \text{付现成本} - \text{所得税}\\ &= \text{销售收入} - (\text{销售成本} - \text{年折旧}) - \text{所得税}\\ &= \text{销售收入} - \text{销售成本} - \text{所得税} + \text{年折旧}\\ &= \text{年净利润} + \text{年折旧}\end{aligned} \tag{12-24}$$

（2）终结净现金流量。终结净现金流量是指项目报废终结时，对其进行清理所发生的各种现金收支，包括固定资产的残值收入。此外，由于在这一时期企业不再需要相应流动资金，因此将其收回，这部分收回的流动资金也包括在终结现金流量之内。

【例 12-19】某固定资产投资项目在建设起点需要一次性投入购置费等 1 100 000 元，另外需要投入 100 000 元流动资金，建设期为 1 年。该固定资产可使用 10 年，按直线法折旧，期末有净残值 100 000 元。投入使用后，可使营业期每年增加现金收入 803 900 元，增加经营成本 370 000 元。该企业所得税税率为 33%。试确定该投资项目各年净现金流量。

依题意，该项目建设期为 1 年，资产可使用 10 年，即整个项目期间为 11 年。

1. 初始投资现金流量发生在建设期期初，且均为现金流出量，即：

$$NCF_0 = -1\ 100\ 000 + (-100\ 000) = -1\ 200\ 000\ (\text{元})$$

建设期期末即项目投产日，没有发生现金流量，即：

$$NCF_1 = 0$$

2. 项目投入使用后，经营期每年的净利润为：

$$\text{经营期每年的净利润} = (803\ 900 - 370\ 000 - 100\ 000) \times (1 - 33\%) = 223\ 700\ (\text{元})$$

100 000 元为每年计提的折旧，则年度营业净现金流量为：

$$NCF_{2\sim11} = 223\ 700 + 100\ 000 = 323\ 700\ (\text{元})$$

3. 终结净现金流量为：

$$NCF_{11} = 100\ 000 + 100\ 000 = 200\ 000\ (\text{元})$$

12.4 长期投资决策的基本方法

12.4.1 长期投资决策的基本方法概述

长期投资决策的基本方法有两种类型，一类是考虑货币时间价值因素的折现方法，亦称“动态评价方法”。这类方法的基本点是把现金流入量、现金流出量和时间这 3 个因素相互联系起来进行分析和评价。这类方法主要包括净现值法、现值指数法、获利能力指数法、内部报酬率法等。由于长期投资决策涉及的时间长，不同时期的现金流量具有不同的价值，因而进行长期投资决策时，结合货币时间价值把不同时点上的现金流量折算到同一时点上进行比较是较为科学的。因此，折现的方法是实际经济生活中对投资方案的经济效益进行评价的常用方法。

另一类是不考虑货币时间价值因素的非折现方法，亦称“静态评价方法”。这类方法的基本点是把不同时期的现金流量视为等值的，不同时点上的现金流量可以简单地进行加减，采用这类方法对投资方案进行分析评价时，只起辅助作用。这类方法主要包括回收期法、投资收益率法等。

12.4.2 非折现的方法

非折现的方法不考虑时间价值，把不同时间的货币收支看成是等效的。这些方法在进行方案的投资决策时起辅助作用。

1. 投资收益率法

投资收益率（return on investment，ROI）是指年平均净收益与初始投资额之比。其计算公式为：

$$投资收益率 = 年平均净收益 \div 初始投资额 \tag{12-25}$$

投资收益率的决策标准是，投资项目的投资收益率越高越好，低于无风险投资收益率的方案为不可行方案。

投资收益率法的优点在于简单明了、易于掌握，且该指标考虑了项目计算期内所有年份的收益情况。投资收益率法的主要缺点是没有考虑资金的时间价值因素，该指标的分子和分母的时间特征不一致，分子属于时期指标，分母属于时点指标，因此计算口径可比基础差，无法直接利用净现金流量信息。

【例 12-20】已知某企业拟购建一项固定资产，需投资 1 000 000 元，预计投产后每年可获利润 100 000 元。请计算投资收益率指标。

依题意，计算如下：

$$投资收益率 = 100\ 000 \div 1\ 000\ 000 \times 100\% = 10\%$$

2. 投资回收期法

投资回收期（payback period，PP）是指以投资项目经营净现金流量抵偿初始总投资所需要的全部时间。

该指标以年为单位，有两种形式：一是包括建设期的回收期（PP），二是不包括建设期的回收期（PP'），显然 $PP = PP' +$ 建设期。

如果一项投资方案满足以下条件：① 投资额均集中发生在建设期内；② 投产后前若干年的经营净现金流量相等且其累计净现金流量大于原始投资额，那么不包括建设期的回收期等于初始投资额除以投产后前若干年每年相等的净现金流量。计算公式如下：

不包括建设期的回收期 = 初始投资额 ÷ 投产后前若干年每年相等的净现金流量　（12-26）

【例 12-21】仍以例 12-19 的有关资料为例，计算投资回收期。

依题意，建设期为 1 年，初始投资额为 1 200 000 元，经营期前 9 年的净现金流量相等，即：$NCF_{2\sim10}$ = 323 700（元），9×323 700 ＞ 1 200 000 元，所以，不包括建设期的回收期 = 1 200 000/ 323 700 = 3.71（年），包括建设期的回收期 = 3.71 + 1 = 4.71（年）。

如果某个投资方案不满足上述条件，我们可以采用一般方法确定投资回收期，也就是使该方案累计净现金流量为零时的年限即为包括建设期的回收期。

在这种方法下，可以通过列表计算累计净现金流量。在计算时有两种可能：① 在累计净现金流量栏中可以直接找到零，那么读出零所对应的年限即为所求；② 若无法在累计净现金流量栏中直接找到零，那么可以按下列公式计算：

$$\frac{\text{包括建设期的}}{\text{投资回收期}} = \frac{\text{累计净现金流量由负}}{\text{数变为正数的前一年}} + \frac{\text{该年尚未收回的投资额}}{\text{下一年的净现金流量}} \qquad (12\text{-}27)$$

【例 12-22】某固定资产投资项目的有关资料见表 12-1。请计算投资回收期。

表 12-1　固定资产投资项目资料表　（单位：万元）

年数	0	1	2	3	4	5	6	合计
净现金流量	−600	0	300	200	200	200	100	400
累计净现金流量	−600	−600	−300	−100	100	300	400	—

依题意，因为经营期前几年的净现金流量不等，所以可以采用上面介绍的方法。

累计净现金流量由负变正的前一年为第 3 年。截至第 3 年尚未收回 1 000 000 元，第 4 年的净现金流量为 2 000 000 元，则包括建设期的投资回收期的计算如下：

包括建设期的投资回收期 = 3 + 1 000 000÷2 000 000 = 3.5（年）

不包括建设期的投资回收期 = 3.5−1 = 2.5（年）

利用投资回收期法进行决策时，回收期最短的方案为最佳方案，因为回收期越短，投资风险越小。企业还可以确定基准回收期。当方案的投资回收期不超过此基准时可以接受该方案，否则拒绝采纳该方案。

回收期法的优点是易于理解，计算比较简单，在一定意义上考虑了投资风险因素；缺点在于没有考虑资金时间价值，没有考虑回收期以后净现金流量的变化情况，且确定基准回收期时主要依赖于决策者对风险的态度，主观因素较强。

12.4.3　折现的方法

1. 净现值法

净现值（net present value，NPV）法以净现值作为评价方案优劣的指标。净现值指将投资项目计算期内各年的净现金流量，按照一定的折现率折算到项目第 1 年年初的现值之和。

一般情况下，项目于建设期进行原始投资，经营期内不再追加投资时，亦可将净现值定义为项目投产后各年净现金流量的现值合计与初始投资额现值合计的差额，即：

NPV = 项目投产后各年净现金流量的现值合计 − 初始投资额现值合计

投资方案净现值的计算包括以下步骤：

- 确定投资项目每年的净现金流量
- 选用适当的折现率，确定折现系数
- 将各年的净现金流量乘以相应的折现系数，求出现值
- 将各年的净现金流量现值加总，求出净现值

采用净现值法进行决策时，当投资方案的净现值为正数时，说明该方案的投资报酬率大于资本成本，该方案是可行的；当净现值为负数时，说明该方案的投资报酬率小于资本成本，该方案则不可行。如果几个被选方案的投资额相同且净现值均为正值，则净现值最大的方案为最佳方案。

【例 12-23】甲、乙两个互斥投资方案各年的净现金流量如表 12-2 所示。

表 12-2 净现金流量表 （单位：万元）

年数	0	1	2	3	4	5	6
甲方案的净现金流量	−1 000	−200	500	500	500	500	500
乙方案的净现金流量	−1 000	−200	300	400	500	600	700

已知投资者要求的报酬率为 10%，试利用净现值法，判断甲、乙方案的可行性；若甲、乙方案均为可行，则从中择优。

依题意，甲、乙方案的净现值计算如下：

甲方案：$NPV_{甲} = 5\ 000\ 000 \cdot (P/A，10\%，5) \cdot (P/F，10\%，1) - 2\ 000\ 000 \cdot (P/F，10\%，1) - 10\ 000\ 000 = 5\ 412\ 095$（元）

乙方案：$NPV_{乙} = 3\ 000\ 000 \times (1+10\%)^{-2} + 4\ 000\ 000 \times (1+10\%)^{-3} + 5\ 000\ 000 \times (1+10\%)^{-4} + 6\ 000\ 000 \times (1+10\%)^{-5} + 7\ 000\ 000 \times (1+10\%)^{-6} - 2\ 000\ 000 \times (1+10\%)^{-1} - 10\ 000\ 000 = 4\ 753\ 300$（元）

由于甲、乙方案的净现值均大于零，所以均可行。但由于甲方案的净现值大于乙方案的净现值，所以应选择甲方案。

净现值法的优点是考虑了资金的时间价值；考虑了项目计算期内的全部净现金流量；通过折现率的确定考虑了投资方案的风险性。一般来说，投资方案的投资风险越大，所要求的投资报酬率就越高，那么确定的折现率就越大。

净现值法的缺点是无法直接反映项目的实际收益水平；当各项目的投资额不等时，仅用净现值指标无法评价方案的优劣；由于净现金流量和折现率的确定比较困难，所以这两个指标会直接影响计算净现值结果的准确性。

净现值法通过比较项目未来现金流入量的现值与现金流出量的现值来评价方案的经济可行性，继而还可以得出方案为企业带来的增值幅度，因此该方法具有广泛的适用性。

但在实际应用中，净现金流量和折现率的确定比较困难。关于净现金流量的估算问题前面已经讲过。折现率的确定依据主要有：投资项目的资本成本率、企业要求的最低资金利润率、投资的机会成本率、行业的平均资金收益率等。

2. 净现值率法

净现值率（rate of net present value，NPVR）法是以净现值率作为评价方案优劣的指标。

所谓净现值率是指投资项目的净现值占初始投资额现值合计的百分比。净现值率是一个相对量评价指标，与净现值法相比，它反映了项目投资的资金投入与净产出之间的关系，适

用于初始投资额不等的方案之间的比较与选择。但是这种方法同样不能直接反映方案的实际收益水平。

【例 12-24】甲、乙两方案的净现金流量如表 12-3 所示。

表 12-3　净现金流量表　　（单位：万元）

年数	0	1	2	3	4	5
甲方案的净现金流量	−1 000	400	400	400	400	400
乙方案的净现金流量	−800	100	200	300	400	500

已知投资者所要求的报酬率为 10%，试利用净现值率法判断甲、乙两方案的可行性及优劣。依题意，甲、乙方案净现值计算如下：

$$NPV_{甲} = 4\,000\,000 \cdot (P/A，10\%，5) - 10\,000\,000 = 5\,164\,000\text{（元）}$$

$$\begin{aligned}NPV_{乙} &= 1\,000\,000 \times (1+10\%)^{-1} + 2\,000\,000 \times (1+10\%)^{-2} + 3\,000\,000 \times (1+10\%)^{-3} + \\ &\quad 4\,000\,000 \times (1+10\%)^{-4} + 5\,000\,000 \times (1+10\%)^{-5} - 8\,000\,000 \\ &= 2\,651\,000\text{（元）}\end{aligned}$$

由于甲、乙方案的净现值率均大于零，所以均可行。但两个方案的初始投资额不同，所以可以利用 *NPVR* 法评价方案优劣。

$$NPVR_{甲} = 5\,164\,000 \div 10\,000\,000 \times 100\% = 51.64\%$$

$$NPVR_{乙} = 2\,651\,000 \div 8\,000\,000 \times 100\% = 33.14\%$$

因为甲方案的净现值率大于乙方案的净现值率，所以应选择甲方案。

3. 获利能力指数法

获利能力指数（profitability index，PI）法亦称现值指数法，是以获利能力指数作为评价方案优劣的指标。获利能力指数是指项目投产后各年净现金流量的现值合计与初始投资额现值合计的百分比，即：

$$PI = \sum\text{（项目投产后年度净现金流量的现值）} \div \sum\text{（初始投资额现值）} \qquad (12\text{-}28)$$

如果某个项目的获利能力指数大于 1，说明该项目投资未来现金流入量的现值大于其现金流出量的现值，可以考虑采纳，否则拒绝采纳。在若干个可行方案中，以选择获利能力指数最大的为最佳。

由于净现值率是净现值除以初始投资额现值合计的结果。依据前述净现值的定义，净现值等于项目投产后各年净现金流量的现值合计减去初始投资额现值合计，因而净现值率就等于项目投产后各年净现金流量的现值合计减去初始投资额现值合计后，再除以初始投资额现值合计，等于获利能力指数 −1。由此可见，净现值率与获利能力指数有如下关系：

$$\text{获利能力指数} = \text{净现值率} + 1$$

【例 12-25】利用例 12-24 的资料，计算甲、乙两方案的获利能力指数。

$$PI_{甲} = NPVR_{甲} + 1 = 51.64\% + 1 = 1.516\,4$$

$$PI_{乙} = NPVR_{乙} + 1 = 33.14\% + 1 = 1.331\,4$$

获利能力指数具有与净现值指标基本相同的优点，但两者相比，获利能力指数是相对数指标，在一定意义上反映了投资效率的高低，可用于不同投资规模方案的比较，然而它不能克服净现值法的其他缺陷，且计算复杂，因而在实务中可在求得净现值率的基础上推算。

4. 内部报酬率法

内部报酬率（internal rate of return，IRR）法是根据方案本身的内部报酬率来评价方案优劣的一种方法。内部报酬率指长期投资项目实际可望达到的报酬率，或指能使投资方案的净现值等于零时的折现率。

当项目的建设期为零且全部初始投资额（I）均于建设起点一次性投入，项目经营期各年的净现金流量相等，即取得了普通年金形式时。各方案内部报酬率的计算比较简单，由于以内部报酬率计算的净现值应为零，则在方案符合上述情况时以下等式成立：$NCF \cdot (P/A, IRR, n) = I$，那么内部报酬率的具体计算步骤如下：

（1）计算年金现值系数 $(P/A, IRR, n) = I \div NCF$。

（2）查年金现值系数表。若在 n 年系数表中恰好能够找到上述系数，那么该系数所对应的折现率即为所求得 IRR。

（3）若在 n 年系数表中不能够找到上述系数，但可以找到比它略大和略小的两个临界值系数及各自所对应的折现率，那么利用这些数据，采用内插法即可求得 IRR。

【例 12-26】已知某项目各年净现金流量如表 12-4 所示，求该项目的内部报酬率。

表 12-4　净现金流量表　　（单位：万元）

年数	0	1	2	3	4	5
NCF	−1 000	300	300	300	300	300

依题意，因为 3 000 000×（P/A，IRR，5）=10 000 000，所以（P/A，IRR，5）= 3.333。查 5 年的年金现值系数表：（P/A，15%，5）= 3.352 > 3.333，（P/A，16%，5）= 3.274 < 3.333，所以 15% < IRR < 16%。应用内插法：IRR = 15% +（3.352−3.333）/（3.352−3.274）×（16%−15%）= 15.24%。

如果项目不符合上述特殊情况，那么只能利用逐次测试逼近法计算 IRR，具体步骤如下：

1. 先设定一个折现率 R_1，利用 R_1 计算净现值 NPV_1。

2. 对 NPV_1 进行判断，包括 3 种情况：

（1）$NPV_1 = 0$，R_1 即为所求。

（2）$NPV_1 > 0$，$IRR > R_1$，选择 $R_2 > R_1$ 进行测试判断，经过逐次测试，找到使 $NPV = 0$ 的折现率。

（3）$NPV_1 < 0$，$IRR < R_1$，选择 $R_2 < R_1$ 进行测试判断，经过逐次测试，找到使 $NPV = 0$ 的折现率。

3. 若经过有限次测试后，已无法继续利用资金时间价值系数表，仍未求得 IRR，则可利用最为接近零的两个净现值正负临界值及相应的折现率，应用内插法计算 IRR。

【例 12-27】已知某项目的净现金流量为：$NCF_0 = -1\ 000\ 000$ 元，$NCF_1 = 0$，$NCF_{2\sim8} = 360\ 000$ 元，$NCF_{9\sim10} = 250\ 000$ 元，$NCF_{11} = 350\ 000$ 元。计算该项目的内部报酬率。

依题意，该项目只可采用逐次测试逼近法，测试过程如表 12-5 所示。

表 12-5　净现值表计算表

测试次数	设定折现率（%）	净现值（元）
1	10	+91.838 4
2	30	−19.279 9
3	20	+21.731 3

（续）

测试次数	设定折现率（%）	净现值（元）
4	24	+3.931 8
5	26	−3.019 1

因为最接近零的两个 *NPV* 分别为 +3.931 8 和 −3.019 1，相应的折现率分别为 24% 和 26%，所以 24% < *IRR* < 26%，所以应用内插法：*IRR* = 24% +（3.931 8−0）/[3.931 8−（−3.019 1）]×（26%−24%）= 25.13%。

内部报酬率法的优点是考虑了货币时间价值，从动态的角度直接反映投资项目的真实报酬率，不受基准收益率高低的影响，比较客观。但是该方法的计算过程比较复杂，特别是当项目现金流量的状态不满足特殊条件时，一般要经过多次测算方可求得。

12.5 长期投资决策的风险分析

12.5.1 敏感性分析法

本章前面所讨论的计算经济评价指标所依据的各年的现金流量、投资项目的计算期、折现率等参数，都假定其是准确无误的。然而在实际应用中这些参数都是一种估计数，由于主观估计上的误差和客观情况上的变化，以原来各有关参数的估计数为基础计算出来的主要经济评价指标（净现值、内部报酬率等）的预期值将难以完全实现。从这种意义上讲，任何长期投资决策都存在一定的风险，对这种风险进行分析是投资决策的重要组成部分，常用的方法是敏感性分析法。

敏感性分析法是一种用来探讨如果与决策或预测有关的某个因素发生了变动，那么该项决策或预测的预期结果将会受到什么样影响的分析技术。在长期投资决策中进行敏感性分析在于预计各项参数值变动时，评价指标会受到多大影响；预计其在多大范围内变动不会影响原来结论的有效性，超过一定范围，原有的结论就必须进行修正，即原来认为经济上可行的方案，可能变为不可行，原来认为最优的方案，可能变为不是最优的。凡某预期参数在越小幅度内发生变动即会影响原有结论的，说明这一因素的敏感性越强，越应引起足够的重视；反之，说明某因素的敏感性越弱。现举例说明敏感性分析的过程。

【例 12-28】设有一个投资项目，资料如表 12-6 所示。其固定资产投资额为 1 000 000 元，流动资产投资额为 200 000 元，当年投产并使用，即建设期为 0。固定资产的使用年限为 10 年，预计净残值率为 10%。项目投产后，每年产生的营业收入为 1 000 000 元，经营成本为 500 000 元，折现率为 10%。以上述数据为基础，逐一分析营业收入、经营成本、固定资产投资额、使用年限的变动对评价指标净现值的影响程度（当分析一个因素变动的影响程度时，假定其他因素不变）。有关计算如表 12-6 所示。

表 12-6 现金流量计算表 （单位：万元）

年数	0	1 ～ 9	10
固定资产投资	−100		
流动资产投资	−20		
营业收入		100	100
减：营业成本		50	50

（续）

年数	0	1～9	10
折旧		9	9
税前利润		41	41
减：所得税（40%）		16.40	16.40
税后利润		24.60	24.60
经营净现金流量		33.60	33.60
加：回收额			30
现金流量合计	−120	33.60	63.60

依据上述数值，该项目的净现值为：

$$NPV = 336\,000 \cdot (P/A，10\%，10) + 300\,000 \cdot (P/F，10\%，10) - 1\,200\,000$$
$$= 336\,000 \times 6.144\,6 + 300\,000 \times 0.385\,5 - 1\,200\,000$$
$$= 2\,064\,720 + 115\,800 - 1\,200\,000$$
$$= 980\,300（元）$$

所要求的 4 个因素的敏感性分析，如表 12-7、表 12-8、表 12-9、表 12-10 所示。

表 12-7　营业收入的变化对 *NPV* 的影响计算表

变化率 r（%）	−20	−10	0	10	20
营业收入（万元）	80	90	100	110	120
NPV（万元）	24.30	61.182	98.052	134.922	171.792

表 12-8　营业成本的变化对 *NPV* 的影响计算表

变化率 r（%）	−20	−10	0	10	20
营业成本（万元）	40	45	50	55	60
NPV（万元）	134.922	116.487	98.052	79.617	61.182

表 12-9　固定资产投资额的变化对 *NPV* 的影响计算表

变化率 r（%）	−20	−10	0	10	20
固定资产投资额（万元）	80	90	100	110	120
NPV（万元）	112.82	105.43	98.052	90.62	83.22

表 12-10　使用年限的变化对 *NPV* 的影响计算表

变化率 r（%）	−20	−10	0	10	20
使用年限（万元）	8	9	10	11	12
NPV（万元）	78.05	88.53	98.05	106.61	114.41

以上各因素的变化引起 *NPV* 变动的对应关系如图 12-7 所示。

从图 12-7 可以看出如下依存关系：

- *NPV* 和营业收入、使用年限同方向变动，但这两条直线具有不同的斜率，从中可以看出，营业收入的变动对 *NPV* 的影响程度较大，使用年限的变动对 *NPV* 的影响程度较小。从 *NPV* 看，前者比后者具有更大的敏感性。
- *NPV* 与营业成本、固定资产投资额反方向变动，但这两条直线也具有不同的斜率，这表明营业成本的变动对 *NPV* 的影响程度较大，固定资产投资额的变动对 *NPV* 的影响程度较小。从 *NPV* 看，前者比后者具有更大的敏感性。

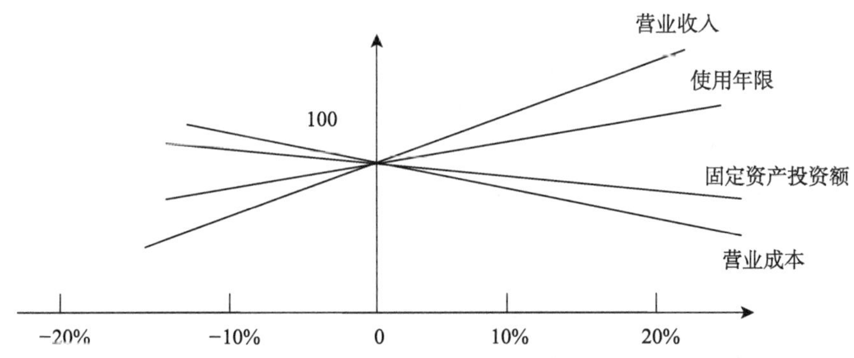

图 12-7　营业收入、营业成本、固定资产投资额和使用年限的变化对 *NPV* 的影响

12.5.2　风险调整折现率法

本章第 12 节已介绍了长期投资决策的评价指标的计算，其中部分指标，如 *NPV* 的计算，需要确定折现率 i，通常我们用投资者要求的报酬率来确定。由于资本投资方案在不同程度上都存在着风险，因而对于任何一个资本投资项目，投资者所要求的报酬率必然由两部分组成，即无风险报酬率和风险报酬率，用公式可以表示为：

$$投资者所要求的报酬率 = 无风险报酬率 + 风险报酬率 \quad (12\text{-}29)$$

由此可见，一个方案包含的风险程度越大，投资者要求的报酬率也就越高。其中，无风险报酬率通常用短期国债利率来表示；而风险报酬率，即投资者冒风险投资而要求获得的额外报酬率的确定，可采用风险调整折现率法。

所谓风险调整折现率法，是指根据投资项目风险性的大小，将计算 *NPV* 等指标所用的折现率进行适当调整，以此来反映投资项目风险的高低。其核心是确定折现率中所含的风险报酬率的部分，下面介绍具体步骤。

1. 确定项目各年净现金流量的概率分布及期望值

在现实中，项目每年净现金流量的数值可能会出现多种结果，而每个结果出现的可能性大小也有差别，数学上将具有这种特征的变量称为随机变量。随机变量发生的可能性及出现某种结果可能性大小的数值称为概率。将随机变量各种可能的结果按一定的规则进行排列，同时列出各种结果出现的相应概率，这一完整的描述称为概率分布。用 E_i 表示项目第 t 年净现金流量的第 i 种结果，P_i 表示该种结果的相应概率，则项目第 t 年净现金流量的期望值为：

$$E(NCF_t) = \sum X_i P_i \quad (12\text{-}30)$$

它反映的是 *NCF* 的平均值，代表一种合理预期。

【**例 12-29**】某项目各年 *NCF* 的概率如表 12-11 所示。

表 12-11　某项目各年 *NCF* 的概率表

第 1 年		第 2 年		第 3 年	
NCF_1（万元）	P_i	NCF_2（万元）	P_i	NCF_3（万元）	P_i
100	0.2	110	0.3	150	0.5
120	0.6	120	0.5		
140	0.2	130	0.2	200	0.5

各年的期望值为：

$$E(NCF_1)=100\times0.2+120\times0.6+140\times0.2=120\text{（万元）}$$
$$E(NCF_2)=110\times0.3+120\times0.5+130\times0.2=119\text{（万元）}$$
$$E(NCF_3)=150\times0.5+200\times0.5=175\text{（万元）}$$

2. 确定项目各年 *NCF* 的标准离差

标准离差反映概率分布中各种可能结果对期望值的偏离程度，也即离散程度的一个数值，用 d 表示。项目第 t 年 NCF 标准离差的计算公式为：

$$d_t=\sqrt{\sum_{i=1}^{n}\left[NCF-E(NCF_t)\right]^2\cdot P_i} \tag{12-31}$$

标准离差以绝对数形式衡量风险，在期望值相同的情况下，标准离差越大，表明该变量取值偏离其期望值程度越大，风险越大；反之，风险越小。

【例 12-30】 接例 12-29。各年的 d 的计算如下：

$$d_1=\sqrt{(100-120)^2\times0.2+(120-120)^2\times0.6+(140-120)^2\times0.2}=4\text{（万元）}$$
$$d_2=\sqrt{(110-119)^2\times0.3+(120-119)^2\times0.5+(130-119)^2\times0.2}=7\text{（万元）}$$
$$d_3=\sqrt{(150-175)^2\times0.5+(200-175)^2\times0.5}=25\text{（万元）}$$

3. 确定项目 *NPV* 的期望值 *E*（*NPV*）和标准差 σ（*NPV*）

$$E(NPV)=\sum_{t=1}^{n}\left[E(NCF_t)\div(1+k)^t\right]-C \tag{12-32}$$

$$\sigma(NPV)=\left\{\sum_{t=1}^{n}\left[d_t^2\div(1+k)^{2t}\right]\right\}^{1/2} \tag{12-33}$$

式中，k 是要求的最低收益率；C 是原始投资额。

【例 12-31】 接例 12-30。设 K 为 10%，C 为 2 500 000 元。则：

$$E(NPV)=120\div(1+10\%)+119\div(1+10\%)^2+175\div(1+10\%)^3-250=88.80\text{（万元）}$$

$$\sigma(NPV)=\sqrt{4^2\div(1+10\%)^2+7^2\div(1+10\%)^4+25^2\div(1+10\%)^6}=19.98\text{（万元）}$$

4. 确定项目年 *NPV* 的变异系数

变异系数（CV）是一个相对指标，以相对数反映风险程度。在期望值不同的情况下，变异系数越大，风险越大。

$$CV=\sigma(NPV)\div E(NPV) \tag{12-34}$$

【例 12-32】 接例 12-30。NPV 的变异系数为：

$$CV=19.98\div88.80=0.225$$

5. 确定按风险调整的折现率

由于变异系数可视为投资方案所含风险大小的具体标志，即变异系数越大，风险越大，而风险越大，方案所要求的风险报酬率越大。因而可以看出，变异系数与风险报酬率之间是一种正相关关系。可用变异系数作为具体衡量风险报酬率的基础。

【例 12-33】 假设例 12-32 中，企业将 CV 取值范围定在 0.2 ～ 0.4 之间的投资项目的折现率，在无风险利率的基础上上调 2%，则按风险调整的折现率为 12%，于是该项目的计算如下：

$$NPV = 120 \div (1+12\%) + 119 \div (1+12\%)^2 + 175 \div (1+12\%)^3 - 250 = 76.60\text{（万元）}$$

可见，考虑了风险因素后，该项目的 *NPV* 降低了，按包含风险因素的折现率计算的 *NPV* 更具有全面的经济内容，据以进行分析评价，可以得到较正确的结果。

12.5.3　肯定当量法

在肯定当量法下，将投资方案各年带有风险的净现金流量折算成无风险的净现金流量，进而将风险情况的投资决策问题转换为无风险的投资决策问题。为介绍肯定当量法的基本思想，现举一例说明。

【例 12-34】张某在有奖购物中幸运中奖。领奖方式有以下两种：

I. 摇号领奖方式（风险方式），即通过摇号确定奖额，具体情况如表 12-12 所示。

表 12-12　摇奖结果

摇号结果	0～4	5～9
概率	50%	50%
中奖额	100 元	200 元

II. 定额领奖方式（确定方式），即无须通过摇奖确定奖额。张某需要在以上两种方式中进行选择。若选择方式 I，则运气好时可获得 200 元；运气不好时只获得 100 元奖金，因而张某的选择结果取决于方式 II 中确定奖额的大小。

假设有 3 种可能：①方式 II 的奖额为 190 元时，则张某选择方式 II，因为此时无任何风险便稳获 190 元。②方式 II 的奖额为 110 元时，则张某选择方式 I，因为此时方式 II 的奖额太低。③方式 II 的奖额为 145 元时，则张某在两种方式之间犹豫不决，此时可认为对于张某来说风险摇奖方式所获收益与 145 元的无风险奖额等值。

例 12-34 中的选择过程因人而异，假设李某也面临同样的选择，但是当方式 II 奖额为 145 元时，李某选择方式 II；当方式 II 的奖额为 130 元时，李某才在两种方式之间犹豫不决，此时认为对于李某来说，风险摇奖方式所获收益与 130 元的无风险奖额等值。由此可见，选择结果也取决于个人对风险的态度，此例中李某相对于张某来说是规避风险的。

若将上述摇号领奖的金额看成为从事某项带有风险的投资项目某年所产生的净现金流量，则对张某、李某来说，相当于将带有风险的净现金流量 150 元分别折算为 145 元和 130 元无风险的净现金流量。肯定当量法正是基于这种思想将风险性的投资决策转化为确定性的投资决策。

为了便于将带有风险的净现金流量折算为无风险的净现金流量，通常需要确定肯定当量系数。肯定当量系数是指期望值为 1 元的有风险的净现金流量与所折算成的无风险净现金流量的金额的比。不同风险程度下的肯定当量系数不同，而项目的风险度可以用变异系数来表示。

参见前面的例子。依题意，风险摇奖方式的中奖额的期望值为 150 元，标准差为 50 元，变异系数为 0.33（50÷150）。于是对于张某，此时的肯定当量系数为 0.966 7（145÷150）；对于李某，此时的肯定当量系数为 0.866 7（130÷150）。变异系数与肯定当量系数之间的关系如图 12-8 所示。

结论：

对每个投资者，都单独有一条肯定当量系数曲线，且随着变异系数（风险）的增大，肯定当量系数逐渐减小；当 $CV_{风险}=0$ 时，肯定当量系数 = 1。

不同投资者之间比较时，当 $CV_{风险}$ 相同，肯定当量系数越小者所对应的投资者对风险越厌恶。

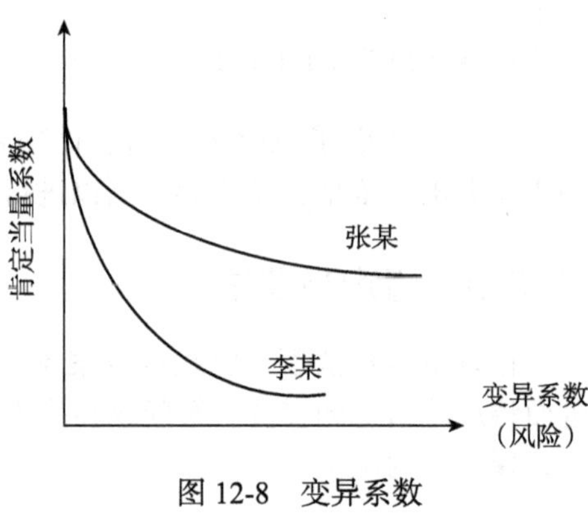

图 12-8　变异系数

肯定当量法 *NPV* 的计算公式为：

$$\overline{NPV}=\sum_{t=1}^{n}\left[a_t\cdot E(NCF_t)/(1+r)^t\right]-C \quad (12\text{-}35)$$

式中，*NPV* 是按肯定当量法求得的净现值；$E(NCF_t)$ 是第 t 年净现金流量的期望值；a_t 是第 t 年净现金流量的肯定当量系数；r 是无风险折现率。

【例 12-35】假设有一投资方案，项目期为 3 年，折现率为 10%，原始投资额为 50 000 元，其各年的 *NCF* 及其概率如表 12-13 所示。

表 12-13　某投资方案的资料表

市场销量	概率（%）	*NCF*（元）
较好	0.3	50 000
一般	0.5	30 000
较差	0.2	10 000

则其各年 *NCF* 的期望值 $E(NCF_t)=50\,000\times0.3+30\,000\times0.5+10\,000\times0.2$
$=32\,000$（元）($t=1，2，3$)

标准差 $d_t=\sqrt{(50\,000-32\,000)^2\times0.3+(30\,000-32\,000)^2\times0.5+(10\,000-32\,000)^2\times0.2}$
$=14\,000$（元）

变异系数 $CV_t=14\,000\div32\,000=0.437\,5$

假若 $CV_t=0.437\,5$，企业决策确定的肯定当量系数为 0.8，则利用肯定当量法所得的 *NPV* 为：

$$NPV=32\,000\times0.8\times(P/A，10\%，3)-50\,000=13\,667.2\text{（元）}$$

▸本章小结

长期投资决策需要考虑的重要因素包括货币的时间价值和现金流量的估算。在此基础上进行长期投资决策的方法分为非折现法（包括投资收益率法、投资回收期法）以及折现法（包括净现值法、净现值率法、获利能力指数法、内部报酬率法）。在风险条件下，长期投资分析的方法主要有敏感性分析法、风险调整折现率法、肯定当量法。

▸思考题

1. 长期投资是什么性质的支出？它与营业支出有何区别？

2. 长期投资决策需要考虑的重要因素包括哪些？
3. 货币时间价值的含义是什么？
4. 一次性收付款项的计息方式有几种？不同方式下的终值、现值如何计算？
5. 年金有几种形式，各有哪些特征？
6. 营业净现金流量如何估算？
7. 长期投资决策的方法有哪些？
8. 净现值、净现值率、获利能力指数、内部报酬率等指标如何计算？各自的优缺点是什么？
9. 敏感性分析法主要研究什么问题？
10. 风险调整折现率法的计算步骤是什么？
11. 肯定当量法下的肯定当量系数的含义是什么？与变异系数的关系是什么？

▶自测题

自测题 12-1

单项选择题

1. 公司“当期的营业性现金净流入量等于当期的净利润加折旧之和”，就意味着（　　）。
   A. 该公司不会发生偿债危机
   B. 该公司当期没有分配股利
   C. 该公司当期的营业收入都是现金收入
   D. 该公司除当期的营业成本与费用除折旧外都是付现的
2. 存在所得税的情况下，以“利润 + 折旧”估计经营期净现金流量时，所指的“利润”为（　　）。
   A. 利润总额　　B. 净利润　　C. 营业利润　　D. 息税前利润
3. 某公司当初以 100 万元购入一块土地，目前市价是 80 万元，如准备在这块土地上兴建厂房，应（　　）。
   A. 以 100 万元作为投资分析的机会成本考虑
   B. 以 80 万元作为投资分析的机会成本考虑
   C. 以 20 万元作为投资分析的机会成本考虑
   D. 以 180 万元作为投资分析的机会成本考虑
4. 在现金流量估算中，以营业收入替代经营性现金流入基于的假定是（　　）。
   A. 在正常经营年度内每期发生的赊销额与回收的应收账款大体相同
   B. 经营期与折旧期一致
   C. 营业成本全部为付现成本
   D. 没有其他现金流入量
5. 某公司拟建一车间以生产甲产品，据预测产品投产后每年可创造 100 万元的净现金流量；但公司原生产的 A 产品会因此受到影响，使其年净现金流量由原来 200 万元降低到 180 万元。则与新建车间相关的现金流量为（　　）万元。
   A. 100　　B. 80　　C. 20　　D. 120

多项选择题

1. 计算经营现金流量时，每年净现金流量可按下列公式的（　　）来计算。
   A. NCF = 营业收入 − 付现成本　　B. NCF = 营业收入 − 付现成本 − 所得税
   C. NCF = 净利 + 折旧　　D. NCF = 净利 + 折旧 + 所得税

2. 下列项目中，属于现金流出量内容的是（　　）。
   A. 固定资产投资　B. 营业收入　C. 流动资金投资　D. 付现成本
3. 下列项目中，属于终结现金流量的是（　　）。
   A. 固定资产残值收入　B. 流动资金回收额　C. 利息收入　D. 固定资产清理费用
4. 下列关于投资项目营业现金净流量的各种做法中，正确的是（　　）。
   A. 营业现金净流量等于税后净利加上折旧
   B. 营业现金净流量等于营业收入减去付现成本再减去所得税
   C. 营业现金净流量等于税后收入减去税后成本再加上折旧引起的税负减少额
   D. 营业现金净流量等于营业收入减去营业成本再减去所得税
5. 现金流量按其发生时间不同，可分为（　　）。
   A. 初始现金流量　B. 营业点现金流量
   C. 经营现金流量　D. 终结现金流量

判断题

1. 折旧属于非付现成本，不会影响企业的现金流量。（　　）
2. 企业营业收入越多，现金净流量就越大。（　　）
3. 折旧之所以对投资决策产生影响，是因为所得税的存在引起的。（　　）
4. 现金指数法克服了净现值法不能直接比较投资额不同的项目的局限性，它在数值上等于投资项目的净现值除以投资额。（　　）
5. 动态回收期法克服了静态回收期法不能考虑货币时间价值的缺点，但是仍然不能衡量项目的盈利性。（　　）

自测题 12-2

目的：掌握制定长期决策的投资回收期法和净现值法。

资料：已知某长期投资项目建设期 *NCF* 为：NCF_0 = 5 000 000 元，NCF_1 = 5 000 000 元，NCF_2 = 0，第 3 ～ 12 年的经营净现金流量 $NCF_{3\sim12}$ = 2 000 000 元，第 12 年末的回收额为 1 000 000 元，折现率为 10%。

要求：

（1）根据上述资料计算投资回收期。

（2）根据上述资料计算净现值。

自测题 12-3

目的：掌握制定长期投资决策的回收期法。

资料：某项目的累计 *NCF* 资料如下：

现金净流量表　　（金额单位：万元）

年数 *t*	0	1	2	3	…	6	7	…	15
累计的 *NCF*	−100	−200	−200	−180	…	−20	+20	…	+500

要求：

（1）根据上述资料计算投资回收期。

（2）分别说明该项目的建设期和经营期。

自测题 12-4

目的：掌握制定长期投资决策的净现值法。

资料：某投资方案资料如下：项目原始投资 6 500 000 元，其中，固定资产投资 5 000 000 元，流动资金投资 1 500 000 元，建设期 2 年，经营期为 10 年。除流动资金投资在项目完工时（第 2 年年末）投入外，其余投资均于建设起点一次投入。固定资产寿命期为 10 年，用直线法计提折旧，期满有 400 000 元净残值。流动资金于终结点一次收回。预计项目投产后，每年发生的相关营业收入和经营成本分别为 3 800 000 元和 1 290 000 元，所得税税率为 33%，折现率 14%。

要求：计算该投资方案的净现值。

自测题 12-5

目的：学会用风险调整折现率法计算长期投资的净现值。

资料：某公司现有两个投资方案，具体资料如下表所示。

投资方案资料表

年	A 方案		B 方案	
	NCF_t（元）	P_i	NCF_t（元）	P_i
0	−5 000	1	−2 000	1
1	3 000	0.25		
	2 000	0.50		
	1 000	0.25		
2	4 000	0.20		
	3 000	0.60		
	2 000	0.20		
3	2 500	0.30	1 500	0.20
	2 000	0.40	4 000	0.60
	1 500	0.30	6 500	0.20

已知无风险报酬率为 6%，变异系数为 0.7 ～ 0.8 时，项目的折现率在无风险利率的基础上上调 1.5%；变异系数为 0.9 ～ 1.0 时，项目的折现率在无风险利率的基础上上调 4%。

要求：用风险调整折现率法计算两个方案的净现值，并判断方案的优劣。

自测题 12-6

目的：学会用肯定当量法调整各年净现金流量并计算净现值。

资料：参见自测题 12-4 的资料。已知变异系数与肯定当量系数之间的关系如下：

变异系数	肯定当量系数
0.00 ～ 0.07	1
0.08 ～ 0.15	0.9
0.16 ～ 0.23	0.8
0.24 ～ 0.32	0.7
0.33 ～ 0.42	0.6
0.43 ～ 0.54	0.5
0.55 ～ 0.70	0.4

要求：用肯定当量法调整各年净现金流量，计算两个方案的净现值，并判断方案的优劣。

第13章

全面预算

学习目标

1. 了解全面预算的概念及编制全面预算的意义
2. 了解全面预算的主要内容及它们之间的关系
3. 掌握全面预算的编制程序

13.1 全面预算概述

13.1.1 全面预算的含义

1. 预算的含义

预算是以货币的形式来展示未来某一特定期间企业财务及其他资源的取得及运用的详细计划，即企业计划的数量说明。

预算的编制有助于管理人员事先明确未来的经营目标和任务，有助于企业以较少的资源取得尽可能大的经济效益，有助于提高企业的适应能力和应变能力，从而为评价企业生产经营各方面的工作成果提供一个基本尺度。

2. 全面预算的概念

全面预算是企业总体规划的数量说明，是企业未来计划和目标等各个方面的总称。它是以货币为计量单位，综合地反映一个企业预算期内采购、生产和销售、成本和利润、资本支出、现金收支和结存、资产、负债和权益等全部经济活动和结果的预算。它为销售、生产、分配以及筹资等活动确定了明确的目标，反映了企业在未来期间预计的财务状况和经营成果。

13.1.2 全面预算的作用

1. 明确今后的工作目标和任务

由于全面预算的编制为整个企业和各个职能部门在计划期间的工作分别制定出了奋斗目标，并将达到各目标所拟采取的方法和措施都进行了详细列举，因而有助于全体职工明确今后自己应达到的水平和努力方向，以便从各自的角度去完成企业的战略目标。

2. 协调各职能部门的工作

企业与各个职能部门的经济活动之间存在着整体和局部的关系，由于企业必须从总体来考虑问题，不能片面追求局部的结果，因此要通过编制全面预算使各个职能部门向着共同的战略目标前进，使部门之间密切配合、相互协调、统筹兼顾、全面安排，搞好综合平衡。

3. 控制各部门的日常经济活动

在预算执行过程中，各有关部门以全面预算为根据，通过计量、对比，及时提供实际偏离预算的差异数额并分析其原因，以便采取有效措施，巩固成绩，纠正缺点，保证预定目标的完成。

4. 考核评定各部门的业绩

在执行全面预算的过程中，实际偏离预算的差异也是评定各部门、各单位和全体职工工作成绩的重要标准。

13.1.3　全面预算编制的程序

1. 成立预算委员会

预算委员会通常由公司总经理、各职能部门负责人和总会计师组成，负责审核、协调和综合平衡工作。

2. 预算委员会提出总体目标

在预算期开始前3个月，由预算委员会提出预算期的战略目标。

3. 职能部门草拟分项预算

企业各职能部门主管人员根据战略目标，在预算期开始前两个半月提出详细的本部门自编预算。

4. 预算委员会编制全面预算

企业预算委员会审查各部门的预算，要经过多次反复平衡协调，然后汇总编制企业的全面预算。

5. 最高管理部门审查

预算委员会要在预算期开始前一个半月将全面预算报送企业最高管理当局审批。

6. 执行正式预算

在预算期开始前1个月，企业最高管理当局应将经过审批的全面预算由预算委员会下达各部门贯彻执行。

13.2　全面预算的内容和编制

13.2.1　全面预算的内容

按照性质不同，全面预算可以分为日常业务预算、特种决策预算和财务预算。下面介绍其具体内容。

1. 日常业务预算

日常业务预算包括下列内容：

- 销售预算
- 生产预算
- 直接材料预算
- 直接人工预算
- 制造费用预算
- 生产成本预算
- 销售与管理费用预算

2. 特种决策预算

特种决策预算包括下列内容：

- 资本支出预算
- 一次性专门业务预算

3. 财务预算

财务预算包括下列内容：

- 现金预算
- 预计利润表
- 预计资产负债表

13.2.2 全面预算的编制

1. 日常业务预算的编制

日常业务预算又称基本预算或经营预算，是反映企业在计划期间日常发生的各种具有实质性的基本活动的预算。日常业务预算的编制是以销售预算的编制为起点，然后依次编制生产预算、直接材料预算、直接人工预算、制造费用预算、生产成本预算、销售与管理费用预算。

（1）销售预算的编制。销售预算是指在销售预测的基础上，根据预计的销售量、销售单价和销售收入等参数编制的，用于规划预算期销售活动的一种业务预算。

企业生产经营全面预算的编制通常以销售预算为出发点。因为只要商品经济存在，任何企业都必须实行以销定产，生产、材料采购、存货、费用等方面的预算，都要以销售预算为基础，而销售预算又必须以销售预测为基础。一旦未来期间的销售量和销售单价得以预测，即可求出预计的销售收入，即：

$$预计销售收入 = 预计销售量 \times 预计销售单价$$

销售预算的编制依据主要有科学的销售预测、产品的销售单价、产品销售的收款条件等资料。

在实际工作中，在销售预算的正表下面，往往还附有计划期间的“预计现金收入计算表”，主要包括前期应收账款的收回以及本期销售货款的收入。

【例 13-1】[⊖]已知 ×× 公司经营多种产品，预计 2019 年各季度各种产品销售量及有关售价的部分资料见表 13-1。据估计，每季销售收入中有 80% 能于当期收到现金，其余 20% 要到下季收回，假定不考虑坏账因素。该企业销售的产品均为应缴纳消费税的产品，税率为 10%，并于当季用现金完税。2018 年年末应收账款余额为 40 000 元。假定本例不考虑增值

⊖ 本章例 13-1 ～例 13-12 是连续的，根据全国会计专业技术资格考试领导小组办公室编的《财务管理》（中级会计资格，中国财政经济出版社 2010 年出版）中相关例题改写。

税因素。

表 13-1 ×× 公司 2019 年销售预算 （金额单位：元）

项目		第 1 季度	第 2 季度	第 3 季度	第 4 季度	本年合计
预计销售量						
A 产品（件）		800	1 000	1 200	1 000	4 000
B 产品（盒）		…	…	…	…	…
…		…	…	…	…	…
销售单价		…	…	…	…	…
A 产品		100	100	100	100	—
B 产品		…	…	…	…	—
…		…	…	…	…	—
销售收入合计		195 000	290 000	375 000	220 000	1 080 000
销售环节税金现金支出		19 500	29 000	37 500	22 000	108 000
预计现金收入计算表	期初应收账款（2018 年 12 月 31 日）	40 000				40 000
	第 1 季度销售收入	156 000	39 000			195 000
	第 2 季度销售收入		232 000	58 000		290 000
	第 3 季度销售收入			300 000	75 000	375 000
	第 4 季度销售收入				176 000	176 000
	现金收入合计	196 000	271 000	358 000	251 000	1 076 000

（2）生产预算的编制。生产预算是为规划预算期生产规模而编制的一种业务预算，是在销售预算的基础上编制的。

生产预算编制的主要依据有销售预算的每季预计销售量，计划期间每季的期初、期末存货量。产品的预计生产量可根据预计销售量和期初、期末的预计库存量确定。其计算公式为：

预计生产量 = 预计销售量 + 预计期末产成品存货量 − 预计期初产成品存货量

由于预计销售量可以在销售预算中查到，预计各期的期初存货量等于上期期末存货量，因此编制生产预算的关键是正确地确定各季预计期末存货量，在实践中，可按事先估计的期末存货量占一定时期销售量的比例进行估算，同时还要考虑到季节性因素的影响。

【例 13-2】假定 ×× 公司各季末的 A 成品存货量按下季预计销售量的 10% 估算，预计 2019 年第 4 季度期末存货量为 120 件。已知 2018 年年末实际存货量为 80 件。现根据销售预算中的资料，结合期初、期末的存货水平，编制 A 产品计划年度的分季生产预算，如表 13-2 所示。

表 13-2 ×× 公司 2019 年 A 产品生产预算 （单位：件）

项目	第 1 季度	第 2 季度	第 3 季度	第 4 季度	本年合计
预计销售需要量	800	1 000	1 200	1 000	4 000
加：预计期末存货量	100	120	100	120	120
预计需要量合计	900	1 120	1 300	1 120	4 120
减：期初存货量	80	100	120	100	80
预计生产量	820	1 020	1 180	1 020	4 040

（3）直接材料预算的编制。直接材料预算又称直接材料消耗及采购预算，它是为规划预算期直接材料消耗情况及采购活动而编制的。

直接材料预算编制的主要依据有生产预算的每季预计生产量、单位产品的材料消耗定额、计划期间的期初和期末存料量、材料的计划单价、采购的付款条件。同生产预算一样，编制采购预算也要考虑计划期间的期初和期末的存料水平。

直接材料预算的编制方法，主要应按材料类别分别根据下列公式计算出预计消耗量、预计采购量和预计采购额，填入预算表内，其中：

预计直接材料消耗量 = 预计生产量 × 单位产品耗用量

预计直接材料采购量 = 预计消耗量 + 预计期末材料存货 − 预计期初材料存货

预计直接材料采购额 = 预计采购量 × 直接材料单价

为了编制财务预算类的“现金预算”，材料采购预算下面往往还附有计划期间的“预计现金支出计算表”，其中包括前期应付购料款的偿还以及本期购料款的支付。

【例 13-3】假定 ×× 公司 A 产品的甲材料消耗定额为 2 千克，计划单价为 5 元 / 千克。季度的材料采购总额的 60% 用现金支付，其余 40% 在下季度付讫。2018 年末应付账款余额为 52 000 元。×× 公司 2019 年各季消耗的材料总量、该材料期初及期末库存量如表 13-3 所示。现根据生产预算中的预计生产量，结合期初期末存料水平以及单位产品的材料消耗定额和材料计划单价等数据，编制计划年度的分季度直接材料预算，如表 13-3 所示。

表 13-3　×× 公司 2019 年直接材料采购预算　（金额单位：元）

	项目	第 1 季度	第 2 季度	第 3 季度	第 4 季度	本年合计
材料种类	A 产品生产量（件）	820	1 020	1 180	1 020	4 040
	材料消耗定额（千克） 甲材料 乙材料 …	 2 … …	 2 … …	 2 … …	 2 … …	 — — —
	材料消耗数量（千克） 甲材料 乙材料 …	 1 640 … …	 2 040 … …	 2 360 … …	 2 040 … …	 8 080 … …
甲材料	A 产品耗用（千克） B 产品耗用（千克） …	1 640 … …	2 040 … …	2 360 … …	2 040 … …	8 080 … …
	甲材料耗用总量（千克）	7 600	8 040	8 240	8 400	32 280
	加：期末材料存量（千克） 减：期初材料存量（千克） 本期采购量（千克） 甲材料单价（元）	1 608 1 520 7 688 5	1 648 1 608 8 080 5	1 680 1 648 8 272 5	1 640 1 680 8 360 5	— — 32 400 —
	甲材料采购成本（元）	38 440	40 400	41 360	41 800	162 000
乙材料	… 乙材料采购成本（元）	… …	… …	… …	… …	… …
…	…	…	…	…	…	…
各种材料采购成本总额（元）		141 100	146 000	148 400	151 900	587 400
预计现金支出计算表	期初应付账款（元） （2018 年 12 月 31 日）	52 000				52 000
	第 1 季度购料（元）	84 660	56 440			141 100
	第 2 季度购料（元）		87 600	58 400		146 000
	第 3 季度购料（元）			89 040	59 360	148 400
	第 4 季度购料（元）				91 140	91 140
	现金支出合计（元）	136 660	144 040	147 440	150 500	578 640

（4）直接人工预算的编制。直接人工预算（direct labor budget）又称直接工资及其他直接支出预算，是一种既反映预算期内人工工时消耗水平，又规划人工成本开支的业务预算。

直接人工预算编制的主要依据有生产预算中每季度预计生产量、单位产品的工时定额、单位工时的工资率。

由于企业往往需要雇用不同工种的工人，因而某种产品的预计直接人工成本，就应该按不同工种分别计算，然后予以汇总。其计算公式如下：

$$\begin{matrix}\text{预计直接人}\\\text{工成本总额}\end{matrix}=\text{预计生产量}\times\sum\left(\begin{matrix}\text{单位产品}\\\text{工时定额}\end{matrix}\times\begin{matrix}\text{单位工时}\\\text{工资率}\end{matrix}\right)$$

【例 13-4】××公司 2019 年 A 产品直接人工工时预算如表 13-4 所示，单位工时工资率为 3 元。假定其他直接支出已被归并入直接人工成本统一核算，不分别反映直接工资与其他直接支出。根据计划期生产预算的预计产量编制的直接人工预算，如表 13-5 所示。

表 13-4　××公司 2019 年 A 产品直接人工工时预算　（单位：小时）

项目	第 1 季度	第 2 季度	第 3 季度	第 4 季度	本年合计
A 产品生产量					
1 车间	820	1 020	1 180	1 020	4 040
2 车间	…	…	…	…	…
…	…	…	…	…	…
单位产品定额人工工时					6①
1 车间	3	3	3	3	—
2 车间	…	…	…	…	—
…	…	…	…	…	—
A 产品直接人工总工时					
1 车间	2 460	3 060	3 540	3 060	12 120
2 车间	…	…	…	…	…
…	…	…	…	…	…
合计	4 920	6 120	7 080	6 120	24 240

①单位 A 产品定额工时 = 24 240÷4 040

表 13-5　××公司 2019 年直接人工成本预算　（单位：小时）

项目	第 1 季度	第 2 季度	第 3 季度	第 4 季度	本年合计
直接人工总工时					
A 产品	4 920	6 120	7 080	6 120	24 240
B 产品	…	…	…	…	…
…	…	…	…	…	…
合计	7 600	8 040	8 240	8 400	32 280
单位工时工资率	3	3	3	3	
直接人工成本总额					
A 产品	14 760	18 360	21 240	18 360	72 720
B 产品	…	…	…	…	…
…	…	…	…	…	…
合计	22 800	24 120	24 720	25 200	96 840

（5）制造费用预算的编制。制造费用预算又称“工厂间接费预算”，是指用于规划除直

接材料和直接人工预算以外的其他一切生产费用的一种业务预算。

制造费用预算编制的主要依据有，计划期的业务量、上级管理部门下达的成本降低率、计划期间各费用明细项目的具体情况。

制造费用项目属于混合成本，编制预算时，首先按成本习性划分为变动费用和固定费用两类，然后再分别编制预算。具体方法为：对于变动费用项目，在一般情况下，应以计划期的一定业务量为基础，来规划它们的具体预算数据；对于固定费用项目，则大多根据基期的实际开支水平，再结合上级下达的成本降低率，进行折算，填入预算表内。

采用变动成本法的企业，只将变动性制造费用计入产品成本，因而在预算中需要确定变动性制造费用的分配率，以便将其在各产品之间分配。采用全部成本法的企业，全部制造费用都要计入产品成本，因而在预算中应分别计算出变动和固定费用的分配率。

另外，该预算表还要附有“预计现金支出计算表”，以便编制财务预算类的“现金预算”。需要注意的是，固定资产折旧费的性质属于固定性制造费用，但不属于现金支出项目，因此在编制附表时应予剔除。

【例 13-5】假定 ×× 公司制造费用的变动部分，按计划年度的预计产量进行规划；固定部分则根据基期的实际开支数，按上级下达的成本降低率 3% 进行计算。编制与 2019 年 4 个季度支出相关的制造费用预算，如表 13-6 所示。

表 13-6　×× 公司 2019 年制造费用预算　（单位：元）

固定制造费用	金额	变动制造费用	金额
1. 管理人员工资	8 700	1. 间接材料	8 500
2. 保险费	2 800	2. 间接人工	18 800
3. 设备租金	2 680	3. 水电费	14 500
4. 维修费	1 820	4. 维修费	6 620
5. 折旧费	12 000		
合计	28 000	合计	48 420
其中：付现费用	16 000		

$$固定费用分配率=\frac{固定费用预算合计}{直接人工总工时}=\frac{28\ 000}{32\ 280}=0.867\ 41\ 元/工时$$

$$变动费用分配率=\frac{变动费用预算合计}{直接人工总工时}=\frac{48\ 420}{32\ 280}=1.5\ 元/工时$$

预计现金支出计算表	项　目	第 1 季度	第 2 季度	第 3 季度	第 4 季度	全年合计
	变动制造费用①	11 400	12 060	12 360	12 600	48 420
	付现的固定制造费用②	4 000	4 000	4 000	4 000	16 000
	现金支出小计	15 400	16 060	16 360	16 600	64 420

①＝预算分配率 × 各季度预计总工时

②＝全年付现费用 ÷4

（6）生产成本预算的编制。生产成本预算反映预算期内各种产品生产成本水平，它是在生产预算、直接材料消耗及采购预算、直接人工预算和制造费用预算的基础上编制的，通常反映各产品单位生产成本与总成本。

生产成本预算编制的方法很简单，只需将料、工、费三项目的单价与单耗分别相乘后加以汇总，即可求出单位成本预算，然后再依据产量求出总成本预算。另外，为了编制财务预算，往往还在正表下面附有“期末存货预算”。

【例 13-6】假定 ×× 公司计算产品成本采用变动成本法，即产品成本只包括直接材料、直接人工和变动制造费用，固定制造费用则纳入利润表内列为“期间成本”，由当期的利润来负担。现根据前面预算表中料、工、费三大项目的单价和单耗，以及计划期末存货等资料，编制生产成本预算，如表 13-7 所示。

表 13-7 ×× 公司 2019 年产品生产成本预算

成本项目	A 产品全年产量 4 040 件				…	总成本合计（元）
	单价	单耗	单位成本（元）	总成本（元）		
直接材料						
甲材料	5 元 / 千克	2 千克	10	40 400	…	161 400
乙材料	…	…	…	…	…	…
…	…	…	…	…	…	…
小计			22	88 880	…	583 500
直接人工	3 元 / 工时	6 工时	18	72 720	…	96 840
变动制造费用	1.5 元 / 工时	6 工时	9	36 360	…	48 420
变动生产成本合计			49	197 960	…	728 760
期末产成品存货预算	期末存货数量（生产预算）			120 件	…	…
	单位变动生产成本			49 元	…	…
	期末存货金额			5 880 元	…	81 660

（7）销售与管理费用预算的编制。销售与管理费用预算是以价值形式反映整个预算期内为销售商品和维持一般行政管理工作而发生的各项费用。本项目包括制造业务范围以外的在计划年度预计将发生的销售与管理费用明细项目，通常由销售及管理成本控制人员分别编制。如费用项目不多，则可合并编在一张预算表上，但变动费用和固定费用一般分开列示，固定费用分项目列示其预算总额，变动费用通过列示单位变动费用和销售量的预算数额计算求得。

销售与管理费用预算编制的主要依据有，计划期的一定业务量（销量）、上级管理部门下达的成本降低率、计划期间各费用明细项目的具体情况。

销售与管理费用预算的正表下面也应附列“预计现金支出计算表”，将诸如折旧费用等不属于现金支出的项目予以剔除，以便日后编制财务预算类的“现金预算”。

【例 13-7】表 13-8 是 ×× 公司 2019 年的销售与管理费用预算（假定所发生的销售与管理费用均为固定费用）。

表 13-8 ×× 公司 2019 年销售与管理费用预算 （单位：元）

费用项目	全年预算	费用项目	全年预算
1. 销售人员薪金	4 500	10. 行政人员薪金	3 500
2. 专设销售机构办公费	2 000	11. 差旅费	1 500
3. 代理销售佣金	1 200	12. 审计费	2 000
4. 销货运杂费	650	13. 财产税	700
5. 其他销售费用	950	14. 行政办公费	3 000
6. 宣传广告费	4 000	15. 财务费用	500
7. 交际费	1 000	费用合计	29 600
8. 土地使用费	3 300	其中：付现费用	28 800
9. 折旧费	800		

预计现金支出计算表	第 1 季度	第 2 季度	第 3 季度	第 4 季度	全年合计
	6 450	7 400	8 250	6 700	28 800

2. 特种决策预算的编制

特种决策预算是指企业为不经常发生的资本支出项目或一次性专门业务所编制的预算。特种决策预算大体上可分为以下两类：资本支出预算和一次性专门业务预算。

（1）资本支出预算。对经过决策分析、审核批准的各个长期投资项目，将其现金流量等财务资料详细列示成明细表，以检查投资效果和控制支出的预算称为资本支出预算。

资本支出预算是以企业资本支出决策为基础的一种长期预算，这种预算涉及的金额比较大，时间比较长，对现金的筹措有重大的影响，所以需要详细地列出项目在寿命周期内各个年度的现金流出量与现金流入量。一个好的资本支出方案不仅要严格测算其自身是否能在将来为企业带来收益，而且还要考虑企业的资金实力和资金筹措能力。之所以资本支出预算要位于财务预算的前面，就是要将资本支出预算对企业财务的要求和影响充分地反映出来。

【例 13-8】假定 ×× 公司预计在 2019 年第 2 季度和第 3 季度分别购置设备 1 台，需分别支付 75 500 元和 24 500 元，预计均可使用 5 年，期满残值分别为 500 元和 1 000 元。购入后每年可分别为公司增加净利 15 000 元和 5 000 元，该设备按直线法计提折旧。现根据上述资料编制资本支出预算，如表 13-9 所示。

表 13-9　×× 公司 2019 年资本支出预算　　（金额单位：元）

资本支出项目	购置期间	初始投资额	估计使用年限	期满残值	购入后每年的 NCF	回收期的 PP
购置设备	第 2 季度	75 500	5 年	500	30 000①	2.52 年③
	第 3 季度	24 500	5 年	1 000	9 700②	2.53 年④

① $NCF = 15\ 000 + (75\ 500 - 500)/5 = 30\ 000$（元）

② $NCF = 5\ 000 + (24\ 500 - 1\ 000)/5 = 9\ 700$（元）

③ $PP = 75\ 500/30\ 000 \approx 2.52$（年）

④ $PP = 24\ 500/9\ 700 \approx 2.53$（年）

（2）一次性专门业务预算。企业为了满足正常的业务经营和资本支出的需要，同时也为了提高资金的使用效果，往往对库存现金制定出最低和最高的限额。库存现金过低，容易发生债务到期不能清偿而影响企业信誉的情况；反之，若库存现金过高，则使资金得不到充分利用，失去许多获利的机会。正因为如此，财务部门在日常理财活动中会发生以下一次性的专门业务：

1）筹措资金。若预计库存现金低于最低限额，出现资金短缺情况，则应及时设法筹措资金。筹措的手段一般包括：向银行借款、发行股票和债券、出售企业本身拥有的证券等。

2）投放资金。若预计库存现金高于最高限额，出现资金多余情况，则应及时设法投放和运用资金，其途径一般包括：买进或收回本公司发行的证券、归还银行借款和债券本息等。

同时，企业根据董事会决定在计划期间发放股息、红利，及根据税法规定在计划期间缴纳所得税等，也属于一次性的专门业务。

为了配合财务预算的编制，控制和监督上述一次性专门业务，企业需要编制预算。但这类预算没有统一的格式，由企业根据需要自行设计。

【例 13-9】假定 ×× 公司根据计划期间现金收支情况（参见表 13-12 所示的“现金预算”），根据公司与银行、证券公司之间的协议，预计 2019 年第 1 季度初可以向银行借款 20 000 元，第 2 季度末需要还款 1 000 元及其利息，第 3 季度末需要还款 10 000 元及其利息，第 4 季度末需要还款 9 000 元及其利息（年利率为 8%），假定借款发生在期初，还款发生在期末。

表 13-10　××公司 2019 年一次性专门业务预算（1）　　（金额单位：元）

专门业务名称	资金		日期				总金额	（股利）利率（%）
	来源	去向	第 1 季度	第 2 季度	第 3 季度	第 4 季度		
筹措资金								
银行借款	银行		20 000				20 000	8
发行优先股	股东		20 000				20 000	15
发行公司债券	债权人			50 000			50 000	12
出售有价证券	证券市场					9 500	9 500	
投放资金								
归还借款本金		银行		1 000	10 000	9 000	20 000	
归还借款利息		银行		800	380	180	1 360	8
归还债券利息		债权人			1 500	1 500	3 000	12
购买有价证券		证券市场			58 482		58 482	

另外，公司于第 1 季度可以发行优先股 20 000 元，优先股股利率为 15%，于第 2 季度发行公司债券 50 000 元，公司债券利率为 12%，每季度支付一次利息。第 3 季度需购买有价证券 58 482 元，第 4 季度需出售有价证券 9 500 元。

根据税法规定，公司计划每季末预付所得税 20 000 元，全年共计 80 000 元。又根据董事会决定计划每季末支付股利 8 000 元，全年共计 32 000 元。现根据上述有关资料编制一次性专门业务预算，如表 13-10 和表 13-11 所示。

表 13-11　××公司 2019 年一次性专门业务预算（2）　　（单位：元）

专门业务名称	支付对象	支付日期				合计
		第 1 季度	第 2 季度	第 3 季度	第 4 季度	
预付所得税	税务局	20 000	20 000	20 000	20 000	80 000
预付股利	股东	8 000	8 000	8 000	8 000	32 000

3. 财务预算的编制

财务预算是反映企业在计划期内有关预计现金收支、经营成果和财务状况的预算。它主要由现金预算、预计利润表、预计资产负债表组成。因为企业的其他各种预算的资料均可以反映在财务预算中，所以财务预算也可称为“总预算”，而其他各种预算则称为“分预算”。

（1）现金预算的编制。现金预算也称“现金收支预算”，它是以日常业务预算和特种决策预算为基础所编制的反映现金收支情况的预算。其编制的目的是合理地规划和控制现金的收支流转状况，保证企业财务的正常运转。这里所说的现金包括库存现金和银行存款等一切货币资金。

现金预算主要由以下几个部分组成：

1）现金收入。现金收入主要指经营业务活动的现金收入，包括计划期间的期初现金余额及可能发生的现金收入。

2）现金支出。除了涉及有关直接材料、直接人工、制造费用、销售与管理费用等方面的经营性现金支出外，还包括缴纳税金、股利分配等支出，另外还包括购买设备等资本性支出。

3）现金余绌与资金融通。现金收入和现金支出相抵以后的余额，若大于最高限额，则表示现金有多余，多余的现金可用来偿还银行借款、公司发行债券的本息或用于有价证券的短期投资；若小于最低限额，表示现金不足，则需采取适当方式筹措资金。

4）期末现金余额。将计划期的期初现金余额加上现金收入总额，再减去现金支出总额，然后减去现金投放或归还资金总额（或加上资金筹措总额），即可求得期末现金余额。

【例 13-10】假定 ×× 公司规定计划期间现金的最低库存余额为 20 000 元，根据例 13-1 ～ 例 13-9 的资料编制的 ×× 公司 2019 年现金预算，如表 13-12 所示。

表 13-12　×× 公司 2019 年现金预算　（单位：元）

项目	第 1 季度	第 2 季度	第 3 季度	第 4 季度	全年合计	备注（例中表）
期初现金余额	21 000	28 190	23 270	24 138	21 000	
加：现金收入						
经营现金收入	196 000	271 000	358 000	251 000	1 076 000	表 13-1
可动用现金合计	217 000	299 190	381 270	275 138	1 097 000	
减：现金支出						
经营性现金支出	228 810	248 620	262 270	249 000	988 700	
直接材料采购	136 660	144 040	147 440	150 500	578 640	表 13-3
直接人工及其他支出	22 800	24 120	24 720	25 200	96 840	表 13-5
制造费用	15 400	16 060	16 360	16 600	64 420	表 13-6
销售与管理费用	6 450	7 400	8 250	6 700	28 800	表 13-8
产品销售税金	19 500	29 000	37 500	22 000	108 000	表 13-1
预付所得税	20 000	20 000	20 000	20 000	80 000	表 13-11
预付股利	8 000	8 000	8 000	8 000	32 000	表 13-11
资本性现金支出		75 500	24 500		100 000	表 13-9
现金支出合计	228 810	324 120	286 770	249 000	1 088 700	
现金盈余（短缺）	（11 810）	（24 930）	94 500	26 138	8 300	
资金筹措及运用	40 000	48 200	（70 362）	（1 180）	16 658	
1. 流动资金借款	20 000				20 000	表 13-10
2. 归还流动资金借款		（1 000）	（10 000）	（9 000）	（20 000）	表 13-10
3. 发行优先股	20 000				20 000	表 13-10
4. 发行公司债券		50 000			50 000	表 13-10①
5. 支付各项利息		（800）	（1 880）	（1 680）	（4 360）	
6. 购买有价证券			（58 482）		（58 482）	表 13-10
7. 出售有价证券				9 500	9 500	表 13-10
期末现金余额	28 190	23 270	24 138	24 958	24 958	—

①第 2 季度支付利息 = 20 000 × 8% × 1/2 = 800（元）

第 3 季度支付利息 = 19 000 × 8% × 1/4 + 50 000 × 12% × 1/4 = 1 880（元）

第 4 季度支付利息 = 9 000 × 8% × 1/4 + 50 000 × 12% × 1/4 = 1 680（元）

（2）预计利润表的编制。预计利润表根据前述业务编制，以货币量度综合反映预算期的全部经营活动，并预计全部经营活动的最终财务成果。预计利润表是财务预算的重要组成部分，是控制企业经营活动和财务收支的主要依据。预计利润表和实际利润表的格式基本相同，只是它编制的依据是各业务的预算数。

【例 13-11】表 13-13 是 ×× 公司 2019 年按变动成本法编制的全年预计利润表。

表 13-13　×× 公司 2019 年预计利润表　（单位：元）

项目	金额	备注
销售收入	1 080 000	表 13-1
减：销售税金及附加	108 000	表 13-1
减：变动性生产成本	675 600①	表 13-7

（续）

项目	金额	备注
贡献毛益总额	296 400	
减：固定成本		
固定制造费用	28 000	表 13-5
固定销售与管理费用	29 600	表 13-8
营业利润	238 800	
减：利息费用	4 360	表 13-12
税前利润	234 440	
减：应交所得税（33%）	77 365.2	
税后净利	157 074.8	

① = 28 500 + 728 760−81 660，其中 28 500 为 ×× 公司 2019 年年初产成品存货（见表 13-14）。

（3）预计资产负债表的编制。预计资产负债表是根据基期的资产负债表和预算期内的各项预算对资产负债表项目的影响进行汇总而编制的反映预算期末财务状况的综合预算。

资产负债表内含会计基本等式，只有在资产与负债和所有者权益之和相等时才能平衡，因此可以通过编制预计资产负债表来检验前面所有预算计算和预算方法的正确性。

【例 13-12】假定 ×× 公司基期末的资产负债表如表 13-14 所示。

表 13-14　×× 公司资产负债表

2018 年 12 月 31 日　（单位：元）

资产		负债与所有者权益	
流动资产		流动负债：	
1. 库存现金	21 000	8. 应付账款	52 000
2. 应收账款	40 000	9. 应付公司债券	
3. 材料存货	28 000	10. 应交所得税	
4. 产成品存货	28 500	合计	52 000
合计	117 500	股东权益：	
固定资产		11. 普通股	280 000
5. 土地	120 000	12. 优先股	
6. 厂房设备	175 000	13. 留存收益	53 300
减：7. 累计折旧	27 200	合计	333 300
合计	267 800		
资产总计	385 300	负债与所有者权益总计	385 300

现根据基期的资产负债表和计划期间各项预算中的有关资料进行调整，编制出计划期末的预计资产负债表，如表 13-15 所示。

表 13-15　×× 公司预计资产负债表

2019 年 12 月 31 日　（单位：元）

资产		负债与所有者权益	
流动资产		流动负债：	
1. 库存现金	24 958	9. 应付账款	60 760
2. 应收账款	44 000	10. 应付公司债券	50 000
3. 材料存货	31 900	11. 应交所得税	−2 634.8
4. 产成品存货	81 660	合计	108 125.2
合计	182 518		

（续）

资产		负债与所有者权益	
固定资产		股东权益：	
5. 土地	120 000	12. 普通股	280 000
6. 厂房设备	275 000	13. 优先股	20 000
减：7. 累计折旧	40 000	14. 留存收益	178 374.8
8. 有价证券投资	48 982	合计	478 374.8
合计	403 982		
资产总计	586 500	负债与所有者权益总计	586 500

表中各项目数字来源说明如下：

1. 见表 13-12 的期末现金余额。
2. 见表 13-1，为预算中第 4 季度的销售收入合计减去现销收入，即：220 000−176 000 = 44 000（元）
3. 见表 13-3、表 13-7，为预算中期初材料存货加上本期各种材料采购总额减去本期材料耗费，即：28 000 + 587 400−583 500 = 31 900（元）
4. 见表 13-7，为预算中期末产成品存货总成本。
5. 预算中对该项没有进行调整，所以和基期该项目金额相同。
6. 见表 13-9，为该项基期数加上预算中固定设备投资总额，即：175 000 + 100 000 = 275 000（元）
7. 累计折旧数额见表 13-6、表 13-8，为基期该项数加上预算中制造费用和销售与管理费用中的折旧费用之和，即：27 200 +（12 000 + 800）= 40 000（元）
8. 见表 13-10，为预算中购买与出售有价证券之差额，即：58 482−9 500 = 48 982（元）
9. 见表 13-3，为预算中第 4 季度各种材料采购成本总额减去当期现购材料成本，即：151 900−91 140 = 60 760（元）
10. 见表 13-10，为预算中发行公司债券金额，即 50 000 元。
11. 见表 13-11 和表 13-13，为预算中应交所得税与预付所得税的差额，即：77 365.2−80 000 = −2 634.8（元）
12. 预算中对该项没有进行调整，所以和基期该项目金额相同。
13. 见表 13-10，为预算中发行优先股的数额，即 20 000 元。
14. 见表 13-11 和表 13-13，为基期该项数加上计划期税后净利减去预付股利的值，即：53 300 + 157 074.8−32 000 = 178 374.8（元）

13.3 预算控制的几种形式

13.3.1 固定预算与弹性预算

1. 固定预算

固定预算又称静态预算，是指根据预算期内正常的、可能实现的某一业务量水平而编制的预算。固定预算的基本特征是：

（1）不考虑预算期内业务量水平可能发生的变动，而只按照预期内预定的某一业务量水平为基础确定相应的数据。

（2）将实际结果与按预算期内某一固定的业务量水平所确定的预算数进行比较分析，并据以进行业绩评价、考核。

但是，未来实际发生的业务量并非一个恒定不变的数值，如果实际发生的业务量与预算的固定业务量不同，则固定预算的控制作用会大幅度减弱。为了克服固定预算过于机械呆板和可比性差的缺点，弹性预算法应运而生。

2. 弹性预算

弹性预算又称变动预算，是指通过历史数据或实际情况的分析，给出预算因素与业务量之间的关系，以便确定在不同业务量下预算数值的方法。这种方法给了预算更大的活动空间，从而使预算更富有弹性和应变能力。

弹性预算的基本特征是：

（1）按预算期内某一相关范围内的可预见的业务量确定不同的预算额，或可按其实际业务活动水平调整其预算额。

（2）待实际业务量发生后，将实际指标与相对应的预算额进行对比，使预算执行情况的评价与考核建立在更加客观而可比的基础上，从而更好地发挥预算的控制作用。

与固定预算相比，弹性预算具有预算范围宽的优点。它能够反映预算期内可预见的多种业务量相对应的不同预算额，从而扩大了预算的适用范围，便于预算指标的调整。

【例 13-13】设某公司各年的销售量一般在 15 000 件与 30 000 件之间波动。对这一相关范围内的成本性态模式分析显示，该企业变动成本水平如表 13-16 所示。

表 13-16　变动成本表

项目	单位产品变动成本（元）
直接材料	14
直接人工	6
变动性制造费用	3
销售及管理费用	1

根据上述资料，该企业的全面弹性预算如表 13-17 所示。

表 13-17　× × 公司 2019 年度全面弹性预算　（金额单位：千元）

项目 ＼ 产销量（1 000 件）	15	20	25	30
销售收入	730	1 000	1 250	1 500
直接材料	210	280	350	420
直接人工	90	120	150	180
变动性制造费用	45	60	75	90
变动性销售及管理费用	15	20	25	30
变动成本合计	360	480	600	720
贡献毛益	390	520	650	780
固定性制造费用	300	300	300	300
固定性销售及管理费用	150	150	150	150
净利润	（60）	70	200	330

13.3.2　增量（或减量）预算与零基预算

1. 增量（或减量）预算

增量（或减量）预算是编制费用预算的一种方法，它是以基期的各种费用项目实际开支数为基础，然后结合计划期可能会使该项目发生变动的有关因素（如产量的增减、上级规定的成本降低率的高低等），在原有基础上增加或减少一定的百分率而编制的预算。

这种传统方法的优点是简便易行，但也有严重缺陷，即过分受基期预算的束缚，不易做到实事求是、量力而行。

2. 零基预算

零基预算是指以零点为基础而制定的预算，它排除了过去和现实中存在的各种消极因素的影响，把各项生产经营业务视为从头开始的新工作来加以安排，从根本上考虑各个费用项目的必要性及其开支的规模，并据以制定预算。零基预算有以下优点：

（1）编制时不考虑过去支出的水平，所有支出均以零为始点进行观察、分析、衡量，不受现行预算框架的约束，有助于压缩、节约开支。

（2）零基预算要求对每个费用项目都进行“成本效益分析”，从经济效益上考虑各项支出的数额和必要性，从而可以促进企业各基层单位合理使用资金，提高资金的使用效果。

因为零基预算需对一切支出均以零为起点进行分析研究，确定预算金额，因而编制时工作量较大。

13.3.3 定期预算与滚动预算

1. 定期预算

如前所述，日常业务预算、特种决策预算和财务预算的编制通常以一年为期，与会计年度相配合，这样的预算称为“定期预算”。

定期预算的优点是便于把实际数和预算数进行对比，有利于对预算的执行情况进行分析和评价，但也存在着一定的缺陷：

（1）编制预算时往往对计划年度后半期的经济业务表述不够明确，只能提出一个大概的轮廓和笼统的数字。

（2）当经营活动在预算期内发生重大变化时，由于定期预算不能随情况的变化及时调整，就会造成预算滞后过时，使之成为虚假预算。

（3）定期预算在执行一段时期后，往往会使管理人员只考虑剩余期间的经济活动，从而缺乏长期打算。

为了克服这些缺陷，很多企业开始使用“滚动预算”。

2. 滚动预算

滚动预算又称“永续预算”或“连续预算”。它的基本原理是，使预算期永远保持 12 个月，每过 1 个月，立即在期末增列 1 个月的预算，逐期向后滚动，因而在任何一个时期都能使预算保持 12 个月的时间跨度。这种预算能使企业各级管理人员对未来永远保持整整 12 个月时间的考虑和规划，从而保证企业的经营管理工作能够持续稳定地进行。

在基期编制滚动预算时，先按年度分季，并将其中第 1 季度按月划分，建立各月的明细预算数字，至于其他 3 季的预算则可以粗一点，只列各季总数。待第 1 季结束后，再将第 2 季度的预算按月细分，后面季度的预算以此类推。这样有利于管理人员对预算资料做经常性的分析研究，并根据执行情况加以修订。

参见例 1 ～例 13。× × 公司编制的滚动预算如图 13-1 所示。

与传统的定期预算相比，滚动预算具有以下优点：

（1）及时性强。由于滚动预算能够根据前期预算的执行情况，及时调整和修订近期预算，从而使预算更加切合实际，能够充分发挥预算的指导和控制作用。

（2）连续性、完整性和稳定性突出。由于滚动预算在时间上不再受日历年度的限制，能够连续不断地规划未来的经营活动，不会造成人为间断，同时可以使企业管理人员了解未来

12 个月内企业的总体规划和近期预算目标。

采用该方法编制预算的唯一缺点就是预算工作量较大。

图 13-1 ××公司编制的滚动预算

▶本章小结

全面预算是企业总体规划的数量说明，它包含了企业生产经营的各个方面，包括日常业务预算、特种决策预算和财务预算。全面预算的编制以销售预算为起点，然后是生产预算、直接材料预算、直接人工预算、制造费用预算、销售与管理费用预算、特种决策预算，最后还要根据所有业务预算的数据编制现金预算、预计利润表和预计资产负债表。预算控制的方法可以采用固定预算法和弹性预算法、增（减）量预算和零基预算法、定期预算与滚动预算法等。

▶思考题

1. 什么是全面预算？为什么要编制全面预算？
2. 全面预算包括哪些主要内容？它们之间的关系怎样？
3. 为什么编制全面预算要以销售预算为起点？编制销售预算的主要依据是什么？
4. 专门决策预算包括哪些内容？它与业务预算主要有什么区别？
5. 现金预算一般包括哪几个组成部分？编制现金预算的目的是什么？
6. 试比较分析固定预算与弹性预算的联系与区别。
7. 什么是零基预算？它有哪些基本特征？如何评价？
8. 什么是滚动预算？有何特点？

▶自测题

自测题 13-1

单项选择题

1. 编制全面预算的基础是（　　）。

   A. 直接材料预算　　B. 直接人工预算　　C. 生产预算　　D. 销售预算

2. 零基预算的编制基础是（　　）。

   A. 零　　B. 基期的费用水平

   C. 国内外同行业费用水平　　D. 历史上费用的最好水平

3. 企业按预算期内可预见的多种生产经营水平分别确定相应的数据而编制的预算称为（　　）。
   A. 滚动预算　B. 弹性预算　C. 零基预算　D. 概率预算
4. 某厂产品销售款回收情况是：销售当月收款 70%，次月收款 30%。2019 年 6 ～ 8 月的销售估计为：8 000 元、9 000 元、7 000 元。由此可预测 2019 年 7 月的现金收入为（　　）元。
   A. 8 700　B. 6 300　C. 2 400　D. 7 500
5. 某企业 2019 年 7 月预算的有关材料如下：

   预计销售量 5 000 件，要求的期末产品存量 4 800 件，期初产品数量 4 000 件；单位产品材料消耗量 6 元，要求的期末材料存量 20 400 元，期初材料数量 35 000 元，则 7 月，该企业要求的材料购货量为（　　）元。

   A. 20 200　B. 39 800　C. 9 400　D. 38 600

多项选择题

1. 下列各项预算中，属于业务预算的有（　　）。
   A. 销售预算　B. 生产预算　C. 现金预算　D. 资本支出预算
2. 编制直接材料采购预算的主要依据是（　　）。
   A. 销售预算　B. 生产预算　C. 预算期初直接材料存量
   D. 预算期末直接材料存量　E. 现金预算
3. 财务预算又称为“总预算”，具体包括（　　）。
   A. 销售预算　B. 生产预算　C. 现金预算
   D. 预计资产负债表　E. 预计利润表
4. 现金预算的主要内容有（　　）。
   A. 现金收入　B. 现金支出　C. 现金溢缺　D. 期末现金余额
5. 全面预算的编制方法主要有（　　）预算。
   A. 弹性　B. 生产　C. 零基　D. 滚动

判断题

1. 财务预算是各项经营业务和专门决策的整体计划，也称为“总预算”。（　　）
2. 滚动预算的预算期通常以 1 年为固定长度，即始终是从 1 月起至 12 月止的会计年度。（　　）
3. 弹性预算不仅可用于成本费用的预算，也可以用于利润的预算和考核。（　　）
4. 销售预算中预计的现金收入是指预算期销售所取得的现金收入。（　　）
5. 零基预算的特点是不受基期实际数的束缚，一切费用预算额以零为起点，从工作内容需要出发。（　　）

自测题 13-2

目的：掌握现金预算的编制工作。

资料：A 企业 2019 年的有关预算资料如下：

（1）预计该企业 3 ～ 7 月的销售收入分别为 40 000 元、50 000 元、60 000 元、70 000 元、80 000 元，每月销售收入中，当月收到现金 30%，下月收到现金 70%。

（2）各月直接材料采购成本按下一个月销售收入的 60% 计算。所购材料款于当月支付现金 50%，下月支付现金 50%。

（3）预计该企业 4 ～ 6 月的制造费用分别为 4 000 元、4 500 元、4 200 元，每月制造费用中包括折旧费 1 000 元。

（4）预计该企业 4 月购置固定资产，需要现金 15 000 元。

（5）预计该企业在现金不足时，向银行借款（为 1 000 元的倍数）；现金有多余时归还银行借款（为 1 000 元的倍数）。借款的年利率为 12%。

（6）预计该企业期末现金余额最低为 6 000 元。其他资料见现金预算。

要求：根据以上资料，完成下列 4 ～ 6 月现金预算的编制工作。

现金预算表　　（单位：元）

月份	4	5	6
期初现金余额	7 000		
经营现金收入			
直接材料采购			
直接人工	2 000	3 500	2 800
制造费用			
其他付现费用	800	900	750
预交所得税	0	0	8 000
购置固定资产			
现金余缺			
向银行借款			
归还银行借款			
支付借款利息			
期末现金余额			

第14章

成本控制：标准成本系统

学习目标

1. 了解标准成本的含义、分类
2. 掌握标准成本的确定
3. 掌握成本差异的计算及其分析

14.1 标准成本系统概述

14.1.1 标准成本系统的含义

标准成本系统亦称为标准成本会计。早在20世纪20年代为配合推行泰勒制，就已引进到成本会计实践中，成为成本会计的一个组成部分，至今仍占有重要地位。标准成本系统包括标准成本的制定、差异的计算与分析和差异的账务处理三个组成部分。

标准成本系统以标准成本为基础，把成本的实际发生额区分为标准成本和成本差异两部分，并以成本差异为线索，进行分析研究，具体掌握差异的成因和责任，并及时采取有效措施消除“不利”差异，实现对成本的有效控制。由此可见，标准成本系统是对成本进行计划和控制的有效工具，是引导管理者不断改进成本的指示器。产品的标准成本的构成与产品成本一致。产品的标准成本包括直接材料标准成本、直接人工标准成本和制造费用的标准成本，分别适用于对直接材料、直接人工和制造费用的计划和控制。

14.1.2 标准成本的含义

标准成本是根据已经达到的生产技术水平，在有效的经营条件下，经过努力可以达到的一种目标成本。具体地讲，“标准成本”一词有两种含义：单位产品的标准成本和标准成本总额。

1. 单位产品的标准成本

单位产品的标准成本是指“单位产品的标准成本”，也称单位产品的“标准成本单”，标准成本实质上是单位产品的生产成本预算，它是根据单位产品的标准消耗量和标准单价计算出来的。其计算公式为：

单位产品的标准成本 = 单位产品标准消耗量 × 标准单价

2. 标准成本总额

标准成本总额是根据实际产量和单位产品标准成本计算出来的，其计算公式为：

标准成本总额 = 实际产量 × 单位产品标准成本

14.1.3　标准成本的种类

标准成本有不同的方式，企业应根据具体情况选择适当的标准成本进行成本控制。

1. 基本的标准成本

基本的标准成本是以某一年度的实际成本为基础制定的成本水平。这种标准成本一经制定，将长期保持不变，它可以使各个时期的实际成本按照同一标准进行比较，以反映成本的变化。

但随着产品的生产技术和企业管理水平的日益进步，经营条件不断变化，原有的标准便会显得日益过时，从而无法在成本管理中发挥作用。因此，在实际工作中，基本的标准成本很少为人们所采用。

2. 理想的标准成本

理想的标准成本是以现有生产经营条件处于最优状态为基础确定的成本水平。这种标准成本在排除机器故障、工作停顿等一切失误、浪费和延误的基础上，只有技术最熟练、工作效率最高的工作人员在最佳状态下尽最大努力才能实现。

理想的标准成本通常是根据理论上的生产要素耗用量，最理想的生产要素价格和可能实现的最高生产经营能力利用程度来制定的。由于这种标准成本没有考虑客观存在的实际情况，要求太高，通常会因无法达到而影响工人的积极性，同时会让管理层感到在任何时候都没有改进的余地，因此在实际工作中也较少采用。

3. 正常的标准成本

正常的标准成本是在正常生产经营条件下应该达到的成本水平。正常的标准成本是根据正常的耗用水平、正常的价格和正常的生产经营能力利用程度制定的标准成本。

在制定这种标准成本时，把现实条件下难以完全避免的超额耗费也计算在内，所以这种标准成本的实现，对管理人员和工人来说，既不是轻而易举，也不是高不可攀，而是经过努力就可以达到的。由于正常的标准成本达到了先进性与现实性的统一，能够在成本管理工作中充分发挥其应有的作用，因而在实际工作中为人们广泛应用。

14.1.4　标准成本系统的作用

本节介绍标准成本系统的主要作用。

1. 标准成本系统有利于加强成本控制

标准成本是在对实际情况认真调查、分析的基础上，用科学方法制定的，所以它具有客观性和科学性，是有效进行成本控制的依据。

成本差异是成本升降的数量反映，在日常经济活动中，通过不断地计算和分析差异，便可以找到成本升降的真正原因，并可以采取有效的调整行动，来消除实际成本超出预定标准的差异，提高成本管理水平。

2. 标准成本有助于“责任会计”的推行

由于标准成本的每个成本项目都采用单独的数量标准和价格标准，企业管理者可以及时掌握各成本项目的实际成本同预定目标之间差异的责任归属，从而可以分清各部门的责任。

3. 标准成本可以为正确地进行经营决策提供有用数据

标准成本可以为正确地进行经营决策提供有用数据。例如，在制定产品价格时，它可以作为定价基础，用于产品销售定价决策；在评价有关方案的经济效果时，它可以作为定量化成本决策分析的依据，用于对有关方案的鉴别与选优。

4. 简化日常的账务处理和期末的报表编制工作

在标准成本系统中，将标准成本和成本差异分别列示，材料、在产品和销售成本都可直接按标准成本入账，因而可以简化日常的账务处理和期末的报表编制工作。

14.2 标准成本核算

14.2.1 标准成本的确定

标准成本是由会计部门会同生产、采购、人事、行政管理、技术等有关责任部门，在对企业生产经营的具体条件进行认真分析研究的基础上共同制定的。

由于标准成本的准确性对标准成本系统的实施成效关系极大，因而在确定标准时，要求较全面地实行技术经济分析，以便为标准成本系统奠定有效性的、坚实的基础。

由于产品成本是由直接材料、直接人工和制造费用3个成本项目构成的，因而应根据这些成本项目的特点分别制定其标准成本。又鉴于标准成本总额是实际产量同单位标准成本的乘积，因而只需要确定单位产品各个成本项目的标准成本，就可很容易地计算出标准成本总额。⊖

如前文所述，单位产品的标准成本是单位产品标准消耗量和标准单价两因素的乘积，这两个因素可以分别称之为单位产品的“数量标准”和“价格标准”，因此在确定单位产品各个成本项目的标准成本时，需要分别确定其各自的“数量标准”和“价格标准”，这样有助于计算、分析实际成本与标准成本之间的差异及其产生的原因，并可以明确责任。

14.2.2 直接材料的标准成本确定

直接材料标准成本是指生产单位产品应耗用的材料成本的标准数，它包括直接材料数量标准（单位产品标准用料）和直接材料价格标准（标准单价）两部分。

1. 数量标准

直接材料数量标准，即单位产品的标准用料是指在现有生产技术条件下生产单位产品需用的材料数量，包括构成产品实体的材料、生产中必要的损耗和不可避免地产生一定废品所需要的材料等。制定数量标准时应按产品所需耗用的各种直接材料分别计算。

2. 价格标准

直接材料价格标准是指采购部门按供应单位的价格和运输距离、运输方式等因素预先确

⊖ 本书所讲的标准成本的确定，是指单位产品标准成本的确定。

定的各种材料的单价，包括买价和运杂费等。

制定了数量标准和价格标准，就可以确定直接材料的标准成本。直接材料标准成本计算公式如下：

$$直接材料标准成本 = \sum（单位产品的标准用料 \times 该材料的标准单价）$$

【例 14-1】假定某企业生产 A 产品仅需一种材料，甲材料。经过工程技术人员测定，生产每件 A 产品正常耗用甲材料 2.1 千克，生产过程允许损耗 0.2 千克，允许报废 0.2 千克。甲材料系外购取得，外购单价预计为每千克 9 元，运输费为每千克 0.7 元，装卸及搬运费为每千克 0.3 元。

根据所给资料，每件 A 产品耗用甲材料的标准成本制定如下：

$$单位产品标准用料 = 2.1 + 0.2 + 0.2 = 2.5（千克 / 件）$$

$$材料的标准单价 = 9 + 0.7 + 0.3 = 10（元 / 千克）$$

$$A 产品直接材料标准成本 = 2.5 千克 / 件 \times 10 元 / 千克 = 25（元 / 件）$$

14.2.3　直接人工的标准成本确定

直接人工标准成本是指生产单位产品所耗用的人工成本的标准数，它包括直接人工数量标准（单位产品标准工时）和直接人工价格标准（标准工资率）两部分。

1. 数量标准

直接人工的数量标准亦称单位产品标准工时，是指在现有生产技术条件下生产单位产品所需用的工作时间，包括对产品的直接加工所用工时、必要的间歇和停工时间以及不可避免的废品上所耗用的工时。

实际制定时，应先按零件及经过的工序、车间分别计算，然后再按产品加以汇总。

2. 价格标准

直接人工的价格标准亦称标准工资率，是指每一标准工时应分配的工资[⊖]，其计算公式如下：

$$标准工资率 = \frac{预计支付直接人工工资总额}{标准总工时}$$

标准总工时是指预计产量所需的直接人工标准总工时，其公式为：

$$标准总工时 = 预计产量 \times 单位产品标准工时$$

根据数量标准和价格标准就可以确定直接人工的标准成本。计算公式如下：

$$直接人工标准成本 = 单位产品标准工时 \times 标准工资率$$

【例 14-2】假定某企业生产每件 A 产品所需基本生产时间为 3.2 小时，允许休息时间为 0.7 小时，必要的整理时间为 0.1 小时，允许停工时间为 0.7 小时，允许的废品处理时间为 0.3 小时。每小时平均基本工资为 3 元，补贴为 1 元。

按所给资料，生产 A 产品的人工标准成本制定如下：

$$单位产品标准工时 = 3.2 + 0.7 + 0.1 + 0.7 + 0.3 = 5（小时 / 件）$$

$$标准工资率 = 3 + 1 = 4（元 / 小时）$$

⊖ 这里所确定的直接人工的价格标准，采用了计时工资制。如果企业采用计件工资制，则直接人工标准成本就是工资的计算单价。

A 产品直接人工标准成本 = 5 小时 / 件 ×4 元 / 小时 = 20（元 / 件）

14.2.4 制造费用的标准成本确定

由于制造费用按其性态可划分为变动性制造费用和固定性制造费用两部分，因此，制造费用的标准成本应分别确定。

1. 变动性制造费用标准成本的确定

变动性制造费用的标准成本与直接材料标准成本、直接人工标准成本相同，应分别确定数量标准和价格标准。

（1）数量标准。在变动性制造费用标准成本中，数量标准通常采用单位产品直接人工标准工时。有的企业采用机器工时或其他数量标准。[⊖]

（2）价格标准。变动性制造费用价格标准是变动性制造费用的标准分配率，即每一标准工时应负担的变动性制造费用标准。计算公式如下：

$$\text{变动性制造费用标准分配率}=\frac{\text{变动性制造费用预算总额}}{\text{标准总工时}}$$

根据变动性制造费用的数量标准和价格标准，就可以确定变动性制造费用的标准成本。计算公式如下：

$$\begin{matrix}\text{变动性制造}\\\text{费用标准成本}\end{matrix}=\begin{matrix}\text{单位产品直接}\\\text{人工标准工时}\end{matrix}\times\begin{matrix}\text{变动性制造费}\\\text{用标准分配率}\end{matrix}$$

【例 14-3】假定某企业在现有生产能力充分发挥的条件下，A 产品预计产量为 1 000 件，生产每件 A 产品所需直接人工标准工时为 5 小时，预计全年将发生变动性制造费用总额为 6 000 元。按所给资料，生产 A 产品的变动性制造费用标准成本制定如下：

单位产品标准工时 = 5（小时 / 件）

$$\text{变动性制造费用标准分配率}=\frac{6\ 000}{1\ 000\times5}=1.2\text{（元 / 小时）}$$

A 产品变动性制造费用标准成本 = 5 小时 / 件 ×1.2 元 / 小时 = 6（元 / 件）

2. 固定性制造费用标准成本的确定

固定性制造费用标准成本的确定，应根据采用的成本计算方法来确定。

如果采用变动成本计算法，则固定性制造费用以“期间成本”的形式，全额直接列入利润表，作为本期销售收入的一个扣减项目，因而不必在各产品之间进行分配。由于固定性制造费用以“期间成本”的形式全额直接列入利润表，作为本期销售收入的一个扣减项目，因此单位产品的标准成本中当然就不包括固定性制造费用。

如果采用完全成本计算法，固定性制造费用要通过分配计入单位产品的标准成本中。其分配方法与变动性制造费用基本相同。

（1）数量标准。在固定性制造费用标准成本中，数量标准通常也采用单位产品直接人工标准工时。

（2）价格标准。固定性制造费用价格标准是固定性制造费用标准分配率，即每一标准工

⊖ 这里的单位产品直接人工标准工时应与分配人工成本的标准工时相一致。如按机器小时的工作标准分配变动性制造费用，则其工时标准应按工艺技术文件加以制定。本书采用人工工时标准。

时应负担的固定性制造费用标准。计算公式如下：

$$固定性制造费用标准分配率=\frac{固定性制造费用预算总额}{标准总工时}$$

根据固定性制造费用的数量标准和价格标准，就可以确定固定性制造费用的标准成本。计算公式如下：

$$\begin{matrix}固定性制造\\费用标准成本\end{matrix}=\begin{matrix}单位产品直接\\人工标准工时\end{matrix}\times\begin{matrix}固定性制造费\\用标准分配率\end{matrix}$$

【**例 14-4**】假定某企业在现有生产能力充分发挥的条件下，A 产品预计产量为 1 000 件，生产每件 A 产品所需直接人工标准工时为 5 小时，预计全年将发生固定制造费用总额为 5 000 元。按所给资料，生产 A 产品的固定性制造费用标准成本制定如下：

$$单位产品直接人工标准工时=5（小时/件）$$

$$固定性制造费用标准分配率=\frac{5\ 000}{1\ 000\times 5}=1（元/小时）$$

$$A 产品固定性制造费用标准成本=5 小时/件\times 1 元/小时=5（元/件）$$

14.3　成本差异的计算及分析

14.3.1　成本差异的内容

成本差异是指实际成本与标准成本之间的差额。当实际成本超过标准成本所形成的差异叫作不利差异（unfavorable variance）、逆差或超支，一般在差异金额后面用字母“U”表示；当实际成本低于标准成本所形成的差异，叫作有利差异（favorable variance）、顺差或节约，一般在差异金额后面用字母“F”表示。

成本差异包括直接材料成本差异、直接人工成本差异和制造费用差异 3 部分。其中，制造费用差异又可分为变动性制造费用差异和固定性制造费用差异。

成本差异对管理当局而言，是一种重要“信号”，可据此发现问题，具体分析差异形成的原因及其责任。

14.3.2　变动成本差异计算的通用模式

变动成本是单位变动成本与业务量的乘积。在计算各个变动成本项目的实际成本与标准成本时，均采用实际产量作为业务量指标，以保证两者之间的可比性。实际成本与标准成本二者之间的差异实质上是由单位产品的实际成本与标准成本的不同而引起的。

如前文所述，单位产品各成本项目的标准成本均具有“数量标准”和“价格标准”两项因素。标准成本总额同样具有这两项因素，即“标准数量”与“标准价格”之乘积。标准数量就是实际产量与单位标准数量的乘积，计算公式如下：

$$\begin{aligned}标准成本总额&=标准数量\times 标准价格\\&=（实际产量\times 单位标准数量）\times 标准价格\end{aligned}$$

实际成本总额同样有“数量”和“价格”两个因素。实际成本总额是根据实际数量和实际价格计算的，计算公式如下：

实际成本总额 = 实际数量 × 实际价格

= (实际产量 × 单位实际数量) × 实际价格

在变动成本法下，由于直接材料、直接人工、变动性制造费用这三大成本项目的标准成本计算都可以归纳为“标准数量 × 标准价格”，实际成本的计算也可以归纳为“实际数量 × 实际价格”，因此这三大成本项目的成本差异就是各成本项目的实际成本总额与标准成本总额之间的差异。

尽管直接材料、直接人工、制造费用这三大成本项目的计算各有其特点，发生的差异名称也各不相同，但都可以归纳为由数量因素形成的差异，即数量差异，与由价格因素形成的差异，即价格差异两大类。在此，我们采用连环替代法[⊖]导出三大变动成本项目的“成本差异计算的通用模式”。变动成本差异计算的通用模式推导过程如下：

标准数量 × 标准价格 ①

实际数量 × 标准价格（第 1 次替代） ②

实际数量 × 实际价格（第 2 次替代） ③

由此得：

② − ① = 数量差异

= 实际数量 × 标准价格 − 标准数量 × 标准价格

= (实际数量 − 标准数量) × 标准价格

③ − ② = 价格差异

= 实际数量 × 实际价格 − 实际数量 × 标准价格

= (实际价格 − 标准价格) × 实际数量

③ − ① = 总差异

= 实际数量 × 实际价格 − 标准数量 × 标准价格

= 数量差异 + 价格差异

14.3.3 直接材料成本差异的计算、控制与分析

下面结合一个例子，按照成本差异计算的通用模式，对三大变动成本项目的数量差异和价格差异进行计算与分析。

首先计算、分析直接材料成本差异。

【例 14-5】某企业 A 产品的预计产量为 1 000 件，根据各个项目的标准成本编制的单位产品标准成本单，如表 14-1 所示。

表 14-1 单位产品标准成本单

成本项目	标准数量	标准价格	标准成本
直接材料	2.5 千克 / 件	10 元 / 千克	25 元
直接人工	5 小时 / 件	4 元 / 小时	20 元
制造费用			
其中：变动费用	5 小时 / 件	1.2 元 / 小时	6 元
固定费用	5 小时 / 件	1 元 / 小时	5 元
单位产品标准成本	—	—	56 元

⊖ 连环替代法是用来确定几个相互联系的因素对分析对象的影响程度的一种分析方法。采用这种方法的出发点在于，当有若干因素对分析对象发生影响作用时，假定其他各个因素都无变化，顺序确定每一个因素单独变化所产生的影响。这种方法有 4 种特性：因素分解的关联性、因素替代的顺序性、顺序替代的连环性、计算结果的假定性。

该企业本月生产 A 产品 800 件，实际的单位成本如表 14-2 所示。

表 14-2　单位产品实际成本单

成本项目	实际数量	实际价格	实际成本
直接材料	2.8 千克 / 件	9 元 / 千克	25.2 元
直接人工	5.5 小时 / 件	3.9 元 / 小时	21.45 元
制造费用			
其中：变动费用	5.5 小时 / 件	0.8 元 / 小时	4.4 元
固定费用	5.5 小时 / 件	1.2 元 / 小时	6.6 元
单位产品标准成本	—	—	57.65 元

1. 直接材料成本差异的计算

直接材料成本差异是指产品的直接材料实际成本与直接材料标准成本之间的差额。其计算公式为：

直接材料成本差异 = 直接材料实际成本 − 直接材料标准成本
= （实际用料 × 实际单价）−（标准用料 × 标准单价）

直接材料成本差异是由直接材料数量差异和直接材料价格差异两部分构成。直接材料成本差异也可以用下列公式表示：

直接材料成本差异 = 直接材料数量差异 + 直接材料价格差异

（1）直接材料数量差异的计算。直接材料数量差异是指生产过程中材料的实际耗用量与标准耗用量之间的差额。其计算公式为：

直接材料数量差异 =（实际用料 − 标准用料）× 标准单价

上式中的材料标准用料的计算公式如下：

材料标准用料 = 实际产量 × 单位产品的标准用料

根据例 14-5 的资料，该企业生产 A 产品耗用材料的数量差异计算如下：

直接材料数量差异 = $(800\times2.8-800\times2.5)\times10$
= 2 400（元）(U)

（2）直接材料价格差异的计算。直接材料价格差异是指在实际的材料用量下，材料的实际价格与标准价格之间的差额。其计算公式为：

直接材料价格差异 =（实际单价 − 标准单价）× 实际用料

根据例 14-5 的资料，该企业生产 A 产品耗用材料的价格差异计算如下：

直接材料价格差异 = $(9-10)\times800\times2.8$
= −2 240（元）(F)

2. 直接材料成本差异的控制与分析

直接材料成本差异的控制与分析可根据计算出的直接材料成本的数量差异和价格差异分别进行。

（1）直接材料数量差异的控制与分析。当直接材料差异确定后，应进一步查明差异产生的原因及责任，才能在成本控制中发挥应有的作用。

一般说来，直接材料数量差异应由控制用料的生产部门负责。如果发生了有利差异，可能是由于加工技术有了改进、设备工具进行了更新等原因；如果发生了不利差异，可能是由于生产中材料损失浪费增加、废品增多、设备工具陈旧等原因造成的。

当然除了生产部门以外，其他部门也有可能承担材料数量差异的责任。例如，因材料质量低劣而增加了废品、因材料不符合要求而大材小用等原因所引起的过量用料，就应该由采购部门负责。因设备年久失修，造成大量的“跑、冒、滴、漏”现象，以致出现材料数量差异，则应由设备维修部门负责。

（2）直接材料价格差异的控制与分析。直接材料价格差异一般应由采购部门负责。因为对材料购买价格的高低、采购费用的高低、采购批量、交货方式、运输工具、材料质量、购货折扣等，采购部门大体上是可以控制的。

如果采购部门能按照制定标准时的预期水准严格加以控制，就不会出现价差。但是，有些导致材料价格出现差异的因素，会超出采购部门的控制范围。例如，因市场供求关系变化所引起的价格变动，国家对原材料价格的调整，因临时性需要进行紧急采购而改变了运输方式（如由陆运改为空运）等，使得原材料不能按原计划进行采购。为此，对出现的材料价格差异，一定要深入调查研究，查明差异产生的真正原因，以便分清各有关部门的经管责任。

14.3.4 直接人工成本差异的计算、控制与分析

1. 直接人工成本差异的计算

直接人工成本差异是指直接人工实际成本与直接人工标准成本之间的差额。其计算公式如下：

直接人工成本差异 =（实际工时 × 实际工资率）-（标准工时 × 标准工资率）

直接人工成本差异是由直接人工数量差异（效率差异）和直接人工价格差异（工资率差异）两部分构成。也可用下列公式表示：

直接人工成本差异 = 直接人工效率差异 + 直接人工工资率差异

（1）直接人工数量差异的计算。直接人工数量差异亦称直接人工效率差异，是指直接人工实际工作时数与标准工作时数之间的差额。其计算公式为：

直接人工效率差异 =（实际工时 - 标准工时）× 标准工资率

上式中的“标准工时”，根据下列公式计算：

标准工时 = 实际产量 × 单位产品直接人工标准工时

根据例 14-5 的资料，该企业生产 A 产品的直接人工效率差异计算如下：

$$直接人工效率差异 = (800\times5.5-800\times5)\times4 = 1\,600\ (元)(U)$$

（2）直接人工价格差异的计算。直接人工价格差异亦称直接人工工资率差异，是指直接人工的实际工资率与标准工资率之间的差额。其计算公式为：

直接人工工资率差异 =（实际工资率 - 标准工资率）× 实际工时

$$实际工资率 = \frac{实际支付的直接人工工资总额}{实际总工时}$$

根据例 14-5 的资料，该企业生产 A 产品的直接人工工资率差异计算如下：

$$直接人工工资率差异 = (3.9-4)\times5.5 = -440\ (元)(F)$$

2. 直接人工成本差异的控制与分析

直接人工成本差异的控制与分析可根据计算出的直接人工数量差异（效率差异）和直接人工价格差异（工资率差异）分别进行。

（1）直接人工数量差异的控制与分析。直接人工数量差异（效率差异）的影响因素很多，主要有工人技术的熟练程度和劳动态度、加工设备的保养及完好程度、能源供应保证程度、

被加工材料质量、作业计划安排得是否周密、工作环境是否良好等。

人工效率差异的责任基本上应由生产部门负责，但如果由于采购部门购买了不合格的材料，或因机器维修、工艺调整、停水停电等生产部门无法控制的因素而导致人工效率差异出现不利情况，则应由各经管部门负责。

（2）直接人工价格差异的控制与分析。直接人工价格差异（工资率差异）的成因较为复杂，但多数为人工代用差异。例如，用高技术等级、工资级别高的工人去做技术要求不高的工作，就会出现不利的工资率差异；反之，在高层次的岗位上安排了学徒工顶岗，就会出现有利的工资率差异。这种差异应由生产部门或劳动人事部门负责。总之，要控制工资率差异，就必须尽量避免“大材小用”或“高职低就”的现象，力求做到“按才定岗”，合理配置人力资源。

14.3.5　变动性制造费用成本差异的计算、控制与分析

1. 变动性制造费用成本差异的计算

变动性制造费用成本差异是指产品的实际变动性制造费用与标准变动性制造费用之间的差额。其计算公式为：

变动性制造费用差异 =（实际工时 × 实际分配率）−（标准工时 × 标准分配率）

变动性制造费用差异由变动性制造费用数量差异（效率差异）和变动性制造费用价格差异（开支差异）两部分组成。因此，变动性制造费用差异也可用下式表示：

变动性制造费用差异 = 变动性制造费用效率差异 + 变动性制造费用开支差异

（1）变动性制造费用数量差异的计算。变动性制造费用数量差异亦称变动性制造费用效率差异，是指在标准分配率基础上，按生产实际工时计算的变动性制造费用与按标准工时计算的变动性制造费用之间的差额。它类似于材料数量差异和直接人工效率差异，计算公式如下：

变动性制造费用效率差异 =（实际工时 − 标准工时）× 标准分配率

根据例 14-5 的资料，该企业生产 A 产品的变动性制造费用效率差异计算如下：

变动性制造费用效率差异 = $(800\times5.5-800\times5)\times1.2=480$（元）(U)

（2）变动性制造费用价格差异的计算。变动性制造费用价格差异亦称变动性制造费用开支差异，是指实际发生的变动性制造费用数额与按实际工时计算的标准变动性制造费用数额之间的差额。它类似于材料价格差异和直接人工工资率差异。

变动性制造费用开支差异 =（实际分配率 − 标准分配率）× 实际工时

上式中的“实际分配率”的计算公式如下：

$$实际分配率=\frac{变动性制造费用实际支出总额}{实际工时}$$

根据例 14-5 的资料，该企业生产 A 产品的变动性制造费用开支差异计算如下：

变动性制造费用开支差异 = $(0.8-1.2)\times800\times5.5=-1\ 760$（元）(F)

2. 变动性制造费用差异的控制与分析

变动性制造费用是一个综合性费用项目，直接根据前述计算结果，不便于对变动性制造费用进行考核及原因分析。

在实际工作中，通常先为它编制变动性制造费用弹性预算，然后将弹性预算的明细项目与同类项目的实际发生数进行对比分析，从而找出差异的原因及责任归属。

14.3.6 固定性制造费用差异的计算、控制与分析

1. 固定性制造费用差异的计算

固定制造费用总额在相关范围内不会因业务量的变动而变动，因而对于固定制造费用通常是采用编制固定预算的方式进行总额控制，同时对固定制造费用的实际总额与预算总额进行比较，确定其差异。

但由于单位产品中负担的固定制造费用与业务量的增减成反比例变动，即使固定制造费用的实际发生数与预算数相等，没有差异总额产生，也会因为实际产量与预计产量的不一致，使得单位产品所分摊的固定制造费用的预算额与实际额不同而产生差异，进而导致单位产品成本的差别，这种差异也需要进行计算、控制与分析。

在完全成本法下制定标准成本时，对于固定制造费用首先应计算出固定制造费用标准分配率。其计算公式如下：

$$\text{固定制造费用标准分配率}=\frac{\text{固定制造费用预算总额}}{\text{标准总工时}}$$

公式中的标准工时是指预计产量应耗的标准工时，即是预计产量与单位标准工时之乘积。

固定性制造费用差异的计算具体有两因素法和三因素法两种方法。

（1）两因素法。在计算固定性制造费用差异时，两因素法只计算和分析预算差异和能量差异两个因素的影响。

1）预算差异。预算差异指固定性制造费用的实际支付数与预算数之间的差额。其计算公式如下：

$$\text{固定性制造费用预算差异}=\text{固定性制造费用实际支付数}-\text{固定性制造费用预算数}$$

2）能量差异。能量差异指在固定性制造费用标准分配率下，按预计产量工时计算的标准固定性制造费用与按实际产量应耗标准工时计算的固定性制造费用之间的差额。其计算公式如下：

$$\begin{aligned}\begin{matrix}\text{固定性制造费}\\\text{用能量差异}\end{matrix}&=\begin{matrix}\text{固定性制造费}\\\text{用标准分配率}\end{matrix}\times\left(\text{标准总工时}-\begin{matrix}\text{实际产量应}\\\text{耗标准工时}\end{matrix}\right)\\&=\begin{matrix}\text{固定性制造费}\\\text{用标准分配率}\end{matrix}\times\left(\text{预计产量}\times\begin{matrix}\text{单位产品}\\\text{标准工时}\end{matrix}-\text{实际产量}\times\begin{matrix}\text{单位产品}\\\text{标准工时}\end{matrix}\right)\end{aligned}$$

上式中，“固定性制造费用标准分配率 × 标准总工时”即是固定性制造费用的预算金额。

该差异的基本特点可概述如下：

- 若预计产量等于实际产量，则没有能量差异。
- 若预计产量大于实际产量，则能量差异为不利差异，表示计划生产能力尚未得到充分利用，单位固定性制造费用的实际数较之预算数会较高。
- 若预计产量小于实际产量，则能量差异为有利差异，表示计划生产能力已得到充分利用，单位固定性制造费用的实际数较之预算数会较低。

根据例 14-5 的资料，假定该企业本月固定性制造费用预算总额为 5 000 元，实际支付的固定性制造费用为 5 280 元，标准总工时为 5 000 小时（1 000 × 5），实际耗用工时 4 400 小时（800 × 5.5），实际产量应耗标准工时为 4 000 小时（800 × 5）。其有关差异的计算如下：

$$\text{固定性制造费用标准分配率}=5\,000\div5\,000=1\text{（元 / 小时）}$$

$$\text{预算差异}=5\,280-5\,000=280\text{（元）(U)}$$

$$能量差异 = 1 \times (5\,000-4\,000) = 1\,000\ (元)(U)$$

$$总差异 = 280 + 1\,000 = 1\,280\ (元)(U)$$

（2）三因素法。在计算固定性制造费用差异时，三因素法需计算并分析开支差异、效率差异和生产能力利用差异 3 个因素的影响。

1）开支差异。开支差异也可称为“耗费差异”，即二因素法中的预算差异。其计算公式如下：

$$\begin{matrix}固定性制造费\\用预算差异\end{matrix} = \begin{matrix}固定性制造费\\用实际支付数\end{matrix} - \begin{matrix}固定性制造\\费用预算数\end{matrix}$$

2）效率差异。效率差异的计算公式如下：

$$\begin{matrix}固定性制造费\\用效率差异\end{matrix} = \begin{matrix}固定性制造费\\用标准分配率\end{matrix} \times \left(\begin{matrix}实际耗\\用工时\end{matrix} - \begin{matrix}实际产量应\\耗标准工时\end{matrix}\right)$$

3）生产能力利用差异。生产能力利用差异的计算公式如下：

$$\begin{matrix}固定性制造费用\\生产能力利用差异\end{matrix} = \begin{matrix}固定性制造费\\用标准分配率\end{matrix} \times \left(\begin{matrix}标准总\\工时\end{matrix} - \begin{matrix}实际耗用\\总工时\end{matrix}\right)$$

固定性制造费用的效率差异与生产能力利用差异之和即是二因素法中的能量差异。

将前例资料中的相关数据代入上述公式，其有关差异的计算如下：

$$开支差异 = 5\,280-5\,000 = 280\ (元)(U)$$

$$固定性制造费用效率差异 = 1 \times (4\,400-4\,000) = 400\ (元)(U)$$

$$固定性制造费用生产能力利用差异 = 1 \times (5\,000-4\,400) = 600\ (元)(U)$$

$$固定性制造费用总差异 = 280 + 400 + 600 = 1\,280\ (元)(U)$$

从以上两种方法的计算公式与计算结果可以看出，二因素法和三因素法在实质上并无差别。

2. 固定性制造费用成本差异的控制与分析

固定制造费用同样是一个综合性的费用项目，对固定制造费用的分析和控制仅仅反映一个预算总差异是不够的。为了较准确地查明差异产生的原因及责任，必须按固定制造费用明细项目编制“实绩报告”，将预算发生数与实际发生数进行对比，以便逐项分析原因及责任，做到公正而又恰当。

14.4　成本差异的账务处理

14.4.1　标准成本会计的账户体系

1. 标准成本会计的有关账户

会计账户是进行账务处理的必要工具。实行标准成本会计，必须设置和运用一系列账户，这些账户可以分为两大类。一类是进行基本业务处理的有关财务会计的账户，如“原材料”“应付职工薪酬”“库存商品”“生产成本”或“在产品”“主营业务成本”等；另一类是专门用来归集日常计算出来的成本差异的管理会计账户。根据不同的成本项目分别设置成本差异账户，如直接材料数量差异和价格差异、直接人工效率差异和工资率差异、变动性制造费用效率差异和开支差异、固定性制造费用预算差异和能量差异（若采用三因素法，则为预算差异、效率差异和生产能力利用差异）和成本差异净额等账户。

2. 标准成本会计制度下账务处理的特点

标准成本会计制度下的账务处理一般具有以下三方面的特点：

（1）在标准成本会计制度下，“原材料”“生产成本”或“在产品”“库存商品”“主营业务成本”等主要账户无论是借方还是贷方，均按实际产量的标准成本入账。

（2）根据各种成本差异的名称，分别建立专门的成本差异账户，用来登记实际发生的差异。借方登记不利差异，贷方登记有利差异，以便日常据以控制和考核各项成本指标。

（3）每月月终，企业应根据各种成本差异账户的借方或贷方余额，将所有差异进行汇总，编制“成本差异汇总表”，并计算成本差异净额。

3. 成本差异的处理方法

成本差异有两种处理方法，分述如下：

（1）将成本差异净额按标准成本比例分配给在产品、完工产品和本期已销售的产品。采用这种方法的理由是：本期发生的成本差异与上述三者均有关系，这样分配差异后，使资产负债表上的存货项目及利润表上的销售成本项目反映的都是实际成本。

该方法的缺点是发生的超支或浪费将虚增资产负债表上的产成品、在产品、原材料等资产的价值，而节约将虚减这些资产的价值。而且，分摊会增加核算工作量。

（2）将成本差异净额全部计入当期损益，不再分配给在产品和产成品。在这种处理方法下，资产负债表中的“在产品”项目和“库存商品”项目只反映标准成本。

采用这种方法的理由是：标准成本是采用科学的方法严密计算确定的，故出现的差异净额不会很大。如果标准制定不合理，差异净额很大，那么应当是修订标准，以使其符合实际，而不是去分配差异。本期发生的成本差异是本期成本控制的功过，应当全部体现在本期的损益之中，只有这样，才能使各期的利润如实地反映各期生产经营工作的全部成效。因此，期末资产负债表中的在产品项目和产成品项目以标准成本计价能较为真实地反映资产的价值，避免因差异而造成波动，另外也可以简化核算工作量。目前，实行标准成本会计的现代企业中，对成本差异净额的处理一般采用这种方法。

14.4.2 成本差异账务处理：示例

某企业成本差异的账务处理过程如下：

1. 直接材料的会计处理

直接材料的会计处理包括购入材料以及领用材料的处理。

（1）购入生产所需原材料。假定某企业月初购入甲材料 2 240 千克，实际单价 9 元，标准单价 10 元。实际总成本为 20 160 元。货款已付，分录为：

	借方	贷方
借：原材料——甲材料	22 400	
贷：银行存款		20 160
材料价格差异		2 240

购入材料时，按实际总成本办理货款结算，按标准成本总额作为原材料入账价值。实际总成本与标准总成本的差额计入材料成本价格差异账户。当实际总成本大于标准总成本时产生的差额为不利差异，计入“材料成本价格差异”账户的借方；当实际总成本小于标准总成本时产生的差额为有利差异，计入“材料成本价格差异”账户的贷方。本例中，实际总成本比标准总成本小 2 240 元，为有利差异。该项价格差异由采购部门负责分析。

（2）领用材料。假定某企业本月生产 A 产品 800 件，单位 A 产品实耗甲材料 2.8 千克，直接材料实际总成本为 2 240 元，单位 A 产品消耗甲材料标准数量为 2.5 千克，材料标准单价为 10 元，则材料数量差异计算如下：

$$材料数量差异 =（800\times2.8-800\times2.5）\times10 = 2\,400（元）(U)$$

根据计算结果编制会计分录如下：

借：生产成本（或在产品）　　20 000
　　材料数量差异　　2 400
　贷：原材料——甲材料　　22 400

2. 直接人工的会计处理

某企业本月生产 A 产品 800 件，应耗直接人工标准成本 16 000 元，实际耗用直接人工成本 17 160 元，实际与标准的总差异为 1 160 元，为不利差异。经计算，其中直接人工工资率差异为 440 元的有利差异，直接人工效率差异为 1 600 元的不利差异。会计分录编制如下：

借：生产成本（或在产品）　　16 000
　　直接人工效率差异　　1 600
　贷：直接人工工资率差异　　440
　　　应付职工薪酬　　17 160

3. 变动性制造费用的会计处理

某企业本月生产 A 产品 800 件，变动性制造费用支出的标准成本总额为 4 800 元，实际支出总额为 3 520 元，实际与标准的总差异为 1 280 元，为有利差异。

经计算，其中变动性制造费用开支差异为 1 760 元的有利差异，变动性制造费用效率差异为 480 元的不利差异。编制会计分录如下：

借：生产成本（或在产品）　　4 800
　　变动性制造费用效率差异　　480
　贷：变动性制造费用开支差异　　1 760
　　　变动性制造费用　　3 520

4. 固定性制造费用

某企业本月生产 A 产品 800 件，固定性制造费用支出的标准成本总额为 4 000 元，实际发生的固定性制造费用总额为 5 280 元，实际与标准之间的总差异为 1 280 元的不利差异。经计算，其中固定性制造费用开支差异为 280 元的不利差异，固定性制造费用生产能力利用差异为 600 元不利差异，固定性制造费用效率差异为 400 元的不利差异。编制会计分录如下：

（1）按完全成本法。

借：生产成本（或在产品）　　4 000
　　固定性制造费用开支差异　　280
　　固定性制造费用生产能力利用差异　　600
　　固定性制造费用效率差异　　400
　贷：固定性制造费用　　5 280

（2）按变动成本法。

借：期间成本 4 000
　　固定性制造费用开支差异 280
　　固定性制造费用生产能力利用差异 600
　　固定性制造费用效率差异 400
　贷：固定性制造费用 5 280

5. 完工产品入库

假定某企业本月生产 800 件 A 产品，全部完工，并且没有期初在产品。根据“在产品”丁字账借方发生额计算生产成本，再进行完工产品成本结转。根据“在产品”丁字账编制会计分录如下：

（1）按完全成本法。

借：库存商品 44 800
　贷：生产成本（或在产品） 44 800

（2）按变动成本法。

借：库存商品 40 800
　贷：生产成本（或在产品） 40 800

生产成本（或在产品）
（完全成本法）

借		贷	
材料	20 000	完工转出	44 800
人工	16 000		
变动性制造费用	4 800		
固定性制造费用	4 000		
本月发生额合计	44 800	本月发生额合计	44 800
月末结余额	0		

生产成本（或在产品）
（变动成本法）

借		贷	
材料	20 000	完工转出	40 800
人工	16 000		
变动性制造费用	4 800		
本月发生额合计	40 800	本月发生额合计	40 800
月末结余额	0		

6. 产品出售的会计处理

假设某企业本月出售 A 产品 700 件，A 产品售价 100 元，销售收入为 70 000 元，货款收存银行。编制会计分录如下：

借：银行存款 70 000
　贷：主营业务收入 70 000

7. 结转已销产品生产成本的会计处理

在生产 800 件，销售 700 件的前提下，应编制的会计分录如下：

（1）按完全成本法（单位成本 56 元 / 件 = 44 800 元 ÷800 件）。

借：主营业务成本　　39 200
　贷：库存商品　　39 200

（2）按变动成本法（单位成本 51 元 / 件 = 40 800 元 ÷800 件）。

借：主营业务成本　　35 700
　贷：库存商品　　35 700

8. 成本差异汇总

月终，该企业根据各个成本差异账户的月末余额编制“成本差异汇总表”，计算成本差异净额，如表 14-3 所示。

根据“成本差异汇总表”，编制会计分录如下：

借：成本差异净额　　1 320
　　材料价格差异　　2 240
　　直接人工工资率差异　　440
　　变动性制造费用开支差异　　1 760
　贷：材料数量差异　　2 400
　　　直接人工效率差异　　1 600
　　　变动性制造费用效率差异　　480
　　　固定性制造费用开支差异　　280
　　　固定性制造费用生产能力利用差异　　600
　　　固定性制造费用效率差异　　400

表 14-3　某公司成本差异汇总表　（单位：元）

差异项目	借方余额（不利差异）	贷方余额（有利差异）
直接材料价格差异	—	2 240
直接材料数量差异	2 400	—
直接人工工资率差异	—	440
直接人工效率差异	1 600	—
变动性制造费用开支差异	—	1 760
变动性制造费用效率差异	480	—
固定性制造费用开支差异	280	—
固定性制造费用生产能力利用差异	600	—
固定性制造费用效率差异	400	—
本月成本差异发生额合计	5 760	4 440
成本差异净额	1 320	—

9. 结转成本差异净额

某企业采用将“成本差异净额”全部转入当月损益的方式（不利差异用蓝字，有利差异用红字），会计分录编制如下：

借：主营业务成本　　　　　　　　　　　　　　　　　　1 320
　　贷：成本差异净额　　　　　　　　　　　　　　　　　　　　1 320

如果“成本差异净额”分别由存货和销售成本负担，则分录格式为：

借：原材料　　　　　　　　　　　　　　　　　　　　　×××
　　生产成本（或在产品）　　　　　　　　　　　　　　×××
　　库存商品　　　　　　　　　　　　　　　　　　　　×××
　　主营业务成本　　　　　　　　　　　　　　　　　　×××
　　贷：成本差异净额　　　　　　　　　　　　　　　　　　　　×××

10. 月终编制利润表

假定某企业本月生产 A 产品 800 件，销售 A 产品 700 件，发生销售费用 5 200 元（其中，变动销售费用为 3 200 元，固定销售费用 2 000 元），管理费用 3 000 元（其中，变动管理费用　2 000 元，固定管理费用 1 000 元），利息支出 1 500 元。分别采用完全成本法和变动成本法编制利润表如下（见表 14-4 与表 14-5）。

表 14-4　某公司利润表

（按完全成本法计算）　　　　（单位：元）

项目	金额	
主营业务收入	70 000	
减：主营业务成本		
期初存货成本		0
加：本期生产成本		44 800
减：期末存货成本		5 600（=56 × 100）
主营业务成本（标准）		39 200
加：成本差异净额		1 320
主营业务成本（实际）	40 520	
毛利	29 480	
减：销售费用	5 200	
管理费用	3 000	
财务费用	1 500	
税前净利	19 780	

表 14-5　某公司利润表

（按变动成本法计算）　　　　（单位：元）

项目	金额	
主营业务收入	70 000	
减：变动成本		
期初存货成本		0
加：本期变动生产成本		40 800
减：期末存货成本		5 100（=51 × 100）
主营业务成本合计	35 700	
变动销售费用	3 200	
变动管理费用	2 000	
贡献毛益（标准）	29 100	
减：成本差异净额	1 320	
贡献毛益（实际）	27 780	
减：固定成本		

（续）

项目	金额
固定制造费用	4 000
固定销售费用	2 000
固定管理费用	1 000
财务费用	1 500
税前净利	19 280

▶本章小结

标准成本系统是进行成本计划和控制的系统，包括标准成本的制定、成本差异的计算和分析、差异的账务处理 3 个部分。标准成本是数量标准与价格标准的乘积，所以各变动成本项目的成本差异归纳为由数量因素形成的差异（即数量差异）和由价格因素形成的差异（即价格差异）两大类，而固定性制造费用成本差异的计算有两因素法和三因素法。

▶思考题

1. 什么是标准成本？
2. 标准成本的特点是什么？
3. 标准成本分为几大类？
4. 标准成本系统的作用是什么？
5. 标准成本系统为什么能简化账务处理工作？
6. 成本差异计算的通用模式是什么？
7. “材料价格差异应由采购部门负责，数量差异应由生产部门负责。”这句话对不对？为什么？
8. 一个完整的标准成本系统主要由哪几个部分组成？它的账务处理有哪些特点？

▶自测题

自测题 14-1

单项选择题

1. 在标准成本制度下，分析计算各成本项目价格差异的用量基础是（　　）。
   A. 标准产量下的标准用量　　B. 实际产量下的标准用量
   C. 标准产量下的实际用量　　D. 实际产量下的实际用量
2. 固定制造费用的生产能力利用差异，是（　　）。
   A. 未能充分使用现有生产能量而形成的差异
   B. 实际工时未达到标准生产能量而形成的差异
   C. 实际工时脱离标准工时而形成的差异
   D. 固定制造费用的实际金额脱离预算金额而形成的差异
3. 当实际成本大于标准成本时，其成本差异为（　　）。
   A. 正数，称为有利差异　　B. 负数，称为有利差异
   C. 正数，称为不利差异　　D. 负数，称为不利差异

4. 某企业本年 1 月实际生产 100 件 A 产品，实耗工时 2 100 小时，变动制造费用实际分配率 0.48 元，标准分配率 0.5 元，直接人工标准为 20 小时，变动制造费用耗费差异为（　　）。

A. 8 元　　B. −42 元　　C. 50 元　　D. −50 元

5. 某企业生产 B 产品的实耗工时为 45 125 小时，实际产量标准工时为 47 500 小时，预算产量的标准小时为 50 000 小时，固定制造费用标准分配率为 0.64 元，则固定制造费用效率差异为（　　）。

A. −2 000 元　　B. −1 520 元　　C. 1 600 元　　D. 3 120 元

多项选择题

1. 固定制造费用的三种成本差异是指（　　）。

A. 效率差异　　B. 开支差异　　C. 价格差异　　D. 生产能力利用差异

2. 在确定直接人工正常标准成本时，标准工时包括（　　）。

A. 直接加工操作必不可少的时间　　B. 必要的工间休息

C. 调整设备时间　　D. 不可避免的废品耗用工时

3. 直接材料价格差异产生的原因可能是（　　）。

A. 进料数量未按经济批量采购　　B. 因未能在折扣期内付款而放弃现金折扣

C. 购入质量低劣的材料　　D. 人为的挪用盗窃

4. 由（　　）造成的人工效率差异，应当由生产部门负责。

A. 工人调配不当　　B. 加工的材料不适用

C. 工人不熟悉工作环境　　D. 设备故障，停工待修

5. 在进行标准成本差异分析时，通常把变动成本差异分为价格脱离标准造成的价格差异和用量脱离标准造成的数量差异两种类型。下列标准成本差异中，通常应由生产部门负责的有（　　）。

A. 直接材料的价格差异　　B. 直接人工的数量差异

C. 变动制造费用的价格差异　　D. 变动制造费用的数量差异

判断题

1. 在材料成本差异分析中，价格差异总金额是根据单价偏差乘以“实际”用量计算的，而用量差异总金额却是根据单耗偏差乘以“标准”价格计算的。（　　）

2. 理想的标准成本是实际工作中广泛使用的标准成本。（　　）

3. 三大变动成本项目的成本差异，均可分为“数量差异”和“价格差异”两部分。（　　）

4. 正常标准成本从数额上看，它应当大于理想标准成本，但小于历史标准成本。（　　）

5. 直接人工标准工时包括直接加工操作必不可少的时间，不包括各种原因引起的停工工时。（　　）

自测题 14-2

目的：掌握成本差异的计算。

资料：A 企业采用标准成本法。其 A 产品的正常生产能量为 1 000 件，单位产品标准成本如练习题表 1 所示。

练习题表 1　单位产品标准成本卡（A 产品）

直接材料	0.1 千克 ×150 元 / 千克	15 元
直接人工	5 小时 ×4 元 / 小时	20 元
制造费用：		
其中：变动费用	6 000 元 ÷1 000 件	6 元 / 件
固定费用	5 000 元 ÷1 000 件	5 元 / 件
单位产品标准成本	—	46 元

本月生产 A 产品 800 件，实际单位成本为：

直接材料	0.11 千克 ×140 元 / 千克	15.4 元
直接人工	5.5 小时 ×3.9 元 / 小时	21.45 元
制造费用：		
其中：变动费用	4 000 元 ÷800 件	5 元 / 件
固定费用	5 000 元 ÷800 件	6.25 元 / 件
单位产品实际成本		48.1 元

要求：

（1）计算直接材料成本差异。

（2）计算直接人工成本差异。

（3）计算变动制造费用差异。

（4）分别采用二因素法、三因素法，计算固定制造费用差异。

第15章

责任会计

学习目标

1. 了解分权管理模式和集权管理模式的特点
2. 熟悉责任会计产生的背景
3. 掌握责任会计的基本内容及建立责任会计应遵循的原则
4. 掌握成本中心、利润中心与投资中心的特征和考核方法
5. 掌握内部转移价格的类型、制定方法和适用范围

15.1 责任会计概述

15.1.1 分权管理与责任会计

1. 分权管理模式

责任会计产生于 20 世纪 20 年代。第二次世界大战后，随着经济发展的国际化趋势和企业竞争的加剧，企业经营呈现多元化的特点，经营规模不断扩大。由此导致企业组织机构复杂，内部管理层次繁多，管理效率和决策的及时性以及有效性有所降低。特别是涌现出来的大量跨国公司，其分支机构遍布世界各地，业务领域涵盖范围广阔，更增加了内部管理的难度。

在这种环境下，企业最高管理层在内部管理上普遍出现了严重的困难，无法及时了解企业组织的所有生产经营活动，决策指令的传递需要经过各个烦琐的环节，实际经济活动的信息在向最高管理层进行反馈的过程中产生了严重的扭曲，由此导致企业对外部环境的反应迟钝，企业整体管理效率降低。因此，传统的集权管理模式已无法满足迅速变化的外部环境的要求，越来越多的企业开始采用分权管理模式代替集权管理模式。

2. 分权管理模式的特征

分权管理模式不同于将所有的决策权都集中于企业最高管理层次的集权管理模式，它进行分权管理，将生产经营的决策权在不同层次的管理人员之间进行适当的分配，将决策权以及相应的经济责任授予不同管理层次的管理人员，以对日常经营活动及时做出正确有效的决

策，适应迅速变化的外部环境，提高企业的经营和管理效率。

在分权管理模式下，基层管理人员可以利用自身的专业知识以及熟悉业务情况的优势，迅速对外部环境的变化做出正确反应，从而提高决策的效用，由此形成不同管理层次的管理人员的合理分工，减轻高层管理者的工作负担。

基层管理人员主要负责自身所管辖业务和职能范围内日常经营管理活动，高级管理人员则专注于企业长远战略规划的设计以及对企业的宏观控制。在提高工作效率和工作质量的同时，分权管理模式也有利于激励基层管理人员的积极性和创造性。

3. 责任会计的产生

分权管理模式下，企业内部形成了多个具备一定决策权力的相对独立的责任单位。各个责任单位之间既具有某种程度的相互依存性，又具有相对的独立性。因此，出于自身经济利益的考虑，可能会出现责任单位的局部利益与企业整体利益或长远利益之间，以及责任单位自身利益之间的冲突。因此，在分权管理模式下，必须建立有效的制度保证企业管理的协调一致。责任会计制度正是顺应这种管理要求而不断发展和完善起来的一种行之有效的控制制度，在管理会计体系中占有重要的地位。

责任会计是将企业划分为各种分权的责任中心，确定各责任中心拥有的权力、承担的责任以及对其业绩的奖惩措施，以各级责任中心为会计主体，以责任中心可控的经济活动为对象，以权、责、利的协调统一为原则，以责任中心的责任预算作为控制的依据，通过编制责任报告进行业绩考核评价，对责任中心进行控制和考核的一种会计制度。责任会计的对象是各种责任中心，强调对责任中心进行事前、事中及事后的全过程管理。责任会计可以起到协调企业中的各种经济利益关系、调动员工的工作积极性、保证分权经营模式稳定运行的作用。

15.1.2　责任会计的基本内容

责任会计是在企业实行分权管理的体制下，确定企业内部不同层次的责任部门的责任范围，授予相应的决策权并明确划分其应该承担的经济责任，并利用会计信息对各责任单位的经济活动的过程和结果进行记录、控制和考评的会计控制制度。下面介绍责任会计包括的主要内容。

1. 设置责任中心，明确责权范围

企业实行分权的管理模式，应在企业内部划分若干责任单位或者责任中心。责任中心是根据事先确定的权责范围，在一定的业务领域内负有特定管理责任的企业内部单位。根据责任中心权责范围的不同，责任中心可以进一步划分为成本中心、利润中心和投资中心 3 种主要类型。

责任中心的数量多少和规模大小应视企业规模和组织形式而定，企业内部的分公司、工厂、车间、生产线、工段、班组以及个人，均可作为责任中心。每一个责任中心又可以划分为若干更小的责任中心，下一级责任中心需要向其上一级责任中心承担经济管理责任。责任中心一般应具备以下 4 个条件：

- 有承担经济责任的主体，即责任者
- 有确定经济责任的客观对象，即一定的经济活动和资金运动
- 有考核经济责任的基本依据和标准，即经济业绩
- 具备承担经济责任的基本条件，即拥有一定的职责及决策和执行权力

由于各个责任中心都有其相对独立的经济利益，因此必须要明确各个责任单位具有的管

理决策权和应承担的责任，防止各个责任中心利益相互冲突，避免对企业整体利益产生负面影响。责任中心的权责划分涉及面广，影响力大，直接关系到企业、部门或者个人的经济利益，具体划分时必须从实际出发，权衡利弊关系，尽量减少和避免不同利益主体利益冲突的产生。

2. 编制责任预算，确定考核标准

责任预算是指根据企业全面预算所确立的企业经营的目标和任务，按责任归属，层层分解落实到各责任中心，为各个责任中心编制的预算。

在责任预算中，必须明确每个责任中心在实现企业总体目标过程中所应完成的具体工作任务以及应承担的经济责任。为了保证全面预算的完成和责任预算的顺利执行，必须对各个责任中心进行考评，而责任中心的责任考评要求必须预先制定各种考评标准，以便掌握考核业绩的尺度，并以此规范责任中心的经济行为。

责任预算既是责任中心的努力目标和控制依据，也是考核责任中心业绩的标准。合理编制责任预算能够为达到企业局部与整体的统一协调，使各责任中心明确各自的具体目标和任务，并控制责任中心的经济活动提供依据。由于不同企业实际情况的差异，责任预算中包括的项目指标不尽相同，一般包括产量、质量、品种等经济责任指标，成本费用等劳动耗费指标，收入、利润、资金周转率、资金利润率等财务成果指标。

3. 建立责任会计核算系统，提交责任报告

为真实反映责任中心的责任履行情况，企业在责任预算的实施过程中，必须以每个责任中心为单位建立一套责任预算执行情况的责任会计核算系统，以责任中心为核算主体，归集、整理、记录各责任中心责任预算的实际执行情况的数据，定期编制和提交责任报告（或称绩效报告、业绩报告），作为对责任中心的经济活动进行控制以及对其工作业绩进行考核的依据。

责任会计核算系统包括费用的归集和分配、内部产品和劳务转移的结算、收入的确认及最终经营业绩的确定等主要内容。

4. 考核工作绩效，评价经营业绩

在编制责任报告的基础上，应将各个责任中心的责任报告与责任预算进行比较，分析实际执行情况偏离预算的差异，调查和分析产生差异的原因，提出纠正措施，并及时将信息进行反馈，以调整和控制责任中心的经济活动，保证责任预算的顺利完成，确保企业生产经营活动按预定计划完成，保证总体目标的实现。同时，也对责任中心的责任履行和工作业绩进行评价考核，揭示责任中心存在的问题，肯定成绩，并实施相应的奖惩措施。

15.1.3 责任会计的基本原则

1. 责、权、利相结合原则

“责、权、利相结合原则”中的责是指各责任单位在企业总体目标指导下，在其责任范围内所应达到的某项经济活动的目标。权，是指各责任单位拥有的在其责任范围内自行安排人力、财力和物力的权力，以保证责任目标的实现。利，是指各责任单位按照自身工作业绩的好坏获得的相应的奖罚。

分配给责任单位一定的任务，就要使其拥有相应的权力，同时将工作效果与一定的经济利益挂钩。责、权、利三者相互结合，才能真正发挥分权管理的作用。责、权、利相结合的原则是责任中心的责任与其权力和利益相结合。

企业在建立责任会计时，应将企业所承担的经济责任目标，分解落实到每一层次的责任单位，明确它们各自所应承担的经济责任。同时，授予各责任单位与其所承担经济责任相对应的权限，并确定业绩考核指标和标准以及奖惩措施。责任中心责、权、利的结合说明了责、权、利三者是辩证统一的关系，经济责任是提高责任中心主观能动性及企业综合经济效益的基础，经营管理权是其承担经济责任和履行职责的必要条件，经济利益则是承担经济责任和提高经济效益的动力与激励因素，三者缺一不可。

2. 总体优化原则

总体优化原则也可以称为目标一致原则，是指在确定各个责任单位权责范围，编制责任预算以及对责任单位进行绩效考评时，都必须坚持各个责任单位的局部目标与企业的总体目标保持一致，各个责任单位的局部利益与企业的整体利益保持一致，以促使各个责任单位为实现企业总体目标而协调工作，防止各责任中心为实现自身利益而违背企业整体利益。在分权管理的条件下，责任中心与企业整体之间、各责任中心之间的目标与经济利益往往难以达到完全协调一致。例如，对于材料的采购，供应部门可能更加强调采购价格的优势，而生产部门则更加注重材料的质量。又如，生产部门不愿意接受小批量产品的加工而倾向于大批量的生产任务。因此，责任会计必须要坚持总体优化的原则，整体制度的设计和采纳的评价指标要尽可能促使责任中心的局部目标与企业的总体目标达到协调统一。

3. 公平性原则

公平性原则是指各个责任中心之间的经济利益关系应该公平合理，这有利于调动各个责任中心的积极性。例如，内部责任单位之间的商品和劳务交易，必须通过制定合理的内部转移价格来完成，以促使责任中心在公平和合理的条件下履行自身承担的经济责任。

4. 可控性原则

可控性原则是指在划分和确定各个责任中心的经营责任时，应以其能够控制为前提条件，尽量消除不可控因素的影响。可控性原则要求每个责任中心只对其职权范围内可控制的经济事项（成本、利润或投资等）承担责任，超出这个范围之外，责任单位就不应承担经济责任。这样，可以避免职责不清，以保证责、权、利的有机结合。在确定责任单位考核指标时，应根据可控性原则，明确界定哪些是责任单位可控的，哪些是责任单位不可控的。

下面介绍在贯彻可控性原则时应注意的几个问题。

（1）可控和不可控是相对而言的。可控和不可控是相对而言的，是指某一责任中心相对于某一经济事项的可控或不可控。“可控的经济事项对于所有责任中心均可控，不可控的经济事项对于所有责任中心都不可控”这一观点是错误的。

某一个责任中心不可控的经济事项，对于其他责任中心来说可能可控。某一层次责任中心不可控的，高一层次的责任中心或许可控。

（2）随着责任中心管理层次的提高，对某一经济事项的可控性也随之增强。首先，就整体而言，企业内部发生的所有经济活动基本都是可控的。其次，对于某些具有双重责任性质或者是涉及两个以上责任中心的经济事项，必须将责任予以合理划分。例如，生产部门通常可以控制生产材料的消耗量，但是由于材料质量因素造成的消耗量上升则不属于生产部门的控制范围，应属于采购部门的控制范围。最后，分清上下级责任中心的责任界限，下级责任中心不应该承担上级责任中心的责任，而上级责任中心却要承担下级责任中心的责任，任何一个责任中心对其下属责任中心都具有可控性。

5. 反馈性原则

责任预算执行情况的信息反馈是责任会计真正发挥其管理作用的一个重要步骤，是责任会计管理职能的具体表现。反馈性原则是指责任会计必须及时传递会计信息，发挥其反馈控制的作用。

责任会计应对各责任单位在执行责任预算过程中的各项经济活动实时地进行计量、记录，及时准确地将责任预算与实际执行结果进行对比，将实际经营活动脱离预算的信息及时地反馈给各个责任中心，使其了解预算的执行情况，以便采取纠正措施，保证经营活动按预定的预算目标完成。另一方面，要将预算差异信息向上一级责任中心反馈，以便其及时掌握所属责任中心的实际情况，分析原因并采取措施加以干预，达到强化管理的目的。另外，贯彻反馈性原则必须注意信息的可靠性，保证其能够准确反映责任中心的经济业绩，防止由于信息失真产生误导。同时，要强调反馈信息的及时性，以加强控制的实际效果。

15.2 责任中心及其业绩评价

15.2.1 责任中心的特点

责任中心是指具有一定的管理权限，承担相应的经济责任，并能反映其经济责任履行情况的企业内部责任单位。责任中心按其责任权限范围及经济活动特点的不同，可分为成本中心、利润中心和投资中心三大类。责任中心的基本特征包括如下几个方面：

（1）责任中心具有明确的、由其施加控制的经济活动，并独立承担相应的经济责任。

（2）责任中心拥有与其职能责任相适应的经营和管理决策权，能够在上级授权范围内对自身所控制的经济活动进行决策。

（3）责任中心具有与其职责和权力相适应的部门或个人的经济利益，并预先明确规定业绩评价标准和奖惩措施。

（4）责任中心的局部利益必须与企业的整体长远利益相一致，不能因责任中心的局部利益损害企业的整体利益。

对责任中心进行绩效考核的基本方法是差异分析，即将经济活动的实际执行结果与责任预算进行比较，确定预算执行过程中发生的偏差，调查和分析引起差异的各种原因，以衡量各责任中心的工作业绩，根据责任给予相应的奖惩，并采取改进措施消除不利差异，最终达到实施有效控制的目的。

15.2.2 成本（费用）中心

1. 成本（费用）中心的含义

成本（费用）中心是只发生成本（费用）而不发生收入的责任中心，因此是只对成本（费用）负责，而不对收入、利润、投资等负责的责任中心。成本（费用）中心是责任会计中最基本、最广泛的责任单位，企业内部凡是有成本、费用发生并能够对成本费用的发生实施控制的任何一级责任单位都是成本（费用）中心，分厂、部门、车间、工段、班组，甚至个人，都可以划分为成本（费用）中心。若干较小的成本（费用）中心组成一个较大的成本（费用）中心，若干较大的成本（费用）中心组成一个更大的成本（费用）中心，由此而形成一个逐级控制并层层负责的成本（费用）中心体系。

一般情况下，成本（费用）中心的任务是为企业提供在产品、半成品、产成品、服务性劳务或者其他服务性职能，不会在本责任环节直接形成用货币计量的收入。基于上述情况，考核各成本（费用）中心的工作绩效时，只需要考核成本和费用，不衡量收入和利润。

成本中心和费用中心在本质上基本相同，但是存在一定的区别。成本中心的活动可以为企业提供一定的物质成果，如生产在产品、半成品、产成品，但不会在本责任环节直接形成以货币计量的收入。费用中心主要是为企业提供一定的辅助性的专业性服务，如企业内部的财务部、人事部等行政管理部门，同时也不能直接产生可以用货币计量的经营成果，其特点是与产品的生产制造没有直接的联系，一般通过费用预算的形式予以控制，通过实际发生的各种费用与费用预算的比较确定差异，用以评价工作绩效。总之，成本中心是对产品的生产成本负责的责任中心，费用中心是对管理费用等期间费用负责的责任中心。

2. 成本中心的可控成本和不可控成本

成本中心规模和业务范围的大小各有不同，但是均以成本中心的责任成本作为对其考评的指标。责任成本是责任中心应该承担经济责任的各种可控成本的总和。也就是说，成本中心主要考核可控成本，而该成本中心的全部可控成本构成了成本中心的责任成本。

我们在前面章节中讲过，成本存在着多种分类。责任会计中，一个最重要的成本分类是将成本按可控性分类，分为可控成本和不可控成本两大类。可控成本是某一成本中心所能够控制，并受其经济活动所影响的成本。它一般应同时具备下列三个条件：

- 成本中心有办法知道将要发生什么性质的耗费
- 成本中心有办法计量耗费
- 成本中心有办法调节并控制耗费

凡不同时具备上述三个条件的，就是不可控成本。对于成本中心而言，其工作业绩的好坏，应以其可控成本作为评价和考核的主要依据，不可控成本只起到一定的参考作用。

可控成本和不可控成本的分类是相对于一定的时间和空间范围而言的，具体说来，是相对于特定的责任中心和特定的期间而言的。离开一定的条件讨论某项成本是否可控就毫无意义。

一项成本对于某个责任中心来说是可控的，但对于另一个责任中心来说却可能是不可控的。例如，生产所需原材料的价格对生产部门而言是不可控的，但对采购部门来说则是可控的。另外，有的成本对于下级责任中心来说是不可控的，而对于上级责任中心而言则是可控的。例如，在生产设备原值和折旧方法既定的条件下，其折旧费对于具体使用设备的生产车间这一成本中心来说是不可控的，但对于拥有投资决策权力的上级责任中心来说，则是可控的。一般而言，随着管理层次的提高，成本的可控性也不断增加。从可控性的期间特点来看，有的成本从短期看是不可控的，但从较长时期看却是可控的。随着期间跨度的延长，成本的可控性也不断增强。

成本的可控性有一定的规律可循，可以帮助我们进行成本可控性的判断。在一般情况下，变动成本大多是可控成本，而固定成本大多是不可控成本。需要注意的是，上述规律也会存在一些例外，因此还需根据具体情况做具体分析。例如，生产车间进行产品生产时使用的零部件如果是从外单位购入的，则零件的外购成本属于变动成本，但对于生产车间这一成本中心来说则属于不可控成本，主要受到不能由该成本中心所调节和控制的外部因素影响。

另外，就成本的发生同成本中心的关系看，凡是各成本中心直接产生的成本称为“直接成本”，承担的由其他部门分配来的成本称为“间接成本”。一般情况下，直接成本大多是可控成本，而间接成本大多是不可控成本。但是，也有一些例外。例如，对于生产车间这个成本中心来说，它所使用的固定资产的折旧费是直接成本，但生产车间对其并不可控。

3. 成本中心的责任成本

责任成本是成本中心在一定期间内发生的各项可控成本的总和。一个成本中心的可控成本之和构成了该成本中心的责任成本。通过责任中心实际发生的责任成本与预算成本的分析比较，可以明确成本差异发生的经济责任，考评责任中心的工作绩效。应该指出，与财务会计中的概念不同，成本中心计算并考核的是责任中心的责任成本，而不是产品成本。责任成本和产品成本是既有区别又有联系的两种成本概念。

（1）责任成本与产品成本的主要区别。

1）两者核算的对象不同。责任成本是以责任中心为对象来归集生产成本，计算各个责任中心应负责控制的成本；产品成本是以产品为对象来归集生产成本，计算各产品实际应承担的成本。

2）两者核算的原则不同。责任成本的核算原则是谁负责，谁承担，也就是说，凡是由某个成本中心负责控制的成本，就应由该成本中心承担；产品成本的核算原则是谁受益、谁承担，也就是说，所发生的成本使哪个产品或部门受益，就应由哪个产品或部门来承担。

3）两者核算的目的不同。责任成本的核算目的是用以反映和考核成本中心责任预算的执行情况，控制成本中心的生产耗费，它是出于内部管理和控制的需要；产品成本的核算目的是进行存货计价和收益计量。

4）两者成本的内涵不同。产品成本只包括直接材料、直接人工和制造费用三项生产成本；责任成本还可以包括管理费用、销售费用和财务费用等期间费用。

（2）责任成本与产品成本的主要联系。由于责任成本和产品成本都是反映在生产经营过程中所发生的耗费，因此就某一特定时期来说，整个企业的产品总成本与整个企业的责任成本的总和相等，这是两者之间的主要联系。

4. 成本中心的成本考核和成本控制

成本中心控制和考核责任成本，是在事先编制的责任成本预算的基础上，通过提交责任报告，将责任中心实际发生的责任成本与其责任成本预算进行比较并确定成本差异，继而对差异进行分解，调查产生差异的原因，采取纠正性措施，最终达到控制成本的目的。

15.2.3 利润中心

1. 利润中心的含义

利润中心是既能控制成本又能控制收入，因此既对成本负责，又对收入和利润负责的责任中心。利润中心是相对于成本中心的更高层次的责任中心，在企业的生产经营中有较大的独立性，一般具有独立的销售和经营权限，能够在本责任环节直接形成收入来源，是自负盈亏的较高层次的责任单位，如分公司、分厂、事业部等。一个利润中心通常包含若干个不同层次的下属成本中心和利润中心。

2. 利润中心的类型

按产品或劳务销售方式的不同，利润中心可以分为两种类型，即自然的利润中心和人为划分的利润中心。

自然的利润中心类似于一个独立的企业，是直接对外销售产品或劳务并取得收入的责任中心，如实行独立核算的事业部、分公司等。自然的利润中心具有生产、销售、采购等方面的独立的经营管理权，同企业外部市场环境直接联系。

人为划分的利润中心是只能按内部结算价格将产品或劳务在企业内部进行转移销售，取得内部转移收入并实现内部利润的责任中心。人为划分的利润中心一般没有独立的对外经营权，与外部市场不发生直接联系，是出于加强内部管理和调动责任中心积极性的目的而人为划定的利润中心。例如，钢铁企业中，矿石采选车间将铁矿石出售给炼铁车间，炼铁车间又将铁块或铁水出售给炼钢车间，炼钢车间将钢锭出售给轧钢车间，轧钢车间再将钢材出售给销售部门对外出售，在这种体制下，矿石采选车间、炼铁车间、炼钢车间和轧钢车间都是人为的利润中心。在一定程度上，企业的大部分成本中心都可以通过制定合理的内部转移价格的方式转化为人为形成的利润中心。需要注意的是，人为划分的利润中心的确定要考虑企业实际的管理和控制上的需要。

3. 利润中心的绩效考核

利润中心的产出不一定是实物形态的产品，也可以是各种无形的劳务，如维修部门为生产部门提供的维修服务，运输部门提供的运输服务等。但无论提供的是产品还是劳务，利润中心需要对其创造的利润负责，而利润的实质又是收入和成本的差额。作为利润中心，必须正确进行收入和成本核算，以便确定盈亏，作为评价和考核其业绩的依据。因此，利润中心的业绩评价和考核的重点是各种不同层次的利润指标，主要包括贡献毛益指标和利润指标。对于不同的利润中心来说，其指标的表现形式也不尽相同。具体而言，可以分为两种情况。

第一种情况是，利润中心在责任核算中只核算本责任中心发生的可控成本，不计算共同成本和不可控成本，则其业绩考核指标是利润中心的贡献毛益总额，该指标等于利润中心销售收入总额与可控成本总额的差额。利润中心的边际贡献总额并不是纯粹的利润，而是一种对利润的贡献额，也称边际贡献。在分别计算本利润中心的贡献毛益的基础上，企业的各利润中心的贡献毛益之和减去未分摊的共同成本和利润中心不可控成本后，才形成企业真正的利润总额。

第二种情况是，利润中心在责任会计核算中不仅计算本部门发生的可控成本，还计算应该分担的不可控的共同成本以及其他不可控成本。如果利润中心的成本计算采用完全成本法，则其收入减去全部成本后的差额即为净利润。如果利润中心的成本计算采用的是变动成本法，其考核指标的运用要注意必须分清计算的层次，包括贡献毛益、部门（利润中心）经理可控利润、部门（利润中心）利润、税前利润等几个不同层次上的利润指标。具体计算如表 15-1 所示。

表 15-1 利润中心业绩报告 （单位：元）

项目	利润中心甲	利润中心乙	合计
销售收入	250 000	500 000	750 000
变动成本	150 000	300 000	450 000
贡献毛益	100 000	200 000	300 000
部门经理可控固定成本	30 000	80 000	110 000
部门经理可控利润	70 000	120 000	190 000
部门经理不可控固定成本	20 000	70 000	90 000
部门利润	50 000	50 000	100 000
共同成本			50 000
税前利润			50 000

表15-1中除了列明本利润中心直接发生的变动成本和固定成本之外，还包括共同成本项目。例如，许多企业总部的管理费用，其受益对象是所有的下属责任中心，因此属于共同成本。除非下属所有责任中心能提供足够的部门利润来抵补总部的管理费用，否则企业在整体上将会产生亏损。有的企业将共同成本按照一定的标准分配给所属各部门。需要注意的是，共同成本对于利润中心而言往往是不可控的，其分配方法也往往带有很大的随意性，很难做到完全公正合理。因此，一般情况下可不将共同成本分摊给各个责任中心，以避免由于分配方法的错误造成的不能准确评价和考核利润中心的经营业绩的问题。

15.2.4 投资中心

1. 投资中心的含义

投资中心是分权管理体制的典型产物，是企业内最高一级的责任中心，其责任者直接对企业最高管理层负责，是既对收入、成本和利润负责，又对投资效果负责的责任中心。

作为最高一级责任中心，投资中心肯定包含若干利润中心和成本中心。一般情况下，企业内部业务规模和经营管理权限较大，拥有自主的生产经营决策权和投资决策权的部门，如事业部、分公司和大型集团公司的子公司等，均属于投资中心。投资中心一般都是独立的法人实体，拥有投资决策权，能够在授权范围内对资金的筹集和投放、经营方针的制定、生产规模和品种的调整等进行决策和控制，在产品的生产和销售上享有充分的自主权，能相对独立地运用所掌握的资金，根据市场的变化和内部生产经营的需要，确定投资方向和投资规模，调整现有生产能力和结构。而成本中心基本上不是独立的法人实体，利润中心既可以是，也可以不是独立的法人实体，并且在权限和业务范围上小于投资中心。投资中心的主要目标是确保投资的安全回收和实现比较高的投资收益率，以保证企业的不断发展。

2. 投资中心的绩效考核

投资中心既对收入、成本、利润负责，又要对投资的效果负责，因此，对投资中心进行评价与考核的内容主要围绕利润及投资效果，主要指标是投资报酬率和剩余收益。

（1）投资报酬率。投资报酬率（ROI）是指投资中心利润与投资额的比率，是全面反映投资中心各项经营活动的综合性质量指标。它既能揭示投资中心的利润水平，又能反映投资中心资产的使用效果。其计算公式是：

$$\text{投资报酬率}=\frac{\text{营业利润}}{\text{营业资产}}\times 100\%=\frac{\text{营业利润}}{\text{销售收入}}\times\frac{\text{销售收入}}{\text{营业资产}}\times 100\% \qquad (15\text{-}1)$$

式（15-1）中的营业利润是指利息和所得税前盈余（EBIT）。营业资产是指投资中心实际控制和使用的全部经营性资产，按年初及年末的平均余额计算。投资报酬率指标是相对数正指标，数值越大越说明投资中心的经营业绩良好。从式（15-1）中相关指标的关系可以看出，为了提高投资中心的投资报酬率，应该尽量降低成本，提高销售收入，提高销售利润率，同时也要有效地运用营业资产，努力提高营业资产周转率。

【例15-1】 甲投资中心某年的投资报酬率与乙投资中心相同，均为16%，但同年甲投资中心的销售利润率为8%，乙投资中心的销售利润率为5%。请分别计算两个投资中心的资产周转率。

$$\text{甲投资中心的资产周转率}=\frac{16\%}{8\%}=2\text{（次）}$$

$$\text{乙投资中心的资产周转率} = \frac{16\%}{5\%} = 3.2\text{（次）}$$

乙投资中心的产品获利能力相对于甲投资中心要低，但是通过提高营业资产周转率的方法弥补了销售利润率低的劣势，因此两个投资中心在整体业绩上持平。

在应用式（15-1）计算投资报酬率时，应注意各投资中心所占用的资产以及发生的各项收入和成本数据，都应建立在可比的基础上。具体而言，营业资产、销售收入和成本的范围要限于该投资中心实际占用和可控的范围之内，必须将各种不可控因素排除在外。

需要特别说明的是，如果投资报酬率运用不当，则会产生不良后果。根据投资报酬率对各投资中心进行业绩考评容易导致投资中心只考虑自身的经济利益和经营业绩，而放弃对企业整体有利的投资项目，或者接受能够提高自身经营业绩却损害企业整体利益的投资项目，由此导致投资中心的局部目标与整个企业的长远目标和整体利益发生冲突。例如，某企业各投资中心的平均投资报酬率为 10%，所属甲投资中心的实际投资报酬率为 15%，企业最高管理层计划投资某个项目，其预期投资报酬率为 12%。如果用投资报酬率指标衡量甲投资中心的业绩，可能会促使甲投资中心出于避免降低自身经营业绩的考虑而放弃该项目的投资，而该项目的投资会提高企业整体的平均投资报酬率。在这种情况下，甲投资中心的局部目标与企业的整体目标产生了不一致的问题。产生这种冲突的根本性原因是投资报酬率这一指标属于一个相对数指标。因此，为了克服投资报酬率的这一根本性缺陷，可以采用其他指标对各投资中心的业绩进行考评，剩余收益就是一个比较合理的指标。

（2）剩余收益。剩余收益又称剩余所得，是指各个投资中心获得的营业利润减去其按占用营业资产计算的资金成本（以绝对额表示）后的所得余额。资金成本的绝对额是投资中心的营业资产与企业确定的资产最低投资报酬率的乘积，也可以理解为投资中心占用企业资产的利息额。与投资报酬率不同，剩余收益是一个绝对数正指标，指标值越大，说明投资中心的经营业绩越好。其计算公式是：

$$\text{剩余收益} = \text{营业利润} - (\text{营业资产} \times \text{最低投资报酬率}) \tag{15-2}$$

式（15-2）中，最低投资报酬率的高低对剩余收益的影响很大，通常以整个企业的平均投资报酬率作为最低报酬率，也可以采用加权平均资本成本作为各投资中心的最低投资报酬率。但是，更合理的处理方法是根据各投资中心业务经营的特点和风险程度的不同，分别制定不同的投资报酬率。

【例 15-2】某公司要求的最低投资报酬率为 13%，其所属某一投资中心的平均经营资产为 8 000 000 元，营业利润为 1 300 000 元。

要求：计算该投资中心的投资报酬率和剩余收益。假定现追加投资 3 000 000 元，可为企业增加利润 450 000 元，计算此时投资中心的投资报酬率和剩余收益。

追加投资前，投资中心业绩指标为：

$$\text{投资报酬率} = \frac{1\,300\,000}{8\,000\,000} \times 100\% = 16.25\%$$

$$\text{剩余收益} = 1\,300\,000 - (8\,000\,000 \times 13\%) = 260\,000\text{（元）}$$

追加投资后，投资中心业绩指标为：

$$\text{投资报酬率} = \frac{1\,300\,000 + 450\,000}{8\,000\,000 + 3\,000\,000} \times 100\% = 15.9\%$$

剩余收益 =（1 300 000 + 450 000）－（8 000 000 + 3 000 000）×13% = 320 000（元）

以剩余收益指标衡量各投资中心的经营业绩，其基本原理是：各投资中心应努力提高剩余收益，而不是努力提高投资报酬率。只要某个投资项目的投资报酬率大于要求的最低投资报酬率，这项投资就应该接受。剩余收益克服了投资报酬率的不足，使投资中心不会拒绝对整个企业有利的投资项目，也不会接受对整个企业不利的投资项目。能够使投资中心从企业整体利益出发接受比较有利的投资，使各投资中心对投资方案的决策与在企业整体的高度上做出的决策结论一致，由此促使投资中心的局部目标和整个企业的总目标相互协调。剩余收益在考虑投资中心局部利益的同时，可兼顾企业整体利益，更好贯彻一致性原则，因此是一个比较合理的评价指标。经济增加值（EVA）是与剩余收益类似的指标，已在我国国有企业经营绩效考核中广泛应用。

15.2.5 成本中心、利润中心与投资中心之间的关系

投资中心、利润中心和成本中心是三种不同类型，但是存在内在关联的责任中心。它们三者之间的关系如图 15-1 所示。

由图 15-1 可以看出，投资中心、利润中心和成本中心的层次不同，具有包含与被包含的关系。首先，企业最高层次的责任中心是投资中心，其次是利润中心，最后是成本中心。随着责任中心管理层次的提高，其责任类型按照成本中心、利润中心、投资中心的顺序递进。每个责任中心必须就其承担的责任向其上一级的责任中心承担负责。

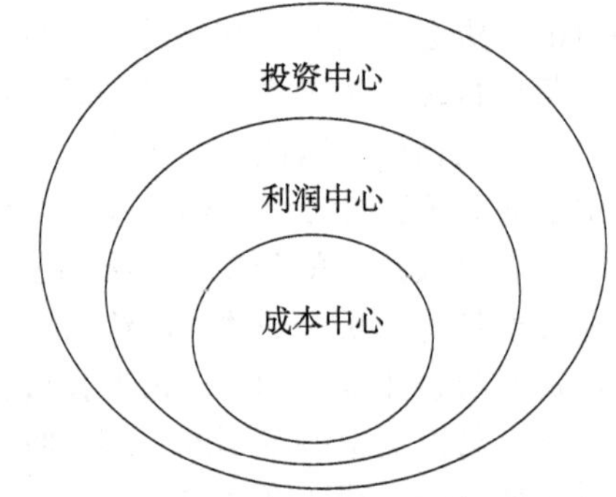

图 15-1 成本中心、利润中心与投资中心关系图

例如，生产班组（成本中心）就其管理的可控成本，向其上一层次的生产车间（成本中心）负责；生产车间就其自身管辖的下属生产班组的可控成本和自身的责任成本向再上一个层次的分厂（利润中心）负责；分厂则就其本身经管的收入、成本（包括下属责任中心的责任成本）和利润向又上一个层次的分公司（投资中心）负责；分公司则就其责任范围内的所有经济活动的投资报酬率和剩余收益向总公司（投资中心）负责。由此可见，责任会计的不同责任中心之间层层联系，构成一个相互关联的责任链条，从而保证每个责任中心的具体目标与企业整体目标协调一致，确保全面预算的实现。

15.3 内部转移价格

15.3.1 内部转移价格的作用

内部转移价格通常是指企业内部有关责任中心之间由于转移产品或提供劳务而进行相互结算或相互转账的结算价格。

企业内部各责任中心之间经常会有相互提供产品或劳务的交易活动。例如，在采用流水线连续加工方式进行生产的企业中，某一加工工序加工完成的半成品转移到下一个加工工序继续加工，实质上也可以看成是一个责任中心向另一个责任中心出售产品。

为了正确评价企业内部责任中心的工作成果，就必须为各责任中心的这种内部交易活动制定一个科学合理的计价标准，即内部转移价格。以内部转移价格作为企业内部各责任中心之间发生的经济活动的计量基准，可以正确评价各责任中心的工作业绩，明确划分经济责任，使各责任中心的工作业绩的评价与考核建立在客观的基础上，从而有利于调动各责任中心的工作积极性，正确进行管理决策，顺利实现企业总体目标。具体而言，制定内部转移价格可以发挥以下几个方面的作用。

（1）内部转移价格有利于分清责任中心的经济责任，充分调动各责任中心的积极性。责任会计的主要目的是要准确界定各责任中心的经济责任，调动责任中心的工作积极性、主观能动性，保证企业总体目标的顺利实现。因此，不同责任中心的职责范围和应承担的责任应该非常明确并且界限分明，应该尽量消除其他部门的原因对某一责任中心造成的影响，而内部转移价格的建立为此创造了有利条件。

首先，由于各责任中心之间相互提供产品或劳务是按事先确定的、统一的内部转移价格结算，这样可以避免和消除由于一个责任中心的工作质量和工作效率的高低对另一责任中心造成的影响。例如，在提供商品或者劳务的产品质量问题造成接受商品或者劳务的责任中心成本超支的情况下，利用内部转移价格可以避免提供商品和劳务一方的经济责任对接受一方的影响。其次，各责任中心之间发生的内部交易按照内部转移价格进行结算，可以使交易双方责任中心准确计算各自的收入和成本，并通过收入与成本的比较，及时发现工作中存在的问题，促使其采取措施增收节支，提高工作效率，从而有助于实现企业整体效益的最优化。因此，企业内部各责任中心之间采用合理的内部转移价格，可以明确各责任中心应该承担的经济责任，便于正确地评价各责任中心的业绩，充分发挥各责任中心的工作积极性和主观能动性。

（2）内部转移价格使责任中心的业绩评价建立在客观、公正和可比的基础上。责任会计的一个重要内容，就是通过对各责任中心的责任预算的执行情况的考核，来评价其经营业绩。但如果企业不能制定科学合理的内部转移价格，就会引起交易双方的浪费或无效劳动互相转嫁，从而对责任中心的业绩评价造成混乱，掩盖或夸大各责任中心的实际业绩，从而造成业绩评价不够客观和公正。因此，合理制定内部转移价格，可以避免上述问题，使责任中心的业绩评价建立在客观、公正和可比的基础上。

（3）内部转移价格有助于引入市场竞争机制。由于内部转移价格经常以市场价格为基础，因此在一定程度上能够将市场竞争机制引入企业内部，可以避免管理上的主观因素的不利影响，在责任中心之间形成良好的竞争氛围，增强责任中心的竞争能力和经营活力。

15.3.2　制定内部转移价格的原则

企业内部转移价格的制定，通常需要遵循以下两条基本原则：

（1）凡是成本中心之间相互提供产品或劳务，以及有关成本中心责任成本的转账，一般应以“成本”作为内部转移价格。这里所说的“成本”，更多地采用标准成本、计划成本、定额成本等成本口径，一般不采用实际成本。

（2）凡企业内部的产品或劳务的转移，有一方如果涉及利润中心或投资中心，则应尽可能采用市场价格作为制定内部转移价格的基础。这样，对供需双方无所偏袒，有利于调动责任中心的积极性并且能够合理准确地考核和评价它们的业绩。此外，在采用市场价格确定内部转移价格存在困难的情况下，也可选用协商价格、双重价格、成本加成以及其他标准制定内部转移价格。这里所说的“市场价格”，是指在存在着一个完全竞争市场的条件下，对所转移的中间产品或者劳务的市场价格。完全竞争市场这一假设条件目的是保证在不影响转移价格的条件下，提供商品一方可以向外部市场销售任意数量的产品，同时接受商品一方也可以从外界供应商那里获得任意数量的产品。如果不存在完全竞争市场，则市场价格很容易被操纵或受偶然因素的影响，在这种情况下确定的市价不足以作为制定合理的内部转移价格的基础。

15.3.3 内部转移价格的种类

内部转移价格有实际成本、市场价格、协商价格、双重价格、成本加成价格、变动成本价格、标准成本价格等形式。

1. 实际成本

由于各责任中心通常都具有所提供的产品或劳务的实际成本资料，因而以实际成本作为内部转移价格在操作上具有简便易行、容易理解的优点，并具有一定的客观性。以实际成本作为内部转移价格，通常适用于不同成本中心之间的产品转移和劳务供应。

但是以实际成本作为内部转移价格也存在很明显的缺点，即将提供中间产品或劳务的责任中心的不合理开支，或者因浪费与低效率而增加的非正常耗费，转嫁到接受中间产品或劳务的责任中心。这容易导致提供商品一方失去必要的成本压力，而使接受商品一方承担了职责以外的额外的成本负担，从而削弱了双方控制成本与降低成本的积极性与责任感，与责任会计的要求相违背。

2. 市场价格

市场价格简称市价，即以内部转移的产品或劳务在企业外部市场上的销售价格作为内部转移价格的计价基础。实务界和理论界一般认为，市价是制定内部转移价格的比较好的依据，主要原因是市场价格比较客观，对提供和接受商品的双方均无偏袒，而且能促使双方改善经营管理，不断降低成本。另外，将市价作为企业内部转移价格，并且允许供应商品一方选择外销、需求商品一方选择外购，既能够体现责任会计的基本要求，在企业内部引进市场竞争机制，营造竞争的环境，使责任中心保持相对独立性，最大限度地发挥各自的经营和管理潜力并调动双方生产经营的积极性，又能比较客观、合理地评价有关责任中心的业绩，切实保障责任中心的经济利益。

采用市场价格作为内部转移价格的计价基础时，为保障企业整体和各责任中心的经济利益，内部商品交易的买卖双方一般应遵守以下 3 条规则：

- 若卖方愿意对内销售，且售价与市价相符时，买方有购买的义务，不得拒绝
- 若卖方售价高于市价时，买方有向企业外部市场购入的自由
- 若卖方宁愿对外界销售，则应有不对内销售的权利

采用市场价格也有一定的局限性。如果企业内部转让的产品或劳务属于专门生产或者具有特定规格，不存在实际的企业外部市场，也就没有市场价格可供参考，将导致无法以市场价格直接作为内部结算价格的计价基础。

3. 协商价格

协商价格简称议价，即内部交易中的买卖双方以正常的市场价格为参照，共同协商确定出一个双方都能够接受的价格作为计价的基准。协商价格尤其适用于专门生产的或具有特定规格的产品，或者不存在外部市场的商品。按协商价格结算，可兼顾双方各自的经济效益，较好地适应不同方面的需要。如果双方在协商中无法达成一致意见，则必须依赖上级管理部

门的协调，但也会产生难以合理地衡量各责任中心的业绩的缺陷。

在一般情况下，协商价格会稍低于市场价格，主要原因包括：

（1）外部市场产品的市价包括对销售方期间费用的补偿，而内部转移价格中一般不包括期间费用。即便包括，内部转移价格中所包含的期间费用一般也低于外部市场提供的商品。

（2）内部转移的商品或者劳务一般属于大批量交易，数量较大，因而其单位成本较低。

（3）如果出售单位拥有富余的生产能力，增加产品的生产不会造成固定成本的上升，只会产生变动成本，因而协商的价格只需高于单位变动成本就可以为提供商品一方创造利润。在实际施行过程中，一般以市场价格作为制定内部转移价格的上限，由买卖双方在参考市场价格的基础上协商议定最适当的内部交易价格。

4. 双重价格

双重价格指买卖双方分别采用不同的内部转移价格作为计价基础。内部转移价格的目的主要是为了对企业内部各责任中心的业绩进行评价与考核，企业的整体利润并不是各利润中心的利润之和，所以买卖双方所采用的内部转移价格也就不必完全一致，可分别选用对自己最为有利的价格作为本责任中心进行责任核算时采用的计价基础。双重价格通常有以下两种形式：

（1）双重市场价格。当某种产品或劳务在企业外部市场上出现不同价格，即市场价格不一致时，买方采用最低的市价，卖方则采用最高的市价，这种价格被称为“双重市场价格”。

（2）双重内部转移价格。卖方按市场价格或协商价格作为计价基础，而买方则按卖方的单位变动成本作为计价基础，这种价格被称为“双重内部转移价格”。

采用双重价格，买卖双方选择对自己最为有利的价格作为计价基础，这种区别对待可以较好地满足买卖双方在不同方面的需要，还可激励双方在生产经营方面充分发挥其主动性和积极性，有利于提高企业的经济效益。

但也应当看到，虽然双重价格一般不会导致企业的整体利益受到损害，但是由于双重价格实质上是给予下属责任中心的一种业绩补贴或者成本指标的放宽，最终可能导致内部交易涉及的责任中心放松对自身成本的控制。

5. 成本加成价格

在不存在正常外部市场价格的情况下，可在内部交易的产品或劳务的成本的基础上，加上一定百分比的合理的利润率来确定内部转移价格，这种价格就是成本加成价格。成本加成价格分为实际成本加成价格和标准成本加成价格两种主要形式。

（1）实际成本加成价格。实际成本加成价格是根据产品或劳务的实际成本额，加上一定比例的合理利润作为计价基础制定的。它的优点是能保证提供商品的一方能够通过商品的提供获得一定的利润，可调动其工作积极性。但实际成本加成价格也存在缺陷，会将提供商品一方的浪费转嫁给买方，削弱了双方降低成本的责任感，导致责任中心经济利益的不合理分配。同时，加成的利润率的确定很容易掺杂一定程度的主观随意性，而加成利润率的偏高与偏低均会影响对双方业绩的正确评价。

（2）标准成本加成价格。标准成本加成价格是以产品或劳务的标准成本为基础，再加上一定的合理利润率作为计价基础制定的。标准成本加成价格可以克服实际成本加成价格的第一个缺点，能够分清内部交易中买卖双方的经济责任。但利润加成率的制定仍然难以完全克服其主观随意性，会对双方业绩的正确评价产生不利影响。

6. 变动成本价格

以变动成本作为内部转移价格，排除了各种间接费用的影响，可使有关责任中心不会因中间产品或劳务价格偏高而放弃内购而转向外购，可防止企业现有生产能力的闲置浪费。这种方法一般适用于供应商品一方有比较大的剩余生产能力的情况。

7. 标准成本价格

在企业采用标准成本核算的情况下，能够比较方便地获得有关产品或劳务的标准成本资料，这为以标准成本作为内部转移价格提供了必要条件。标准成本具有使用方便、避免责任中心的无效劳动或者资源浪费相互转嫁的优点，有利于调动提供商品的一方降低成本的积极性，能够比较合理、准确地评价双方的业绩。

▶本章小结

本章主要讲述了分权管理与责任会计的关系、责任会计的含义和基本内容、责任中心的考核与评价以及内部转移价格的制定等内容。责任中心的类型及业绩评价是本章的重点。学习本章有助于弄清责任会计的基本内容，明确建立责任会计制度的基本原则，以及对各类责任中心进行业绩评价的侧重点和具体做法，从而对责任会计形成整体认识。

▶思考题

1. 责任会计与企业的分权经营之间有何关系？责任会计的内容和基本原则是什么？
2. 何谓责任中心？在企业内部划分和建立责任中心的原则是什么？
3. 成本中心、利润中心和投资中心的含义各是什么？简述三者的主要特征。
4. 如何对投资中心进行业绩考评？
5. 试述责任成本与可控成本的关系。
6. 什么是内部转移价格？制定内部转移价格的原则是什么？常用的内部转移价格有哪几种？
7. 以投资报酬率的高低作为考核和评价投资中心绩效的标准有何缺点？
8. 什么是剩余收益？以剩余收益标准考核和评价投资中心绩效有何优点？

▶自测题

自测题 15-1

单项选择题

1. 责任会计产生的主要原因是（　　）。

   A. 集权管理　　B. 分权管理

   C. 运筹学的产生和发展　　D. 多角化经营

2. 剩余收益用于评价（　　）。

   A. 成本中心业绩　　B. 费用中心业绩

   C. 利润中心业绩　　D. 投资中心业绩

3. 在下列内部转移价格的制定方法中不合理的是（　　）。

   A. 标准成本定价　　B. 实际成本定价

   C. 标准成本加成定价　　D. 预算成本定价

4. 成本中心的责任成本是指（　　）。

A. 生产成本　B. 产品成本　C. 可控成本　D. 期间成本

5. 在以成本作为内部转移价格的情境中，(　　) 使提供产品和劳动的部门将其工作的成绩和缺陷全部不折不扣地转给了使用部门，而使用部门不应该对这些成绩和缺陷承担责任。

A. 实际成本法　B. 标准成本法　C. 标准成本加成法　D. 变动成本法

多项选择题

1. 在下列业绩评价指标中，只用于投资中心的是 (　　)。

A. 责任成本　B. 可控成本　C. 利润

D. 投资报酬率　E. 剩余收益

2. 提高投资报酬率的有效措施包括 (　　)。

A. 提高销售利润率　B. 提高营业资产周转率

C. 提高营业利润　D. 减少不必要的固定资产

E. 增收节支

3. 下列内容属于责任会计的有 (　　)。

A. 设立责任中心　B. 制定全面预算　C. 编制责任预算

D. 从事经营决策　E. 评价责任中心业绩

4. 属于利润中心责任的项目包括 (　　)。

A. 成本　B. 费用　C. 收入

D. 利润　E. 投资效果

5. 完全的自然利润中心具有 (　　)。

A. 产品销售权　B. 产品定价权　C. 材料采购权

D. 生产决策权　E. 供应商选择

判断题

1. 只有独立法人资格的下属分公司才有资格成为利润中心。(　　)
2. 成本中心的考核范围是其发生的全部成本。(　　)
3. 投资中心的主要业绩评价指标是利润。(　　)
4. 责任会计的成本核算对象是各种产品。(　　)
5. 利用投资报酬率评价投资中心业绩时，可能导致投资中心做出损害公司整体利益的决策。(　　)

自测题 15-2

目的：通过练习，掌握投资报酬率和剩余收益的计算方法。

资料：某公司事业部（投资中心）的有关资料如下：

项目	金额
销售收入	128 000 元
营业利润	5 500 元
营业资产（期初）	35 000 元
营业资产（期末）	25 000 元
要求的最低报酬率	12%

要求：计算该投资中心的投资报酬率和剩余收益。

自测题 15-3

目的：通过练习，掌握影响投资报酬率的因素。

资料：某公司 4 个投资中心的有关资料如练习题表 1 所示。

练习题表 1　投资中心考核计算表

项目	甲	乙	丙	丁
销售收入（元）	600 000		450 000	
营业利润（元）	50 000		22 500	20 000
营业资产（元）	150 000	90 000		
销售利润率（%）		9		5
营业资产周转率（次）		4		
投资报酬率（%）	12			18

要求：计算相关指标，并填列投资中心计算表上空白部分。

自测题 15-4

目的：通过练习，掌握影响投资报酬率和剩余收益指标的不同应用。

资料：某公司的最低投资报酬率为 14%。下设 A、B 两个投资中心，其最近两年有关营业利润和营业资产的资料如练习题表 2 所示。

练习题表 2　投资中心资料表

项目	A 投资中心		B 投资中心	
	2013 年	2014 年	2013 年	2014 年
投资额（元）	200 000	200 000	250 000	250 000
营业利润（元）	30 000	36 000	50 000	62 500

要求：

（1）先用投资报酬率来评价 A、B 两个投资中心的业绩，通过计算，你认为哪个投资中心的业绩表现较优？

（2）再用剩余收益指标评价两个投资中心的业绩，通过计算，你认为哪个投资中心的业绩表现较优？

（3）结合投资中心近两年营业利润增长情况，你认为哪个指标评价正确？为什么？

第16章

作业成本法

学习目标

1. 了解作业成本法产生的时代背景及传统成本计算方法的缺陷
2. 掌握作业、作业成本法及成本动因的概念；熟悉成本动因的分类
3. 掌握作业成本法的基本原理和计算程序

以“作业”为核心的作业成本法（ABC）是现代管理会计在20世纪后期出现的重大变革之一。本章以社会经济环境的变化为依托，从传统成本计算的不适应性入手，讨论作业成本法产生的时代背景、作业成本法的基本原理及其与传统成本计算的比较。

16.1 作业成本法概述

16.1.1 作业成本法产生的时代背景

作业成本法的产生最早可以追溯到20世纪杰出的会计大师、美国人埃里克·科勒（Eric Kohler）教授。科勒教授在1952年编著的《会计师词典》中，首次提出了作业、作业账户、作业会计等概念。1971年，乔治·斯托布斯（George Staubus）教授在《作业成本计算和投入产出会计》（*Activity Costing and Input Output Accounting*）中对作业、成本、作业会计、作业投入产出系统等概念作了全面、系统的讨论。

1. 技术背景

20世纪70年代以来，科学技术有了日新月异的发展，高新技术得到了广泛应用。在高新技术基础上形成了生产的高度自动化，如电脑辅助设计（CAD）、电脑辅助制造（CAM）、电脑数控机床等被广泛应用，乃至于电脑一体化制造系统的形成。从产品订货开始，再到设计、制造、销售等所有阶段，各种自动化系统综合成一体，由计算机统一进行调控。技术上的变化使许多公司的生产制造环境发生了显著的改变，使用大量机器和由计算机控制的仪器设备，使得生产制造过程的自动化程度不断提高，产品技术含量增加，极大地改变了产品成本的结构，直接人工成本比例大大下降，制造费用大比例上升。有资料表明，20世纪80年

代制造费用这一比重在日本高达 50% ～ 60%，在美国高达 75%。产品成本结构发生如此重大的变化，如何科学合理的分配制造费用成为一个重要问题。

2. 社会背景

高新技术在生产领域的广泛应用极大地提高了劳动生产率，促进了社会经济的发展。随着社会经济的发展，人们对生活质量的要求越来越高。从消费角度看，人们日益追求个性化的消费，这就要求企业必须提高适应性，及时向消费者提供更加多样化、个性化的产品和服务。迫于市场竞争的压力，企业不得不放弃传统的大规模批量生产方式，而采用能对顾客多样化、日新月异的需求迅速做出反应的制造系统——柔性制造系统（FMS）。客观地说，传统成本计算方法适应于产品品种单一化、常规化和批量化的企业。然而经济的发展，需求的个性化、多样化，迫使企业改变其生产模式，打破了传统成本计算方法赖以存在的社会环境。

3. 传统成本计算方法的缺陷

产品生产成本包括直接材料、直接人工、制造费用三个部分。直接材料、直接人工统称为直接费用，可以直接计入有关产品的成本。制造费用是一种间接费用，是直接费用以外的所有的生产费用，被称为制造费用。

传统的成本计算方法中，制造费用必须按照一定的标准将其分配计入有关产品的成本。传统成本计算中普遍采用与产量相关联的分摊基础，例如以直接人工、直接人工小时、机器小时等作为制造费用的分配标准。这就是所谓的“以数量为基础”的成本分配方法。

如果采用直接人工或直接人工小时分配制造费用的方法在几十年前是合理的，因为当时大多数企业只生产少数几种产品，构成产品成本最重要的因素是直接材料和直接人工，而制造费用数额较小，制造费用的发生与直接人工成本有一定的相关性，并且直接人工或直接人工小时的数据又很容易取得，因此，直接人工或直接人工小时便成为制造费用的分配标准。然而，如前所述，20 世纪 70 年代以后，科学技术的发展使得自动化程度不断提高，产品成本的结构随之发生改变，直接人工比例大大下降，制造费用的比例大幅度上升。倘若企业仍以日趋减少的直接人工作为分配标准来分配这些日趋增大的制造费用，其结果往往是使得高产量、低技术含量的产品成本偏高，而低产量、高技术含量的产品成本则会偏低，从而造成产品成本信息的严重失实，进而引起成本控制失效，甚至导致经营决策失误。

如果采用与制造费用不存在因果关系的直接人工工时作为标准去分配这些费用，与工时无关的制造费用的增加必定会产生虚假的成本信息。例如，设备的调整准备费用、设备维护费用、工模具费用等，如果把这些与产品生产工时无关的费用采用人工工时分配制造费用，并计入产品成本，必然会造成扭曲的分配结果。例如，某一种产品需要很多的工具模具费用，但对它加工的时间很短，在传统成本计算方法下，分配到该产品成本中的工具模具费用就会很少。

正是在这些因素的共同作用下，以作业量为成本分配的基础，以作业为成本计算的基本对象，旨在为企业管理者提供更为相关、相对准确的成本信息的成本计算方法——作业成本法就应运而生了。

16.1.2 作业成本法的基本概念

作业成本法，即基于作业的成本计算法，是指以作业为制造费用的归集对象，通过资源动因的确认、计量，归集资源费用到作业上，再通过作业动因的确认计量，归集作业成本到产品上去的制造费用分配方法。作业成本法为作业、经营过程、产品、服务、客户等提供了一个更精确的分配制造费用和辅助资源的分配方法。作业成本法的目标就是把所有为不同产品提供作业所耗费的资源价值测量和计算出来，并恰当地把它们分配给每种产品。作业成本法有别于传统成本法，其涉及的概念主要有：作业、成本动因、成本库、作业中心等。

1. 资源

资源是成本的源泉，是指支持作业的成本和费用的来源，是企业生产耗费的最原始状态。如果把整个企业看成是一个与外界进行物质交换的投入产出系统，则所有进入该系统的人力、物力、财力等都属于资源范畴。一个企业的资源包括有原材料、辅助材料、燃料及动力费用、工资及社会保险费、折旧费、修理费、运输费等。如果某一项资源耗费可以直接确认是哪一项作业耗费的，则直接将其计入该作业；如果某项资源从最初消耗上呈混合性耗费状态，即支持多种作业的发生，则需要选择合适的量化依据将资源消耗分解到各作业，这个量化依据就是资源动因。

2. 作业

作业成本法的首要工作就是作业的认定。作业是企业为了提供一定产量的产品或劳务所消耗的人力、技术、原材料、方法和环境的集合体。通俗地说，作业也就是为了达到某种目的而进行消耗资源的各种活动或行为。任何一个企业的生产经营过程无不是一系列资源投入和效果产出过程，而作业则构成了沟通企业资源与企业产出（最终产品）的桥梁，它贯穿于企业生产经营的全过程。可以将作业分为以下四类：

（1）单位作业。即每生产一单位产品都要发生的作业，此类作业是重复性的，每生产一单位产品就需要执行一次，而且各个单位所消耗的资源数量基本相同。这种作业的成本一般与产品的产量成比例变动，如产品的机器加工、人工操作等。

（2）批别作业。是每生产一批产品都要发生的作业。批量水平作业的发生同产品的生产批次成正比例关系，而与每一批次的产量无关，如生产准备、处理清单、发运货物等。

（3）产品别作业。即品种别作业，它是使某种产品的每个单位都受益的作业。这种作业的成本与产品的产量及批次无关，但与产品种类数成比例变动，如产品设计、市场开发等。

（4）维持性作业。是为了支持和管理生产经营活动而进行的作业。它与产量、批次、品种数无关，而取决于组织规模与结构，该类作业在某种水平上有益于整个企业，但并不针对任何具体产品，如工厂管理、工人培训等。

3. 作业中心和作业成本库

作业中心是一系列相互联系、能够实现某种特定功能的作业集合。例如，原材料采购作业中，材料采购、材料检验、材料入库、材料仓储保管等都是相互联系的，并且都可以归类于材料处理作业中心。把相关的一系列作业消耗的资源费用归集到作业中心，构成各该作业中心的作业成本库。作业成本库是作业中心的货币表现形式。

4. 成本动因

成本动因又称成本驱动因素，是引起成本发生的那些重要的业务活动或事件的特征。它可以是一个事件、一项活动或作业。如前所述，作业是企业生产经营活动中消耗资源的某种活动。作业是由产品引起的，而作业又引起了资源的耗用。这种资源和作业的耗用是由隐藏其后的某种推动力所引起的，这种隐藏着的推动力就是成本动因。成本动因支配着成本行为，决定着成本的产生，是成本分配的标准。所以要把制造费用分配到各产品中去，必须要了解成本行为，识别恰当的成本动因。根据成本动因在资源流动中所处的位置，通常可将其分为资源动因和作业动因两类。

（1）资源动因。作业量的多少决定着资源的耗用量，资源耗用量与作业量的这种关系称为资源动因。资源动因作为衡量资源消耗量与作业量关系的计量标准，它是资源被各种作业消耗的方式和原因，反映了消耗资源的起因和作业对资源的耗费情况，是资源成本分配到作业的依据。资源动因联系着资源和作业，它把总分类账上的资源成本分配到作业。对工资社会保险费、租金、设备折旧和公用事业费等一般资源动因举例如表 16-1 所示。

表 16-1　资源动因举例

资源	资源动因
工资	各个作业上所消耗人工小时的百分比
	作业上耗用的小时数
租金	作业使用设施占用的面积
设备折旧	作业消耗的机器小时
公用事业费（电费）	作业消耗的千瓦时数
	作业使用设施占用的面积

（2）作业动因。作业动因是作业发生的原因，是将作业成本分配到最终产品或劳务的方式和原因，它反映了产品消耗作业的情况，是沟通资源耗费与最终产品的中介因素。例如，当“检验外购材料”被定义为一个作业时，则“检验小时”或“检验次数”就可成为一个作业动因。如果检验外购材料 A 所花的时间占总数的 30%，则作业“检验外购材料”成本的 30% 就应归集到外购材料 A。典型的作业与作业动因的对应见表 16-2。

资源动因连接着资源和作业，而作业动因连接着作业和产品。把资源分配到作业用的动因是资源动因；把作业成本分配到产品用的动因是作业动因。比如说，工资是企业的一种资源，把工资分配到作业“质量检验”的依据是质量检验部门的员工数，这个员工数就是资源动因；把作业“质量检验”的全部成本按产品检验的次数分配到产品，则检验的次数就是作业动因。

表 16-2　各层级作业及其作业动因

作业	层级	作业动因
每件产品质量检验	单位级	产品数量
直接人工操作	单位级	直接工时
机器运行	单位级	机器小时
每批产品质量检验	批别级	批次数
调整准备	批别级	准备次数
材料整理	批别级	卸货次数
材料采购	批别级	采购次数
零部件管理	产品级	零部件种类
产品设计	产品级	产品种类
厂务管理	维持级	厂房面积

16.2　作业成本法的基本原理

传统管理会计对成本习性的划分主要是以产品成本与产品业务量的关系进行划分的，将其划分为变动成本和固定成本。这种划分在产品成本与产品业务量之间存在依存关系的条件下是合理的，但在其他的条件下是不完全合理的。从长期的角度看，企业所有的生产成本都是变动的，因此作业成本法将成本划分为短期变动成本和长期变动成本。其中，随产品产量直接变动的是短期变动成本，如直接材料、直接人工。而制造费用则属于长期变动成本，它与企业的生产、管理、服务等部门的作业量有关，而与产量变化没有关系。因此，作业成本法提出了“成本驱动因素论”，即企业制造费用发生的直接原因是企业因生产产品所必需的各种作业所驱动的，其发生多少与企业产品产量无关，而与驱动其发生的作业数量相关。作业成本法的基本原理是“成本驱动因素论”，这种理论提出分配制造费用应着眼于成本的来源，把制造费用的分配与产生这些费用的原因联系起来，如对动力成本的产生可以追溯到产品耗用的机器小时，因为是机器小时驱动了动力消耗，所以用机器小时去分配动力费是合理的。

由于短期变动成本随产量直接变动，对短期变动成本应该利用“数量相关成本驱动因素”，如直接人工工时、机器小时、直接人工成本、产量等，而对于长期变动成本中的绝大部分，采用数量相关成本驱动因素却是不适宜的。因为这些成本是由各种各样复杂得多的因素所“驱动”，而并非由数量因素所驱动。如果用数量相关成本驱动因素对这些成本进行分配，计算出的产品成本势必发生扭曲。

例如，某企业生产甲、乙、丙 3 种产品共 100 万单位，其中甲产品 800 单位，乙产品 10 万单位，其余均为丙产品。如果按照产量比例，甲产品只分配到 0.08% 的制造费用，乙产品则要负担 10% 的制造费用，这样的分配结果是不合理的，因为产量低的甲产品同样要驱使各类作业的发生，因此，按“数量相关成本驱动因素”分配制造费用将低于其实际耗费，而产量高的乙产品则与之相反。产生这种情况的根本原因就在于许多制造费用是被各种作业所驱动的，这些作业主要表现为各部门为产品提供的劳务，而某种产品所需要的劳务与其产量并不成正比例，有时差别很大。再如，某种产品具有专门用途，虽然产量低，但对某些制造费用耗费却较大。在数量基础分配体系下，就会分配给较少的制造费用，而将低于实际耗费的那部分差额转嫁到产量高的产品负担，从而造成成本信息的扭曲，不利于管理层做出决策。

根据以上对作业成本法基本原理的分析可知，所谓“成本驱动因素”的着眼点就在于研究成本产生的原因。作业成本法根据原因把成本驱动因素分为两类：① 数量相关成本驱动因素，或称数量基础成本驱动因素，它们导致了短期变动成本的发生，因此也是短期变动成本的分配基础；② 作业量基础成本驱动因素，它们导致了长期变动成本的发生，因此也应成为长期变动成本的分配依据。

在“成本驱动因素论”中，将决定成本发生的作业作为分配制造费用的标准。其基本思想是在资源和产品之间引入一个中介——作业，其基本原理阐述为：作业消耗资源，产品消耗作业；生产导致作业的发生，而作业导致成本费用的发生。

作业成本法对直接材料、直接人工等直接成本的核算与传统的成本计算方法并无不同，其特点主要体现在制造费用的核算上。传统成本计算方法与作业成本法在制造费用核算上的差别如图 16-1 所示。

从图 16-1 中可以看出，在传统成本计算方法下，最显著的特点就是假设制造费用的发生与生产数量相联系，因而把直接人工工时、直接人工成本、机器工时作为制造费用的分配标准。因此可以说，传统的制造费用分配方法满足的只是与生产数量有关的制造费用的分配。至于各生产部门制造费用分配的标准，则根据各个生产部门的生产特点选取。例如，劳动密集型的部门以人工工时作为制造费用的分配标准；自动化程度高的部门以机器工时为制造费用的分配标准。

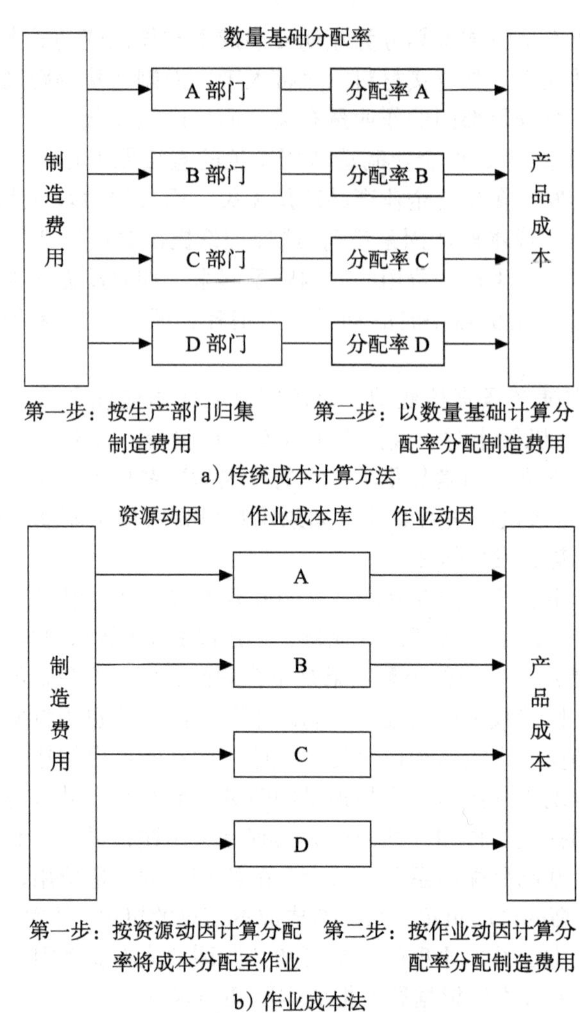

a）传统成本计算方法

b）作业成本法

图 16-1　传统成本计算法与作业成本法的区别

在作业成本法下，对制造费用的分配做了变革。首先体现在将制造费用由按部门进行归集和分配，改为由若干个成本库分别进行归集和分配；其次增加了分配标准，由单一标准（直接人工工时或机器小时）分配改为按引起制造费用发生的成本动因进行分配。

16.3　作业成本法的基本程序

作业成本法把直接成本直接归入产品，而把制造费用按成本动因的不同分为数量驱动的制造费用和作业量驱动的制造费用两类。对于数量驱动的制造费用，按数量基础分配到产品中去，而对于作业量驱动的制造费用，则根据“作业消耗资源，产品消耗作业”的基本思想，进行两阶段成本分配。

16.3.1　确认主要作业

作业的确认十分简单，仅仅需要询问经理人员或基层员工“你做的是什么工作”便可获知。最终作业的确定需要通过会计师的专业判断。国外成功运行的作业成本系统的作业主要有采购、客户订单处理、质量控制、生产控制、生产准备、加工制造、材料处理、维修等。一个企业的作业可能有几百种，甚至几千种，如果把所有作业都用来设计作业成本法系统，系统将会复杂庞大，相应地，就会大大增加信息收集工作的成本。因此，要根据管理对成本信息的准确要求，对用于系统设计的作业数量进行决策。以采购作业为例，如果管理需要高度准确的成本信息，那么可以把采购作业划分为市场调查、了解供应商、谈判、催促发货、检查需求、申请、批准、准备合同；如果管理要求比较准确的成本信息，可把采购作业划分为联系供应商和内部采购单处理两种作业；如果管理只要求一般准确的成本信息，那么就可把采购作业单独当作一种作业。根据管理的需要，采购作业的集合程度如表 16-3 所示。

表 16-3　作业集合程度

采购作业		
低	中	高
市场调查	联系供应商	采购
了解供应商		
谈判		
催促发货		
检查需求	内部采购单处理	
申请		
批准		
准备合同		

16.3.2　将资源成本分配给作业

资源成本可以通过直接分配或估计的方法分配给作业。

所谓直接分配，即按客观、真实的尺度来对资源进行计量。具体而言，就是测算作业所消耗的经营资源实际数额。例如，机器运转所耗用的电费可以通过查电表，将其直接分配到机器运转作业中；搬运作业的人工成本可按工人的劳动时间加以分配。

在缺乏或很难获取直接分配基准的情况下，往往采用调查和询问的方式来估计作业所消耗的经营资源成本。例如，假定质量检验部门有两大资源消耗，100 000 元的工资和 20 000 元的原材料，并且质量检验部门设有“外购材料检验”“在产品检验”和“产成品检验”三项作业。会计部门通过估计各作业消耗的人力把工资分配到各作业。这个估计的人力就是工资的资源动因。假定人力的估计是由分配到每一作业的人数以及每人在该作业上所花费的时间来决定。如果该部门 2/10 的人员把他们 50% 的时间花费在对外购材料进行检验上，那么人力的 10%（$= 2 \div 10 \times 50\%$）的工资，也就是 10 000 元（= 100 000 元 × 10%）就应分配到“外购材料检验”作业上。资源动因作为一种分配基础，它反映了作业对资源的耗费情况，是将资源成本分配到作业的标准。

16.3.3　将作业成本分配给最终产品

以作业动因为基础将作业成本库的成本分配到最终产品，作业动因是各项作业被最终产品消耗的方式和原因。例如，启动准备作业的作业动因是启动准备次数，质量检验作业的成本动因是检验小时。明确了作业动因，就可以将归集在各个作业成本库中的制造费用按各最终产品消耗的作业动因的比例进行分配，计算出产品的各项作业成本，进而明确最终产品的成本。

16.3.4 计算产品成本

作业成本法的目标最终是要计算出产品的成本。将分配给某产品的各作业成本库分摊成本、数量驱动的制造费用和直接成本（直接人工及直接材料）合并汇总，计算该产品的总成本，再将总成本与产品数量相比，计算该产品的单位成本，即：某产品成本 = 直接成本 + 数量驱动的制造费用 + ∑成本动因成本。图 16-2 显示了作业成本法的计算程序。

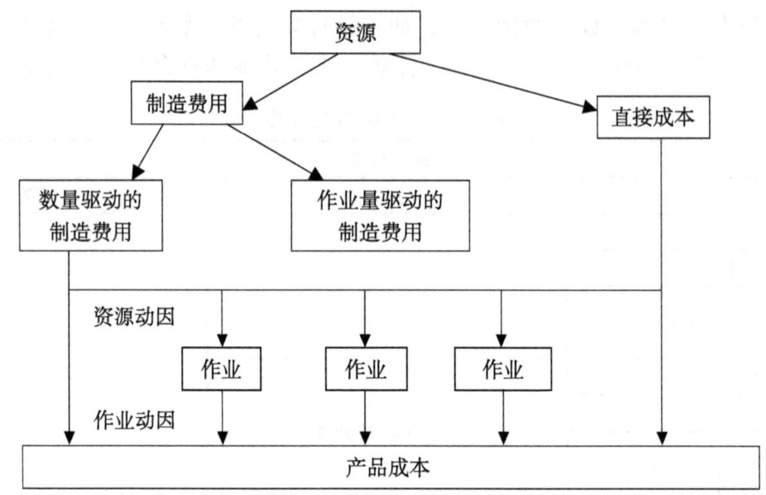

图 16-2 作业成本法的计算程序

16.4 作业成本法与传统成本法的比较

16.4.1 作业成本法计算：示例

为了说明问题，下面举例说明作业成本法与传统成本法的计算原理及其差异。

【例 16-1】某企业同时生产 A、B、C 3 种产品。其中，A 产品技术含量不高，每批大量生产 10 000 件，年产 A 产品 120 000 件，共分 12 批生产；B 产品每批生产 100 件，年产 B 产品 60 000 件，共分 600 批生产；C 产品是高科技产品，每批生产 40 件，年产 C 产品 12 000 件，共分 300 批生产。3 种产品的生产成本资料如表 16-4 所示。

表 16-4 全部产品生产费用及工时表

成本项目	A 产品	B 产品	C 产品
直接材料（元）	600 000	360 000	96 000
直接人工（元）	240 000	120 000	36 000
单位产品生产工时（小时）	1	1.5	3.5
制造费用（元）	3 780 000		

按照传统成本计算方法，该企业的 A、B、C 3 种产品的单位成本计算如表 16-5 所示，计算过程如下：

A 产品的生产总工时 = 120 000 × 1 = 120 000（小时）

B 产品的生产总工时 = 60 000 × 1.5 = 90 000（小时）

$$C\text{ 产品的生产总工时} = 12\ 000 \times 3.5 = 42\ 000\text{（小时）}$$

制造费用分配率 = 3 780 000÷(120 000 + 90 000 + 42 000) = 15（元 / 小时）

单位 A 产品应分配的制造费用 = 15×120 000÷120 000 = 15（元）

单位 B 产品应分配的制造费用 = 15×90 000÷60 000 = 22.5（元）

单位 C 产品应分配的制造费用 = 15×42 000÷12 000 = 52.5（元）

表 16-5　全部产品成本表　（单位：元）

成本项目	A 产品	B 产品	C 产品
直接材料	5	6	8
直接人工	2	2	3
制造费用	15	22.5	52.5
合　计	22	30.5	63.5

根据作业成本法，依据不同的成本库归集的制造费用如表 16-6 所示。

表 16-6　成本库归集的制造费用表　（单位：元）

制造费用项目	金额
间接人工：	
准备工作	319 200
材料处理	280 000
检验人员	1 200 000
采购人员	230 000
工厂管理人员	360 000
其他制造费用：	
供热	260 000
厂部折旧	435 400
材料处理设备折旧	81 800
机器维修	453 600
供应商（检验）	60 000
供应商（购买）	100 000
合计	3 780 000

假设有关的成本动因资料如下：

(a) 每批次需要一次标准的准备工作。

(b) 每批的标准检验单位为：A 产品每批 50 件，B 产品每批 5 件，C 产品每批 2 件。

(c) A、B、C 3 种产品每批材料移动次数分别为：25 次、50 次和 100 次。

(d) A、B、C 3 种产品的订单数分别为：900 份、850 份和 550 份。

(e) 生产 A、B、C 3 种产品的厂房面积分别为 43 575 平方米、35 500 平方米、36 600 平方米，厂房总面积为 115 675 平方米。

根据上述资料，按照单位作业、批别作业、产品别作业和维持性作业 4 个作业层次分配制造费用如下。

1. 单位作业层次

机器维修费用按一定比例分配到各产品，计算过程如表 16-7 所示。

表 16-7　机器维修费用分配表

产品名称	数量（件）	单位产品生产工时（工时）	产品生产总工时（工时）	分配率[①]	分配金额（元）
A 产品	120 000	1.0	120 000	1.8	216 000

（续）

产品名称	数量（件）	单位产品生产工时（工时）	产品生产总工时（工时）	分配率[①]	分配金额（元）
B 产品	60 000	1.5	90 000	1.8	162 000
C 产品	12 000	3.5	42 000	1.8	75 600
合计	—	—	252 000	—	453 600

① 分配率 = 453 600÷252 000 = 1.8（元 / 小时）

2. 批别作业层次

（1）检验成本按检验次数分配到各产品，计算过程如表 16-8 所示。

表 16-8　检验成本分配表

产品名称	批量（批）	每批检验单位（件）	检验总单位（件）	分配率[①]	分配金额（元）
A 产品	12	50	600	300	180 000
B 产品	600	5	3 000	300	900 000
C 产品	300	2	600	300	180 000
合计	—	—	4 200	—	1 260 000[②]

① 分配率 = 检验成本 ÷ 检验总单位

　　= 1 260 000÷4 200 = 300（元 / 件）

② 检验成本 = 检验人员工资 + 供应商（检验）

　　= 1 200 000 + 60 000 = 1 260 000（元）

（2）材料处理成本以材料移动次数为基础分配，计算过程如表 16-9 所示。

表 16-9　材料处理成本分配表

产品名称	批量（批）	每批移动次数（次）	移动总次数（次）	分配率[①]	分配金额（元）
A 产品	12	25	300	6	1 800
B 产品	600	50	30 000	6	180 000
C 产品	300	100	30 000	6	180 000
合计	—	—	60 300	—	361 800[②]

① 分配率 = 361 800÷60 300 = 6（元 / 次）

② 材料处理成本 = 材料处理人员工资 + 材料处理设备折旧

　　= 280 000 + 81 800 = 361 800（元）

（3）准备成本以每批的准备次数为基础进行分配，计算过程如表 16-10 所示。

表 16-10　准备成本分配表

产品名称	每批准备次数（次）	分配率[①]	分配金额（元）
A 产品	12	350	4 200
B 产品	600	350	210 000
C 产品	300	350	105 000
合计	912	—	319 200

① 分配率 = 319 200÷912 = 350（元 / 次）

3. 产品别作业

购买成本以购货订单为基础分配，计算过程如表 16-11 所示。

表 16-11　购买成本分配表

产品名称	购货订单数量（份）	分配率[①]	分配金额（元）
A 产品	900	200	180 000
B 产品	850	200	170 000
C 产品	550	200	110 000
合计	2 300	—	460 000[②]

① 分配率 = 460 000÷2 300 = 200（元 / 次）

② 购买成本 = 采购人员工资 + 供应商（购买）

= 360 000 + 100 000 = 460 000（元）

4. 维持性作业层次

维持性作业层次以厂房面积为基础进行分配，计算过程如表 16-12 所示。

表 16-12　维持性作业分配表

产品名称	厂房面积（平方米）	分配率[①]	分配金额（元）
A 产品	43 575	8	348 600
B 产品	35 500	8	284 000
C 产品	36 600	8	292 800
合计	115 675	—	925 400[②]

① 分配率 = 925 400÷115 675 = 8（元 / 平方米）

② 维持性作业成本 = 工厂管理人员工资 + 供热费用 + 厂部折旧

= 230 000 + 260 000 + 435 400 = 925 400（元）

综合上述计算结果，根据作业成本法，各种产品的总成本和单位成本汇总如表 16-13 所示。

表 16-13　产品生产成本表　　（单位：元）

项目	A 产品（120 000 件）		B 产品（60 000 件）		C 产品（12 000 件）	
	单位成本	总成本	单位成本	总成本	单位成本	总成本
直接材料	5	600 000	6	360 000	8	96 000
直接人工	2	240 000	2	120 000	3	36 000
维修费	1.8	216 000	2.7	162 000	6.3	75 600
检验成本	1.5	180 000	15	900 000	15	180 000
材料处理成本	0.015	1 800	3	180 000	15	180 000
准备成本	0.035	4 200	3.5	210 000	8.75	105 000
购买成本	1.5	180 000	2.83	170 000	9.17	110 000
维持性作业成本	2.905	348 600	4.73	284 000	24.4	292 800
合　计	14.755	1 770 600	39.76	2 386 000	89.62	1 075 400

表 16-13 与表 16-12 的计算结果显示了传统成本法与作业成本法的区别。作业成本法除了提供更为详细的成本信息外，其所确定的成本也与传统成本法大不相同。本例中，A 产品单位成本被高估，而 B、C 两种产品单位成本被低估。

导致这种结果的主要原因在于传统成本计算法采用单一分配标准进行制造费用的分配，忽视了各种产品生产的复杂性和技术含量不同以及相联系的作业量不同。相比之下，传统成本法相关性较弱，而作业成本法考虑了引起制造费用发生的具有代表性的各种成本动因，并以此为基础分配制造费用，因而，它能较客观、合理地反映高新技术环境下各种产品的成本。

16.4.2 作业成本法与传统成本计算方法的联系和区别

1. 作业成本法与传统成本法的联系

（1）两者的目的相同。作业成本法与传统成本法的目的都是计算最终产品成本。传统成本计算法是将各项费用在各种产品（各成本计算对象）之间进行分配，计算出产品成本；而作业成本法是将各项费用先在各作业中心之间分配，再按照各种产品耗用作业的数量，把各作业成本计入各种产品成本，计算出产品成本的方法。

（2）两者对直接费用的确认和分配相同。作业成本法与传统成本计算法都依据受益性原则，对发生的直接费用予以确认。

2. 作业成本法与传统成本法的区别

（1）成本计算对象不同。传统成本法都是以企业最终产出的各种产品作为成本计算对象。作业成本法则不仅关注产品成本，而且更多关注产品成本产生的原因及其形成的全过程，因而它的成本计算对象是多层次的，不但把最终产出的各种产品作为成本计算对象，而且把资源、作业、作业中心也作为成本计算对象。

（2）成本计算的目的不同。传统成本法的计算目的仅仅是为了计算成本，就成本论成本。作业成本法则把重点放在成本发生的前因后果上，成本是由作业引起的，该作业是否应当发生，是由产品的设计环节所决定的。在产品设计中，要设计出产品是由哪些作业所组成的，每一项作业预期的资源消耗水平；在作业的执行过程中，应分析各项作业预期的资源消耗水平以及预期产品最终可为顾客提供价值的大小。对这些信息进行处理和分析，可以促使企业改进产品设计，提高作业水平和质量，减少浪费，降低资源的消耗水平。

（3）理论基础不同。传统成本法的理论基础是以企业所生产的产品按照其耗费的生产时间或按照其产量线性地分配各项制造费用。因此，制造费用可以以一定的标准平均地分摊到各种产品的成本中。这种方法没有考虑实际生产中产品消耗与费用的配比问题，只能算是一种近似的分配方法。

作业成本法的理论基础是成本驱动因素论。这种理论认为，企业的产品成本和价值并不是孤立产生的，产品成本的形成是与各种资源的消耗密切相关的，因此，分配制造费用应着眼于费用、成本的来源，将制造费用的分配与产生这些费用的原因联系起来——产品消耗作业，作业消耗资源并导致成本的发生。作业成本法在成本核算上突破产品这个界限，使成本核算深入到资源、作业层次，它从资源的消耗入手，以多种资源动因（即资源成本的分配标准）为标准，按作业中心收集成本，并把各作业中心的成本按不同的作业动因（即作业成本的分配标准）分配到各种产品中。作业成本法通过选择多样化的分配标准（成本动因）进行制造费用的分配，使费用分配和成本计算按产品对象化的过程明细化，使成本的可归属性大大提高，并将按人为标准分配制造费用、计算产品成本的比重缩减到最低限度，从而提高了成本信息的准确性。

16.4.3 对作业成本法的评价

1. 作业成本法的优点

（1）作业成本法提供了更真实、丰富的产品成本信息，由此而得到更真实的产品赢利能力信息和定价、顾客市场及资本支出等战略决策相关的信息。作业成本法试图把支持产品生产和发生的各种活动予以量化，并把它们按其“来龙去脉”原原本本地归集到各个产品中，以能得到正确的产品成本信息。而激烈的全球竞争和崭新的生产技术使准确的产品成本信息对于企业在竞争中的取胜至关重要。

（2）作业成本法拓宽了成本核算的范围。作业成本法把作业、作业中心、顾客和市场纳入成本核算的范围，形成了以作业为核心的成本核算对象体系。它以作业为核心进行成本核算，抓住了资源向成本对象流动的关键，便于合理计算成本，有利于全面分析企业在特定产品、劳务、顾客和市场及其组合以及各相应作业盈利能力方面的差别。

（3）有利于建立新的责任会计系统，调动各部门挖掘盈利潜力的积极性，进行业绩评价。企业的作业链同时也是一条责任链，以成本库为新的责任中心，分析评价该库中费用发生的合理性，以能否为最终产品增加价值作为合理性的标准，建立责任系统，并按是否提高价值链的价值为依据进行业绩评价，充分发挥资源在价值链中的作用，以促进经济效益的提高。

2. 作业成本法的局限性

（1）尽管作业成本法大大减少了传统成本计算方法在产品成本计算上的主观分配，但没有从根本上消除主观性，如作业的划分、成本动因的选择，在一定程度上还带有一些主观因素。

（2）采用作业成本法应遵循成本效益原则，任何一个成本系统并不是越准确就越好，关键还需考虑其成本。作业成本法增加了大量的作业分析、确认、记录和计量，增加了成本动因的选择和作业成本的分配工作，要处理大量的数据，导致实施成本高昂。但是在制造费用高、产品品种复杂的情况下，由于传统成本法提供的信息严重扭曲了产品的实际成本，误导了企业的经营决策，造成企业不必要的损失。实施作业成本法可为企业决策提供准确的成本信息，带来巨大收益，企业应依据成本效益原则，考虑是否采用作业成本法。

▶本章小结

本章论述了作业成本法产生的背景及原因，并进一步介绍了作业成本法相对于传统成本法的优点。作业成本法的思想是由美国会计学家埃里克·科勒教授在 20 世纪 30 年代末 40 年代初提出的。近几十年来，在电子技术革命的基础上产生了高度自动化的先进制造企业，带来了管理观念和管理技术的巨大变革；产品成本结构发生了重大变化，使得传统的“数量基础成本计算”不能正确反映产成品的消耗，不能为企业决策和控制提供正确、有用的会计信息。作业成本法是一种以作业为基础的成本计算方法，它从根本上解决了传统成本法的缺陷，同时给企业成本管理提供了很好的基础。由传统的以数量为基础的成本计算发展到现代的以作业为基础的成本计算，是管理会计发展的大趋势。因此，在我国研究与推广作业成本法有着重大的理论与现实意义。

作业成本法能够比传统成本法提供更准确的关于经营行为和生产过程以及产品、服务和顾客方面的成本信息，它在许多方面实现了对传统成本核算的改进：作业成本法从传统的以产品为中心，转移到以作业为中心上来；作业成本法将制造费用的分配由统一分配改为若干个具有同质成本动因的成本库分别进行分配，标准也由单一分配改为多标准分配；作业成本法能提供更明细化的成本资料，使成本的可追溯性、可归属性大大增强，从而帮助企业优化生产决策、定价决策和长期投资决策。

▶思考题

1. 什么是作业成本法？作业成本核算与传统成本核算有什么区别？

2. 作业成本法是在什么条件下产生的？它的理论基础是什么？

▶自测题

自测题 16-1

单项选择题

1. 作业成本法的成本计算是以（ ）为中心。
   A. 产品 B. 作业 C. 费用 D. 资源
2. 下列属于增值作业的是（ ）。
   A. 原材料储存作业 B. 原材料等待作业
   C. 包装作业 D. 质量检查作业
3.（ ）是作业成本的核心内容。
   A. 作业 B. 产品 C. 资源 D. 成本动因
4. 使用作业成本法计算技术含量较高、产量较小的产品，其单位成本与使用传统成本法计算相比，要（ ）。
   A. 高 B. 低 C. 两者一样 D. 无法比较
5. 传统成本计算法的计算对象为（ ）。
   A. 资源 B. 作业中心 C. 费用 D. 最终产品

多项选择题

1. 作业按受益范围通常分为（ ）。
   A. 单位作业 B. 批制作业 C. 产品作业 D. 过程作业
2. 成本动因选择主要考虑的因素有（ ）。
   A. 成本计量 B. 成本动因与所耗资源成本的相关程度
   C. 成本库 D. 成本中心
3. 下列说法正确的是（ ）。
   A. 作业量决定资源的耗用量 B. 最终产品产出量决定着作业量
   C. 资源耗用量与最终产品产出量由直接关系 D 成本库的作业就是成本动因
4. 与作业成本法相比，关于传统成本计算方法下列说法错误的是（ ）。
   A. 传统成本法低估了产量大而技术复杂程度低的产品成本
   B. 传统成本法高估了产量大而技术复杂程度低的产品成本
   C. 传统成本法低估了产量小而技术复杂程度高的产品成本
   D. 传统成本法高估了产量小而技术复杂程度高的产品成本
5. 关于作业成本法有点说法正确的是（ ）。
   A. 作业成本法有利于提高成本信息质量，完全克服传统成本分配主观因素影响
   B. 作业成本法有利于分析成本升降的原因
   C. 作业成本法有利于完善成本责任管理
   D. 有利于成本的预测和决策

判断题

1. 传统成本计算所采用的是单一数量分配基准，作业成本计算采用多种成本动因作为分配基准。（ ）

2. 资源动因是指资源被各种作业消耗的方式和原因，是作业中心的成本分配到产品中的标准。（　　）
3. 作业成本计算法是资源—作业—产品，传统成本计算法是资源—成本—产品。（　　）
4. 在作业成本法下，产品成本是指完全成本，包括与生产产品相关的、合理的、有效的费用，并按照作业类别设置成本项目。（　　）
5. 作业成本法能完全消除主观分配因素。（　　）

自测题 16-2

目的：掌握作业成本法的计算。

资料：某企业生产甲、乙两种产品，其中甲产品 900 件，乙产品 300 件，作业情况数据统计如下表 1 所示：

表 1　作业情况数据统计表

作业中心	资源耗用（元）	动因	动因量（甲产品）	动因量（乙产品）	合计
材料处理	18 000	移动次数	400	200	600
材料采购	25 000	订单件数	350	150	500
使用机器	35 000	机器工时	1 200	800	2 000
设备维修	22 000	维修工时	700	400	1 100
质量控制	20 000	质检次数	250	150	400
产品运输	16 000	运输次数	50	30	80
合计	136 000				

要求：按作业成本法计算甲、乙两种产品的成本并填制表 2。

表 2　产品成本计算表

作业中心	成本库（元）	动因量	动因率	甲产品	乙产品
材料处理	18 000	600			
材料采购	25 000	500			
使用机器	35 000	2 000			
设备维修	22 000	1 100			
质量控制	20 000	400			
产品运输	16 000	80			
合计总成本	136 000				
单位成本					

附录A

货币时间价值计算表

表 A-1　复利终值

n/i (%)	1	2	3	4	5	6	7	8	9	10	11
1	1.010	1.020	1.030	1.040	1.050	1.060	1.070	1.080	1.090	1.100	1.110
2	1.020	1.040	1.061	1.082	1.103	1.124	1.145	1.166	1.188	1.210	1.232
3	1.030	1.061	1.093	1.125	1.158	1.191	1.225	1.260	1.295	1.331	1.368
4	1.041	1.082	1.126	1.170	1.216	1.262	1.311	1.360	1.412	1.464	1.518
5	1.051	1.104	1.159	1.217	1.276	1.338	1.403	1.469	1.539	1.611	1.685
6	1.062	1.126	1.194	1.265	1.340	1.419	1.501	1.587	1.677	1.772	1.870
7	1.072	1.149	1.230	1.316	1.407	1.504	1.606	1.714	1.828	1.949	2.076
8	1.083	1.172	1.267	1.369	1.477	1.594	1.718	1.851	1.993	2.144	2.305
9	1.094	1.195	1.305	1.423	1.551	1.689	1.838	1.999	2.172	2.358	2.558
10	1.105	1.219	1.344	1.480	1.629	1.791	1.967	2.159	2.367	2.594	2.839
11	1.116	1.243	1.384	1.539	1.710	1.898	2.105	2.332	2.580	2.853	3.152
12	1.127	1.268	1.426	1.601	1.796	2.012	2.252	2.518	2.813	3.138	3.498
13	1.138	1.294	1.469	1.665	1.886	2.133	2.410	2.720	3.066	3.452	3.883
14	1.149	1.319	1.513	1.732	1.980	2.261	2.579	2.937	3.342	3.797	4.310
15	1.161	1.346	1.558	1.801	2.079	2.397	2.759	3.172	3.642	4.177	4.785
16	1.173	1.373	1.605	1.873	2.183	2.540	2.952	3.426	3.970	4.595	5.311
17	1.184	1.400	1.653	1.948	2.292	2.693	3.159	3.700	4.328	5.054	5.895
18	1.196	1.428	1.702	2.206	2.407	2.854	3.380	3.996	4.717	5.560	6.544
19	1.208	1.457	1.754	2.107	2.527	3.026	3.617	4.316	5.142	6.116	7.263
20	1.220	1.486	1.806	2.191	2.653	3.207	3.870	4.661	5.604	6.727	8.062
25	1.282	1.641	2.094	2.666	3.386	4.292	5.427	6.848	8.623	10.835	13.585
30	1.348	1.811	2.427	3.243	4.322	5.743	7.612	10.063	13.268	17.449	22.892
40	1.489	2.208	3.262	4.801	7.040	10.286	14.974	21.725	31.409	45.259	65.001
50	1.645	2.692	4.384	7.107	11.467	18.420	29.457	46.902	74.358	117.39	184.57

系数表（FVIF 表）

12	13	14	15	16	17	18	19	20	25	30
1.120	1.130	1.140	1.150	1.160	1.170	1.180	1.190	1.200	1.250	1.300
1.254	1.277	1.300	1.323	1.346	1.369	1.392	1.416	1.440	1.563	1.690
1.405	1.443	1.482	1.521	1.561	1.602	1.643	1.685	1.728	1.953	2.197
1.574	1.630	1.689	1.749	1.811	1.874	1.939	2.005	2.074	2.441	2.856
1.762	1.842	1.925	2.011	2.100	2.192	2.288	2.386	2.488	3.052	3.713
1.974	2.082	2.195	2.313	2.636	2.565	2.700	2.840	2.986	3.815	4.827
2.211	2.353	2.502	2.660	2.826	3.001	3.185	3.379	3.583	4.768	6.276
2.476	2.658	2.853	3.059	3.278	3.511	3.759	4.021	4.300	5.960	8.157
2.773	3.004	3.252	3.518	3.803	4.108	4.435	4.785	5.160	7.451	10.604
3.106	3.395	3.707	4.046	4.411	4.807	5.234	5.696	6.192	9.313	13.786
3.479	3.836	4.226	4.652	5.117	5.624	6.176	6.777	7.430	11.642	17.922
3.896	4.335	4.818	5.350	5.936	6.580	7.288	8.064	8.916	14.552	23.298
4.363	4.898	5.492	6.153	6.886	7.699	8.599	9.596	10.699	18.190	30.288
4.887	5.535	6.261	7.076	7.988	9.007	10.147	11.420	12.839	22.739	39.274
5.474	6.254	7.138	8.137	9.266	10.539	11.974	13.590	15.407	28.422	51.186
6.130	7.067	8.137	9.358	10.748	12.330	14.129	16.172	18.488	35.527	66.542
6.866	7.986	9.276	10.761	12.468	14.426	16.672	19.244	22.186	44.409	86.504
7.690	9.024	10.575	12.375	14.463	16.879	19.673	22.091	26.623	55.511	112.46
8.613	10.197	12.056	14.232	16.777	19.748	23.214	27.252	31.948	69.389	146.19
9.646	11.523	13.743	16.367	19.461	23.106	27.393	32.429	38.338	86.736	190.05
17.000	21.231	26.462	32.919	40.874	50.658	62.669	77.388	95.396	264.70	705.64
29.960	39.116	50.950	66.212	85.850	111.07	143.37	184.68	237.38	807.79	2 620.0
93.051	132.78	188.88	267.86	378.72	533.87	750.38	1 051.7	1 469.8	7 523.2	36 119.0
289.00	450.74	700.23	1 083.7	1 670.7	2 566.2	927.4	5 988.9	9 100.4	70 065.4	97 929.0

表 A-2　复利现值

n/*i*(%)	1	2	3	4	5	6	7	8	9	10	11	12	13
1	0.990	0.980	0.971	0.962	0.952	0.943	0.935	0.926	0.917	0.909	0.901	0.893	0.885
2	0.980	0.961	0.943	0.925	0.907	0.890	0.873	0.857	0.842	0.826	0.812	0.797	0.783
3	0.971	0.942	0.915	0.889	0.864	0.840	0.816	0.794	0.772	0.751	0.713	0.712	0.693
4	0.961	0.924	0.888	0.855	0.823	0.792	0.763	0.735	0.708	0.683	0.659	0.636	0.613
5	0.951	0.906	0.863	0.822	0.784	0.747	0.713	0.681	0.650	0.621	0.593	0.567	0.543
6	0.942	0.888	0.837	0.790	0.746	0.705	0.666	0.630	0.596	0.564	0.535	0.507	0.480
7	0.933	0.871	0.813	0.760	0.711	0.665	0.623	0.583	0.547	0.513	0.482	0.452	0.425
8	0.923	0.853	0.789	0.731	0.667	0.627	0.582	0.540	0.502	0.467	0.434	0.404	0.376
9	0.914	0.837	0.766	0.703	0.645	0.592	0.544	0.500	0.460	0.424	0.391	0.361	0.333
10	0.905	0.820	0.744	0.676	0.614	0.558	0.508	0.463	0.422	0.386	0.352	0.322	0.295
11	0.896	0.804	0.722	0.650	0.585	0.527	0.475	0.429	0.388	0.350	0.317	0.287	0.261
12	0.887	0.788	0.701	0.625	0.557	0.497	0.444	0.397	0.356	0.319	0.286	0.257	0.231
13	0.879	0.773	0.681	0.601	0.530	0.469	0.415	0.368	0.326	0.290	0.258	0.229	0.204
14	0.870	0.758	0.661	0.577	0.505	0.442	0.388	0.340	0.299	0.263	0.232	0.205	0.181
15	0.861	0.743	0.642	0.555	0.481	0.417	0.362	0.315	0.275	0.239	0.209	0.183	0.160
16	0.853	0.728	0.623	0.534	0.458	0.394	0.339	0.292	0.252	0.218	0.188	0.163	0.141
17	0.844	0.714	0.605	0.513	0.436	0.371	0.317	0.270	0.231	0.198	0.170	0.146	0.125
18	0.836	0.700	0.587	0.494	0.416	0.350	0.296	0.250	0.212	0.180	0.153	0.130	0.111
19	0.828	0.686	0.570	0.475	0.396	0.331	0.277	0.232	0.194	0.164	0.138	0.116	0.098
20	0.820	0.673	0.554	0.456	0.377	0.312	0.258	0.215	0.178	0.149	0.124	0.104	0.087
25	0.780	0.610	0.478	0.375	0.295	0.233	0.184	0.146	0.116	0.092	0.074	0.059	0.047
30	0.742	0.552	0.412	0.308	0.231	0.174	0.131	0.099	0.075	0.057	0.044	0.033	0.026
40	0.672	0.453	0.307	0.208	0.142	0.097	0.067	0.046	0.032	0.022	0.015	0.011	0.008
50	0.680	0.372	0.228	0.141	0.087	0.054	0.034	0.021	0.013	0.009	0.005	0.033	0.002

系数表（PVIF 表）

14	15	16	17	18	19	20	25	30	35	40	50
0.877	0.870	0.862	0.855	0.847	0.840	0.833	0.800	0.769	0.741	0.714	0.667
0.769	0.756	0.743	0.731	0.718	0.706	0.694	0.640	0.592	0.549	0.510	0.444
0.675	0.658	0.641	0.624	0.609	0.593	0.579	0.512	0.455	0.406	0.364	0.296
0.592	0.572	0.552	0.534	0.516	0.499	0.482	0.410	0.350	0.301	0.260	0.198
0.519	0.497	0.476	0.456	0.437	0.419	0.402	0.320	0.269	0.223	0.186	0.132
0.456	0.432	0.410	0.390	0.370	0.352	0.335	0.262	0.207	0.165	0.133	0.088
0.400	0.376	0.354	0.333	0.314	0.296	0.279	0.210	0.159	0.122	0.095	0.059
0.351	0.327	0.305	0.285	0.266	0.249	0.233	0.168	0.123	0.091	0.068	0.039
0.300	0.284	0.263	0.243	0.225	0.209	0.194	0.134	0.094	0.067	0.048	0.026
0.270	0.247	0.227	0.208	0.191	0.176	0.162	0.107	0.073	0.050	0.035	0.017
0.237	0.215	0.195	0.178	0.162	0.148	0.135	0.086	0.056	0.037	0.025	0.012
0.208	0.187	0.168	0.152	0.137	0.124	0.112	0.069	0.043	0.027	0.018	0.008
0.182	0.163	0.145	0.130	0.116	0.104	0.093	0.055	0.033	0.020	0.013	0.005
0.160	0.141	0.125	0.111	0.099	0.088	0.078	0.044	0.025	0.015	0.009	0.003
0.140	0.123	0.108	0.095	0.084	0.074	0.065	0.035	0.020	0.011	0.006	0.002
0.123	0.107	0.093	0.081	0.071	0.062	0.054	0.028	0.015	0.008	0.005	0.002
0.108	0.093	0.080	0.069	0.060	0.052	0.045	0.023	0.012	0.006	0.003	0.001
0.095	0.081	0.069	0.059	0.051	0.044	0.038	0.018	0.009	0.005	0.002	0.001
0.083	0.070	0.060	0.051	0.043	0.037	0.031	0.014	0.007	0.003	0.002	0
0.073	0.061	0.051	0.043	0.037	0.031	0.026	0.012	0.005	0.002	0.001	0
0.038	0.030	0.024	0.020	0.016	0.013	0.010	0.004	0.001	0.001	0	0
0.020	0.015	0.012	0.009	0.007	0.005	0.004	0.001	0	0	0	0
0.005	0.004	0.003	0.002	0.001	0.001	0.001	0	0	0	0	0
0.001	0.001	0.001	0	0	0	0	0	0	0	0	0

表 A-3　年金终值

n/*i* (%)	1	2	3	4	5	6	7	8	9	10	11
1	1.000	1.000	1.000	1.000	1.000	1.000	1.000	1.000	1 .000	1.000	1.000
2	2.010	2.020	2.030	2.040	2.050	2.060	2.070	2.080	2.090	2.100	2.110
3	3.030	3.060	3.091	3.122	3.153	3.184	3.215	3.246	3.278	3.310	3.342
4	4.060	4.122	4.184	4.246	4.310	4.375	4.440	4.506	4.573	4.641	4.710
5	5.101	5.204	5.309	5.416	5.526	5.637	5.751	5.867	5.985	6.105	6.228
6	6.152	6.308	6.468	6.633	6.802	6.975	7.153	7.336	7.523	7.716	7.913
7	7.214	7.434	7.662	7.898	8.142	8.294	8.654	8.923	9.200	9.487	9.783
8	8.286	8.583	8.892	9.214	9.549	9.897	10.260	10.637	11.028	11.436	11.859
9	9.369	9.755	10.150	10.583	11.027	11.491	11.978	12.488	13.021	13.579	14.164
10	10.462	10.950	11.464	12.006	12.578	13.181	13.816	14.487	15.193	15.937	16.722
11	11.567	12.169	12.808	13.486	14.207	14.972	15.784	16.645	17.560	18.531	19.561
12	12.683	13.412	14.192	15.026	15.917	16.870	17.888	18.977	20.141	21.384	22.713
13	13.809	14.680	15.618	16.627	17.713	18.882	20.141	21.495	22.953	24.523	26.212
14	14.947	15.974	17.086	18.292	19.599	21.015	22.550	24.215	26.019	27.975	30.095
15	16.097	17.293	18.599	20.024	21.579	23.276	25.129	27.152	29.361	31.772	34.405
16	17.258	18.639	20.157	21.825	23.657	25.673	27.888	30.324	33.003	35.950	39.190
17	18.430	20.012	21.762	23.698	25.840	28.213	30.840	33.750	36.974	40.545	44.501
18	19.615	21.412	23.414	25.645	28.132	30.906	33.999	37.450	41.301	35.599	50.396
19	20.811	22.841	25.117	27.671	30.539	33.760	37.379	41.446	46.018	51.159	56.939
20	22.019	24.297	26.870	29.778	33.066	36.786	40.995	45.762	51.160	57.275	64.203
25	28.243	32.030	36.459	41.646	47.727	54.865	63.249	73.106	84.701	98.347	114.41
30	34.785	40.588	47.575	56.085	66.439	79.058	94.461	113.28	136.31	164.49	199.02
40	48.886	60.402	75.401	95.026	120.80	154.76	199.64	259.06	337.89	442.59	581.83
50	64.463	84.579	112.80	152.67	209.35	290.34	406.53	573.77	815.08	1 163.9	1 668.8

系数表（FVIFA 表）

12	13	14	15	16	17	18	19	20	25	30
1.000	1.000	1.000	1.000	1.000	1.000	1.000	1.000	1.000	1.000	1.000
2.120	2.130	2.140	2.150	2.160	2.170	2.180	2.190	2.200	2.250	2.300
3.374	3.407	3.440	3.473	3.506	3.539	3.572	3.606	3.640	3.813	3.990
4.779	4.850	4.921	4.993	5.066	5.141	5.215	5.291	5.368	5.766	6.187
6.353	6.480	6.610	6.742	6.877	7.014	7.154	7.297	7.442	8.207	9.043
8.115	8.323	8.536	8.754	8.977	9.207	9.442	9.683	9.930	11.259	12.756
10.089	10.405	10.730	11.067	11.414	11.772	12.142	12.523	12.916	15.073	17.583
12.300	12.757	13.233	13.727	14.240	14.773	15.327	15.902	16.499	19.842	23.858
14.776	15.416	16.085	16.786	17.519	18.285	19.086	19.923	20.799	25.802	32.015
17.549	18.420	19.337	20.304	21.321	22.393	23.521	24.701	25.959	33.253	42.619
20.655	21.814	23.045	24.349	25.733	27.200	28.755	30.404	32.150	42.566	56.405
24.133	25.650	27.271	29.002	30.850	32.824	34.931	37.180	39.581	54.208	74.327
28.029	29.985	32.089	34.352	37.786	39.404	42.219	45.244	48.497	68.760	97.625
32.393	34.883	37.581	40.505	43.672	47.103	50.818	54.841	59.196	86.949	127.91
37.280	40.417	43.842	47.580	51.660	56.110	60.965	66.261	72.035	109.69	167.29
42.753	46.672	50.980	55.717	60.925	66.649	72.939	79.850	87.442	138.11	218.47
48.884	53.739	59.118	65.075	71.673	78.979	87.068	96.022	105.93	173.64	285.01
55.750	61.725	68.394	75.836	84.141	93.406	103.74	115.27	128.12	218.05	371.52
63.440	70.749	78.969	88.212	93.603	110.29	123.41	138.17	154.74	273.56	483.97
72.052	80.947	91.025	102.44	115.38	130.03	146.63	165.42	186.69	342.95	630.17
133.33	155.62	181.87	212.79	249.21	292.11	342.60	402.04	471.98	1 054.8	2 348.8
241.33	293.20	356.79	434.75	530.31	647.44	790.95	966.7	1 181.9	3 227.2	8 730.0
767.09	1 013.7	1 342.0	1 779.1	2 360.8	3 134.5	4 163.21	5 519.8	7 343.9	30 089	120 393
2 400.0	3 459.5	4 994.5	7 217.7	10 436	15 090	21 813	31 515	45 497	280 256	165 976

表 A-4　年金现值

n/*i* (%)	1	2	3	4	5	6	7	8	9	10	11	12
1	0.990	0.980	0.971	0.962	0.952	0.943	0.935	0.926	0.917	0.909	0.910	0.893
2	1.970	1.942	1.913	1.886	1.859	1.833	1.808	1.783	1.759	1.736	1.713	1.690
3	2.941	2.884	2.829	2.775	2.723	2.673	2.624	2.577	2.531	2.487	2.444	2.402
4	3.902	3.808	3.717	3.630	3.546	3.465	3.387	3.312	3.240	3.170	3.102	3.037
5	4.853	4.713	4.580	4.452	4.329	4.212	4.100	3.993	3.890	3.791	3.696	3.605
6	5.795	5.601	5.417	5.242	5.076	4.917	4.767	4.623	4.486	4.355	4.231	4.111
7	6.728	6.472	6.230	6.002	5.786	5.582	5.389	5.206	5.033	4.868	4.712	4.564
8	7.652	7.325	7.020	6.733	6.463	6.210	5.971	5.747	5.535	5.335	5.146	4.968
9	8.566	8.162	7.786	7.435	7.108	6.802	6.515	6.247	5.995	5.759	5.537	5.328
10	9.471	8.983	8.530	8.111	7.722	7.360	7.024	6.710	6.418	6.145	5.889	5.650
11	10.368	9.787	9.253	8.760	8.306	7.887	7.499	7.139	6.805	6.495	6.207	5.938
12	11.255	10.575	9.954	9.385	8.863	8.384	7.943	7.536	7.161	6.814	6.492	6.194
13	12.134	11.384	10.635	9.986	9.394	8.853	8.358	7.904	7.487	7.103	6.750	6.424
14	13.004	12.106	11.296	10.563	9.899	9.295	8.745	8.244	7.786	7.367	6.982	6.628
15	13.865	12.849	11.938	11.118	10.380	9.712	9.108	8.559	8.061	7.606	7.191	6.811
16	14.718	13.578	12.561	11.652	10.838	10.106	9.447	8.851	8.313	7.824	7.379	6.974
17	15.562	14.292	13.166	12.166	11.274	10.477	9.763	9.122	8.544	8.022	7.549	7.102
18	16.398	14.992	13.754	12.659	11.690	10.828	10.059	9.372	8.756	8.201	7.702	7.250
19	17.226	15.678	14.324	13.134	12.085	11.158	10.336	9.604	8.950	8.365	7.839	7.366
20	18.046	16.351	14.877	13.590	12.462	11.470	10.594	9.818	9.129	8.514	7.963	7.469
25	22.023	19.523	17.413	15.622	14.094	12.783	11.654	10.675	9.823	9.077	8.422	7.843
30	25.808	22.396	19.600	17.292	15.372	13.765	12.409	11.258	10.274	9.427	8.694	8.055
40	32.835	27.355	23.115	19.793	17.159	15.046	13.332	11.925	10.757	9.779	8.951	8.244
50	39.196	31.424	25.730	21.482	18.256	15.762	13.801	12.233	10.962	9.915	9.042	8.304

系数表（PVIFA 表）

13	14	15	16	17	18	19	20	25	30	35	40	50
0.885	0.887	0.870	0.862	0.855	0.847	0.840	0.833	0.800	0.769	0.741	0.714	0.667
1.668	1.647	1.626	1.605	1.585	1.566	1.547	1.528	1.440	1.361	1.289	1.224	1.111
2.361	2.322	2.283	2.246	2.210	2.174	2.140	2.106	1.952	1.816	1.696	1.589	1.407
2.974	2.914	2.855	2.798	2.743	2.690	2.639	2.589	2.362	2.166	1.997	1.849	1.605
3.517	3.433	3.352	3.274	3.199	3.127	3.058	2.991	2.689	2.436	2.220	2.035	1.737
3.998	3.889	3.784	3.685	3.589	3.498	3.410	3.326	2.951	2.643	2.385	2.168	1.824
4.423	4.288	4.160	4.039	3.922	3.812	3.706	3.605	3.161	2.802	2.508	2.263	1.883
4.799	4.639	4.487	4.344	4.207	4.078	3.954	3.837	3.329	2.925	2.598	2.331	1.922
5.132	4.946	4.472	4.607	4.451	4.303	4.163	4.031	3.463	3.019	2.665	2.379	1.948
5.426	5.216	5.019	4.833	4.659	4.494	4.339	4.192	3.571	3.092	2.715	2.414	1.965
5.687	5.453	5.234	5.029	4.836	4.656	4.486	4.327	3.656	3.147	2.752	2.438	1.977
5.918	5.660	5.421	5.197	4.988	4.793	4.611	4.439	3.725	3.190	2.779	2.456	1.985
6.122	5.842	5.583	5.342	5.118	4.910	4.715	4.533	3.780	3.223	2.799	2.469	1.990
6.302	6.002	5.724	5.468	5.229	5.008	4.802	4.611	3.824	3.249	2.814	2.478	1.993
6.462	6.142	5.847	5.575	5.324	5.092	4.876	4.675	3.859	3.268	2.825	2.484	1.995
6.604	6.265	5.954	5.668	5.405	5.162	4.938	4.730	3.887	3.283	2.834	2.489	1.997
6.729	6.373	6.047	5.749	5.475	5.222	4.988	4.775	3.910	3.295	2.840	2.492	1.998
6.840	6.467	6.128	5.818	5.534	5.273	5.033	4.812	3.928	3.304	2.844	2.494	1.999
6.938	6.550	6.198	5.877	5.584	5.316	5.070	4.843	3.942	3.311	2.848	2.496	1.999
7.025	6.623	6.259	5.929	5.628	5.353	5.101	4.870	3.954	3.316	2.850	2.497	1.999
7.330	6.873	6.464	6.097	5.766	5.467	5.195	4.948	3.985	3.329	2.856	2.499	2.000
7.496	7.003	6.566	6.177	5.829	5.517	5.235	4.979	3.995	3.332	2.857	2.500	2.000
7.634	7.105	6.642	6.233	5.871	5.548	5.258	4.997	3.999	3.333	2.857	2.500	2.000
7.675	7.133	6.661	6.246	5.880	5.554	5.262	4.999	4.000	3.333	2.857	2.500	2.000

附录B

模拟试卷

模拟试卷（一）

一、单项选择题（每小题 1 分，本题共 10 分）

1. 在相关范围内，单位产品固定成本将（　　）。
   A. 随业务量变动而呈正比例变动　　B. 在各种业务量水平下保持不变
   C. 随业务量变动而呈反比例变动　　D. 在不同业务量水平下各不相同
2. 当经营杠杆系数为 1 时，下列表述正确的是（　　）。
   A. 固定成本为零　　B. 贡献毛益为零
   C. 固定成本和费用为零　　D. 变动成本为零
3. 下列有关变动成本法表述不正确的是（　　）。
   A. 期末存货中不含固定制造费用　　B. 最符合收入与费用的配比原则
   C. 税前利润随产量同方向变动　　D. 税前利润随销售量同方向变动
4. 下列预算中只反映实物量，不反映现金收支内容的是（　　）。
   A. 销售预算　　B. 生产预算　　C. 制造费用预算　　D. 直接材料预算
5. 计算综合保本销售量的依据是（　　）。
   A. 固定成本总额和各种产品的贡献毛益率
   B. 固定成本总额、各种产品的贡献毛益率和各种产品的销售量占总销售量的比重
   C. 固定成本总额、各种产品的贡献毛益率和各种产品的销售额占总销售额的比重
   D. 固定成本总额、各种产品的贡献毛益率和各种产品的产量占总产量的比重
6. 已知某企业只生产一种产品，本期完全成本下的期初存货成本中的固定生产成本为 2 000 元，期末存货成本中的固定生产成本为 500 元，按变动成本法确定的营业净利润为 3 000 元，则按全部成本法确定的营业净利润为（　　）。
   A. 32 000 元　　B. 35 000 元　　C. 30 500 元　　D. 28 500 元
7. 关于敏感系数说法不正确的是（　　）。
   A. 目标值变动百分比 / 参数值变动百分比
   B. 敏感系数越小，说明利润对参数值的变化越不敏感

C. 敏感系数绝对值越大，说明利润对参数值的变化越敏感
D. 敏感系数为负值，表明因素的变动方向和目标值的变动方向相反

8. 当亏损产品停产，剩余生产能力不能转移时，亏损产品不应停产的条件是（　　）。
A. 亏损产品的变动成本率大于 1　　B. 亏损产品的单位贡献毛益大于 0
C. 亏损产品的变动成本率是小于 1 的正数　　D. 亏损产品的贡献毛益率大于 1

9. 在零件自制或外购决策中，如果零件的需要量尚不确定，应当采用的决策方法是（　　）。
A. 相关收益分析法　　B. 差量分析法
C. 相关成本分析法　　D. 成本平衡分析法

10. 某种产品需经过三道工序顺序加工而成，第 1 ～ 3 道工序的工时定额分别为 20 小时、16 小时、10 小时；则第 3 道工序在产品的完工程度为（　　）。
A. 89.13%　　B. 50%　　C. 100%　　D. 60.87%

二、多项选择题（每小题 2 分，本题共 20 分）

1. 材料费用的分配标准有（　　）。
A. 材料定额消耗量　　B. 材料定额费用　　C. 产品重量　　D. 定额工时

2. 下列属于财务预算的是（　　）。
A. 现金预算　　B. 采购预算　　C. 预计资产负债表　　D. 预计利润表

3. 实行责任会计的条件有（　　）。
A. 划分责任中心，确定责任范围　　B. 评价和考核工作业绩
C. 建立健全信息系统　　D. 建立内部转移价格

4. 下列各项中，属于责任报告的内容有（　　）。
A. 责任预算的数据　　B. 责任预算的执行结果
C. 全面预算的数据　　D. 责任预算与实际执行的差异分析

5. 下列各等式中成立的有（　　）。
A. 变动成本率 + 安全边际率 = 1　　B. 销售利润率 = 贡献毛益率 × 安全边际率
C. 贡献毛益率 + 变动成本率 = 1　　D. 安全边际率率 = 1− 保本点作业率

6. 下列各项属于产品成本项目的是（　　）。
A. 外购材料　　B. 原材料　　C. 燃料及动力　　D. 制造费用

7. 与财务会计相比，管理会计具有（　　）等特点。
A. 服务对象侧重于企业内部　　B. 不受公认会计原则的约束
C. 程序固定，具有强制性　　D. 工作点侧重于未来

8. 下列属于约束性固定成本的是（　　）。
A. 广告费　　B. 职工培训费　　C. 房屋设备租金　　D. 折旧费

9. 全面预算体系中包含的预算类型（　　）。
A. 经营预算　　B. 专门决策预算　　C. 财务预算　　D. 管理预算

10. 长期投资决策过程中，原始总投资包含的内容（　　）
A. 流动资金投资　　B. 无形资产投资　　C. 建设期利息　　D. 固定资产投资

三、判断题（每题 1 分，本题共 10 分）

1. 在全面预算中生产预算是最关键的预算，是预算的起点，因为产量决定后，才能做出直接人工和材料的预算。（　　）

2. 在以时间为自变量的回归直线预测中，若资料中的时间序列为奇数，为使修正的时间自变量为零，则 X 的间隔期为 1。（　　）

3. 安全边际率为 25%，表明企业经营很安全。 ( )
4. 零基预算是在基期水平的基础上编制的。 ( )
5. 超过保本点的销售额即为企业的利润。 ( )
6. 采用约当产量法计算在产品成本时，如果原材料不是在开始时一次投入，而是随着加工进度陆续投入的，其投料程度与其加工进度完全一致，则计算材料费用的约当产量与计算加工费用的约当产量应是一致的。 ( )
7. 采用平行结转分步法计算产品成本时，需要进行成本还原。 ( )
8. 长期投资决策过程中，如果动态指标可行，即使静态指标不可行，方案也基本可行。 ( )
9. 根据价格弹性大小决定涨价决策是否合适，如果价格弹性大于 1 则可以涨价，否则应该保持原有价格不变。 ( )
10. 联产品的成本应该包括其所应负担的联合成本和分离后的继续加工成本。 ( )

四、计算题（共 3 题，每题 20 分，共 60 分）

1. 某企业一直用半自动化设备生产 A 产品，其最大生产能力为 40 000 件，单位变动成本为 16 元，固定成本总额为 200 000 元，产品单价为 36 元，为了提高产品的产量与质量，准备购置全自动化设备，这样将使固定成本总额增加 50%，生产能力可提高 25%，单位变动成本则可降低到 11 元。请问采用自动化设备的产量条件是什么？

2. 某机械厂只生产甲产品，全年生产能力为 100 台，目前产销量为 80 台，销售单价为 1 000 元，单位产品成本为：直接材料 300 元、直接人工 200 元、变动制造费用 100 元、固定制造费用 200 元。

问题：

（1）现有客户前来订货 20 台，只愿出价每台 700 元，此项订货能否接受？（10 分）

（2）若客户前来订货 40 台，对方出价仍未每台 700 元，接受此项订货将减少正常销量 20 台，此项订货能否接受？（10 分）

3. 某厂年产销甲产品 50 000 件，单位售价 20 元，单位变动成本 10 元，全年固定成本 200 000 元，原预计利润 300 000 元，现根据本厂的生产能力（最大生产能力 7 000 件）和市场预测要求在现有基础上利润增加 20%。

要求：分析保证目标利润实现各因素应如何变动？（计算各因素变动值和敏感系数）

模拟试卷（二）

一、单项选择题（每小题 1 分，共计 20 分）

1. 管理会计的服务对象侧重于（ ）。
   A. 政府机关　　B. 企业内部的管理人员
   C. 投资者　　D. 债权人
2. 按照成本与产量之间的依存关系，可以把成本划分为（ ）。
   A. 固定成本和变动成本　　B. 制造成本和非制造成本
   C. 相关成本和非相关成本　　D. 直接成本和间接成本
3. 下列人员工资中，应计入产品成本中直接人工项目的有（ ）。
   A. 产品生产人员工资　　B. 车间管理人员工资
   C. 厂部管理人员工资　　D. 专职销售人员工资
4. 某企业本年 1 月实际生产 100 件 A 产品，实耗工时 2 100 小时，变动制造费用实际分配率为 0.48 元，而标准分配率为 0.5 元，直接人工标准为 20 小时，变动制造费用价格差异为（ ）。

A. 8 元　　B. −42 元　　C. 50 元　　D. −50 元

5. 企业生产车间的固定资产，每月提取的折旧额应计入（　　）账户的借方。

A. 生产成本　　B. 预付费用　　C. 管理费用　　D. 制造费用

6. 在各种辅助生产费用分配方法中，分配结果最为准确的是（　　）。

A. 计划成本法　　B. 一次交互分配法　　C. 直接分配法　　D. 代数分配法

7. 按完工产品与月末在产品的数量比例，分配计算完工产品与月末在产品的原材料费用，必须具备的条件是（　　）。

A. 原材料在生产开始时一次投入　　B. 原材料陆续投入

C. 产品成本原材料费用比重较大　　D. 原材料消耗定额比较准确

8. 需要进行成本还原的分步法是（　　）。

A. 综合结转分步法　　B. 平行结转分步法

C. 分项结转分步法　　C. 逐步结转分步法

9. 某投资中心 2002 年实现利润 20 000 元，投资额为 100 000 元，预期最低投资报酬率为 11%，则该中心的剩余利润为（　　）。

A. 2 400 元　　B. 8 000 元　　C. 9 000 元　　D. 7 600 元

10. 在各种产品成本计算方法中，最基本的成本计算方法是（　　）。

A. 分批法　　B. 分步法　　C. 品种法　　D. 分类法

11. 基本生产车间管理人员的工资应计入的会计科目是（　　）。

A. 生产成本　　B. 管理费用　　C. 制造费用　　D. 销售费用

12. 下列各项中不应计入产品成本的是（　　）。

A. 企业行政管理部门用固定资产的折旧费用

B. 车间厂房的折旧费用

C. 车间生产用设备的折旧费用

D. 车间管理人员的工资

13. 具有独立或相对独立的收入和生产经营决策权，并对成本、收入和利润负责的责任中心是（　　）。

A. 成本中心　　B. 收入中心　　C. 利润中心　　D. 投资中心

14. 假设某厂预计 2009 年第四季度销售量为 8 000 件，10 月初产品库存量为 800 件，年末预计产品存货量为 1 000 件，则该厂第四季度预计生产产品数量应为（　　）。

A. 8 000　　B. 8 200　　C. 9 000　　D. 7 200

15. 成本预测及混合成本分解中的高低点法中的低点是指（　　）。

A. 单位成本最小的点　　B. 业务量最小的点

C. 成本总额最小的点　　D. 成本与业务量均最小的点

16. 当生产能力无法转移且亏损产品满足以下条件（　　）时，应当停产。

A. 该亏损产品的单价大于其变动成本　　B. 该亏损产品的单位贡献毛益大于零

C. 该亏损产品的贡献毛益总额大于零　　D. 该亏损产品的变动成本大于其单价

17.（　　）会在预算的执行过程中自动延伸，使预算期始终保持在一年。

A. 弹性预算　　B. 滚动预算　　C. 静态预算　　D. 固定预算

18. 编制全面预算的基础和关键是（　　）。

A. 生产预算　　B. 材料采购预算　　C. 销售预算　　D. 现金预算

19. 下列属于可修复废品的是（　　）。

A. 技术上不可以修复

B. 技术上可以修复，但是经济不合算

C. 技术上可以修复，而且经济上合算

D. 由于材料质量、规格、性能不符合要求而产生的废品

20. 某公司生产甲零件可采用机械化或自动化生产方式。机械化生产需固定成本总额为 30 000 元，单位变动成本 10 元；自动化生产需固定成本总额为 50 000 元，单位变动成本 8 元。以下决策正确的是（　　）。

A. 采用自动化生产方式

B. 当零件产量大于 10 000 件时，采用自动化生产方式；当零件产量小于 10 000 件时，采用机械化生产方式。

C. 与 B 相反

D. 无法决策

二、多项选择题（每小题 2 分，共计 20 分）

1. 变动成本的特征表现为（　　）。

A. 在相关范围内，其成本总额保持不变

B. 在相关范围内，其成本总额随产量的增减成比例增减

C. 在相关范围内，单位变动成本不受产量变动的影响

D. 其成本随产量的增长而呈阶梯式增长

2. 按变动成本计算，产品成本包括下列哪几项（　　）。

A. 直接材料　　B. 固定性制造费用　　C. 直接人工　　D. 变动性制造费用

3. 下列各项中属于产品成本项目的是（　　）。

A. 直接材料　　B. 直接人工　　C. 废品损失　　D. 制造费用

4. 计算本月完工产品成本时，要依据的成本资料主要有（　　）。

A. 月初在产品成本　　B. 本月发生生产费用

C. 月末在产品成本　　D. 上月完工产品成本

5. 下列各项中正确的是（　　）。

A. 贡献毛益率 + 安全边际率 = 1　　B. 贡献毛益率 + 变动成本率 = 1

C. 安全边际率 + 盈亏临界点作业率 = 1　　D. 变动成本率 + 盈亏临界点作业率 = 1

6. 某企业只销售一种产品，1997 年销售量是 8 000 件，单价为 240 元，单位成本为 180 元，其中单位变动成本为 150 元，该企业计划 1998 年利润比 1998 年增加 10%，则企业可采取的措施是（　　）。

A. 增加销售量 534 件　　B. 降低单位变动成本 6 元

C. 降低固定成本 48 000 元　　D. 提高价格 8 元

7. 在相对剩余生产能力无法转移的条件下，亏损产品继续生产的前提条件是（　　）。

A. 单价大于单位变动成本　　B. 贡献边际率大于零

C. 贡献边际率大于变动成本率　　D. 贡献边际大于固定成本

8. 责任中心可以分为（　　）。

A. 成本中心　　B. 资本中心　　C. 利润中心　　D. 投资中心

9. 下列各项中，属于生产经营决策相关成本的有（　　）。

A. 增量成本　　B. 机会成本　　C. 专属成本　　D. 沉没成本

10. 保本量可以通过下列公式计算（　　）。

A. 保本额 / 单价　　B. 固定成本 / 单位贡献边际

C. 固定成本 / 贡献边际率　　D. 固定成本 /（单价 − 单位变动成本）

三、判断题（每题1分，共10分）

1. 在其他条件不变情况下，固定成本越高，保本量越大。（　）
2. 预计资产负债表和预计利润表构成了整个的全面预算。（　）
3. 成本性态分析中高低点法的优点是计算精度高，缺点是计算过程过于复杂。（　）
4. 对所计提的固定资产折旧，应全部计入产品成本。（　）
5. 在品种法下，一般不需要计算在产品成本。（　）
6. “制造费用”账户的发生额最终要转入“基本生产成本”账户，故月末必然没有余额。（　）
7. 各成本中心的可控成本之和是企业的总成本。（　）
8. 凡变动成本都是相关成本，凡固定成本都是无关成本。（　）
9. 当销售量上升时，单位贡献边际上升，安全边际也上升。（　）
10. 凡可控成本必须是可以预计、可以计量、可以施加影响、可以落实责任的成本，否则为不可控成本。（　）

四、计算分析题（共50分）

1. 某企业设有供电和机修两个辅助生产车间，本月供电车间供电62 500度，其中机修车间用电12 500度，产品生产用电30 000度，车间管理部门照明用电5 000度，厂部管理部门用电15 000度；本月机修车间提供修理总工时3 600小时，其中供电车间400小时，车间管理部门2 500小时，厂部管理部门700小时。根据辅助生产成本明细账，在分配前，供电车间待分配费用25 000元，机修车间待分配费用18 000元。（10分）

要求：采用交互分配法分配辅助生产费用并列出计算过程。

2. 某企业生产A产品，每年需要甲零件1 000件。该零件可以自制也可以外购。目前该企业已具备自制能力，自制甲零件的完全成本为30元，其中：直接材料20元，直接人工4元，变动性制造费用1元，固定性制造费用5元。假定甲零件的外购单价为26元，且自制生产能力无法转移。（10分）

要求：

（1）计算自制甲零件的单位变动成本；

（2）做出自制或外购甲零件的决策；

（3）计算节约的成本；

（4）若自制生产能力可以对外出租，获租金收入6 000元，计算自制的相关成本；

（5）针对（4）做出自制或外购甲零件的决策。

3. 某企业生产A产品，分三道工序连续加工制成。原材料分工序一次性全部投入。原材料定额为400元，各工序的材料定额分别为160元、160元和80元；工时定额为100小时，各工序的工时定额分别为40小时、30小时和30小时。月初在产品成本为：直接材料41 200元，直接人工3 890元，制造费用3 112元。本月费用为：直接材料60 000元，直接人工17 560元，制造费用14 048元。本月完工产品106件，各工序月末在产品分别为80件、40件和60件。（10分）

要求：

（1）分工序计算在产品的投料率和完工率；

（2）分别按投料率和完工率计算各工序在产品的约当产量。

4. 某厂生产甲产品，产品单价为10元/件，单位产品变动生产成本为4元，固定性制造费用总额为24 000元，销售及管理费用为6 000元，全部是固定性的。（10分）

存货产销量统计表（按先进先出法计价）

资料	第一年	第二年	第三年
期初存货量	0	0	2 000

（续）

资料	第一年	第二年	第三年
本期产量	6 000	8 000	4 000
本期销售量	6 000	6 000	6 000
期末存货量	0	2 000	0

要求：

（1）分别分年度按变动成本法和完全成本法计算单位产品成本；

（2）分别按变动成本法和完全成本法法计算第一年的营业利润；

（3）计算第三年完全成本法与变动成本法的营业利润差额。

5. 某企业只生产一种产品，单价 200 元，单位变动成本 150 元，固定成本 400 000 元，2013 年企业的销售量为 10 000 件。企业按同行业先进的资金利润率预测 2014 年企业的目标利润基数，同行业先进的资金利润率为 20%，预计企业资金占用额为 600 000 元。（10 分）

要求：

（1）测算企业的目标利润基数；

（2）测算保利量；

（3）假定其他因素不变，测算企业为实现目标利润的单位变动成本降低额；

（4）如果该企业 2014 年的预计销售量可以达到保利量，测算该企业的安全边际量和安全边际率。

附录C 参考答案

各章自测题参考答案

附录B 模拟试卷参考答案

参考文献

[1] 中华人民共和国财政部.企业会计准则（合订本）(2018）[M].北京：经济科学出版社，2018.
[2] 中华人民共和国财政部.企业会计准则应用指南（2018）[M].上海：立信会计出版社，2018.
[3] 企业会计准则编审委员会.企业会计准则案例讲解（2017）[M].上海：立信会计出版社，2017.
[4] 中华人民共和国财政部.企业财务通则[M].北京：中国财政经济出版社，2006.
[5] 中华人民共和国财政部.管理会计应用指引[M].北京：经济科学出版社，2017.
[6] 于彩珍.成本会计实务[M].3版.厦门：厦门大学出版社，2017.
[7] 于富生，王俊生，黎文珠.成本会计学[M].7版.北京：中国人民大学出版社，2015.
[8] 全国会计专业技术资格考试领导小组.财务管理[M].北京：经济科学出版社，2017.
[9] 封金财，杨兆，郝亚琳，高嵩，张耀东.建设工程项目管理[M].北京：中国建筑出版社，2018.
[10] 李艳铃，陈强.建设工程造价管理实务[M].北京：北京理工大学出版社，2018.
[11] 财政部会计资格评价中心.中级会计实务[M].北京：经济科学出版社，2018.
[12] 财政部会计资格评价中心.初级会计实务[M].北京：经济科学出版社，2018.
[13] 孟　焰.成本管理会计[M].2版.北京：高等教育出版社，2016.
[14] 荆　新，王化成，刘俊彦.财务管理学[M].8版.北京：中国人民大学出版社，2018.
[15] 胡玉明.管理会计应用指引详解与实务[M].北京：经济科学出版社，2018.
[16] 贺志东.管理会计操作指南[M].北京：电子工业出版社，2017.
[17] 美国管理会计师协会.管理会计词典（英汉对照）[M].刘霄仑，译.北京：经济科学出版社，2017.
[18] 吴文学.管理会计那点事儿——用数据支撑决策[M].北京：清华大学出版社，2017.
[19] 李会军.管理会计驱动企业价值创造——盈利要素和路径[M].北京：经济管理出版社，2017.
[20] 孙茂竹，文光伟，杨万贵.管理会计学[M].7版.北京：中国人民大学出版社，2017.
[21] 吴大军，牛彦秀.管理会计[M].5版.大连：东北财经大学出版社，2018年5月.
[22] Charles T，Horngren，Srikant M. Data.成本与管理会计[M].王立彦，刘应文，译.15版.北京：中国人民大学出版社，2016.
[23] 张新民，钱爱民.财务报表分析[M].4版.北京：中国人民大学出版社，2017.
[24] 王化成.财务管理[M].5版.北京：中国人民大学出版社，2017.
[25] 刘淑莲，牛彦秀.公司理财[M].4版.大连：东北财经大学出版社，2017.